稼轩律师
JIAXUAN LAWYER

能源化工企业环保合规

法律实务指引

陕西稼轩律师事务所能源中心｜主编

ENVIRONMENTAL COMPLIANCE LEGAL PRACTICE GUIDELINES FOR ENERGY AND CHEMICAL ENTERPRISES

法律出版社 | LAW PRESS
北京

图书在版编目(CIP)数据

能源化工企业环保合规法律实务指引 / 陕西稼轩律师事务所能源中心主编. -- 北京 : 法律出版社, 2022
ISBN 978-7-5197-6804-1

Ⅰ. ①能… Ⅱ. ①陕… Ⅲ. ①能源工业-工业企业-企业环境管理-环境保护法-研究-中国②化学工业-工业企业-企业环境管理-环境保护法-研究-中国 Ⅳ. ①D922.683.4

中国版本图书馆 CIP 数据核字(2022)第 101112 号

能源化工企业环保合规法律实务指引
NENGYUAN HUAGONG QIYE HUANBAO HEGUI FALÜ SHIWU ZHIYIN

陕西稼轩律师事务所能源中心 主编

责任编辑 李　群　翁潇潇
装帧设计 鲍龙卉

出版发行 法律出版社
编辑统筹 法规出版分社
责任校对 冯高琼
责任印制 耿润瑜
经　　销 新华书店

开本 710 毫米×1000 毫米　1/16
印张 23　**字数** 367 千
版本 2022 年 7 月第 1 版
印次 2022 年 7 月第 1 次印刷
印刷 固安华明印业有限公司

地址:北京市丰台区莲花池西里 7 号(100073)
网址:www.lawpress.com.cn
投稿邮箱:info@lawpress.com.cn
举报盗版邮箱:jbwq@lawpress.com.cn
销售电话:010-83938349
客服电话:010-83938350
咨询电话:010-63939796

书号:ISBN 978-7-5197-6804-1
定价:76.00 元

凡购买本社图书,如有印装错误,我社负责退换。电话:010-83938349

前　　言

现阶段，保护生态环境已成为全球共识。我国对生态文明建设的要求显著提高，生态环境保护监管呈高压态势。污染治理力度之大、制度出台频度之密、执法督察尺度之严前所未有，最严格的生态环境保护制度正陆续建立。在这样的大背景下，企业的环境违法成本将持续增高，环境违法将成为企业稳定发展的巨大障碍。

现代法治社会，“合规”一词已进入了我国企业治理的主流话语体系。环保合规作为企业合规的重要组成部分，贯穿企业的整个生命周期，其能确保企业各项经营活动的开展符合法律、法规、国家标准、国家政策和行业准则等的要求。完善的环保合规管理已经成为保障企业快速、持续、绿色发展的重要一环，可以助力企业发展，避免企业环境违法（规），并帮助企业有效应对相关风险。因此，企业环保合规管理已经是大势所趋，且形势紧迫，越早开展环保合规管理，对企业的发展越有利。

本书是陕西稼轩律师事务所能源中心继《油气行业纠纷裁判规则解读与法律风险防控指引》《煤炭有色金属行业法律纠纷典型案例裁判规则解析》后出版的第三本专著。本书继续传承前两本专著紧跟形势、关注焦点的理念，结合“双碳”政策背景，每部分内容均从能源化工企业典型案例出发，导入环保合规指引相关要点，并附有最新法律条文。

全书共包括环保合规的内控管理、环保合规的争议解决和环保合规的热点问题三大版块，共十二章，内容囊括环保合规的相关概念、意义、现有立法和政策指引；能源化工企业环保合规风险、必要性、紧迫性和环保合规管理体系建设;建设项目环境影响评价制度的主要内容和相关法律责任;环保合规尽职调查法律服务要点、相关法律法规和政策;环境民事公益诉讼的原告、支持起诉主体及其他相关问题;环境侵权行为的民事责任认定、责任承担方式、减轻或免责事由;环境损害司法鉴定机构的确定、技术依据、意见形成及采信、费用承担与鉴定评估推荐机构;环境行政处罚的风险规避与应对策略;污染环境罪与环境刑事合规相关问题;碳排放权交易制度与纠纷类型;道路危险货物运输的重点法规政策与合规要求;申请政府环境信息公开的方式方法等方面。

本书由陕西稼轩律师事务所能源中心主编,蒋瑞雪、张丽丽进行统筹,参与写作的成员包括:田地、杨欣欣、杨兰、党靖、张琪琪、惠熠楠。编写组于2021年2月开始筹划,历时一年多,最终完成了书稿的编排与撰写工作。本书虽已定稿付梓,但稼轩能源中心对能源化工企业环保合规的关注与深耕不会止步,我们将始终秉持专业、敬业精神,乘着时代风云,为能源化工企业的持续、稳定发展贡献力量。

司法解释缩略语表

序号	全称	简称
1	《最高人民法院关于适用〈中华人民共和国民事诉讼法〉的解释》	《民诉法解释》
2	《最高人民法院、最高人民检察院关于检察公益诉讼案件适用法律若干问题的解释》	《检察公益诉讼案件解释》
3	《最高人民法院关于审理环境民事公益诉讼案件适用法律若干问题的解释》	《环境民事公益诉讼案件解释》
4	《最高人民法院关于审理生态环境损害赔偿案件的若干规定(试行)》	《生态环境损害赔偿案件若干规定(试行)》
5	《最高人民法院关于审理环境侵权责任纠纷案件适用法律若干问题的解释》	《环境侵权案件解释》
6	《最高人民法院关于民事诉讼证据若干规定》	《民诉证据规定》
7	《最高人民法院、最高人民检察院关于办理环境污染刑事案件适用法律若干问题的解释》	《办理环境污染刑事案件解释》
8	《最高人民法院关于审理政府信息公开行政案件若干问题的规定》	《信息公开案件若干规定》

目录

上篇　环保合规的内控管理

中篇 环保合规的争议解决

上篇

环保合规的内控管理

第一章　现行法治环境下的环保合规管理制度概述

【典型案例】

中国生物多样性保护与绿色发展基金会诉秦皇岛方圆包装玻璃有限公司大气环境污染责任民事公益诉讼案

一、案情介绍

中国生物多样性保护与绿色发展基金会诉秦皇岛方圆包装玻璃有限公司大气环境污染责任民事公益诉讼案[二审民事判决书案号:(2018)冀民终758号]

本案是一起经过二审程序终审的环境民事公益诉讼案件。

2016年,中国生物多样性保护与绿色发展基金会(以下简称中国绿发会)作为一审原告,以秦皇岛方圆包装玻璃有限公司(以下简称方圆公司)为被告,向河北省秦皇岛市中级人民法院提起环境民事公益诉讼,请求判令:(1)方圆公司立即停止非法排放大气污染物的违法行为;(2)方圆公司采取措施或在采取替代修复措施修复被污染的大气环境;(3)方圆公司赔偿因其非法排放大气污染物而对环境造成的损害(具体赔偿数额以评估结果为准);(4)方圆公司对其非法排污加重了大气污染的违法行为在国家媒体上向民众赔礼道歉;(5)方圆公司承担因此案而支出的案件受理费、鉴定费、评估费、差旅费和必要的费用。

一审法院经审理,查明以下事实:

1. 中国绿发会是在我国经合法程序注册的全国性公募基金会,其宗旨是维护公众环境权益和社会公共利益。方圆公司于2011年9月30日成立,系主要从事各种玻璃包装瓶生产加工的企业。

2. 2015年12月,秦皇岛市海港区环境保护局(以下简称海港区环保局)因方圆公司超标排放大气污染物、未取得排污许可证,分别对其罚款9万元、20万元。后来,2016年2月26日、4月7日,方圆公司又因拒不改正非法向大气排放污染物的行为,分别被海港区环保局罚款580万元、680万元。中国绿发会2016年提起环境公益诉讼后,方圆公司自2016年4月13日起至2016年11月23日止,分24次缴纳行政罚款共计1281万元。

3. 2015年2月,方圆公司与无锡格润环保科技有限公司签订《玻璃窑炉脱硝脱硫除尘总承包合同》,对方圆公司的四座窑炉进行脱硝脱硫除尘改造,合同总金额3617万元。2016年中国绿发会对方圆公司提起环境公益诉讼后,方圆公司加快了脱硝脱硫除尘改造提升进程。2016年6月15日,方圆公司通过了海港区环保局的环保验收。2016年7月22日,中国绿发会组织相关专家对方圆公司脱硝脱硫除尘设备运行状况进行了考察,并提出相关建议。2016年6月17日、2017年6月17日,环保部门为方圆公司颁发《河北省排放污染物许可证》。2016年12月2日,方圆公司再次投入1965万元,为四座窑炉增设脱硝脱硫除尘备用设备一套。

诉讼过程中,一审法院要求中国绿发会明确第3项诉讼请求,即非法排放大气污染物而对环境造成损害的起止时间。2017年7月25日,中国绿发会向一审法院提交《关于案件诉讼请求及证据说明》,确认方圆公司非法排放大气污染物对环境造成的损害期间从行政处罚认定发生损害时起至环保部门验收合格为止。一审法院委托环境保护部环境规划院环境风险与损害鉴定评估研究中心(以下简称鉴定评估中心)对方圆公司因排放大气污染物对环境造成的损害数额及采取替代修复措施修复被污染的大气环境所需费用进行鉴定,起止时间为2015年10月28日(行政处罚认定损害发生日)至2016年6月15日(环保达标日)。2017年11月,鉴定评估中心出具《秦皇岛方圆包装玻璃有限公司大气污染物超标排放环境损害鉴定意见》,按照虚拟治理成本法计算出对大气环境造成损害数额分别约为0.74万元、27.10万元和127.12万元,共计154.96万元。

一审法院认为:

1. 关于中国绿发会的公益诉讼主体资格问题。中国绿发会是专门从事环境保护公益活动的社会组织，其提起本案诉讼是为维护污染事故发生地公众的环境权益，与其宗旨和业务范围具有关联性，且其连续5年从事生物多样性保护等生态环境保护公益活动，5年内无违法记录，确认其具有环境污染公益诉讼原告的主体资格。

2. 关于方圆公司应承担何种民事责任，损害赔偿数额如何计算的问题。首先，中国绿发会停止侵害的诉讼请求在审理过程中已经满足。故法院不再予以支持。其次，本案鉴定评估中心系法院委托，具有法定资质，评估依据均已经双方当事人的质证，故对其鉴定报告以虚拟治理成本法计算的损害数额予以确认。鉴定报告中已确定生态损害数额为虚拟治理成本的3倍，并据此计算出损失为154.96万元，中国绿发会要求在报告损害数额的基础上再以5倍计算，没有依据，不予支持。再次，考虑到方圆公司认识到其非法排污的社会危害性，认真配合相关部门进行整改，积极缴纳行政罚款，法院酌定上述损失分3年(每年51.65万元)缴纳。最后，中国绿发会要求对上述费用设立环境慈善信托没有法律依据。上述费用方圆公司应付至秦皇岛市专项资金账户，用于秦皇岛地区环境污染治理修复工作。

3. 对中国绿发会诉请方圆公司对其非法排污的违法行为在国家媒体上向民众赔礼道歉的请求予以支持。

一审法院最终判决：

1. 方圆公司赔偿因超标排放大气污染物造成的损失154.96万元，上述费用分3期支付至秦皇岛市专项资金账户(每期51.65万元，第一期于判决生效之日起7日内支付，第二、三期分别于判决生效后第二、第三年的12月31日前支付)，用于秦皇岛地区的环境修复。

2. 方圆公司于判决生效后30日内在全国性媒体上刊登因污染大气环境行为的致歉声明(内容须经一审法院审核后发布)。如方圆公司未履行上述义务，一审法院将本判决书内容在全国性的媒体公布，相关费用由方圆公司承担。

3. 方圆公司于判决生效后15日内支付中国绿发会因本案支出的合理费用3万元。

4. 驳回中国绿发会的其他诉讼请求。案件受理费80元，由方圆公司负担，鉴定费用15万元由方圆公司负担(已支付)。

一审宣判后,中国绿发会不服,向河北省高级人民法院提起上诉。

中国绿发会补充新的上诉理由为:一审中计算被申请人违法排污时间段的起算点有误。第一,被上诉人方圆公司在2015年3月就因违法排污被行政处罚,而一审委托鉴定超标排污的起算点为2015年10月28日。第二,排污是一个完整持续的过程,鉴定中心作出的鉴定意见没有进行完整统计,2015年11月、12月,因缺乏连续在线监测数据进行分段计算超标排污不妥。第三,被上诉人方圆公司在2016年6月15日环保设备经验收合格,说明在2016年6月15日之前环保不合格,被多次处罚,应认定其非法排污的时间应当从方圆公司正式生产时开始计算。

中国绿发会上诉请求:撤销一审判决中的第一、三、四项判决;改判支持上诉人一审全部诉讼请求。

事实和理由:

1. 一审判决仅仅支持了上诉人要求的修复环境的费用,没有支持因为被上诉人违法行为而给环境造成的生态服务功能损失赔偿请求,既违反法律规定,也不利于惩罚违法者、警戒其他潜在污染者。

2. 判决将"损失"部分"付至秦皇岛市专项资金账户",没有法律依据。上诉人既不知道这个账户是否存在,也不知道这个账户资金的使用规则,更没有判决上诉人对该专项资金管理使用的监督权。而上诉人提出设立环境慈善信托有信托法、慈善法的明确依据,现实中也有成功案例,一审判决未予支持,不妥。

3. 判决将"损失"赔偿用于秦皇岛地区,没有法律依据。环境污染的受害者不会局限于污染行为发生地,秦皇岛的污染至少会波及京津冀地区,如此判决,有严重的地方主义之嫌。

4. 判决不支持上诉人在一审过程中的绝大部分案件费用支出,不符合法律规定,客观上打击了社会组织开展公益诉讼的积极性,保护了环境污染者和生态破坏者,大大降低了生态环境污染破坏者的违法成本,打击维权的积极性。

经审理,二审法院认为:

1. 关于上诉人请求生态服务功能损失费用问题,因为环境损害与环境服务功能损失之间系包含关系，因此，不予支持。

2. 关于一审判决将环境损害赔偿费用付至“秦皇岛市专项资金账户”并用于“秦皇岛地区环境修复”是否具有法律依据的问题，因环境公益诉讼是一项新的诉讼制度，制度构建尚在不断完善过程中，一审法院根据有关规定并结合本地区实际情况，将环境损害赔偿金付至秦皇岛市专项资金账户，用于当地环境修复并无不当。

3. 关于上诉人中国绿发会提出的因诉讼支出的合理费用一审未予支持的问题，由于中国绿发会仅提供了委托代理合同，未提供实际支付代理费的相关凭证，提供的其他票据如加油费、餐费、停车费等，亦无法证明与本案具有关联性。一审法院酌情裁量支持中国绿发会代理费及其他合理支出费用 3 万元，并无不妥。

4. 关于一审法院委托鉴定的环境损害期间是否错误，是否应予延长的问题，鉴定评估中心出具的鉴定意见程序合法，一审法院予以采信，并无不当。

5. 关于被上诉人方圆公司在鉴定超标排污时间段之前存在超标排污的侵权事实，造成的损害及修复费用如何确定问题，综合考虑方圆公司在企业生产过程中超标排污行为的违法性、过错程度、治理污染的运行成本以及防污采取的积极措施等因素，对于方圆公司在一审鉴定环境损害时间段之前的超标排污造成的损害予以折抵，维持一审法院依据鉴定意见判决环境损害赔偿及修复费用的数额。

6. 关于上诉人提出 2015 年 11 月、12 月缺乏连续监测数据，鉴定环境损害时间不连续的问题，因鉴定评估中心系根据双方当事人提供的检材进行鉴定评估，其依据可测数据并运用科学方法作出的专业意见，予以采信。

二审法院认为，一审判决认定事实清楚，适用法律正确，应予维持。判决驳回上诉，维持原判。

二、案例解读

本案是最高人民法院 2019 年公布的 10 起生态环境保护典型案例之一，是京津冀地区受理的首例大气污染公益诉讼案。本案由中国绿发会提起。中国绿发会是 1985 年在中华人民共和国民政部注册、由中国科学技术协会主管的全国性公募基金会，是以生物多样性保护与绿色发展为宗旨的社会组织，近年来，其致力于生物多样性保护等生态环境保护公益活动，提起了多个环境公益诉讼案件。方圆公司是本案被告,于2011年9月30日成立,是主要从事各种玻璃包装瓶生产加工的外商投资企业。本案审理中,一、二审人民法院正确适用《环境保护法》[①]和2015年《环境民事公益诉讼案件解释》等相关法律规定,结合中国绿发会的具体诉讼请求,以案件事实、证据为基础,对方圆公司的环境违法行为从违法程度、过错程度、防污采取的有效措施等方面进行客观、全面的评价,对其非法排放大气污染物造成的环境损害进行了科学鉴定和评估,并积极探索公益诉讼专项资金账户运作模式。方圆公司在成为本案被告之后,积极缴纳行政罚款,进行环保合规化建设,主动升级改造环保设施,积极承担生态环境保护社会责任,成为该地区首家实现大气污染治理环保设备"开二备一"的企业,产生了良好的社会导向和示范效应,方圆公司的上述行为在本案中也得到了一、二审两级法院的认可,并最终获得了有利裁判结果。

本案共涉及环境违法行政处罚、环境公益诉讼、企业的环保合规管理、企业的生态环境保护责任等法律问题。

(一)企业环境违法会受到行政处罚

在本案中,方圆公司共有以下环境违法行为:(1)在未取得排污许可证的情况下违法向大气排放污染物。(2)超出《工业窑炉大气污染物排放标准》向大气排放污染物。方圆公司因其上述环境违法行为被海港区环保局多次作出行政处罚(以时间先后为序):(1)2015年3月,方圆公司因违法排污被海港区环保局按日连续罚款200多万元,其于2015年3月18日缴纳罚款8万元;(2)2015年12月,方圆公司因未取得排污许可证,超出《工业窑炉大气污染物排放标准》向大气排放污染物,被海港区环保局分别罚款20万元和9万元;(3)2016年2月、4月,方圆公司因拒不改正非法向大气排放污染物的行为被海港区环保局分别罚款580万元、680万元。仅从2015年12月至2016年4月,方圆公司因环境违法行为共被罚款1289万元。

(二)企业环境违法会成为环境公益诉讼的被告,并被判承担相应责任

本案中,方圆公司因其环境违法行为,被中国绿发会提起环境民事公益诉讼,诉至河北省秦皇岛市中级人民法院。原告中国绿发会对被告方圆公司共提出以下诉请:(1)立即停止非法排放大气污染物的违法行为;(2)采取措施或

① 为方便读者阅读,本书中的法律法规均使用简称。

者采取替代修复的措施修复被污染的大气环境;(3)赔偿因为其非法排放大气污染物而对环境造成的损害(具体赔偿数额以评估结果为准);(4)对其非法排污加重了大气污染的违法行为在国家媒体上向民众赔礼道歉;(5)承担因此案而支出的案件受理费、鉴定费、评估费、差旅费和必要的费用300,373.51元。

秦皇岛市中级人民法院一审判决:(1)方圆公司赔偿因超标排放大气污染物造成的损失154.96万元,上述费用分三期支付至秦皇岛市专项资金账户(每期51.65万元,第一期于判决生效之日起7日内支付,第二、三期分别于判决生效后第二、第三年的12月31日前支付),用于秦皇岛地区的环境修复。(2)方圆公司于判决生效后30日内在全国性媒体上刊登因污染大气环境行为的致歉声明(内容须经一审法院审核后发布)。如方圆公司未履行上述义务,一审法院将本判决书内容在全国性的媒体公布,相关费用由方圆公司承担。(3)方圆公司于判决生效后15日内支付中国绿发会因本案支出的合理费用3万元。(4)驳回中国绿发会的其他诉讼请求。案件受理费80元,由方圆公司负担,鉴定费用15万元由方圆公司负担(已支付)。

一审判决作出后,原告中国绿发会不服,向河北省高级人民法院提起上诉,请求撤销河北省秦皇岛市中级人民法院(2016)冀03民初40号民事判决第一、三、四项判决;改判支持其一审全部诉讼请求。河北省高级人民法院在2018年9月17日公开开庭审理了本案,并于2018年11月5日公开宣判:上诉人中国绿发会的上诉请求不能成立,应予驳回,一审判决事实清楚,适用法律正确,应予维持。最终驳回上诉,维持了原判。

(三)企业环境违法后的积极补救行为具有重要意义

2016年,在中国绿发会提起本案诉讼后,方圆公司自同年4月至11月,分24次主动缴纳行政罚款共计1281万元,并加快了脱硝脱硫除尘改造提升进程,于2016年6月通过环保验收,环保部门为其颁发了《河北省排放污染物许可证》。2016年7月22日,中国绿发会组织相关专家对方圆公司脱硝脱硫除尘设备运行状况进行了考察,并提出相关建议。2016年12月2日,方圆公司再次投入1965万元,为四座窑炉增设脱硝脱硫除尘备用设备一套,确保生产过程中环保设施的稳定运行,成为秦皇岛地区首家实现大气污染治理环保设备“开二备一”的企业。本案诉讼过程中,方圆公司加快环保设施的整改进度,积极承担行政责任的行为,大大降低了再次造成环境污染的风险与可能性。也正因为其上述行为，二审法院综合考虑方圆公司在企业生产过程中超标排污行为的违法性、过错程度、治理污染的运行成本以及防污采取的积极措施等因素，对于方圆公司在一审鉴定环境损害时间段之前的超标排污造成的损害予以折抵，维持了一审法院依据鉴定意见判决环境损害赔偿及修复费用的数额。

本案一审中，鉴定评估中心接受一审法院委托，按照虚拟治理成本法，将方圆公司造成的环境损害数额评估为 154.96 万元。该项数额的计算期间为 2015 年 10 月 28 日（行政处罚认定损害发生日）至 2016 年 6 月 15 日（环保达标日）。在该时间段内对大气环境造成损害数额分别约为 0.74 万元、27.10 万元和 127.12 万元，共计 154.96 万元。因此，环保部门验收合格（环保达标日）这个时间节点非常重要，会影响到对环境造成的损害数额及采取替代修复措施的费用计算。另外，在中国绿发会起诉后，方圆公司认识到其非法排污的社会危害性，认真配合相关部门进行整改，积极缴纳行政罚款，考虑以上因素及企业的生产经营状况，一审法院酌定上述损失分 3 年（每年 51.65 万元）缴纳，所以，分期缴纳也是方圆公司认真整改，积极配合相关部门，进行环保合规治理的结果。一审法院的上述裁判均得到了二审法院的维持。综上，企业积极进行环保合规治理，争取早日被环保部门验收合格，会为自身争取到有利的判决结果。

本案中，方圆公司自愿投入巨资进行污染防治，是在中国绿发会一审提出“环境损害赔偿与环境修复费用”的诉讼请求之外实施的维护公益行为，实现了《环境保护法》“保护优先，预防为主”的立法意图，也体现了环境民事公益诉讼的预防和修复功能，对其他企业积极承担生态环境保护社会责任产生了正面的影响，具有良好的引领和示范效应。

（四）企业可与第三方合作进行环保合规管理

近年来，由于大气环境污染的日益加剧，国家对大气污染物排放的标准也在不断提高，企业应积极关注国家法律、法规、行业标准及相关政策。方圆公司的环保设施由于不断陈旧老化，在难以满足国家环保标准的情况下，于 2014 年 11 月进行招投标，在 2015 年 2 月，其与无锡格润环保科技有限公司签订《玻璃窑炉脱硝脱硫除尘总承包合同》，对方圆公司的四座窑炉配备的环保设施进行脱硝脱硫除尘改造，进行环保设施的升级改造，合同总金额 3617 万元，体现了方圆公司防污整改的守法意识。在后续生产过程中，方圆公司出现超标排污行为，是环保设施升级改造中环保设施质量不合格导致的。方圆公司也因此与无锡格润环保科技有限公司产生纠纷，并进入诉讼程序。因此，企业与第三方合作进行污染防治等环境保护工作，是企业环保合规管理的一种合理可择路径。但应注意的是，在与第三方合作进行环保合规管理的过程中，企业应密切关注合同履行情况，督促对方尽职尽责，以避免使己方陷入环境违法的不利境地。

【合规指引】

一、环保合规的相关概念

"合规"一词源自西方，在 20 世纪 80 年代的会计和金融领域被大量使用。在中国，最早的合规定义也出现在金融领域。在现代法治社会的中国，合规已成为企业合法化、一体化、公平化营商的通识标准，其也已进入了当下中国企业治理的主流话语体系。

虽然国内外学术和实务界对"合规"的界定有不同的表述，但其核心都是围绕"符合一定的准则或规则"的。环保合规是企业合规的组成部分。2018 年 11 月，国务院国有资产监督管理委员发布《中央企业合规管理指引（试行）》，将环保领域的合规管理列为中央企业合规管理的重点领域。在该规范性文件中，对企业合规相关概念进行了阐述，符合国际主流的定义。根据该文件的规定：

合规：指中央企业及其员工的经营管理行为符合法律法规、监管规定、行业准则和企业章程、规章制度以及国际条约、规则等要求。

合规风险：指中央企业及其员工因不合规行为，引发法律责任、受到相关处罚、造成经济或声誉损失以及其他负面影响的可能性。

合规管理：指以有效防控合规风险为目的，以企业和员工经营管理行为为对象，开展包括制度制定、风险识别、合规审查、风险应对、责任追究、考核评价、合规培训等有组织、有计划的管理活动。

比较成熟的企业合规体系至少有三个部分：完善的公司治理结构；稳定、连续、可行的内控机制；明确的、被严格遵循的企业社会责任价值。[①] 据此，可以对环保合规的相关概念进行以下界定：

---

① 参见杨力：《中国企业合规的风险点、变化曲线与挑战应对》，载《政法论丛》2017 年第 2 期。

环保合规:指企业的生产经营活动与国家环境保护法律、法规、标准、政策以及企业内部规则相一致。从广义的角度来看,企业环保合规指企业除了遵守国家在环境保护领域强制性的规则之外,还要遵守自身的自愿性承诺,承担相应的绿色社会责任,包括遵守组织标准、行业标准、合同约定、与非政府组织间的协议、节能减排承诺,构建绿色供应链,公开环境相关信息等。

环保合规风险:指企业因环境保护违规行为而引发相关法律责任、监管处罚、财务和声誉损失甚至倒闭的风险。企业能否有效识别并管理此类风险,关乎企业的生死存亡。

环保合规管理:主要由企业环保合规管理组织体系建设、制度体系建设、环境法律法规梳理与合规义务识别、合规风险评估和应对、合规审查、违规追责、合规监督、合规考核评价以及持续改进等多个部分构成,其内容涵盖企业从项目的决策选址,到开工建设,再到日常生产运营,最后到场地关闭、搬迁。环保合规管理贯穿企业的整个生命周期。

二、环保合规管理的必要性与意义

在我国经济社会快速发展,国家对生态文明建设的要求显著提高,最严格的生态环境保护制度陆续建立,生态环境保护监管呈高压态势,公众环境意识普遍提高的大背景下,企业的环境违法成本大幅提高,企业一旦被定性为环境违法(规),就将面临大额罚款甚至停产整顿,还会承担巨额的生态环境损害赔偿费用,其声誉也会受到不同程度的影响。因此,环境违法(规)将成为企业的持续、稳定发展的巨大障碍。

环保合规管理能确保企业各项经营活动的开展符合法律、法规、国家标准、国家政策和行业准则等的要求。完善的环保合规管理已经成为保障企业快速、持续、绿色发展的重要一环,可以助力企业发展,避免企业环境违法(规),并帮助企业有效应对相关风险。因此,环保合规管理对于企业规范运营具有举足轻重的影响,企业对于环保合规法律服务,也将产生前所未有的迫切需求。

三、我国环保合规的现有立法

现阶段,我国已初步建成由宪法、法律、行政法规、部门规章、地方性法规和规章、国家标准、行业标准等构成的具有中国特色的环境保护法律规范体系。(见表1-1)

表 1－1　国家及陕西省环境保护规范性文件一览

类型	序号	名　称
法律	1	民法典
	2	环境保护法
	3	水污染防治法
	4	大气污染防治法
	5	土壤污染防治法
	6	固体废物污染环境防治法
	7	环境噪声污染防治法
	8	海洋环境保护法
	9	环境影响评价法
	10	放射性污染防治法
	11	核安全法
	12	野生动物保护法
	13	节约能源法
	14	防沙治沙法
	15	城乡规划法
	16	清洁生产促进法
	17	环境保护税法
	18	行政处罚法
	19	行政许可法
	20	行政强制法
	21	行政复议法
	22	行政诉讼法
	23	刑法
	24	民事诉讼法
	25	长江保护法

续表

类型	序号	名　称
司法解释	1	最高人民法院关于适用《中华人民共和国民事诉讼法》的解释
	2	最高人民法院、最高人民检察院关于检察公益诉讼案件适用法律若干问题的解释
	3	最高人民法院关于审理环境民事公益诉讼案件适用法律若干问题的解释
	4	最高人民法院关于审理生态环境损害赔偿案件的若干规定（试行）
	5	最高人民法院关于审理环境侵权责任纠纷案件适用法律若干问题的解释
	6	最高人民法院关于审理海洋自然资源与生态环境损害赔偿纠纷案件若干问题的规定
	7	最高人民法院、最高人民检察院关于办理环境污染刑事案件适用法律若干问题的解释
行政法规	1	生态环境损害赔偿制度改革方案
	2	自然保护区条例
	3	建设项目环境保护管理条例
	4	规划环境影响评价条例
	5	城镇排水与污水处理条例
	6	消耗臭氧层物质管理条例
	7	医疗废物管理条例
	8	废弃电器电子产品回收处理管理条例
	9	危险废物经营许可证管理办法
	10	放射性同位素与射线装置安全和防护条例
	11	放射性废物安全管理条例
	12	放射性物品运输安全管理条例
	13	畜禽规模养殖污染防治条例
	14	防止拆船污染环境管理条例
	15	危险化学品安全管理条例

续表

类型	序号	名　　称
部门规章及规范性文件	1	排污许可管理办法(试行)
	2	建设项目环境影响评价分类管理名录
	3	建设项目环境影响后评价管理办法(试行)
	4	建设项目环境影响登记表备案管理办法
	5	电子废物污染环境防治管理办法
	6	医疗废物管理行政处罚办法
	7	废弃电器电子产品处理资格许可管理办法
	8	危险废物出口核准管理办法
	9	防治尾矿污染环境管理规定
	10	危险废物转移管理办法
	11	污染地块土壤环境管理办法(试行)
	12	放射性固体废物贮存和处置许可管理办法
	13	放射性同位素与射线装置安全许可管理办法
	14	近岸海域环境功能区管理办法
	15	新化学物质环境管理登记办法
	16	洗染业管理办法
	17	病原微生物实验室生物安全环境管理办法
	18	进出口环保用微生物菌剂环境安全管理办法
	19	环境监测管理办法
	20	污染源自动监控管理办法
	21	污染源自动监控设施现场监督检查办法
	22	环境保护主管部门实施按日连续处罚办法
	23	环境保护主管部门实施查封、扣押办法
	24	环境保护主管部门实施限制生产、停产整治办法
	25	企业环境信息依法披露管理办法
	26	突发环境事件调查处理办法
	27	突发环境事件应急管理办法
	28	环境保护公众参与办法

续表

类型	序号	名　　称
	29	清洁生产审核办法
	30	环境行政处罚办法
	31	环境保护行政许可听证暂行办法
	32	环境监测数据弄虚作假行为判定及处理办法
	33	环境违法案件挂牌督办管理办法
	34	中央企业合规管理指引(试行)
	35	环境影响评价公众参与办法
	36	建设项目环境保护事中事后监督管理办法(试行)
	37	建设项目竣工环境保护验收暂行办法
陕西省地方性法规、规章及规范性文件	1	陕西省饮用水水源保护条例
	2	陕西省林业有害生物防治检疫条例
	3	陕西省实施《中华人民共和国环境影响评价法》办法
	4	陕西省汉江丹江流域水污染防治条例
	5	陕西省实施《中华人民共和国环境保护法》办法
	6	陕西省大气污染防治条例
	7	陕西省固体废物污染环境防治条例
	8	陕西省放射性污染防治条例
	9	陕西省煤炭石油天然气开发生态环境保护条例
	10	陕西省秦岭生态环境保护条例
	11	陕西省气候资源保护和利用条例
	12	陕西省大气污染防治条例
	13	陕西省促进科技成果转化条例
	14	陕西省秦岭生态环境保护条例
	15	陕西省固体废物污染环境防治条例
	16	陕西省地下水条例
	17	陕西省节约能源条例
	18	陕西省水土保持条例
	19	陕西省渭河流域管理条例

续表

类型	序号	名　称
	20	陕西省实施《中华人民共和国突发事件应对法》办法
	21	陕西省森林公园条例
	22	陕西省科学技术进步条例
	23	陕西省公共信用信息条例
	24	陕西省循环经济促进条例
	25	陕西省实施《中华人民共和国草原法》办法
	26	陕西省科学技术普及条例
	27	陕西省煤炭石油天然气开发环境保护条例
	28	陕西省秦岭生态环境保护条例
	29	陕西省实施《中华人民共和国水法》办法
	30	陕西省汉江丹江流域水污染防治条例
	31	陕西省城市饮用水水源保护区环境保护条例
	32	陕西省实施《中华人民共和国自然保护区条例》办法
	33	陕西省风景名胜区管理条例
	34	陕西省城市饮用水水源保护区环境保护条例
	35	陕西省生态环境损害修复管理办法(试行)
	36	陕西省生态环境违法行为举报奖励实施办法
	37	陕西省生态环境厅约谈办法
	38	陕西省污染源自动监控管理办法
	39	陕西省生态环境地方标准制修订工作管理办法
	40	陕西省生态环境厅审批环境影响评价文件的建设项目目录(2020年本)
	41	陕西省规划环境影响评价管理规程(试行)
	42	陕西省生态环境厅辐射类建设项目行政许可事项办理指南
	43	陕西省生态环境厅关于行政规范性文件清理结果的通告
	44	陕西省生态环境损害赔偿磋商办法(试行)
	45	陕西省生态环境损害鉴定评估办法(试行)
	46	陕西省地方环境保护标准制修订工作管理办法(试行)

续表

类型	序号	名　称
	47	关于提升全省生态环境治理能力助推高质量发展的若干措施
	48	陕西省环境行政处罚自由裁量权适用规则
	49	陕西省环境行政处罚自由裁量权基准
	50	陕西省环境行政处罚程序规定
	51	陕西省环境行政执法文书格式
国家标准	1	生态环境档案管理规范　生态环境监测（HJ 8.2—2020）
	2	辐射环境保护管理导则　电磁辐射环境影响评价方法与标准 HJ/T 10.3—1996
	3	一般工业固体废物贮存和填埋污染控制标准（GB 18599—2020）
	4	危险废物焚烧污染控制标准（GB 18484—2020）
	5	土壤环境质量　农用地土壤污染风险管控标准（试行）（GB 15618—2018）
	6	土壤环境质量　建设用地土壤污染风险管控标准（试行）（GB 36600—2018）
	7	工业企业厂界环境噪声排放标准（GB 12348—2008）
	8	建筑施工场界环境噪声排放标准（GB 12523—2011）
	9	环境影响评价技术导则　大气环境（HJ 2.2—2018）
	10	船舶水污染物排放控制标准（GB 3552—2018）
陕西省地方标准	1	土壤　有机氯农药的测定　气相色谱-三重四极杆质谱法（DB61/T 1423—2021）
	2	排污许可证申请与核发技术规范　通用设备、专用设备、仪器仪表及其他制造业（DB61/T 1356—2020）
	3	自然资源开发利用生态环境恢复治理方案技术评估导则（DB61/T 1293—2019）
	4	水质　氯化物的测定　全自动电位滴定法（DB61/T 1036—2019）
	5	生态环境监测质量管理技术规范（DB61/T 1305—2019）

续表

类型	序号	名　　称
	6	固定污染源废气　低浓度二氧化硫的测定分子筛吸附采样—离子色谱法(DB61/T 1294—2019)
	7	餐饮业环境保护工程技术指南(DB61/T 1307—2019)
	8	陕西省黄河流域污水综合排放标准(DB 61/224—2018)
	9	锅炉大气污染物排放标准(DB 61/1226—2018)
	10	陕西省黄河流域污水综合排放标准(DB 61/224—2018)
	11	锅炉大气污染物排放标准(DB 61/1226—2018)
	12	农村生活污水处理设施水污染物排放标准(DB 61/T 1227—2018)
	13	关中地区重点行业大气污染物排放标准(DB 61/941—2018)
	14	水质　粪大肠菌群的测定　酶底物法(DB 61/T 1138—2018)
	15	在用压燃式发动机汽车加载减速法排气烟度排放限值(DB 61/440—2008)
	16	小流域治理环境质量评价标准(DB 61/334—2003)
	17	水质　烷基汞的测定　液相色谱－原子荧光联用法(DB 61/T 562—2013)
	18	水质　甲醇的测定　静态顶空/直接进样气相色谱法(DB 61/T 971—2015)
	19	水质　钒的测定　二安替比林苯乙烯基甲烷分光光度法(DB 61/T 561—2013)
	20	水质　丙烯酰胺的测定　高效液相色谱－质谱/质谱法(DB 61/T 563—2013)
	21	薯蓣皂素　清洁生产标准(DB 61/T 424—2008)
	22	施工场界扬尘排放限值(DB 61/1078—2017)
	23	兰炭行业　清洁生产标准(DB 61/T 423—2008)
	24	建设项目环境监理规范(DB 61/T 571—2013)
	25	挥发性有机物排放控制标准(DB 61/T 1061—2017)
	26	黄河流域(陕西段)污水综合排放标准(DB 61/224—2011)
	27	大中型家畜养殖场建设环境保护标准(DB 61/422—2008)

续表

类型	序号	名　　称
	28	村镇集中饮用水源保护区划分技术规范(DB 61/335—2003)
	29	半焦(DB61/T 362—2005)
	30	兰炭工业竣工环境保护验收技术规范(DB61/T 1057—2016)
	31	在用汽车排气污染物限制及检测方法(遥测法)(DB61/T 1046—2016)
	32	含油污泥处置利用控制限值(DB61/T 1025—2016)
	33	汉丹江流域(陕西段)重点行业水污染物排放限值(DB 61/942—2014)
	34	关中地区重点行业大气污染物排放限值(DB 61/941—2014)
	35	在用点燃式发动机轻型汽车稳态工况法排气污染物排放限制(DB 61/439—2008)

环境保护法律规范体系的建立为企业设定了严格的环保合规义务,企业一旦环境违法,将承担异常严厉的行政责任、民事责任,乃至刑事责任。下文对我国现有环保合规方面的重点法律规范进行简要概括。

1.《民法典》

《民法典》将“绿色原则”确立为基本原则,在第九条明确规定:“民事主体从事民事活动,应当有利于节约资源、保护生态环境。”该原则体现了党的十八大以来的新发展理念,引导、鼓励民事主体进行民事活动应有利于节约资源,保护生态环境,也为企业的环保合规管理确立了基本的理念与方向。

《民法典》第二百九十四条规定:“不动产权利人不得违反国家规定弃置固体废物,排放大气污染物、水污染物、土壤污染物、噪声、光辐射、电磁辐射等有害物质。”第五百零九条第三款规定:“当事人在履行合同过程中,应当避免浪费资源、污染环境和破坏生态。”第一千二百三十二条规定:“侵权人违反法律规定故意污染环境、破坏生态造成严重后果的,被侵权人有权请求相应的惩罚性赔偿。”确立了环境污染、生态破坏侵权的惩罚性赔偿制度。第一千二百三十五条规定,违反国家规定造成生态环境损害的,国家规定的机关或者法律规定的组织有权请求侵权人赔偿生态环境修复费用及相关合理费用,明确规定了生态环境修复费用属于生态环境损害赔偿的组成部分。

2.《环境保护法》

《环境保护法》确立的按日连续处罚、查封扣押、限产停产、信息公开、移送刑事侦查等配套措施，使我国环境执法的刚性显著提升，企业环境违法成本明显增大，标志着我国环境监管进入了新阶段。

《环境保护法》第一条阐明了其立法目的，即为保护和改善环境，防治污染和其他公害，保障公众健康，推进生态文明建设，促进经济社会可持续发展。第二条对环境的概念进行了界定，即环境是指影响人类生存和发展的各种天然的和经过人工改造的自然因素的总体，包括大气、水、海洋、土地、矿藏、森林、草原、湿地、野生生物、自然遗迹、人文遗迹、自然保护区、风景名胜区、城市和乡村等。第四条规定："保护环境是国家的基本国策。国家采取有利于节约和循环利用资源、保护和改善环境、促进人与自然和谐的经济、技术政策和措施，使经济社会发展与环境保护相协调。"阐明了环境保护的重要地位与作用，也体现了保护与发展并重的理念。第六条对地方各级人民政府、企业事业单位、其他生产经营者以及公民个人等的环境保护义务进行了规定，明确"一切单位和个人都有保护环境的义务。地方各级人民政府应当对本行政区域的环境质量负责。企业事业单位和其他生产经营者应当防止、减少环境污染和生态破坏，对所造成的损害依法承担责任。公民应当增强环境保护意识，采取低碳、节俭的生活方式，自觉履行环境保护义务"。

《环境保护法》第六章关于法律责任的规定，对于企业环保合规管理具有重要的指引作用。其主要包括以下内容：(1)企业事业单位和其他生产经营者因环境违法行为受到罚款处罚，如果拒不改正的，依法作出处罚决定的行政机关可以自责令改正之日的次日起，按照原处罚数额按日连续处罚，且没有上限。其中罚款的额度依照防治污染设施的运行成本、违法行为造成的直接损失或者违法所得等因素确定。这一规定体现了《环境保护法》对环境违法行为的强大威慑力(第五十九条)。(2)企业因环境违法行为可能面临不同程度的处罚，并承担一定侵权责任。具体包括限制生产、停产整治，责令停业、关闭，责令停止建设，罚款，责令恢复原状，责令公开信息等。在特定情形下，直接负责的主管人员和其他直接责任人员，还可能被处以行政拘留。表明对环境违法行为的处罚，除了惩罚违法企业之外，还惩罚法定代表人、直接负责的主管人员和其他直接责任人员。因污染环境和破坏生态造成损害的，应当依照有关规定承担侵权责任(第六十条至第六十四条)。(3)负有环境监管职责的各级人民政府、有关环境保护部门以及工作人员可能因环境违法监管不力承担相应责任。上级人民政府及其环境保护主管部门应当加强对下级人民政府及其有关部门环境保护工作的监督,发现有关工作人员有违法行为,依法应当给予处分的,应当向其任免机关或者监察机关提出处分建议。特定情形下,对直接负责的主管人员和其他直接责任人员给予记过、记大过或者降级处分;造成严重后果的,给予撤职或者开除处分,其主要负责人应当引咎辞职(第六十七条、第六十八条)。

3.《民事诉讼法》等相关法律及司法解释

企业因环境违法行为,会有成为环境民事公益诉讼或生态环境损害赔偿诉讼被告的风险。我国关于环境诉讼的相关法律规定主要体现在《民事诉讼法》《民诉法解释》《行政诉讼法》《环境保护法》《检察公益诉讼案件解释》《环境民事公益诉讼案件解释》《生态环境损害赔偿制度改革方案》《生态环境损害赔偿案件若干规定(试行)》《环境侵权案件解释》《海洋环境保护法》《最高人民法院关于审理海洋自然资源与生态环境损害赔偿纠纷案件若干问题的规定》等法律和规范性文件中。

根据现有立法规定,有权对环境违法企业提起环境民事公益诉讼或生态环境损害赔偿诉讼的主体包括检察机关、法律规定的机关和有关组织等。其中,有关组织是指依法在设区的市级以上人民政府民政部门登记社会团体、基金会以及社会服务机构等,且该组织章程确定的宗旨和主要业务范围是维护社会公共利益,且专门从事环境保护公益活动,其提起诉讼所涉及的社会公共利益,应与其宗旨和业务范围具有关联性。并且,在提起诉讼前五年内未因从事业务活动违反法律、法规的规定受过行政、刑事处罚。

目前,虽然现行法律中并未有授权相关机关提起环境公益诉讼的明确规定,但是《生态环境损害赔偿制度改革方案》《生态环境损害赔偿案件若干规定(试行)》确立了我国的生态环境损害赔偿制度。根据该制度,法律规定的机关,即省级、市地级人民政府及其指定的相关部门、机构或者受国务院委托行使全民所有自然资源资产所有权的部门,行使海洋环境监督管理权的机关等,其有权针对企业的环境违法行为提起生态环境损害赔偿诉讼。理论上,关于生态环境损害赔偿制度是不是公益诉讼,尚有争议。但从企业的角度来讲,其成为生态环境损害赔偿诉讼的被告与成为环境公益诉讼的被告，后果并无二致，均为承担巨额赔偿、赔礼道歉等责任。

在环境诉讼中，一旦企业的环境违法行为被法院生效判决所确认，根据现有立法及司法实践中的做法，其可能承担的生态环境损害赔偿责任包括停止侵害、损害赔偿、排除妨碍、消除危险、赔礼道歉等以及赔偿原告为停止侵害、排除妨碍、消除危险采取合理预防、处置措施而发生的费用。其中，相关损害赔偿费用包括：清除污染费用（包括清除污染以及防止损害的发生和扩大所支出的合理费用）；生态环境修复费用（包括制定、实施修复方案的费用，修复期间的监测、监管费用，以及修复完成后的验收费用、修复效果后评估费用等，无法完全修复的，可以采用替代性修复方式）；生态环境受到损害至修复完成期间服务功能丧失导致的损失、生态环境功能永久性损害造成的损失费用；生态环境损害赔偿调查、鉴定评估、原告的律师费以及为诉讼支出的其他合理费用。

4.《刑法》及相关司法解释

《刑法》第三百三十八条规定了污染环境罪，对违反国家规定，排放、倾倒或者处置有放射性的废物、含传染病病原体的废物、有毒物质或者其他有害物质，严重污染环境的行为，规定了7年以下有期徒刑或者拘役，并处或者单处罚金的刑罚；对于四类情形加重了一档刑期，即最高可判7年以上有期徒刑，并处罚金。《办理环境污染刑事案件解释》将“严重污染环境”的情形进行了具体细化规定。

四、我国环保合规的政策指引

现阶段，保护生态环境已成为全球共识。党的十八大以来，我国始终把生态文明建设放在治国理政的突出位置，生态环境保护发生了全局性变化，污染治理力度之大、制度出台频度之密、执法督察尺度之严前所未有，生态文明建设取得显著成效。党中央、国务院高度重视生态文明建设，先后出台了一系列重大决策部署，推动生态文明建设取得了重大进展和积极成效。

（一）2012年至2020年我国的主要环保政策

2012年，党的十八大做出“大力推进生态文明建设”的战略决策，把生态文明建设纳入中国特色社会主义事业“五位一体”总体布局，同时，审议通过《中国共产党章程（修正案）》，将“中国共产党领导人民建设社会主义生态文明”写入党章，作为行动纲领。接下来，党的十八届三中全会提出加快建立系统完整的生态文明制度体系。党的十八届四中全会要求用严格的法律制度保护生态环境。党的十八届五中全会将绿色发展纳入新发展理念,将增强生态文明建设首度写入国家五年规划。2017 年,党的十九大报告提出,坚持节约资源和保护环境的基本国策。2018 年 3 月,第十三届全国人民代表大会第一次会议表决通过《宪法修正案》,将《宪法》第八十九条"国务院行使下列职权"中第六项"领导和管理经济工作和城乡建设"修改为"领导和管理经济工作和城乡建设、生态文明建设"。生态文明正式被写入国家根本法,实现了党的主张、国家意志、人民意愿的高度统一。

2015 年 4 月 25 日,《中共中央、国务院关于加快推进生态文明建设的意见》发布。2015 年 9 月 21 日,《生态文明体制改革总体方案》出台,提出"构建以改善环境质量为导向,监管统一、执法严明、多方参与的环境治理体系,着力解决污染防治能力弱、监管职能交叉、权责不一致、违法成本过低等问题"。2015 年 11 月,《开展领导干部自然资源资产离任审计试点方案》《党政领导干部生态环境损害责任追究办法(试行)》被中央全面深化改革领导小组审议通过,领导离任审计、责任追究,第一次进入了生态领域。2016 年 12 月,《生态文明建设目标评价考核办法》正式公布,生态责任成为政绩考核的必考题。

2015 年 12 月,中央全面深化改革领导小组召开第十九次会议,审议通过《中国三江源国家公园体制试点方案》,开启自然资源管理体制改革的新探索。类似的生态环保领域改革方案,自 2013 年 12 月以来已被审议通过数十项。2016 年 11 月 10 日,国务院办公厅印发《控制污染物排放许可制实施方案》,企业需自行申报排污许可资料,对申请材料的真实性、准确性和完整性承担法律责任,并且需要依法实行自行监测和定期报告、自证守法。企业一旦环境违法被查处,不仅通报企业名称,还要通报法定代表人的名字,并将所有检查结果在网上公示,并记入企业诚信体系,企业贷款、项目审批等多方面都将受到限制。

2015 年,国务院、国有资产监督管理委员会(以下简称国资委)印发了《关于全面推进法治央企建设的意见》。2016 年 4 月,国资委确定中国石油天然气集团公司、中国移动通信集团公司、中国东方电气集团有限公司、招商局集团有限公司、中国铁路工程总公司 5 家中央企业为试点企业,探索开展合规管理体系建设。2018 年 11 月,国资委发布的《中央企业合规管理指引(试行)》和国家发展改革委等七部委联合发布的《企业境外经营合规管理指引》,都将环境保护作为企业合规管理的重点领域。2019 年 7 月,第二轮第一批中央生态环境保护督察全面启动,企业生态环境保护管理现状和遵守环境保护法等法律法规情况为重点督察的项目之一。

2018 年 6 月 16 日,中共中央、国务院公布《关于全面加强生态环境保护坚决打好污染防治攻坚战的意见》指出,要“加快构建生态环境治理体系,健全保障举措,增强系统性和完整性,大幅提升治理能力”,明确将改革完善生态环境治理体系作为加强生态环境保护的重要内容,表明生态环境治理体系是生态环境保护的重要组成部分。2020 年 3 月 3 日,中共中央办公厅、国务院办公厅印发了《关于构建现代环境治理体系的指导意见》,提出到 2025 年建立健全环境治理的领导责任体系、企业责任体系、全民行动体系、监管体系、市场体系、信用体系、法律法规政策体系等七大体系的主要目标。该指导意见总结了党的十九大以来,我国生态环境保护领域的核心政策、法律制度、改革举措、创新举措和实践经验,并从环境治理体系的主要参与主体——党政机关、企业、社会团体等入手,对下一阶段工作任务作出指导,确定各方权责,是对 2018 年《关于全面加强生态环境保护坚决打好污染防治攻坚战的意见》内容的具体落实和部署。2020 年 8 月,第二轮第二批中央生态环境保护督察全面启动,中央企业所属企业单位环境守法和落实生态环境社会责任等情况被明确列为督察内容。

(二)2020 年之后我国的“双碳”政策

2020 年以来,习近平总书记先后在不同场合发表的重要讲话、党和国家发布的一系列文件,均表明了我国现阶段加大环境保护和减污降碳力度的政策导向,传递了把“碳达峰”“碳中和”纳入生态文明建设整体布局、全面推行绿色低碳循环经济发展的坚定决心。根据联合国政府间气候变化专门委员会(Intergovernmental Panel on Climate Change, IPCC)的定义,碳达峰(peak carbon dioxide emissions)是指某个地区或行业年度二氧化碳排放量达到历史最高值,然后进入持续下降的过程,是二氧化碳排放量由增转降的历史拐点。碳达峰包括达峰年份和峰值。碳中和是指由人类活动造成的二氧化碳排放量,与二氧化碳去除技术(如植树造林)应用实现的吸收量达到平衡。

1. 习近平总书记在不同场合讲话中的重要内容

2020 年 9 月 22 日,习近平总书记在第七十五届联合国大会一般性辩论上发表重要讲话，首次提出了中国碳达峰、碳中和的目标："中国将提高国家自主贡献力度，采取更加有力的政策和措施，二氧化碳排放力争于2030年前达到峰值，努力争取2060年前实现碳中和。"这次会议之后，至2021年10月30日的二十国集团领导人第十六次峰会，习近平主席至少在12次国际会议和8次国内会议中先后阐述了"碳达峰"与"碳中和"的目标、意义、决心、行动计划等内容，明确表态并宣布，中国将秉持人类命运共同体理念，继续作出艰苦卓绝努力，提高国家自主贡献力度，采取更加有力的政策和措施；中国将加强生态文明建设，加快调整优化产业结构、能源结构，倡导绿色低碳的生产生活方式；中国作为世界上最大的发展中国家，将完成全球最高碳排放强度降幅，用全球历史上最短的时间实现从碳达峰到碳中和。其表明了我国正在制订行动方案并已开始采取具体措施，确保实现既定目标："到2030年，中国单位国内生产总值二氧化碳排放将比2005年下降65%以上，非化石能源占一次能源消费比重将达到25%左右，森林蓄积量将比2005年增加60亿立方米，风电、太阳能发电总装机容量将达到12亿千瓦以上；中国将大力支持发展中国家能源绿色低碳发展，不再新建境外煤电项目；中国将陆续发布重点领域和行业碳达峰实施方案和一系列支撑保障措施，构建起碳达峰、碳中和'1+N'政策体系。中国将持续推进产业结构和能源结构调整，大力发展可再生能源，在沙漠、戈壁、荒漠地区加快规划建设大型风电光伏基地项目。"习近平总书记强调："实现碳达峰、碳中和是我国向世界作出的庄严承诺，也是一场广泛而深刻的经济社会变革，中国一直主动承担与国情相符合的国际责任，积极推进经济绿色转型，不断自主提高应对气候变化行动力度。我们将践信守诺，携手各国走绿色、低碳、可持续发展之路。"

2. 党和国家的一系列政策性文件

2020年至2021年年底，在党的十九届五中全会、第十三届全国人民代表大会第四次会议、我国碳达峰碳中和工作领导小组第一次全体会议上，以及《关于深化生态保护补偿制度改革的意见》《关于推动城乡建设绿色发展的意见》《关于完整准确全面贯彻新发展理念做好碳达峰碳中和工作的意见》《国务院关于印发2030年前碳达峰行动方案的通知》《中国应对气候变化的政策与行动》等文件中，中共中央、国务院将低碳发展列为我国"十四五"期间的发展目标，将2035年的远景目标确定为"碳排放达峰后稳中有降"，明确了我国将制定2030年前碳排放达峰行动方案,健全碳排放权交易机制,探索碳汇权益交易试点,建立健全碳达峰、碳中和标准。2021年10月24日,《中共中央、国务院关于完整准确全面贯彻新发展理念做好碳达峰碳中和工作的意见》发布,为"碳达峰""碳中和"这项重大工作进行了系统谋划、总体部署。该意见坚持系统观念,提出了10个方面,31项重点任务,明确了碳达峰、碳中和工作的路线图、施工图。2021年10月26日,《国务院关于印发2030年前碳达峰行动方案的通知》发布。该通知确定了我国"十四五"期间产业结构和能源结构调整优化的主要目标,并"将碳达峰贯穿于经济社会发展全过程和各方面"确定为重点任务,明确了重点实施能源绿色低碳转型行动、节能降碳增效行动等"碳达峰"十大行动。2021年11月2日,中共中央、国务院《关于深入打好污染防治攻坚战的意见》发布,提出了"加快推动绿色低碳发展"的要求,明确要"深入推进碳达峰行动。处理好减污降碳和能源安全、产业链供应链安全、粮食安全、群众正常生活的关系,落实2030年应对气候变化国家自主贡献目标"。2021年11月9日,生态环境部发布《关于深化生态环境领域依法行政持续强化依法治污的指导意见》,将"依法推进碳减排工作"列为生态环境领域依法治污的重点领域和重要手段:"以实现减污降碳协同增效为总抓手,进一步强化降碳的刚性举措,将应对气候变化要求纳入'三线一单'生态环境分区管控体系,实施碳排放环境影响评价,打通污染源与碳排放管理统筹融合路径,从源头实现减污降碳协同作用。我部将组织落实碳排放权登记、碳排放权交易、碳排放权结算等管理规则,依法加快推进全国碳排放权交易市场建设,积极推动构建生态环境应对气候变化标准体系,完善碳减排量评估与绩效评价标准、低碳评价标准、排放核算报告与核查管理技术规范。开展碳监测评估试点。"

国家近年来在环境保护、生态文明建设、环保督察、"双碳"目标等方面的规定和举措,均意味着企业环保合规管理已经是大势所趋,已经成为企业合规建设不可或缺的部分,且形势紧迫,越早进行环保合规管理建设,对企业的发展越有利。

五、环保合规成功案例展示

(一)北京市丰台区源头爱好者环境研究所、北京市朝阳区环友科学技术研究中心等与湖北鼎龙控股股份有限公司水污染责任纠纷案(一审)

本案中,两原告主张鼎龙公司排放水污染造成环境公共利益损害,主要证据为2016年至2019年环保行政机关对鼎龙公司作出的五个行政处罚。法院最终认为,不能根据行政处罚就推定鼎龙公司的行为同时损害了环境公共利益。

本案被告鼎龙公司是一家成立于2000年7月,专门研制、生产电子信息材料、半导体及光电材料、功能性新材料以及企业科研所需原辅材料、机械设备、仪器仪表、零配件等的上市企业,其下述行为值得借鉴:(1)鼎龙公司作为处罚相对人的武环罚(2017)22号行政处罚系春节放假停产后重开污水站运行时需投入营养液(磷酸盐),因过量投入导致排口总磷超标,属偶然原因,事发后鼎龙公司加强了整改,完善了管理,环保部门一个月后复查达标。(2)在另外两个行政处罚,即武经开(汉南)环罚(2019)8号行政处罚和武经开(汉南)环罚(2019)9号行政处罚决定中,鼎龙公司虽有环保不合规行为,但排放是达标的,并未导致污水超标排放污染外环境,未产生生态环境损害后果。(3)鼎龙公司在违法行为发生后立即启动整改,特别是2019年针对行政机关检查中发现的问题,其按要求停产,并在环保部门的监督、指导下认真改进,消除了对环境公共利益的危险。(4)鼎龙公司作为上市公司,在收到行政处罚决定后,在证券时报、证券日报、上海证券报、中国证券报及中国证监会指定的信息披露网站巨潮资讯网进行披露并公开道歉。(5)鼎龙公司在诉讼中向法院提交了环保整改方案落实报告(简本)、武汉经济技术开发区(汉南区)环境保护局备案确认单,证明其投入大量资金进行提标改造,达到了环保部门的整改要求并备案确认。其还提交了武汉经济技术开发区(汉南区)网站对鼎龙公司整改方案公示的截图、鼎龙公司网站登载整改方案落实情况截图、鼎龙公司环境整改方案落实报告专家审查会意见,证明鼎龙公司严格按照各项要求进行停产整治,并将整改方案、完成情况进行公示,接受社会监督,不仅落实了环境保护行政主管部门和整改方案中各项要求,而且对厂区内其他环保设备进行了优化改造,整改落实效果得到了相关专家的认可。

也正是因为上述原因,两原告在诉讼中要求鼎龙公司消除危险的请求已缺乏事实基础,法院最终判决驳回了两原告的全部诉讼请求。

(二)北京市丰台区源头爱好者环境研究所、新昌县和兴纺织印染有限公司环境污染责任纠纷案(二审)

本案一审中,原告提供了2015年至2017年的四份行政处罚决定书,认为被告存在违法行为,构成环境民事侵权行为,但一审法院认为,环境行政责任并不当然构成环境民事责任,两种法律责任的构成要件并不完全相同。从被告提供的证据以及鉴定机构的回复函载明的内容来看,法院认为,无证据证明被告从2007年投产后将印染废水直接排入周边生态环境的行为及事实存在,无法确认被告的行为造成生态环境损害,无充分证据证明"有社会公共利益受到损害"或"被告的行为已经损害社会公共利益或者具有损害社会公共利益重大风险"的情形发生。因此,原告主张被告存在环境民事侵权行为,造成公共环境的损害而应承担停止侵害、赔礼道歉、消除危险、赔偿损失及支付至其恢复原状期间服务功能损失费的诉讼请求,一审法院没有支持。同时,鉴于本案评估鉴定费并未实际发生,一审法院判决被告无须承担相关鉴定费用。本案后来因原告上诉引发了二审程序,二审法院认为,尚无证据证明被上诉人和兴纺织印染有限公司的排污行为使周边的空气、地表、地表水物、土壤、地下、地下水等环境介质遭受破坏或损害,被上诉人虽因配套的污染物处理设施未经验收及废水向嵊新污水处理厂排放时COD超标被行政处罚,但因其污水并非直接向外排放到周边环境,而是全部通过嵊新污水处理厂进行处理后才排入自然环境,故不能证明被上诉人存在将污水排入空气、地表、地表水物、土壤、地下、地下水等周边环境行为及事实存在,也无法确认被上诉人存在造成生态环境损害的事实。

本案中,一审被告、二审被上诉人新昌县和兴纺织印染有限公司于2005年2月5日经依法登记成立,主要经营范围为制造加工服装、纱线,销售化工原料、五金机电、纺织原料等,后于2007年12月19日变更经营范围为制造加工服装、纱线染色等。

其下述行为值得借鉴:

1.积极进行相关行政许可的报批工作。和兴纺织印染有限公司在诉讼中提交的污水入网申请表、新环建字〔2016〕40号和新环验〔2017〕36号文件、废水处理工程设计方案等证据,可以证明其在2007年8月经原新昌县环境保护局批准,将在生产过程中产生的印染废水全部通过管网纳入新昌县沃洲排水有限公司的管网进行处理,在2014年后纳入嵊新污水处理厂集中处理排放。2016年和兴纺织印染有限公司由原来的纱线加工转产为纱线印染,对成衣染色整治提升技改项目进行了环境影响申报并经过了审批,环境保护设施已经竣工验收,其生产过程中产生项目生产废水及生活污水均纳入公司污水预处理系统预处理后,排入市政府集污管网,送至嵊新污水处理厂集中再处理。

2. 严格按照相关国家、行业标准排放污染物。本案中,和兴纺织印染有限公司的项目污水纳管执行了《纺织染整工业水污染物排放标准》(GB 4287—2012)中的相关标准要求,污水排放执行《城镇污水处理厂污染物排放标准》(GB 18918—2002)中的相关标准要求。一审法院调取的《关于嵊新污水处理建设项目环境影响报告书审查意见的函》(绍市环〔2003〕207 号)第三条载明,接入污水处理厂的企业污水排放执行《污水综合排放标准》(GB 8978—1996)三级标准。《污水综合排放标准》(GB 8978—1996)三级标准,适用该标准表 4 第二类污染物最高允许排放浓度(1998 年 1 月 1 日后建设的项目)化学需氧量(COD)其他排污单位为 500mg/L。《嵊新污水处理厂环境影响报告书》第 1.7.2.2节污染物排放标准,表 1.7 - 4 中"进管企业污水,GB 8978 三级标准"化学需氧量(COD)为 500mg/L。和兴纺织印染有限公司排放的污水虽超过《纺织染整工业水污染物排放标准》(GB 4287—2012)的间接排放标准,但并没有超过嵊新污水处理厂进管企业污水的设计标准,且北京市丰台区源头爱好者环境研究所也没有提交证据证明除了相关处罚决定认定的化学需氧需 COD 超出标准外,和兴纺织印染有限公司存在化学需氧量 COD 排放超过 500mg/L 或者超出 COD 化学需氧量之外的污染环境物质的排放行为。

本案最终的处理结果是,二审法院认为一审判决认定事实清楚,适用法律正确,维持了一审判决。

【法条索引】

《中华人民共和国民法典》(2020 年 5 月 28 日)

第二百九十四条 不动产权利人不得违反国家规定弃置固体废物,排放大气污染物、水污染物、土壤污染物、噪声、光辐射、电磁辐射等有害物质。

第一千二百三十二条 侵权人违反法律规定故意污染环境、破坏生态造成严重后果的,被侵权人有权请求相应的惩罚性赔偿。

第一千二百三十五条 违反国家规定造成生态环境损害的,国家规定的机关或者法律规定的组织有权请求侵权人赔偿下列损失和费用:

(一)生态环境受到损害至修复完成期间服务功能丧失导致的损失;

（二）生态环境功能永久性损害造成的损失；

（三）生态环境损害调查、鉴定评估等费用；

（四）清除污染、修复生态环境费用；

（五）防止损害的发生和扩大所支出的合理费用。

《中华人民共和国环境保护法》（2014年4月24日修订）

第二条 本法所称环境，是指影响人类生存和发展的各种天然的和经过人工改造的自然因素的总体，包括大气、水、海洋、土地、矿藏、森林、草原、湿地、野生生物、自然遗迹、人文遗迹、自然保护区、风景名胜区、城市和乡村等。

第五十八条 对污染环境、破坏生态，损害社会公共利益的行为，符合下列条件的社会组织可以向人民法院提起诉讼：

（一）依法在设区的市级以上人民政府民政部门登记；

（二）专门从事环境保护公益活动连续五年以上且无违法记录。

符合前款规定的社会组织向人民法院提起诉讼，人民法院应当依法受理。

提起诉讼的社会组织不得通过诉讼牟取经济利益。

第五十九条 企业事业单位和其他生产经营者违法排放污染物，受到罚款处罚，被责令改正，拒不改正的，依法作出处罚决定的行政机关可以自责令改正之日的次日起，按照原处罚数额按日连续处罚。

前款规定的罚款处罚，依照有关法律法规按照防治污染设施的运行成本、违法行为造成的直接损失或者违法所得等因素确定的规定执行。

地方性法规可以根据环境保护的实际需要，增加第一款规定的按日连续处罚的违法行为的种类。

第六十条 企业事业单位和其他生产经营者超过污染物排放标准或者超过重点污染物排放总量控制指标排放污染物的，县级以上人民政府环境保护主管部门可以责令其采取限制生产、停产整治等措施；情节严重的，报经有批准权的人民政府批准，责令停业、关闭。

第六十一条 建设单位未依法提交建设项目环境影响评价文件或者环境影响评价文件未经批准，擅自开工建设的，由负有环境保护监督管理职责的部门责令停止建设，处以罚款，并可以责令恢复原状。

第六十二条 违反本法规定，重点排污单位不公开或者不如实公开环境信息的，由县级以上地方人民政府环境保护主管部门责令公开，处以罚款，并予以公告。

第六十三条 企业事业单位和其他生产经营者有下列行为之一，尚不构成犯罪的，除依照有关法律法规规定予以处罚外，由县级以上人民政府环境保护主管部门或者其他有关部门将案件移送公安机关，对其直接负责的主管人员和其他直接责任人员，处十日以上十五日以下拘留；情节较轻的，处五日以上十日以下拘留：

（一）建设项目未依法进行环境影响评价，被责令停止建设，拒不执行的；

（二）违反法律规定，未取得排污许可证排放污染物，被责令停止排污，拒不执行的；

（三）通过暗管、渗井、渗坑、灌注或者篡改、伪造监测数据，或者不正常运行防治污染设施等逃避监管的方式违法排放污染物的；

（四）生产、使用国家明令禁止生产、使用的农药，被责令改正，拒不改正的。

《中华人民共和国民事诉讼法》（2021 年 12 月 24 日修正）

第五十八条 对污染环境、侵害众多消费者合法权益等损害社会公共利益的行为，法律规定的机关和有关组织可以向人民法院提起诉讼。

人民检察院在履行职责中发现破坏生态环境和资源保护、食品药品安全领域侵害众多消费者合法权益等损害社会公共利益的行为，在没有前款规定的机关和组织或者前款规定的机关和组织不提起诉讼的情况下，可以向人民法院提起诉讼。前款规定的机关或者组织提起诉讼的，人民检察院可以支持起诉。

《中华人民共和国行政诉讼法》（2017 年 6 月 27 日修正）

第二十五条第四款 人民检察院在履行职责中发现生态环境和资源保护、食品药品安全、国有财产保护、国有土地使用权出让等领域负有监督管理职责的行政机关违法行使职权或者不作为，致使国家利益或者社会公共利益受到侵害的，应当向行政机关提出检察建议，督促其依法履行职责。行政机关不依法履行职责的，人民检察院依法向人民法院提起诉讼。

《中华人民共和国海洋环境保护法》（2017 年 11 月 4 日修正）

第八十九条 造成海洋环境污染损害的责任者，应当排除危害，并赔偿损失；完全由于第三者的故意或者过失，造成海洋环境污染损害的，由第三者排除危害,并承担赔偿责任。

对破坏海洋生态、海洋水产资源、海洋保护区,给国家造成重大损失的,由依照本法规定行使海洋环境监督管理权的部门代表国家对责任者提出损害赔偿要求。

《最高人民法院关于适用〈中华人民共和国民事诉讼法〉的解释》(2022 年 3 月 22 日修正,法释〔2022〕11 号)

第二百八十二条 环境保护法、消费者权益保护法等法律规定的机关和有关组织对污染环境、侵害众多消费者合法权益等损害社会公共利益的行为,根据民事诉讼法第五十八条规定提起公益诉讼,符合下列条件的,人民法院应当受理:

(一)有明确的被告;

(二)有具体的诉讼请求;

(三)有社会公共利益受到损害的初步证据;

(四)属于人民法院受理民事诉讼的范围和受诉人民法院管辖。

第二百八十三条 公益诉讼案件由侵权行为地或者被告住所地中级人民法院管辖,但法律、司法解释另有规定的除外。

因污染海洋环境提起的公益诉讼,由污染发生地、损害结果地或者采取预防污染措施地海事法院管辖。

对同一侵权行为分别向两个以上人民法院提起公益诉讼的,由最先立案的人民法院管辖,必要时由它们的共同上级人民法院指定管辖。

《最高人民法院、最高人民检察院关于检察公益诉讼案件适用法律若干问题的解释》(2020 年 12 月 29 日修正)

第十三条 人民检察院在履行职责中发现破坏生态环境和资源保护,食品药品安全领域侵害众多消费者合法权益,侵害英雄烈士等的姓名、肖像、名誉、荣誉等损害社会公共利益的行为,拟提起公益诉讼的,应当依法公告,公告期间为三十日。

公告期满,法律规定的机关和有关组织、英雄烈士等的近亲属不提起诉讼的,人民检察院可以向人民法院提起诉讼。

人民检察院办理侵害英雄烈士等的姓名、肖像、名誉、荣誉的民事公益诉讼案件,也可以直接征询英雄烈士等的近亲属的意见。

第二十条　人民检察院对破坏生态环境和资源保护，食品药品安全领域侵害众多消费者合法权益，侵害英雄烈士等的姓名、肖像、名誉、荣誉等损害社会公共利益的犯罪行为提起刑事公诉时，可以向人民法院一并提起附带民事公益诉讼，由人民法院同一审判组织审理。

人民检察院提起的刑事附带民事公益诉讼案件由审理刑事案件的人民法院管辖。

《中央企业合规管理指引（试行）》（2018年11月2日发布，国资发法规〔2018〕106号）

第二条　本指引所称中央企业，是指国务院国有资产监督管理委员会（以下简称国资委）履行出资人职责的国家出资企业。

本指引所称合规，是指中央企业及其员工的经营管理行为符合法律法规、监管规定、行业准则和企业章程、规章制度以及国际条约、规则等要求。

本指引所称合规风险，是指中央企业及其员工因不合规行为，引发法律责任、受到相关处罚、造成经济或声誉损失以及其他负面影响的可能性。

本指引所称合规管理，是指以有效防控合规风险为目的，以企业和员工经营管理行为为对象，开展包括制度制定、风险识别、合规审查、风险应对、责任追究、考核评价、合规培训等有组织、有计划的管理活动。

第二章　能源化工企业环保合规管理体系建设

【典型案例】

北京市丰台区源头爱好者环境研究所、北京市朝阳区环友科学技术研究中心等与湖北鼎龙控股股份有限公司水污染责任民事公益诉讼案

一、案情介绍

北京市丰台区源头爱好者环境研究所、北京市朝阳区环友科学技术研究中心等与湖北鼎龙控股股份有限公司水污染责任民事公益诉讼案[一审民事判决书案号:(2019)鄂01民初6822号]

本案是一起经过一审程序终审的水污染责任民事公益诉讼案件。

2019年8月,北京市丰台区源头爱好者环境研究所(以下简称源头研究所)作为原告,以湖北鼎龙控股股份有限公司(以下简称鼎龙公司)为被告,向湖北省武汉市中级人民法院提起环境民事公益诉讼,武汉市中级人民法院立案后公告了案件受理情况,北京市朝阳区环友科学技术研究中心(以下简称环友研究中心)于2019年9月27日申请参加诉讼,经武汉市中级人民法院准许,被列为共同原告。

原告源头研究所提出以下诉讼请求:(1)判令被告鼎龙公司停止侵权,立即停止超标排放污水等污染物损害环境公益的违法行为;(2)判令被告鼎龙公司赔礼道歉,对其损害环境公益的行为在全国主流媒体上向社会公众赔礼道歉;(3)判令被告鼎龙公司消除危险,即采取有效措施消除污水等有害物对环境公益的危害风险;(4)判令被告鼎龙公司赔偿损失,即赔偿环境受到的损失以及环境受损至恢复原状期间服务功能的损失,以最终评估确定的数额为准;

(5)判令被告鼎龙公司承担本案检验、鉴定费用,合理的律师费以及原告源头研究所为诉讼支出的差旅费等费用,以最终确定的数额为准;(6)判令被告鼎龙公司承担本案全部诉讼费用。原告环友研究中心的诉讼请求除第5项外,其他与源头研究所的上述请求相同。环友研究中心第5项诉讼请求为:判令被告鼎龙公司承担本案检验、鉴定费用,合理的律师费以及原告环友研究中心为诉讼支出的差旅费等费用,具体由法院酌定。

一审法院经审理,查明以下事实:

1. 原告源头研究所系2012年在北京市民政局登记的民办非企业单位,其章程反映该单位系从事非营利性环境科学推广普及和社会环境科研服务活动,业务范围为:环保科普知识先进传播方法研究;中国优秀环保科普案例整理和传播;公众环保知识提升方法研究,公众参与环保保护方法研究;环境污染防治方法探索、生态破坏修复方法探索、生态伦理知识研究和推广、动物福利知识研究和推广、环境灾难救援知识研究和推广;其他环保知识研究和推广。原告环友研究中心系2010年在北京市民政局登记的民办非企业单位,其章程反映的宗旨为:通过开展科学技术研究和政策研究、公众环境宣传和环境教育活动及信息交流,提高公民环保意识,倡导和推广绿色生活方式,促进公民环保参与行动,遵守宪法、法律、法规和国家政策,遵守社会道德风尚;业务范围为:支持政府、企、事业单位开展生态环境保护及可持续发展的政策研究将一些相关的科研成果进行科普教育和宣传,协助政府、企、事业单位开展生态环境保护及可持续发展的技术研究,开展环境保护的科普宣传、教育、培训、信息交流等。

2. 被告鼎龙公司成立于2000年,2010年上市,从事集成电路芯片设计及制造工艺材料、光电显示材料等研发、生产及服务。2016年至2019年,鼎龙公司因环境违法行为被相关行政机关多次处罚:(1)2016年5月13日,武汉市环境保护局作出武环罚(2016)18号行政处罚决定,认定鼎龙公司在污水处理站总排放口抽测中,排放化学需氧量、悬浮物浓度超过《污水综合排放标准》(GB 8978—1996)表4中"一级标准"排放限值,违反了《水污染防治法》第九条(排放水污染物,不得超过国家或者地方规定的水污染物排放标准和重点水污染物排放总量控制指标)的规定,对鼎龙公司罚款160,913.56元。(2)2017年4月12日,武汉市环境保护局作出武环罚(2017)22号行政处罚决定,认定鼎龙公司在2017年第1次监督性监测中,污水处理站总排放口总磷浓度超过《污水综合排放标准》(GB 8978—1996)表4中“一级标准”排放限值3.42倍,违反了《水污染防治法》第九条的规定,对鼎龙公司罚款26,989.08元。(3)2019年6月3日,武汉经济技术开发区(汉南区)环境保护局(以下简称汉南区环境保护局)作出武经开(汉南)环罚(2019)8号行政处罚决定,认为在现场检查中发现鼎龙公司电荷调节剂生产项目正常生产,与之配套的CCA污水处理系统中的气浮器停用,有水外排,该行为违反了《环境保护法》第四十二条第四款(严禁通过暗管、渗井、渗坑、灌注或者篡改、伪造监测数据,或者不正常运行防治污染设施等逃避监管的方式违法排放污染物)及《水污染防治法》第三十九条(禁止利用渗井、渗坑、裂隙、溶洞,私设暗管,篡改、伪造监测数据,或者不正常运行水污染防治设施等逃避监管的方式排放水污染物)的规定,责令鼎龙公司停产整治,并罚款100万元。(4)2019年6月3日,汉南区环境保护局作出武经开(汉南)环罚(2019)9号行政处罚决定,认为在现场检查中发现鼎龙公司电子成像显像显影材料产业化CPT项目污水处理站西侧至北侧有一根PVC管,将锅炉循环冷却水排入气浮池内,该行为违反了《环境保护法》第四十二条第四款及《水污染防治法》第三十九条的规定,责令鼎龙公司停产整治,并罚款100万元。(5)2019年6月3日,汉南区环境保护局作出武经开(汉南)环罚(2019)10号行政处罚决定,认为在现场检查中发现鼎龙公司CTP污水站活性污泥收集池的污水可溢流至污水站截污沟,经一条破损波纹管排入厂区污水管网再进入市政污水管网,该行为违反了《环境保护法》第四十二条第四款及《水污染防治法》第三十九条的规定,责令鼎龙公司停产整治,并罚款100万元。

3.针对上述行政处罚,鼎龙公司进行了一定整改。鼎龙公司根据汉南区环境保护局作出的武经开(汉南)环罚(2019)8号、9号、10号行政处罚决定的要求,停产整治,2019年8月,鼎龙公司编制环保整改方案落实报告,并于2019年8月6日召开专家审查会,于2019年8月7日报汉南区环境保护局备案。整改过程中,鼎龙公司通过武汉经济技术开发区(汉南区)网站、鼎龙公司网站对环保整改方案、落实情况进行了公开。

4. 2014年10月28日,鼎龙公司领取污染物排放许可证,2017年、2018年、2019年分别换发排污许可证(副本)。2020年8月6日,武汉市生态环境局、汉南区环境保护局就鼎龙公司污水排放进入市政管网的情况出具证明文件，载明："经核实，从2009年开始，鼎龙公司生产车间污水经厂区污水收集管网进入市政污水处理站，经污水处理站处理后，通过厂区污水管网进入市政污水管网，再进入武汉经济技术开发区污水处理厂（新城污水处理厂），经新城污水处理厂集中处理后外排。"

本案的争议焦点为：（1）两原告是否具备提起本案的诉讼主体资格；（2）被告鼎龙公司是否存在已经损害社会公共利益或者具有损害社会公共利益重大风险的污染环境行为。

一审法院认为：

1. 关于两原告是否具备提起本案的诉讼主体资格的问题。2017年《民事诉讼法》第五十五条第一款规定："对污染环境、侵害众多消费者合法权益等损害社会公共利益的行为，法律规定的机关和有关组织可以向人民法院提起诉讼。"《环境保护法》第五十八条第一款规定："对污染环境、破坏生态，损害社会公共利益的行为，符合下列条件的社会组织可以向人民法院提起诉讼：（一）依法在设区的市级以上人民政府民政部门登记；（二）专门从事环境保护公益活动连续五年以上且无违法记录。"2015年《环境民事公益诉讼案件解释》第四条第一款规定："社会组织章程确定的宗旨和主要业务范围是维护社会公共利益，且从事环境保护公益活动的，可以认定为环境保护法第五十八条规定的'专门从事环境保护公益活动'。"

本案中，源头研究所是2012年在北京市民政局登记成立的社会组织，其业务范围包括环境污染防治、生态破坏修复等环保知识研究、推广，应认定为"专门从事环境保护公益活动"的社会组织。环友研究中心系2010年在北京市民政局登记的社会组织，其章程确定的宗旨包括公众环境宣传和环境教育活动及信息交流，提高公民环保意识，倡导和推广绿色生活方式，促进公民环保参与行动，业务范围包括开展环境保护的科普宣传、教育、培训、信息交流等，亦应认定为"专门从事环境保护公益活动"的社会组织。根据《环境民事公益诉讼案件解释》第十条的规定，人民法院受理环境民事公益诉讼后，应当在立案之日起5日内将起诉状副本发送被告，并公告案件受理情况。有权提起诉讼的其他机关和社会组织在公告之日起30日内申请参加诉讼，经审查符合法定条件的，人民法院应当将其列为共同原告，环友研究中心在公告案件受理之日起30日内申请参加诉讼,应当列为共同原告。两原告提起本案诉讼是为维护公众环境权益,与其宗旨和业务范围具有关联性。两原告分别提交了登记管理机关作出的起诉前连续5年年检合格结论和法定代表人签章的无重大违法记录声明,能够证明两原告符合法律及司法解释对环境污染公益诉讼原告的主体资格要求。

综上,两原告具备提起本案诉讼的主体资格。被告鼎龙公司对两原告提起本案诉讼主体资格提出的异议,均无事实和法律依据,不予支持。两原告提起本案诉讼提交了证据材料,至于所提交证据能否证明被告行为已经损害社会公共利益或者具有损害社会公共利益重大风险,需经法院审查,被告鼎龙公司关于原告未提交相关证据,诉讼启动条件欠缺的意见,不予采纳。

2. 关于鼎龙公司是否存在已经损害社会公共利益或具有损害社会公共利益重大风险的污染环境行为的问题。(1)鼎龙公司是否存在已经损害社会公共利益的污染环境行为。《环境侵权案件解释》第六条规定:"被侵权人根据民法典第七编第七章的规定请求赔偿的,应当提供证明以下事实的证据材料:(一)侵权人排放了污染物或者破坏了生态;(二)被侵权人的损害;(三)侵权人排放的污染物或者其次生污染物、破坏生态行为与损害之间具有关联性。"本案为环境民事公益诉讼,两原告代表公共利益提起诉讼,亦应承担上述举证责任。鼎龙公司作为一家生产企业,其领取排污许可证,生产经营中必然存在水污染物排放行为,本案的核心是要审查水污染物的排放是否直接到达外环境,并客观上造成公共利益损害,这也是两原告应当举证证明的内容。两原告主张鼎龙公司排放水污染造成环境公共利益损害,主要证据为2016年至2019年环保行政机关对鼎龙公司作出的五个行政处罚。其中,2016年武环罚(2016)18号行政处罚决定、2017年武环罚(2017)22号行政处罚决定,是行政机关针对鼎龙公司超标排放水污染物行为作出的处罚。鼎龙公司超标排放水污染物的行为加重了政府污水处理成本,环保行政机关按照排污费的4倍对鼎龙公司予以处罚,鼎龙公司就超标排污承担了行政责任,但不能据行政处罚简单推定该行为也损害了环境公共利益。根据鼎龙公司水污染物排放方式,超标的水污染物进入市政污水管网,再由污水处理厂集中处理后才排至外环境,非直接到达外环境,尚无证据证明给环境公共利益造成损害。2019年武经开(汉南)环罚(2019)8号、9号、10号行政处罚决定是针对鼎龙公司存在逃避监管的方式排放水污染物所作出的处罚，经审查，从处罚决定书分别载明的环境违法事实“气浮器停用”“锅炉循环冷却水排入气浮池内”“收集池的污水可溢流至污水站截污沟，经一条破损波纹管排入厂区污水管网再进入市政污水管网”，以及法院调取行政机关作出上述行政处罚决定时所作检查（勘察）笔录、询问笔录、照片等，均未体现鼎龙公司上述违法行为导致污水直接排放至外环境，并造成环境公共利益损害。综上，两原告未完成环境公共利益因鼎龙公司排污行为受到损害的举证责任，故对其请求鼎龙公司停止侵权、赔礼道歉、赔偿损失的诉讼请求，法院不予支持。（2）鼎龙公司是否具有损害社会公共利益重大风险的污染环境行为。鼎龙公司在生产经营期间出现超标排放水污染物、不正常运行污染防治设施等逃避监管的方式违法排放污染物的行为，具有损害社会公共利益的风险，但在上述行为发生后，鼎龙公司立即作出了整改，特别是在2019年，针对行政机关检查中发现的问题，鼎龙公司按要求停产，并在环保部门的监督、指导下完成了整改工作，消除了对环境公共利益的危险。两原告提起本案诉讼，要求被告消除危险，已缺乏事实基础，故不予支持。原告源头研究所关于鼎龙公司整改报告数据缺乏合法来源等意见，未能提供证据证实，对该意见不予采纳。

一审法院最终判决：驳回原告源头研究所、环友研究中心的全部诉讼请求。案件受理费1000元，由源头研究所、环友研究中心各负担500元。一审判决作出后，原、被告双方均未在法定期间内提起上诉，一审判决生效。

二、案例解读

本案是一起水污染责任民事公益诉讼案件。本案先由源头研究所提起，在武汉市中级人民法院立案并公告了案件受理情况后，环友研究中心申请参加诉讼，被列为共同原告。源头研究所是2012年在北京市民政局登记成立的社会组织，其业务范围包括环境污染防治、生态破坏修复等环保知识研究、推广。环友研究中心系2010年在北京市民政局登记的社会组织，其章程确定的宗旨包括公众环境宣传和环境教育活动及信息交流，提高公民环保意识，倡导和推广绿色生活方式，促进公民环保参与行动，业务范围包括开展环境保护的科普宣传、教育、培训、信息交流等。在性质上，源头研究所和环友研究中心均可被认定为“专门从事环境保护公益活动”的社会组织。鼎龙公司是本案被告，其成立于2000年7月，是一家研制、生产电子信息材料、半导体及光电材料、功能性新材料以及企业科研所需原辅材料、机械设备、仪器仪表、零配件等的企业,于2010年上市。本案审理中,武汉市中级人民法院正确适用《环境保护法》《水污染防治法》《环境民事公益诉讼案件解释》《环境侵权案件解释》等相关法律及司法解释的规定,以案件事实、证据为基础,对鼎龙公司的案涉行为进行了客观、全面的评价,最终驳回了两原告的全部诉讼请求。

本案涉及环境公益诉讼的原告资格、环境公益诉讼的举证责任分配规则、企业的环保合规管理等法律问题。

(一)专门从事环境保护公益活动的社会组织有权对企业的环境违法行为提起公益诉讼

根据我国《民事诉讼法》第五十八条第一款的规定,对污染环境等损害社会公共利益的行为,法律规定的机关和有关组织可以向人民法院提起诉讼。我国《环境保护法》第五十八条对"有关组织"的条件进行了明确规定,即依法在设区的市级以上人民政府民政部门登记,专门从事环境保护公益活动连续5年以上且无违法记录。《环境民事公益诉讼案件解释》第四条进一步规定,社会组织章程确定的宗旨和主要业务范围是维护社会公共利益,且从事环境保护公益活动的,可以认定为《环境保护法》第五十八条规定的"专门从事环境保护公益活动"。

本案中,关于两原告是否具备提起诉讼的主体资格的问题,是案件争议焦点之一。武汉市中级人民法院经审理后认为,源头研究所是2012年在北京市民政局登记成立的社会组织,其业务范围包括环境污染防治、生态破坏修复等环保知识研究、推广,应认定为"专门从事环境保护公益活动"的社会组织。环友研究中心系2010年在北京市民政局登记的社会组织,其章程确定的宗旨包括公众环境宣传和环境教育活动及信息交流,提高公民环保意识,倡导和推广绿色生活方式,促进公民环保参与行动,业务范围包括开展环境保护的科普宣传、教育、培训、信息交流等,亦应认定为"专门从事环境保护公益活动"的社会组织。两原告提起本案诉讼是为维护公众环境权益,与其宗旨和业务范围具有关联性。两原告分别提交了登记管理机关作出的起诉前连续5年年检合格结论和法定代表人签章的无重大违法记录声明,能够证明其符合法律及司法解释对环境污染公益诉讼原告的主体资格要求。因此,法院认为被告鼎龙公司提出的两原告诉讼主体资格的异议无事实和法律依据,未予支持,最终认定两原告具备提起本案诉讼的主体资格。

(二)环境公益诉讼中,应由原告举证证明环境侵权行为、损害后果及因果关系等案件事实

环境公益诉讼中的举证责任分配规则与一般的环境侵权诉讼举证责任分配规则是相同的。根据《环境侵权案件解释》第六条的规定,被侵权人请求赔偿的,应当提供证明以下事实的证据材料:(1)侵权人排放了污染物或者破坏了生态;(2)被侵权人的损害;(3)侵权人排放的污染物或者其次生污染物、破坏生态行为与损害之间具有关联性。本案作为环境民事公益诉讼案件,两原告为维护环境公共利益提起诉讼,也应承担上述举证责任。具体来讲,本案中两原告应提供证据,证明以下事实:(1)被告鼎龙公司实施了环境污染侵权行为;(2)被告鼎龙公司的环境污染侵权行为对环境公共利益造成了损害或者具有损害环境公共利益的重大风险;(3)被告鼎龙公司排放的污染物或者其次生污染物、破坏生态行为与损害之间具有关联性。因此,本案中应重点审查鼎龙公司水污染物的排放是否直接到达外环境,并客观上造成了公共利益损害。

本案中,原告起诉时认为,鼎龙公司因超标排放污水,曾被相关环境行政主管机关多次罚款并责令整改。2019 年环境监察执法人员在进行现场检查时发现,鼎龙公司的电荷调节剂生产项目虽然正常生产,但与之配套的污水处理系统擅自停用,且有水外排;鼎龙公司污水处理站西侧至北侧的 PVC 管,则将锅炉循环冷却水排入气浮池内;鼎龙公司污水站活性污泥收集池的污水溢流至污水站截污沟,经破损波纹管排入厂区污水管网,再进入市政污水管网。以上不同方式、途径的排污行为对周围水体已造成污染。虽然鼎龙公司受到处罚后,在各级政府部门的督促下积极整改,但其对已经造成的环境公益损害仍应承担全部民事侵权责任。

法院经审理后认为,鼎龙公司作为一家生产企业,其领取排污许可证,生产经营中必然存在水污染物排放行为,根据鼎龙公司水污染物排放方式,超标的水污染物进入市政污水管网,再由污水处理厂集中处理后才排至外环境,非直接到达外环境,尚无证据证明给环境公共利益造成损害。两原告主张鼎龙公司排放水污染造成环境公共利益损害,主要证据为 2016 年至 2019 年环保行政机关对鼎龙公司作出的五个行政处罚。其中,2016 年武环罚(2016)18 号行政处罚决定、2017 年武环罚(2017)22 号行政处罚决定,是行政机关针对鼎龙

公司超标排放水污染物行为作出的处罚。因为鼎龙公司超标排放水污染物的行为加重了政府污水处理成本，环保行政机关按照排污费的4倍对鼎龙公司予以处罚，鼎龙公司就超标排污承担了行政责任，但不能据行政处罚简单推定该行为也损害了环境公共利益。2019年武经开（汉南）环罚（2019）8号、9号、10号行政处罚决定是针对鼎龙公司存在逃避监管的方式排放水污染物所作出的处罚，经审查，从处罚决定书分别载明的环境违法事实“气浮器停用”“锅炉循环冷却水排入气浮池内”“收集池的污水可溢流至污水站截污沟，经一条破损波纹管排入厂区污水管网再进入市政污水管网”，以及法院调取行政机关作出处罚决定时所作检查（勘察）笔录、询问笔录、照片等，均未体现鼎龙公司上述违法行为导致污水直接排放至外环境，并造成环境公共利益损害。

鼎龙公司在生产经营期间出现超标排放水污染物、不正常运行污染防治设施等逃避监管的方式违法排放污染物的行为，具有损害社会公共利益的风险，但在上述行为发生后鼎龙公司立即作出了整改，特别是2019年针对行政机关检查中发现的问题，鼎龙公司按要求停产，并在环保部门的监督、指导下完成了整改工作，消除了对环境公共利益的危险，两原告要求鼎龙公司消除危险的请求亦缺乏事实基础。因此，法院最终认为环境公共利益因鼎龙公司的排污行为没有使环境公共利益受到损害，也未造成使环境公共利益受到损害的重大风险，两原告未能提出证据对上述事实予以证明，未完成相应举证责任，故对两原告的全部诉讼请求未予支持。

（三）企业环保合规管理意义重大

企业环保合规管理是企业合规管理的重要组成部分，其主要包括企业环保合规管理组织体系建设、制度体系建设、环境法律法规梳理与合规义务识别、合规风险评估和应对、合规审查、违规追责、合规监督、合规考核评价以及持续改进等多个部分。环保合规管理贯穿企业的整个生命周期，内容涵盖企业项目选址、开工建设、生产运营、场地关闭、搬迁等各个方面。现代法治社会，企业的环境违法（规）成本大幅提高，环境违法（规）将会给企业生产经营、长远发展、声誉等带来严重负面影响。环保合规管理能确保企业各项经营活动的开展符合法律、法规、国家标准、国家政策和行业准则等的要求，能使企业有效应对各项风险，保障企业的持续、良性发展。

本案中，两原告以水污染侵犯环境公共利益为由提起诉讼，请求法院判令被告鼎龙公司立即停止超标排放污水等侵权行为、在全国主流媒体上向社会公众赔礼道歉、采取有效措施消除污水等有害物对环境公益的危害风险、赔偿损失上千万元以及承担本案检验费、鉴定费、律师费、原告差旅费、诉讼费等相关费用。

原告起诉时主张,2019 年 5 月,环境监察执法人员在进行现场检查时发现,被告鼎龙公司电荷调节剂生产项目虽然正常生产,但与之配套的污水处理系统擅自停用,且有水外排。鼎龙公司污水处理站西侧至北侧的 PVC 管,则将锅炉循环冷却水排入气浮池内。鼎龙公司污水站活性污泥收集池的污水溢流至污水站截污沟,经破损波纹管排入厂区污水管网,再进入市政污水管网。以上不同方式、途径的排污行为对周围水体已造成污染,虽然被告鼎龙公司受到处罚后,在各级政府部门的督促下积极整改,但其对已经造成的环境公益损害仍应承担全部民事侵权责任。被告则辩称:(1)鼎龙公司受到处罚后,立即停止环保违法行为,进行了全面整改,现在并不存在原告所称侵权行为;(2)鼎龙公司作为上市公司,收到行政处罚决定后已在证券时报、证券日报、上海证券报、中国证券报及中国证监会指定的信息披露网站巨潮资讯网进行披露并公开道歉;(3)鼎龙公司收到责令改正决定书后,立即采取有效措施对存在的环保问题进行整改,并已完成整改,消除危险;(4)鼎龙公司虽然存在被行政处罚环保不合规的行为,但没有污染外环境,而且原告也无证据证明鼎龙公司存在“已经损害社会公共利益或者损害社会公共利益的重大风险”,鼎龙公司不应承担赔偿环境受到损失以及环境受损至恢复原状期间服务功能的损失。武环罚(2017)22 号行政处罚系春节放假停产后重开污水站运行时需投入营养液(磷酸盐),因过量投入导致排口总磷超标,属偶然原因,事发后鼎龙公司加强了整改,完善了管理,环保部门一个月后复查达标。武经开(汉南)环罚(2019)8 号行政处罚决定认定鼎龙公司气浮器停用,有水外排,武经开(汉南)环罚(2019)9 号行政处罚决定认定公司电子成像显像显影材料产业化 CPT 项目污水处理站西侧至北侧有一根 PVC 管,将锅炉循环冷却水排入气浮池,鼎龙公司虽有环保不合规行为,但排放是达标的,并未导致污水超标排放污染外环境,未产生生态环境损害后果。关于武经开(汉南)环罚(2019)10 号行政处罚决定认定鼎龙公司 CPT 污水站活性污泥收集池的污水可溢流至污水站截污沟,经一条破损波纹管排入厂区污水管网再进入市政污水管网的问题,污泥池设有截止阀，污泥泵打压污泥时才需将截止阀打开，让污泥流入污泥池，停止打压后，截至阀关闭，且雨水不能进入污泥池内，公司正常运营情况下污水不会溢流，该行政处罚依据的事实是行政机关现场作极限试验时出现，且污水进入市政污水管网，并未流入外环境。

被告鼎龙公司在诉讼过程中，共提交了以下证据：(1)鼎龙公司环保整改方案落实报告(简本)、汉南区环境保护局备案确认单，证明鼎龙公司投入大量资金进行提标改造，达到了环保部门的整改要求并备案确认；(2)巨潮资讯网信息、东方财富网公告信息、中国证监会明确创业板指定信息披露网站，证明鼎龙公司已经于2019年6月4日在巨潮资讯网、东方财富网等证监会指定的主流媒体上公告受到行政处罚情况，并就此事件造成的影响向公众表示公开真诚的歉意，原告所诉赔礼道歉的诉讼请求已实现；(3)鼎龙公司环保整改方案落实报告(全本)，证明鼎龙公司投入大量资金进行提标改造，达到了环保部门的整改要求，不存在污水超标排放污染外环境，更未产生生态环境损害的后果；(4)武汉经济技术开发区(汉南区)网站对鼎龙公司整改方案公示的截图、鼎龙公司网站登载整改方案落实情况截图、鼎龙公司环境整改方案落实报告专家审查会意见，证明鼎龙公司严格按照各项要求进行停产整治，并将整改方案、完成情况进行公示，接受社会监督，鼎龙公司不仅落实了环境保护行政主管部门和整改方案中各项要求，而且对厂区内其他环保设备进行了优化改造，上述整改落实效果得到相关专家的认可；(5)鼎龙公司排污许可证、2020年8月6日武汉市生态环境局、汉南区环境保护局出具的关于鼎龙公司污水排放进入市政管网的情况证明，证明鼎龙公司的污水全部经厂区污水管道进入市政污水管网，并不存在污水排放至外环境的情况，鼎龙公司并未对外部环境造成损害。

法院经审理查明，鼎龙公司于2014年10月28日领取了污染物排放许可证，后2017年、2018年、2019年分别换发了排污许可证(副本)。2019年8月，鼎龙公司根据汉南区环境保护局在行政执法过程中的相关要求，进行了停产整治，编制了环保整改方案落实报告，并于2019年8月6日召开专家审查会，于2019年8月7日报汉南区环境保护局备案。整改过程中，鼎龙公司通过武汉经济技术开发区(汉南区)网站、鼎龙公司网站对环保整改方案、落实情况进行了公开。2020年8月6日，武汉市生态环境局、汉南区环境保护局就鼎龙公司污水排放进入市政管网的情况出具证明文件，载明："经核实，从 2009 年开始，鼎龙公司生产车间污水经厂区污水收集管网进入市政污水处理站，经污水处理站处理后，通过厂区污水管网进入市政污水管网，再进入武汉经济技术开发区污水处理厂（新城污水处理厂），经新城污水处理厂集中处理后外排。"

法院最终认为，其调取的行政机关对鼎龙公司作出的相关行政处罚决定时所作检查（勘察）笔录、询问笔录、照片等，均未体现鼎龙公司的违法行为导致污水直接排放至外环境，并造成环境公共利益损害。鼎龙公司虽然在生产经营期间出现超标排放水污染物、通过不正常运行污染防治设施等逃避监管的方式违法排放污染物的行为，具有损害社会公共利益的风险，但在上述行为发生后鼎龙公司立即作出了整改，特别是 2019 年针对行政机关检查中发现的问题，鼎龙公司按要求停产，并在环保部门的监督、指导下完成了整改工作，消除了对环境公共利益的危险。最终认定原告的诉讼请求缺乏事实基础，不予支持。本案的最终处理结果与被告在环保合规管理方面的努力是分不开的，正是因为被告通过编制环保整改方案落实报告、落实报告专家审查会、环保整改信息公示等一系列方式积极进行了整改，才最终争取了有利诉讼结果，避免了企业损失。

【合规指引】

一、能源化工企业的环保合规风险

环保合规风险，是指企业因环境保护违法、违规行为而引发相关法律责任、受到监管处罚、造成经济或者声誉损失甚至倒闭等负面影响的风险。根据我国现行法律、法规及其他规范性文件的规定，能源化工企业的环保合规风险主要包括以下几个方面。

（一）成为环境行政处罚的对象

环境行政处罚即环境行政执法主体对行政相对人的环境违法行为进行的处罚。《民法典》《环境保护法》《水污染防治法》《大气污染防治法》《环境影响评价法》《土壤污染防治法》《固体废物污染环境防治法》《环境噪声污染防治法》《节约能源法》等法律以及相关行政法规、部门规章、地方性法规和地方政府规章中，均有环境行政处罚的相关规定。根据《行政处罚法》和《环境行政处罚办法》的相关规定，我国环境行政处罚包括警告、通报批评；罚款、没收违法所得、没收非法财物；暂扣许可证件、降低资质等级、吊销许可证件或者其他具有许可性质的证件；责令停产整顿；限制开展生产经营活动、责令停产停业、责令关闭以及法律、行政法规规定的其他行政处罚。在上述环境行政处罚的种类中，有较轻的处罚如警告、通报批评等，也有较重的处罚，如大额罚款、没收违法所得和非法财物，暂扣相关许可证件、降低资质等级、限制开展生产经营活动等，也有关系企业生死存亡的处罚，如吊销相关许可证件、责令停产整顿、责令停产停业、责令关闭等。环境保护主管部门实施行政处罚时，应当及时作出责令当事人改正或者限期改正违法行为的行政命令。责令改正期限届满，当事人未按要求改正，违法行为仍处于继续或者连续状态的，可以认定为新的环境违法行为。实施环境行政处罚，不免除当事人依法缴纳排污费的义务。

环境行政处罚时效是行政机关对违反环境行政管理秩序的行政相对人追究行政责任、给予行政处罚的有效期限。根据我国《行政处罚法》的规定，对于一般的环境违法行为，环境行政处罚的时效是 2 年，如果环境违法行为涉及公民生命健康安全的，处罚时效可以延长至 5 年。环境行政处罚的决定程序包括简易程序、普通程序和听证程序。其中，简易程序又称当场处罚程序，是对普通程序的简化，即在普通程序基础上，对部分环节予以简化。听证程序不是完整、独立的处罚程序，其只是普通程序的一个特殊阶段，是在普通程序的基础上，增加了听证环节。听证程序发生于调查结束后，处罚决定正式作出前。对属于听证范围的行政处罚事项，行政主体应该依法告知相对人有要求听证的权利。环境行政处罚听证程序的适用范围包括：较大数额罚款；没收较大数额违法所得、没收较大价值非法财物；降低资质等级、吊销许可证件；责令停产停业、责令关闭、限制从业等较重的环境行政处罚。

值得一提的是，根据我国《环境保护法》第五十九条第一款的规定，企业事业单位和其他生产经营者违法排放污染物，受到罚款处罚，被责令改正，拒不改正的，依法作出处罚决定的行政机关可以自责令改正之日的次日起，按照原处罚数额按日连续处罚。《环境保护主管部门实施按日连续处罚办法》第十九条规定，按日连续处罚每日的罚款数额，为原处罚决定书确定的罚款数额。按照按日连续处罚规则决定的罚款数额，为原处罚决定书确定的罚款数额乘以计罚日数。据此，企业在面临环境行政处罚时，如果不积极履行缴纳罚款的义务，可能会被执法机关处以按日连续处罚，按日连续处罚没有上限，非常严格，数额为原处罚决定书确定的罚款数额乘以计罚日数，这意味着企业所要缴纳的按日连续处罚罚款数额可能巨大。

（二）涉诉风险

能源化工企业因环境违法行为，会有成为环境侵权诉讼、环境民事公益诉讼或生态环境损害赔偿诉讼被告的风险。根据我国现行法律、法规及其他规范性文件的规定，有权对环境违法企业提起上述诉讼的主体包括公民、法人、其他组织、检察机关、法律规定的机关和有关组织等。其中，检察机关、法律规定的机关和有关组织有权提起环境民事公益诉讼或生态环境损害赔偿诉讼。有关组织是指依法在设区的市级以上人民政府民政部门登记的社会团体、基金会以及社会服务机构等，该组织章程确定的宗旨和主要业务范围是维护社会公共利益，且专门从事环境保护公益活动，其提起诉讼所涉及的社会公共利益，应与其宗旨和业务范围具有关联性。并且，在提起诉讼前 5 年内未因从事业务活动违反法律、法规的规定受过行政、刑事处罚。从企业的角度来讲，成为生态环境损害赔偿诉讼的被告或成为环境公益诉讼的被告，均意味着其将承担巨额经济赔偿、巨额环境修复费用、赔礼道歉等责任。

（三）巨额经济损失

首先，环境行政处罚中的通报批评、罚款、没收违法所得和非法财物、暂扣许可证件、降低资质等级、吊销许可证件、责令停产整顿、限制开展生产经营活动、责令停产停业、责令关闭等处罚均可使企业生产经营受到一定影响，进而蒙受巨大经济损失。同时，如果企业拒不履行缴纳罚款的义务，还将被按日连续处罚。其次，在环境诉讼中，一旦企业的环境违法行为被法院生效判决所确认，其可能承担巨额损害赔偿费用，具体包括清除污染费用（包括清除污染以及防止损害的发生和扩大所支出的合理费用）；生态环境修复费用（包括制订、实施修复方案的费用，修复期间的监测、监管费用，以及修复完成后的验收费用、修复效果后评估费用等，无法完全修复的，可以采用替代性修复方式）；生态环境受到损害至修复完成期间服务功能丧失导致的损失、生态环境功能永久性损害造成的损失费用；生态环境损害赔偿调查、鉴定评估、原告的律师费以及为诉讼支出的其他合理费用。最后，根据我国《民法典》第一千二百三十二条的规定，侵权人违反法律规定故意污染环境、破坏生态造成严重后果的，被侵权人有权请求相应的惩罚性赔偿。所谓惩罚性赔偿，是一种带有惩罚性的赔偿责任，其赔偿数额的确定不以实际和可能造成的损失为限，因此，对环境违法企业来讲，如果面临惩罚性赔偿，也将是一笔不小的开支。

（四）承担刑事责任

《刑法》在第六章"妨害社会管理秩序罪"中通过第六节"破坏环境资源保护罪"专门规定了破坏环境资源方面的犯罪及相应刑事责任。其中第三百三十八条规定了污染环境罪，对违反国家规定，排放、倾倒或者处置有放射性的废物、含传染病病原体的废物、有毒物质或者其他有害物质，严重污染环境的行为，规定了七年以下有期徒刑或者拘役，并处或者单处罚金的刑罚；对于四类情形加重了一档刑期，即最高可判七年以上有期徒刑，并处罚金。在本节的其他条文中，也针对不同类型的破坏环境资源的行为进行了相关刑事责任的规定。《办理环境污染刑事案件解释》将《刑法》第三百三十八条"严重污染环境"的情形进行了具体细化规定。另外，《刑法》第二百二十九条还规定了承担环境影响评价职责的中介组织的人员在故意提供虚假证明文件，情节严重时，将被处五年以下有期徒刑或者拘役，并处罚金；情节特别严重的，将被处五年以上十年以下有期徒刑，并处罚金。此外，在我国《环境保护法》《水污染防治法》《大气污染防治法》《环境影响评价法》《土壤污染防治法》《固体废物污染环境防治法》《环境噪声污染防治法》《节约能源法》等法律中也有企业因环境违法应承担刑事责任的相关规定。

（五）声誉受到影响，遭受负面评价

首先，环境行政处罚中的警告、通报批评等将使环境违法企业的声誉受到影响，遭受负面评价。其次，根据我国《信访工作条例》的相关规定，公民、法人或者其他组织有权采用信息网络、书信、电话、传真、走访等形式，向各级机关、单位反映企业的环境违法情况，提出建议、意见或者投诉请求。近年来，我国由于企业违法排污引起的信访、上访的案件年均达上百万件，企业因环境违法信访、上访的发生，声誉及生产经营活动均受到不同程度的影响。最后，我国的各类环保组织可以通过社会监督的方式对企业的违法行为进行披露、干预，从而给环境违法企业的声誉造成一定的负面影响。

二、能源化工企业环保合规管理体系建设的必要性与紧迫性

合规是企业实现成功和可持续发展的基石，能为企业创造新的机遇。随着国家治理体系和治理能力现代化的推进，越来越多的企业为了获得长远发展和持续成功,致力于通过合规管理体系的建立、运行、维护和改进,将合规融入企业的治理、管理、所有业务过程以及人员的行为和意识。一个有效的合规管理体系,不仅能够表明企业承诺并始终致力于遵守相关法律法规、监管规定、行业准则、商业管理、道德规范、标准等合规义务,而且还展示出企业具有随着合规义务变化不断持续改进的持续合规能力。

企业环境不合规,不仅会给企业带来直接的经济损失,导致直接主管人员和相关责任人员遭受惩戒,随着环境信用评价及环境违法联合惩戒等相关机制的推行,还会对企业的品牌、商誉、上游供应商采购、供水供电价格、环境信用评价、企业评优、政府补贴及税收优惠享受、银行商业贷款等各个方面产生不良影响,直接阻碍企业的可持续性发展,损失不可估量。当前快速变化的监管环境给企业带来了诸多不可知、不可控的风险,对于企业而言,在危机来临的时候,有效运转的合规体系是抵御风险非常重要的一环,而企业构建合规体系正是以确定性的合规管理应对不确定的外部环境。近年来,诸多环保合规方面的负面案例揭示了合规的底线价值——合规可使企业抵御溃塌式风险带来的致命打击,合规是企业永续经营的"压舱石"。企业主动建立一套有效的合规体系,能够及时识别和预防风险,帮助企业预防、减轻甚至免予监管机构的处罚。同时,越来越多的跨国公司将"是否具有健全的合规体系"作为选择合作伙伴的重要标准。因此,建立完善有效的合规管理体系可以使企业增强竞争力,企业从"要我合规"转变到"我要合规"将是必然趋势。

合规不仅能够帮助企业防御外部风险,而且可以为企业带来正向的激励价值。企业构建自身的合规体系后可享受到"信用红利",获得在商业社会中的"通行证",企业合规体系的完善程度将会成为消费者选择企业、交易相对人选择合作伙伴的重要参考和指南。同时,合规也具有安全价值,一是在风险尚未发生之时,通过对企业和员工的经营活动设置边界,确保经营活动都在安全边界之内;二是在风险已经发生之时,通过完备的合规体系证明企业已尽到对员工的管理责任,从而有效隔离、切割公司责任和员工责任,减轻甚至免除企业责任。

近年来,不仅国有企业和集团化的民营企业重视环保合规管理,中小企业也开始重视环保合规管理。国内、国际不断变化发展的经济形势以及中国日趋完善的环境保护法律、政策体系,都在倒逼着企业去思考、重视企业环保合规管理体系建设。完善的环保合规管理体系,是企业的核心竞争力之一。新形势下,能源化工企业要实现高质量发展,需要持续推进环保合规管理体系建设,针对面临的重大合规风险采取有效的应对措施。首先,环保合规管理体系建设是外部监管的客观要求。近年来,我国中央及地方主管部门先后发布了一系列关于合规管理的监管规定,加强了企业合规管理的监督和管理。具体包括《中央企业全面风险管理指引》(2006)、《中央企业合规管理指引(试行)》(2018)、《企业境外经营合规管理指引》(2018)、《关于加强中央企业内部控制体系建设与监督工作的实施意见》(2019),各省市国资委也在2020年至2021年,陆续发布了出资企业合规管理指引,要求出资企业全面构建合规管理体系。其次,环保合规管理是企业实现其战略目标的主动选择。合规管理的最终目标是保障企业战略目标的实现。合规管理对企业整体运营水平具有基础性和前提性影响,是企业各项经营管理活动的底线标准。违规行为的发生不仅会影响到公司管理目标的上传下达,更会给公司带来声誉损失以及经济损失,从而对企业产生负面影响,最终阻碍企业战略目标的顺利实现。

三、能源化工企业环保合规管理体系建设的主要内容

(一)建立环保合规管理制度体系

完善的制度体系是开展合规管理工作的基础。企业合规管理制度可以分为基本制度和专项制度,还包括其他管理制度中涉及合规的内容。其中最重要的是,要结合企业重大合规风险管理需要,制定专项合规管理制度或者操作指南。实践中,制度体系方面最常出现的问题是"假大空",脱离实际业务需要,增加了管理成本,却达不到合规目标。解决这一问题,需要合规管理制度的起草者对企业的业务实质及关键风险要有深刻认识,而非照搬其他企业的制度模板。在具体制定合规制度体系中的核心制度时,可以《中央企业合规管理指引(试行)》(2018)、本省出资企业合规管理指引等文件以及公司的相关合规风险管理规定为基础,制定公司合规管理层面、员工合规遵循层面的包含环保合规内容的合规管理办法以及员工合规手册。

(二)建立环保合规管理组织体系

一个企业对合规管理重不重视,首先要看是否具有一个强大、协调动员能力强的组织体系。健全的组织体系是合规管理工作落地的关键。对此,应明确董事会、高级管理层及全体员工的合规管理职责,建立专门的合规领导机

构，即合规委员会，由合规委员会承担合规管理的组织领导和统筹协调工作，研究合规管理重大事项或提出意见建议，指导、监督和评价合规管理工作。同时，还要厘清合规管理部门与业务主管部门的职责分工，确立“业务谁主管、合规谁负责”的原则。公司各部门和各子公司为本领域日常环保合规管理工作责任部门。实践中，组织体系方面最常出现的问题是，大家都把合规管理当作合规部门的事情，未能形成合力，导致合规体系漏洞百出。根据《中央企业合规管理指引（试行）》（2018）的规定，企业法律事务部门是合规管理的牵头部门，负责组织、协调和监督合规管理工作，为其他部门提供合规支持。因此，法律事务部门的组织结构体系、人员队伍情况直接影响到企业合规管理工作的开展深度和力度，企业应设立并充分重视法律事务部门，以保障环保合规管理目标的实现。

（三）完善企业现代法人治理结构

合规首先是一个公司治理问题。合规管理体系的建立关键在于企业的顶层设计。顶层设计包括企业领导的重视、企业顶层制度的设计、资源自上而下的配置，更为重要的是建立完善的法人治理结构。法人治理结构既包括建立董事会、监事会等权力机构，也包括在董事会下特设风险管理委员会及审计委员会。目前，除了上市公司设立了风险管理委员会管理风险外，一些国有企业担任合规管理的部门常常隶属于企业执行层，层级过低，对业务部门的合规管理管控力度有限，对高级管理人员的违规制约流于形式。企业合规管理体系要落地，首先应保证合规管理具有相对的独立性，有直接向企业最高决策机构汇报合规事项的权限，具有查处的监督权和奖惩建议权，否则合规管理将成为一纸空文。

（四）设立符合企业特点的环保合规管理部门

在政府作为企业实际大股东的情况下，国有企业如何摆正企业合规部门的位置，如何在企业内部由股东大会、董事会、高级管理人员、监事会等组成的公司治理结构中引入合规部门，非常重要。目前国有企业合规部门的设置，没有统一的模式，可通过以下四种形式设立合规管理机构：第一，合规管理委员会。一般要求其设立在董事会之下，由公司高级管理人员担任委员会成员。第二，首席合规官（Chief Compliance Officer，CCO）。国际惯例要求 CCO 具有企业高级管理人员的地位，目前中国的 CCO 有副总裁兼任、公司法务总监兼任、董事会秘书兼任三种模式。第三,合规部。可单独设立合规部,也可将合规部与法务部门合并成立法律与合规部。第四,企业所有的部门,以及分公司、子公司等分支机构内都设置合规部门与合规团队,即使是在最小的部门中也要设置合规专员。无论部门如何设置,合规人员必须独立,既不能从事经营活动,也不能从事财务管理活动,这是有效合规的前提。

(五)将环保合规管理体系嵌入企业业务经营之中

合规管理体系的建设过程就是国家法律法规行业监管政策及商业道德不断向企业内化的过程。合规管理的内化不但要建立企业内在的规章制度,更重要的是能将这些规范内化到企业的经营管理之中,不断嵌入企业经营流程之中。首先,法律事务部门作为牵头部门,进行合规部署、任务分解、政策支撑、检查评估等工作,其他各业务与职能部门承担业务范围内的具体合规管理工作,在业务经营中切实起到风险防控的第一道防线作用。其次,各业务部门应当以岗位、以业务最小单位为基础梳理存在的合规风险点,对照国家法律、法规及行业规范等规范性文件建立合规风险清单,整理编制符合具体工作岗位的合规管控措施,有针对性地对风险进行控制。最后,建立日常及常规监督检查机制。合规审计部门按照季度或年度定期开展合规审计,风险管理部门代表企业将各部门的合规风险管控实效纳入绩效考核指标中。

四、能源化工企业环保合规管理部门的职责确定

《中央企业合规管理指引(试行)》(2018)明确了董事会、监事会、经理层分别担任的合规管理职责。其中规定了董事会的合规管理职责主要包括:批准企业合规管理战略规划、基本制度和年度报告;推动完善合规管理体系;决定合规管理负责人的任免;决定合规管理牵头部门的设置和职能;研究决定合规管理有关重大事项;按照权限决定有关违规人员的处理事项。监事会的合规管理职责主要包括:监督董事会的决策与流程是否合规;监督董事和高级管理人员合规管理职责履行情况;对引发重大合规风险负有主要责任的董事、高级管理人员提出罢免建议;向董事会提出撤换公司合规管理负责人的建议。经理层的合规管理职责主要包括:根据董事会决定,建立健全合规管理组织架构;批准合规管理具体制度规定;批准合规管理计划,采取措施确保合规制度得到有效执行;明确合规管理流程,确保合规要求融入业务领域;及时制止并纠正不合规的经营行为,按照权限对违规人员进行责任追究或提出处理建议;

经董事会授权的其他事项。

中央企业设立合规委员会,与企业法治建设领导小组或风险控制委员会等合署,承担合规管理的组织领导和统筹协调工作,定期召开会议,研究决定合规管理重大事项或提出意见建议,指导、监督和评价合规管理工作。中央企业相关负责人或总法律顾问担任合规管理负责人,主要职责包括:组织制订合规管理战略规划;参与企业重大决策并提出合规意见;领导合规管理牵头部门开展工作;向董事会和总经理汇报合规管理重大事项;组织起草合规管理年度报告。法律事务机构或其他相关机构为合规管理牵头部门,组织、协调和监督合规管理工作,为其他部门提供合规支持,主要职责包括:研究起草合规管理计划、基本制度和具体制度规定;持续关注法律法规等规则变化,组织开展合规风险识别和预警,参与企业重大事项合规审查和风险应对;组织开展合规检查与考核,对制度和流程进行合规性评价,督促违规整改和持续改进;指导所属单位合规管理工作;受理职责范围内的违规举报,组织或参与对违规事件的调查,并提出处理建议;组织或协助业务部门、人事部门开展合规培训。业务部门负责本领域的日常合规管理工作,按照合规要求完善业务管理制度和流程,主动开展合规风险识别和隐患排查,发布合规预警,组织合规审查,及时向合规管理牵头部门通报风险事项,妥善应对合规风险事件,做好本领域合规培训和商业伙伴合规调查等工作,组织或配合进行违规问题调查并及时整改。监察、审计、法律、内控、风险管理、安全生产、质量环保等相关部门,在职权范围内履行合规管理职责。

具体而言,环保合规管理部门的职责包括以下几个方面:

1. 编制环保合规清单。结合企业类型,根据相关法律、法规、行业规定等规范性文件,从涉及企业环保合规的各方面出发,编制环保合规法律依据汇编、环保合规资料清单等文件,梳理企业环保合规管理工作的基本思路。

2. 实施环境尽职调查。环境尽职调查是环保合规管理工作的基础和重点之一,可通过前期沟通、确定环境尽职调查范围,策划准备、制作环境尽职调查清单、初步确定主要问题,现场调查、准确核实及评估问题,编制环境尽职调查报告等步骤和环节具体开展环境尽职调查工作。

3. 识别环境风险类型。风险类型的识别是分析及提出应对处理方案的前提,可在此基础上形成企业的环境风险级别分类指引。根据企业的经营业务、地域范围、相关风险，确定合规管理及风险类型识别的重点。

4. 环保合规培训及考核评价。企业应重视合规培训、积极培育环保合规文化，通过定期和不定期的环保合规报告保障环保合规管理的运营。同时将环保合规管理情况纳入对各部门、各单位负责人的年度业绩考核，落实合规奖惩机制。

5. 环境风险分析及应对处理。通过对环境风险类型的识别进行分析和评价，根据环境风险的程度高低，给予不同应对处理方式。

五、能源化工企业的环保合规管理应严守“三线一单”

2015 年以来，习近平总书记多次对“三线一单”工作作出重要指示；2017 年，环境保护部发布《“生态保护红线、环境质量底线、资源利用上线和环境准入负面清单”编制技术指南（试行）》；在 2018 年的全国生态环境保护大会上，明确提出了“加快划定并严守生态保护红线、环境质量底线、资源利用上线”的工作要求；2018 年 6 月，《中共中央、国务院关于全面加强生态环境保护坚决打好污染防治攻坚战的意见》中提出“省级党委和政府加快确定生态保护红线、环境质量底线、资源利用上线，制定生态环境准入清单，在地方立法、政策制定、规划编制、执法监管中不得变通突破、降低标准”；2021 年 3 月 1 日实施的《长江保护法》将“三线一单”正式写入法律；《陕西省煤炭石油天然气开发生态环境保护条例》第十二条规定，省人民政府及其有关行政主管部门在编制能源产业发展规划和矿产资源开发规划时，应当按照本省国土空间规划、生态环境保护规划以及本省确定的生态保护红线、环境质量底线、资源利用上线和生态环境准入清单要求，合理确定煤炭、石油、天然气开发区域、规模和强度。

“三线一单”指生态保护红线、环境质量底线、资源利用上线和生态环境准入清单。其中，生态保护红线是指在生态空间范围内具有特殊重要生态功能、必须强制性严格保护的区域；环境质量底线是指分区域分阶段制定的环境质量目标及污染物排放控制等要求；资源利用上线是指资源开发利用总量、强度、效率等上线控制要求；“一单”即环境准入负面清单，指基于环境管控单元，统筹考虑生态保护红线、环境质量底线、资源利用上线的管控要求，提出的空间布局、污染物排放、环境风险、资源开发利用等方面禁止和限制的环境准入要求。“三线一单”是提升生态环境治理体系和治理能力现代化的重要举措，是加强生态环境源头防控、推动高质量发展和高水平保护的重要制度。目前，全国范围内的生态环境分区管控体系已初步建立，全面进入落地实施应用阶段，各省（区、市）均已完成“三线一单”编制，“三线一单”成果已经在全国范围内陆续发布。截至 2022 年，已有 11 个省（市）在地方立法中明确规定了“三线一单”。“三线一单”成果有助于提升生态环境部门的审批效能和环境监管能力，可以指导企业了解具体项目落地的条件、进入园区的条件以及不同地区去产能的要求，可以为进一步优化营商环境创造有利条件。

能源化工企业在进行环保合规管理工作中，应通过以下具体举措严守“三线一单”：

1. 坚决不逾越生态保护的红线。应根据国家法律、法规、规章及地方各种规范性文件，根据企业生产经营的特点，规划出不适合实行生产建设的生态环境敏感区，依照该敏感区域的生态环境状况，始终秉承生态功能不下降的原则，极力维持其当前所持有的生态功能。

2. 坚决不超出环境质量底线。企业应严格按照国家规定的排放标准，设置具体排放总量，对一些超标排放行为及时做出整治，杜绝污染物的超标排放。

3. 坚决不跨出资源利用的上线。自然资源的过度消耗不仅会导致浪费和流失，而且会导致生态环境发展不平衡，因此，企业应合理配置各种自然资源。可在不破坏当地生态环境的基础上，对每个生产项目分配具体的资源利用量，实现资源利用的合理化和最大化。

4. 坚决不逾越当地环境准入负面清单。企业应结合当前各项法律、制度及规范性文件的要求，依据当地环境管控计划，具体落实企业应抵制的生产经营行为，以保证不逾越环境准入负面清单。

【法条索引】

《中央企业合规管理指引（试行）》（2018 年 11 月 2 日发布，国资发法规〔2018〕106 号）

第四条　中央企业应当按照以下原则加快建立健全合规管理体系：

（一）全面覆盖。坚持将合规要求覆盖各业务领域、各部门、各级子企业和分支机构、全体员工，贯穿决策、执行、监督全流程。

（二）强化责任。把加强合规管理作为企业主要负责人履行推进法治建设第一责任人职责的重要内容。建立全员合规责任制，明确管理人员和各岗位员工的合规责任并督促有效落实。

（三）协同联动。推动合规管理与法律风险防范、监察、审计、内控、风险管理等工作相统筹、相衔接，确保合规管理体系有效运行。

（四）客观独立。严格依照法律法规等规定对企业和员工行为进行客观评价和处理。合规管理牵头部门独立履行职责，不受其他部门和人员的干涉。

第五条　董事会的合规管理职责主要包括：

（一）批准企业合规管理战略规划、基本制度和年度报告；

（二）推动完善合规管理体系；

（三）决定合规管理负责人的任免；

（四）决定合规管理牵头部门的设置和职能；

（五）研究决定合规管理有关重大事项；

（六）按照权限决定有关违规人员的处理事项。

第六条　监事会的合规管理职责主要包括：

（一）监督董事会的决策与流程是否合规；

（二）监督董事和高级管理人员合规管理职责履行情况；

（三）对引发重大合规风险负有主要责任的董事、高级管理人员提出罢免建议；

（四）向董事会提出撤换公司合规管理负责人的建议。

第七条　经理层的合规管理职责主要包括：

（一）根据董事会决定，建立健全合规管理组织架构；

（二）批准合规管理具体制度规定；

（三）批准合规管理计划，采取措施确保合规制度得到有效执行；

（四）明确合规管理流程，确保合规要求融入业务领域；

（五）及时制止并纠正不合规的经营行为，按照权限对违规人员进行责任追究或提出处理建议；

（六）经董事会授权的其他事项。

第八条　中央企业设立合规委员会，与企业法治建设领导小组或风险控制委员会等合署，承担合规管理的组织领导和统筹协调工作，定期召开会议，研究决定合规管理重大事项或提出意见建议，指导、监督和评价合规管理工作。

第九条 中央企业相关负责人或总法律顾问担任合规管理负责人,主要职责包括:

(一)组织制订合规管理战略规划;

(二)参与企业重大决策并提出合规意见;

(三)领导合规管理牵头部门开展工作;

(四)向董事会和总经理汇报合规管理重大事项;

(五)组织起草合规管理年度报告。

第十条 法律事务机构或其他相关机构为合规管理牵头部门,组织、协调和监督合规管理工作,为其他部门提供合规支持,主要职责包括:

(一)研究起草合规管理计划、基本制度和具体制度规定;

(二)持续关注法律法规等规则变化,组织开展合规风险识别和预警,参与企业重大事项合规审查和风险应对;

(三)组织开展合规检查与考核,对制度和流程进行合规性评价,督促违规整改和持续改进;

(四)指导所属单位合规管理工作;

(五)受理职责范围内的违规举报,组织或参与对违规事件的调查,并提出处理建议;

(六)组织或协助业务部门、人事部门开展合规培训。

第十一条 业务部门负责本领域的日常合规管理工作,按照合规要求完善业务管理制度和流程,主动开展合规风险识别和隐患排查,发布合规预警,组织合规审查,及时向合规管理牵头部门通报风险事项,妥善应对合规风险事件,做好本领域合规培训和商业伙伴合规调查等工作,组织或配合进行违规问题调查并及时整改。

监察、审计、法律、内控、风险管理、安全生产、质量环保等相关部门,在职权范围内履行合规管理职责。

第十三条 加强对以下重点领域的合规管理:

(一)市场交易。完善交易管理制度,严格履行决策批准程序,建立健全自律诚信体系,突出反商业贿赂、反垄断、反不正当竞争,规范资产交易、招投标等活动;

（二）安全环保。严格执行国家安全生产、环境保护法律法规，完善企业生产规范和安全环保制度，加强监督检查，及时发现并整改违规问题；

（三）产品质量。完善质量体系，加强过程控制，严把各环节质量关，提供优质产品和服务；

（四）劳动用工。严格遵守劳动法律法规，健全完善劳动合同管理制度，规范劳动合同签订、履行、变更和解除，切实维护劳动者合法权益；

（五）财务税收。健全完善财务内部控制体系，严格执行财务事项操作和审批流程，严守财经纪律，强化依法纳税意识，严格遵守税收法律政策；

（六）知识产权。及时申请注册知识产权成果，规范实施许可和转让，加强对商业秘密和商标的保护，依法规范使用他人知识产权，防止侵权行为；

（七）商业伙伴。对重要商业伙伴开展合规调查，通过签订合规协议、要求作出合规承诺等方式促进商业伙伴行为合规；

（八）其他需要重点关注的领域。

第十四条 加强对以下重点环节的合规管理：

（一）制度制定环节。强化对规章制度、改革方案等重要文件的合规审查，确保符合法律法规、监管规定等要求；

（二）经营决策环节。严格落实“三重一大”决策制度，细化各层级决策事项和权限，加强对决策事项的合规论证把关，保障决策依法合规；

（三）生产运营环节。严格执行合规制度，加强对重点流程的监督检查，确保生产经营过程中照章办事、按章操作；

（四）其他需要重点关注的环节。

第十五条 加强对以下重点人员的合规管理：

（一）管理人员。促进管理人员切实提高合规意识，带头依法依规开展经营管理活动，认真履行承担的合规管理职责，强化考核与监督问责；

（二）重要风险岗位人员。根据合规风险评估情况明确界定重要风险岗位，有针对性加大培训力度，使重要风险岗位人员熟悉并严格遵守业务涉及的各项规定，加强监督检查和违规行为追责；

（三）海外人员。将合规培训作为海外人员任职、上岗的必备条件，确保遵守我国和所在国法律法规等相关规定；

（四）其他需要重点关注的人员。

第十七条 建立健全合规管理制度，制定全员普遍遵守的合规行为规范，针对重点领域制定专项合规管理制度，并根据法律法规变化和监管动态，及时将外部有关合规要求转化为内部规章制度。

第十八条 建立合规风险识别预警机制，全面系统梳理经营管理活动中存在的合规风险，对风险发生的可能性、影响程度、潜在后果等进行系统分析，对于典型性、普遍性和可能产生较严重后果的风险及时发布预警。

第十九条 加强合规风险应对，针对发现的风险制定预案，采取有效措施，及时应对处置。对于重大合规风险事件，合规委员会统筹领导，合规管理负责人牵头，相关部门协同配合，最大限度化解风险、降低损失。

第二十条 建立健全合规审查机制，将合规审查作为规章制度制定、重大事项决策、重要合同签订、重大项目运营等经营管理行为的必经程序，及时对不合规的内容提出修改建议，未经合规审查不得实施。

第二十一条 强化违规问责，完善违规行为处罚机制，明晰违规责任范围，细化惩处标准。畅通举报渠道，针对反映的问题和线索，及时开展调查，严肃追究违规人员责任。

第二十二条 开展合规管理评估，定期对合规管理体系的有效性进行分析，对重大或反复出现的合规风险和违规问题，深入查找根源，完善相关制度，堵塞管理漏洞，强化过程管控，持续改进提升。

第二十三条 加强合规考核评价，把合规经营管理情况纳入对各部门和所属企业负责人的年度综合考核，细化评价指标。对所属单位和员工合规职责履行情况进行评价，并将结果作为员工考核、干部任用、评先选优等工作的重要依据。

第二十四条 强化合规管理信息化建设，通过信息化手段优化管理流程，记录和保存相关信息。运用大数据等工具，加强对经营管理行为依法合规情况的实时在线监控和风险分析，实现信息集成与共享。

第二十五条 建立专业化、高素质的合规管理队伍，根据业务规模、合规风险水平等因素配备合规管理人员，持续加强业务培训，提升队伍能力水平。

海外经营重要地区、重点项目应当明确合规管理机构或配备专职人员，切实防范合规风险。

第二十六条 重视合规培训，结合法治宣传教育，建立制度化、常态化培训机制,确保员工理解、遵循企业合规目标和要求。

第二十七条 积极培育合规文化,通过制定发放合规手册、签订合规承诺书等方式,强化全员安全、质量、诚信和廉洁等意识,树立依法合规、守法诚信的价值观,筑牢合规经营的思想基础。

第二十八条 建立合规报告制度,发生较大合规风险事件,合规管理牵头部门和相关部门应当及时向合规管理负责人、分管领导报告。重大合规风险事件应当向国资委和有关部门报告。

合规管理牵头部门于每年年底全面总结合规管理工作情况,起草年度报告,经董事会审议通过后及时报送国资委。

第三章　建设项目环境影响评价制度重点内容

【典型案例】

孙国安诉中广核湖北广水风力发电有限公司
噪声污染责任纠纷案

一、案情介绍

孙国安诉中广核湖北广水风力发电有限公司噪声污染责任纠纷案[二审民事判决书案号:(2020)鄂13民终893号]

本案是一起经过二审程序终审的噪声污染责任纠纷案件。

2019年1月,孙国安、付立芳作为一审原告,以噪声污染侵权且一直未得到相关部门解决为由,以中广核湖北广水风力发电有限公司为被告,向湖北省广水市人民法院提起噪声污染责任纠纷诉讼,请求:(1)依法判令被告立即停止侵害,排除妨碍;(2)本案诉讼费由被告承担。

一审法院经审理,查明以下事实:

中广核湖北广水风力发电有限公司余店风电场2016年上半年开始动工建设。2017年年底开始试运行,2019年7月正式运行。关庙镇铁城村、三合村村民(含孙国安)投诉余店风电场发电噪声污染,广水市环保局在2018年3月30日正式受理,2018年7月26日,广水市环保局就关于群众投诉余店风电场噪声污染问题出具了答复意见书,答复意见书内容为:广水市环保局委托武汉蓝邦环境工程有限公司进行检测,显示噪声污染没有超过国家标准,投诉人如不服本处理意见,可自收到处理意见书之日30日内向随州市环保局或广水市人民政府书面提出复查申请,逾期不申请复查,本处理意见书即为该信访事项的终结性意见,各级人民政府信访工作机构和其他行政机关不再受理。孙国安在上述答复意见书上签了字,其在30日内未提出书面意见,但未终止上访,理由是当初各方协商选定的鉴定机构为核工业二七〇研究所,而此后法院将鉴定机构改为武汉蓝邦环境工程有限公司,并未履行告知义务,属于擅自变更鉴定机构。

2018年8月孙国安感觉听力下降到广水市第一人民医院进行耳内窥镜检查,检查结果为双耳鼓膜轻度内陷,2019年7月22日再次检查后检查结果仍为双耳鼓膜轻度内陷。孙国安自述医生认为噪声可以造成上述结果。

2018年湖北华裕环境检测技术有限公司对余店风电场进行噪声检测,该检测结果显示2018年11月16日昼间为54dB,夜间为49.6dB,余店风电场夜间的噪声污染超过了《声环境质量标准》1类噪声限值为昼间55dB、夜间45dB的标准。2019年12月19日湖北华裕环境检测技术有限公司对风电场进行噪声检测,检测结果显示2019年12月18日昼间为55.9dB,夜间为49.7dB。余店风电厂昼间、夜间的噪声污染均超过了《声环境质量标准》1类噪声限值为昼间55dB夜间、45dB的标准。2019年7月10日中广核湖北广水风力发电有限公司委托核工业二七〇研究所对湖北广水余店风电场工程进行噪声检测,监测结果关庙镇三合村孙国安家环境噪声昼间46.7dB,夜间44.3dB,背景噪声监测结果为昼间41.0dB,夜间37.8dB,均符合《声环境质量标准》1类噪声限值为昼间55dB夜间45dB的标准。

一审法院认为:

原告是以被告噪声超标对其造成损害为由提起的诉讼,本案案由应定为噪声污染责任纠纷。在本案中原告及被告均对风电场产生的噪声单方面委托了不同的鉴定机构进行测量鉴定,双方对对方的鉴定均不认可,认为单方面委托的鉴定不能作为证据,故对上述双方举证的鉴定意见均不予采信。

《侵权责任法》(已失效)第六十六条规定:因污染环境发生纠纷,污染者应当就法律规定的不承担责任或者减轻责任的情形及其行为与损害之间不存在因果关系承担举证责任。2002年《民诉证据规定》第四条第三项规定,因环境污染引起的损害赔偿诉讼,由加害人就法律规定的免责事由及其行为与损害结果之间不存在因果关系承担举证责任。

原告提出噪声污染超过国家标准,被告承认风力发电场有噪声产生,但没有超过国家规定的标准,原告承担了举证证明被告与其诉请有因果关系,被告应当举证证明其风发电场产生的噪声没有超过环境保护部、国家质量监督检验检疫总局发布的《声环境质量标准》1类噪声限值为昼间55dB、夜间45dB的标准和造成孙国安双鼓膜内陷不存在因果关系，但被告没有就上述事项进行举证，被告应承担举证不能的责任。

故对原告起诉要求判定被告停止侵害的诉请符合法律规定，予以支持；对原告的另一项诉讼请求排除妨碍，因其没有提供具体妨碍行为及相关证据，不予支持。

一审法院最终判决：

1. 中广核湖北广水风力发电有限公司停止侵害，即不得产生超过《声环境质量标准》1类噪声限值为昼间55dB、夜间45dB的标准的噪声；

2. 驳回孙国安、付立芳的其他诉讼请求。

一审宣判后，中广核湖北广水风力发电有限公司不服，向湖北省随州市中级人民法院提起上诉。中广核湖北广水风力发电有限公司上诉请求：(1)撤销一审判决，改判驳回被上诉人的一审诉讼请求；(2)本案一、二审案件受理费均由被上诉人承担。

事实和理由如下：

1. 一审判决认定事实错误。上诉人在一审中提交的一系列证据已足以证明不存在污染行为，上诉人已经完成了举证责任。距离是噪声是否构成超标、构成噪声污染的关键因素，根据《环境侵权案件解释》的规定，人民法院应当认定其污染行为与损害之间不存在因果关系。

2. 一审判决举证责任分配错误。一审时原审原告未完成基础举证责任，举证责任倒置的条件并不成立，一审判决却直接认定上诉人承担举证不能的责任，明显属于举证责任分配错误。

3. 一审判决适用法律错误。中广核公司广水余店镇风电场项目建设经过审批，该项目没有超过国家规定的噪声排放标准，是否超过国家规定的环境噪声排放标准是判断排放行为是否构成噪声污染侵权的依据。原审原告的家距最近的风机820米，噪声监测结果为昼间50.6dB，夜间43.1dB，并未超过国家规定标准，不构成噪声污染。

4. 原审原告滥用排除噪声妨害请求权。中广核公司风力发电项目经过严格考察和审批程序，风力发电设施建设位置与居民居住场所间隔距离符合相关规定，项目竣工环境保护验收合格，原审原告的家距最近的风机820米，远超环境影响评价批复文件中确定的200米距离。原审原告在处理邻里纠纷时未承担一定范围和限度内的容忍义务，其诉讼请求背离案件事实，其滥用请求权损害了公司的合法权益。

综上，一审判决认定事实和适用法律错误，导致实体处理错误，请求二审法院依法支持上诉人的上诉请求。

经审理，二审法院认为：

1. 对于中广核湖北广水风力发电有限公司余店风电场产生的噪声是否超过国家标准，本案的双方当事人委托相关鉴定机构进行了四次鉴定，但四次鉴定均系当事人单方委托鉴定机构所作的鉴定，不是一审法院委托相关鉴定机构作出的鉴定意见，且双方当事人对对方单方委托鉴定机构作出的鉴定意见不予认可，一审法院不予采信双方当事人单方委托鉴定机构作出的鉴定意见并无不当。

2. 2015年《环境侵权案件解释》第一条第一款、第二款规定："因污染环境造成损害，不论污染者有无过错，污染者应当承担侵权责任。污染者以排污符合国家或者地方污染物排放标准为由主张不承担责任的，人民法院不予支持。"《声环境质量标准》规定1类噪声限值为昼间55dB、夜间45dB，该规定系国家强制性标准，本案的上诉人中广核湖北广水风力发电有限公司作为噪声排放企业，应当保证企业排放的噪声不超过国家强制性标准。原审判决上诉人中广核湖北广水风力发电有限公司不得产生超过《声环境质量标准》所规定的噪声限值并无不当。

最终，二审法院认为：中广核湖北广水风力发电有限公司的上诉请求不能成立，应予驳回；一审判决认定事实清楚，实体处理正确，应予维持。判决驳回上诉，维持原判。

二、案例解读

（一）企业因环境污染行为可能被投诉（信访）

根据我国《信访工作条例》的相关规定，公民、法人或者其他组织可以采用信息网络、书信、电话、传真、走访等形式，向各级机关、单位反映情况，提出建议、意见或者投诉请求，有关行政机关应当做好信访工作，认真倾听人民群众的意见、建议和要求，接受人民群众的监督，努力为人民群众服务。对信访人直接提出的信访事项,有关机关、单位能够当场告知的,应当当场书面告知;不能当场告知的,应当自收到信访事项之日起15日内书面告知信访人。信访事项一般应当自受理之日起60日内办结;情况复杂的,经本机关、单位负责人批准,可以适当延长办理期限,但延长期限不得超过30日,并告知信访人延期理由。信访人对信访处理意见不服的,可以自收到书面答复之日起30日内请求原办理机关、单位的上一级机关、单位复查。收到复查请求的机关、单位应当自收到复查请求之日起30日内提出复查意见,并予以书面答复。信访人对复查意见不服的,可以自收到书面答复之日起30日内向复查机关、单位的上一级机关、单位请求复核。收到复核请求的机关、单位应当自收到复核请求之日起30日内提出复核意见。信访人对复核意见不服,仍然以同一事实和理由提出投诉请求的,各级党委和政府信访部门和其他机关、单位不再受理。

本案中,早在2018年3月,孙国安等村民就向广水市环保局投诉了余店风电场发电噪声污染问题,广水市环保局进行了处理,并于2018年7月26日出具了答复意见书,在答复意见书中,广水市环保局表明其委托武汉蓝邦环境工程有限公司进行了检测,检测报告显示信访人投诉的噪声污染没有超过国家标准。同时告知孙国安等村民如不服处理意见,可自收到处理意见书之日30日内向随州市环保局或广水市人民政府书面提出复查申请,逾期不申请复查,处理意见即为该信访事项的终结性意见,相关机关不再受理。孙国安在上述答复意见书上签了字,在30日内未提出书面意见,但也未终止上访,并在之后提起了本案诉讼。其上访理由是当初几方协商选定的鉴定机构为核工业二七〇研究所,而广水市环保局却在其不知情的情况下委托了武汉蓝邦环境工程有限公司,私下变更了鉴定机构。

(二)在环境污染责任纠纷中,实行特殊的举证责任规则

在我国民事诉讼中,一般实行"谁主张,谁举证"的举证责任规则,当事人对自己提出的诉讼请求所依据的事实或者反驳对方诉讼请求所依据的事实,应当提供证据加以证明,当事人未能提供证据或者证据不足以证明其事实主张的,由负有举证证明责任的当事人承担不利的后果。但是,在一些特殊类型的诉讼中,考虑到公共利益保护、当事人双方特殊身份、地位等问题,实行"举证责任倒置"的规则,环境侵权诉讼即为其中之一。《民法典》第一千二百三十条规定:"因污染环境、破坏生态发生纠纷,行为人应当就法律规定的不承担责

任或者减轻责任的情形及其行为与损害之间不存在因果关系承担举证责任。”

据此，在环境污染、破坏生态类纠纷诉讼中，环境污染的行为人应当就免责事由及其行为与损害之间不存在因果关系承担举证责任。被侵权人应对侵权行为和损害结果的存在两个要件承担证明责任，包括向法院提供证明以下事实的证据材料：(1)侵权人排放了污染物或者破坏了生态；(2)被侵权人所遭受的损害。

本案中，当事人双方和一、二审法院也正是依据上述举证责任分配规则进行了相关的诉讼活动和裁判。

本案一审中，一审法院根据《侵权责任法》(已失效)第六十六条中关于环境污染纠纷举证责任分配的规定(现为《民法典》第一千二百三十条)以及2002年《民诉证据规定》第四条，认为：孙国安、付立芳提出噪声污染超过国家标准，中广核湖北广水风力发电有限公司承认风力发电场有噪声产生，但没有超过国家规定的标准，孙国安、付立芳已举证证明中广核湖北广水风力发电有限公司与其诉请有因果关系，中广核湖北广水风力发电有限公司应当举证风力发电场产生的噪声没有超过《声环境质量标准》1类噪声限值为昼间55dB、夜间45dB的标准和造成孙国安双鼓膜内陷不存在因果关系，但中广核湖北广水风力发电有限公司没有就上述举证责任举证，中广核湖北广水风力发电有限公司应承担举证不能的责任。故孙国安、付立芳起诉要求中广核湖北广水风力发电有限公司停止侵害的诉请符合法律规定，依法予以支持；孙国安、付立芳请求排除妨碍，因没有提供具体妨碍行为及相关证据，依法不予支持。中广核湖北广水风力发电有限公司不服一审判决，在上诉时提出，其在一审中提交的一系列证据已足以证明不存在污染行为，其已经完成了举证责任。距离是噪声是否构成超标、构成噪声污染的关键因素，人民法院应当认定其污染行为与损害之间不存在因果关系。一审时原审原告未完成基础举证责任，举证责任倒置的条件并不成立，一审判决却直接认定其承担举证不能的责任，明显属于举证责任分配错误。二审法院经审理并未采纳中广核湖北广水风力发电有限公司的上诉意见，二审法院认为：上诉人中广核湖北广水风力发电有限公司作为噪声排放企业应当保证企业排放的噪声不超过国家强制性标准。原审判决上诉人不得产生超过《声环境质量标准》所规定的噪声限值并无不当。最终驳回上诉，维持了原判。

（三）在环境污染责任纠纷中，单方委托鉴定机构作出的鉴定，对方可不予认可

根据《民诉证据规定》第三十条的规定，人民法院在审理案件过程中认为待证事实需要通过鉴定意见证明的，应当向当事人释明，并指定提出鉴定申请的期间。同时，根据《民诉证据规定》第三十二条和《民诉法解释》第一百二十一条的规定，人民法院准许当事人鉴定申请的，应当组织双方当事人协商确定具备相应资格的鉴定人。当事人协商不成的，由人民法院指定。人民法院依职权委托鉴定的，可以在询问当事人的意见后，指定具备相应资格的鉴定人。因此，在环境损害诉讼纠纷中，双方当事人可协商确定鉴定机构，协商不成的，人民法院可依职权委托鉴定。如果一方当事人单方面委托了鉴定机构，但未经过对方当事人同意，或对方当事人不知情，该鉴定机构也不是法院依职权委托的，则对方当事人对该鉴定机构的鉴定意见，可不予认可。

本案中，在诉讼之前，孙国安等村民向广水市环保局投诉了余店风电场发电噪声污染问题，其在广水市环保局作出处理后，仍一直上访，理由就是当初几方协商选定的鉴定机构为核工业二七〇研究所，而广水市环保局却在其不知情的情况下委托了武汉蓝邦环境工程有限公司，私下变更了鉴定机构。在本案一审中，一审法院认为，孙国安、付立芳及中广核湖北广水风力发电有限公司对风电场产生的噪声均单方委托不同的鉴定机构进行了噪声的测量鉴定，双方对对方的鉴定均不认可，认为单方委托的鉴定不能作为证据，双方均推翻了自己的证据，故法院对上述双方举证的鉴定意见均不予采信。在本案二审中，二审法院认为，对于中广核湖北广水风力发电有限公司余店风电场产生的噪声是否超过国家标准，本案的双方当事人委托相关鉴定机构进行了四次鉴定，但四次鉴定均系当事人单方委托鉴定机构所作的鉴定，不是一审法院委托相关鉴定机构作出的鉴定意见，且双方当事人对对方单方委托鉴定机构作出的鉴定意见不予认可，一审法院不予采信双方当事人单方委托鉴定机构作出的鉴定意见并无不当。

（四）污染环境的侵权责任为无过错责任

2020年《环境侵权案件解释》第一条第一款、第二款规定："因污染环境、破坏生态造成他人损害，不论侵权人有无过错，侵权人应当承担侵权责任。侵权人以排污符合国家或者地方污染物排放标准为由主张不承担责任的，人民

法院不予支持。”因此，企业应遵守国家相关法律、法规和行业标准，保证其行为在合规的范围内进行，同时，根据污染环境侵权的无过错责任原则，只要造成了污染环境的后果，即便符合相关国家和地方标准，污染者也应承担民事侵权责任。本案一、二审法院经审理认为：《声环境质量标准》规定1类噪声限值为昼间55dB、夜间45dB，该规定系国家强制性标准，中广核湖北广水风力发电有限公司作为噪声排放企业应当停止侵害，保证企业排放的噪声不超过国家强制性标准。

【合规指引】

一、建设项目环境影响评价制度概述

（一）建设项目环境影响评价的概念与缘起

根据我国《环境影响评价法》第二条的规定，环境影响评价是指对规划和建设项目实施后可能造成的环境影响进行分析、预测和评估，提出预防或者减轻不良环境影响的对策和措施，进行跟踪监测的方法与制度。据此，建设项目环境影响评价是指对拟议中的建设项目，在兴建前即可行性研究阶段，对其选址、设计、施工等过程，特别是运营和生产阶段可能带来的环境影响进行预测和分析，提出相应的防治措施，为项目选址、设计及建成投产后的环境管理提供科学依据。

1964年，在加拿大国际环境质量评价学术会议上，首次提出环境影响评价这一概念。随后世界上许多国家开始关注环境影响评价问题。1969年至1972年，美国、瑞典、日本等国家在环境保护相关法律中确立了环境影响评价制度，之后俄罗斯、德国、加拿大等国家也相继确立了环境影响评价制度。据统计，截至1996年，全球已有80多个国家制定了与环境影响评价相关的法律，并不断对其加以完善。

（二）我国建设项目环境影响评价制度的历史发展

1973年，我国在北京召开了第一次环境保护会议。这次会议之后，我国从中央到地方，相继建立了环境保护机构，并加强了对生态环境的管理，制定了各种环境保护规章制度。在这个阶段，我国初步治理了某些污染严重的工矿区，环境科学研究工作得以迅速发展。这次全国环境保护会议所确立的基本方针及相关政策还有力地推动了我国当时的环境保护教育事业的发展。

1979 年,全国人大常委会通过《环境保护法(试行)》(已废止),第一次以法律的形式将建设项目环境影响评价确定了下来,该法规定:一切企业、事业单位的选址、设计、建设和生产,都必须防止对环境的污染和破坏。不管是新建工程、改建工程还是扩建工程,都必须编制环境影响报告书,经环境保护部门和其他部门审批后方能进行设计和施工。由此,我国建立了建设项目环境影响评价制度。1981 年,《基本建设项目环境保护管理办法》由国务院颁布,明确规定了基本建设项目环境影响评价的工作程序、开展范围和评价内容,根据该办法,许多主要建设项目都将建设项目环境影响评价作为环境管理的一项措施。1984 年,我国颁布了《水污染防治法》,该法规定:建设项目环境影响报告书,必须包含对建设活动可能产生的水资源或对生态环境影响的评价,制定相应的环境保护措施,并按照规定的审批程序进行上报,经由有关环境保护部门审查批准。1986 年,国务院有关部门颁布了《建设项目环境保护管理办法》(已废止),并修订了《基本建设项目环境保护管理办法》,第一次对建设项目环境影响评价制度的实施办法进行了明确的规定,同时将所有对环境有影响的建设项目都列入实施环境影响评价的范围内。1987 年,《大气污染防治法》出台,该法规定了建设项目环境影响评价报告书必须包含对建设活动可能产生的大气或对生态环境影响的评价,制定环境影响防治措施,并按照规定的审批程序进行上报,经由环境保护部门审查批准。1999 年,《建设项目环境影响评价资格证书管理办法》(已废止)出台,规定:环境影响评价工作只能由具备建设项目环境影响评价资格证书的单位按照证书规定的等级及范围开展相关工作,并对建设活动的环境影响评价结论负责。《环境保护法》也于同年正式通过,该法同样规定:建设项目环境影响评价报告书,必须对建设活动产生的环境污染及环境影响进行评价,规定环境影响防治措施,先报项目主管部门进行预审,后报环境保护行政部门进行审批。自此,我国正式建立了建设项目环境影响评价制度。

1994 年,国家环境保护局实施了《环境影响评价技术导则》(已废止),该导则使环境影响评价的条理更清晰、方法更具体、管理更细致。1998 年,国务院发布了《建设项目环境保护管理条例》,该条例对环境影响评价的审批程序、适用范围、法律责任、评价内容等作出了全面规定,标志着较成熟的建设项目环境影响评价制度开始在我国形成。

（三）建设项目环境影响评价制度的立法现状

现代法治国家，完善的环保合规管理已经成为保障企业快速、持续、绿色发展的重要一环，可以帮助企业有效应对风险，助力企业发展。环境影响评价是企业环保合规管理必不可少的内容和环节。我国与建设项目环境影响评价有关的现有立法主要体现在以下方面（此处的立法做广义理解）。

1. 现行法律

（1）《环境保护法》。我国《环境保护法》第十九条将环境影响评价列为建设对环境有影响的项目的必经阶段，将环境影响评价上升到了此类项目建设的法定条件。根据该条规定，建设对环境有影响的项目，应当依法进行环境影响评价。未依法进行环境影响评价的建设项目，不得开工建设。第四十一条对建设项目中防治污染设施也提出了要求，即建设项目中防治污染的设施，应当与主体工程同时设计、同时施工、同时投产使用。防治污染的设施应当符合经批准的环境影响评价文件的要求，不得擅自拆除或者闲置。第五十六条规定了相关部门的信息公开义务，根据该条规定，负责审批建设项目环境影响评价文件的部门在收到建设项目环境影响报告书后，除涉及国家秘密和商业秘密的事项外，应当全文公开；发现建设项目未充分征求公众意见的，应当责成建设单位征求公众意见。第六十一条、第六十三条、第六十五条规定了建设单位、行政机关和相关机构在未依法、依规进行环境影响评价时所应承担的法律责任。

（2）《环境影响评价法》。我国《环境影响评价法》是关于环境影响评价的专门立法。该法第一条明确了建设项目环境影响评价的立法目的，即为了实施可持续发展战略，预防因规划和建设项目实施后对环境造成不良影响，促进经济、社会和环境的协调发展，制定本法。第四条规定了环境影响评价的基本原则，即客观、公开、公正，综合考虑建设项目实施后对各种环境因素及其所构成的生态系统可能造成的影响，为决策提供科学依据。第五条规定了国家鼓励有关单位、专家和公众以适当方式参与环境影响评价。第六条规定，国家加强环境影响评价的基础数据库和评价指标体系建设，鼓励和支持对环境影响评价的方法、技术规范进行科学研究，建立必要的环境影响评价信息共享制度，提高环境影响评价的科学性。国务院生态环境主管部门应当会同国务院有关部门，组织建立和完善环境影响评价的基础数据库和评价指标体系。该法在第三章中专门规定了建设项目的环境影响评价，主要包括：建设项目的环境影响评价的分类管理制度；建设项目环境影响报告书应当包括的主要内容；建设项目环境影响评价应当避免与规划环境影响评价相重复；建设单位既可以委托技术单位对其建设项目开展环境影响评价，在具备技术能力时也可自行开展环境影响评价，编制建设项目环境影响报告书、环境影响报告表，技术单位和建设单位对各自负责编制的环境影响报告书、环境影响报告表的内容和结论负责并承担责任；建设单位应当在报批建设项目环境影响报告书前，举行论证会、听证会，或者采取其他形式，征求有关单位、专家和公众的意见；建设项目环境影响评价的审批机关及相关责任。该法第四章专门规定了环境影响评价中相关单位、单位负责人员、行政机关工作人员的法律责任。

(3)《刑法》。根据我国《刑法》第二百二十九条的规定，承担环境影响评价职责的中介组织的人员故意提供虚假证明文件，情节严重的，处 5 年以下有期徒刑或者拘役，并处罚金；在涉及公共安全的重大工程、项目中提供虚假的环境影响评价等证明文件，致使公共财产、国家和人民利益遭受特别重大损失的，处 5 年以上 10 年以下有期徒刑，并处罚金。如果在实施上述行为时，还索取他人财物或者非法收受他人财物构成犯罪的，依照处罚较重的规定定罪处罚。同时，如果承担环境影响评价职责的中介组织的人员严重不负责任，出具的证明文件有重大失实，造成严重后果的，处 3 年以下有期徒刑或者拘役，并处或者单处罚金。

2. 行政法规

《建设项目环境保护管理条例》是国务院 2017 年 7 月 16 日修订，并于 2017 年 10 月 1 日施行的行政法规。该条例的制定目的是防止建设项目产生新的污染、破坏生态环境。该条例第二章专门规定了建设项目环境影响评价，主要包括以下内容：

(1)国家根据建设项目对环境的影响程度，按照下列规定对建设项目的环境保护实行分类管理：建设项目对环境可能造成重大影响的，应当编制环境影响报告书，对建设项目产生的污染和对环境的影响进行全面、详细的评价；建设项目对环境可能造成轻度影响的，应当编制环境影响报告表，对建设项目产生的污染和对环境的影响进行分析或者专项评价；建设项目对环境影响很小，不需要进行环境影响评价的，应当填报环境影响登记表。建设项目环境影响评价分类管理名录，由国务院环境保护行政主管部门在组织专家进行论证和征求有关部门、行业协会、企事业单位、公众等意见的基础上制定并公布。

(2)建设项目环境影响报告书，应当包括下列内容：建设项目概况；建设项目周围环境现状；建设项目对环境可能造成影响的分析和预测；环境保护措施及其经济、技术论证；环境影响经济损益分析；对建设项目实施环境监测的建议；环境影响评价结论。

(3)依法应当编制环境影响报告书、环境影响报告表的建设项目，建设单位应当在开工建设前将环境影响报告书、环境影响报告表报有审批权的环境保护行政主管部门审批；建设项目的环境影响评价文件未依法经审批部门审查或者审查后未予批准的，建设单位不得开工建设。依法应当填报环境影响登记表的建设项目，建设单位应当按照国务院环境保护行政主管部门的规定将环境影响登记表报建设项目所在地县级环境保护行政主管部门备案。

(4)建设项目有下列情形之一的，环境保护行政主管部门应当对环境影响报告书、环境影响报告表作出不予批准的决定：建设项目类型及其选址、布局、规模等不符合环境保护法律法规和相关法定规划；所在区域环境质量未达到国家或者地方环境质量标准，且建设项目拟采取的措施不能满足区域环境质量改善目标管理要求；建设项目采取的污染防治措施无法确保污染物排放达到国家和地方排放标准，或者未采取必要措施预防和控制生态破坏；改建、扩建和技术改造项目，未针对项目原有环境污染和生态破坏提出有效防治措施；建设项目的环境影响报告书、环境影响报告表的基础资料数据明显不实，内容存在重大缺陷、遗漏，或者环境影响评价结论不明确、不合理。

(5)建设项目环境影响报告书、环境影响报告表经批准后，建设项目的性质、规模、地点、采用的生产工艺或者防治污染、防止生态破坏的措施发生重大变动的，建设单位应当重新报批建设项目环境影响报告书、环境影响报告表。建设项目环境影响报告书、环境影响报告表自批准之日起满 5 年，建设项目方开工建设的，其环境影响报告书、环境影响报告表应当报原审批部门重新审核。

(6)建设单位可以采取公开招标的方式，选择从事环境影响评价工作的单位，对建设项目进行环境影响评价。任何行政机关不得为建设单位指定从事环境影响评价工作的单位，进行环境影响评价。建设单位编制环境影响报告书，应当依照有关法律规定，征求建设项目所在地有关单位和居民的意见。

3. 部门规章及其他规范性文件

与环境影响评价相关的部门规章及其他规范性文件主要包括《建设项目环境影响评价分类管理名录（2021年版）》《建设项目环境影响登记表备案管理办法》《环境影响评价公众参与办法》《建设项目环境影响后评价管理办法（试行）》《建设项目环境保护事中事后监督管理办法（试行）》《建设项目竣工环境保护验收暂行办法》《关于开展重点行业建设项目碳排放环境影响评价试点的通知》等，下文将其中的重要内容予以简要介绍。

（1）《建设项目环境影响评价分类管理名录（2021年版）》。生态环境部在2020年11月30日发布了《建设项目环境影响评价分类管理名录（2021年版）》，自2021年1月1日起施行。《建设项目环境影响评价分类管理名录（2021年版）》根据建设项目特征和所在区域的环境敏感程度，综合考虑建设项目可能对环境产生的影响，对建设项目的环境影响评价实行分类管理。根据《建设项目环境影响评价分类管理名录（2021年版）》的规定，建设单位应当严格按照本名录确定建设项目环境影响评价类别，不得擅自改变环境影响评价类别。建设内容涉及《建设项目环境影响评价分类管理名录（2021年版）》中两个及以上项目类别的建设项目，其环境影响评价类别按照其中单项等级最高的确定。建设内容不涉及主体工程的改建、扩建项目，其环境影响评价类别按照改建、扩建的工程内容确定。建设单位应当按照《建设项目环境影响评价分类管理名录（2021年版）》的规定，分别组织编制建设项目环境影响报告书、环境影响报告表或者填报环境影响登记表。《建设项目环境影响评价分类管理名录（2021年版）》未作规定的建设项目，不纳入建设项目环境影响评价管理；省级生态环境主管部门对本名录未作规定的建设项目，认为确有必要纳入建设项目环境影响评价管理的，可以根据建设项目的污染因子、生态影响因子特征及其所处环境的敏感性质和敏感程度等，提出环境影响评价分类管理的建议，报生态环境部认定后实施。

（2）《建设项目环境影响登记表备案管理办法》。《建设项目环境影响登记表备案管理办法》的制定目的是规范建设项目环境影响登记表备案，适用于按照《建设项目环境影响评价分类管理名录（2021年版）》规定应当填报环境影响登记表的建设项目。填报环境影响登记表的建设项目，建设单位应当依照《建设项目环境影响登记表备案管理办法》规定，办理环境影响登记表备案手续。《建设项目环境影响登记表备案管理办法》主要内容有：①建设项目环境影响登记表备案采用网上备案方式。对国家规定需要保密的建设项目，建设项目环境影响登记表备案采用纸质备案方式。②建设单位在办理建设项目环境影响登记表备案手续时，应当认真查阅、核对《建设项目环境影响评价分类管理名录（2021 年版）》，确认其备案的建设项目属于按照《建设项目环境影响评价分类管理名录（2021 年版）》规定应当填报环境影响登记表的建设项目。对按照《建设项目环境影响评价分类管理名录（2021 年版）》规定应当编制环境影响报告书或者报告表的建设项目，建设单位不得擅自降低环境影响评价等级，填报环境影响登记表并办理备案手续。③建设单位填报建设项目环境影响登记表时，应当同时就其填报的环境影响登记表内容的真实、准确、完整作出承诺，并在登记表中的相应栏目由该建设单位的法定代表人或者主要负责人签署姓名。④建设单位在线提交环境影响登记表后，网上备案系统自动生成备案编号和回执，该建设项目环境影响登记表备案即为完成。建设单位可以自行打印留存其填报的建设项目环境影响登记表及建设项目环境影响登记表备案回执。建设项目环境影响登记表备案回执是环境保护主管部门确认收到建设单位环境影响登记表的证明。⑤建设项目环境影响登记表备案完成后，建设单位或者其法定代表人或者主要负责人在建设项目建成并投入生产运营前发生变更的，建设单位应当依照《建设项目环境影响登记表备案管理办法》规定再次办理备案手续。建设项目环境影响登记表备案完成后，建设单位应当严格执行相应污染物排放标准及相关环境管理规定，落实建设项目环境影响登记表中填报的环境保护措施，有效防治环境污染和生态破坏。

（3）《环境影响评价公众参与办法》。《环境影响评价公众参与办法》的制定目的是规范环境影响评价公众参与，保障公众环境保护知情权、参与权、表达权和监督权。《环境影响评价公众参与办法》主要内容如下：①建设项目环境影响评价公众参与相关信息应当依法公开，涉及国家秘密、商业秘密、个人隐私的，依法不得公开。生态环境主管部门公开建设项目环境影响评价公众参与相关信息，不得危及国家安全、公共安全、经济安全和社会稳定。②建设单位应当在确定环境影响报告书编制单位后 7 个工作日内，通过其网站、建设项目所在地公共媒体网站或者建设项目所在地相关政府网站，公开下列信息：

建设项目名称、选址选线、建设内容等基本情况,改建、扩建、迁建项目应当说明现有工程及其环境保护情况;建设单位名称和联系方式;环境影响报告书编制单位的名称;公众意见表的网络链接;提交公众意见表的方式和途径。在环境影响报告书征求意见稿编制过程中,公众均可向建设单位提出与环境影响评价相关的意见。③建设项目环境影响报告书征求意见稿形成后,建设单位应当公开下列信息,征求与该建设项目环境影响有关的意见:环境影响报告书征求意见稿全文的网络链接及查阅纸质报告书的方式和途径;征求意见的公众范围;公众意见表的网络链接;公众提出意见的方式和途径;公众提出意见的起止时间。建设单位征求公众意见的期限不得少于 10 个工作日。④建设单位可以通过发放科普资料、张贴科普海报、举办科普讲座或者通过学校、社区、大众传播媒介等途径,向公众宣传与建设项目环境影响有关的科学知识,加强与公众互动。公众可以通过信函、传真、电子邮件或者建设单位提供的其他方式,在规定时间内将填写的公众意见表等提交建设单位,反映与建设项目环境影响有关的意见和建议。⑤对环境影响方面公众质疑性意见多的建设项目,建设单位应当按照下列方式组织开展深度公众参与:公众质疑性意见主要集中在环境影响预测结论、环境保护措施或者环境风险防范措施等方面的,建设单位应当组织召开公众座谈会或者听证会。座谈会或者听证会应当邀请在环境方面可能受建设项目影响的公众代表参加。公众质疑性意见主要集中在环境影响评价相关专业技术方法、导则、理论等方面的,建设单位应当组织召开专家论证会。专家论证会应当邀请相关领域专家参加,并邀请在环境方面可能受建设项目影响的公众代表列席。建设单位可以根据实际需要,向建设项目所在地县级以上地方人民政府报告,并请求县级以上地方人民政府加强对公众参与的协调指导。⑥建设单位向生态环境主管部门报批环境影响报告书前,应当组织编写建设项目环境影响评价公众参与说明。公众参与说明应当包括下列主要内容:公众参与的过程、范围和内容;公众意见收集整理和归纳分析情况;公众意见采纳情况,或者未采纳情况、理由及向公众反馈的情况等。

(4)生态环境部重要政策性文件。为贯彻落实习近平总书记重要指示批示,加快实施积极应对气候变化国家战略,推动我国有关生态环境保护领域环境影响评价的相关政策、碳减排工作方案落地实施,生态环境部组织部分省份开展重点行业建设项目碳排放环境影响评价试点。2021 年 7 月 21 日，生态环境部办公厅发布了《关于开展重点行业建设项目碳排放环境影响评价试点的通知》。该通知明确了在河北、吉林、浙江、山东、广东、重庆、陕西等地开展试点工作，试点行业为电力、钢铁、建材、有色、石化和化工等重点行业，本次试点主要开展建设项目二氧化碳（CO_2）排放环境影响评价，该通知要求，2021 年 12 月底前，试点地区发布建设项目碳排放环境影响评价相关文件，研究制定建设项目碳排放量核算方法和环境影响报告书编制规范，基本建立重点行业建设项目碳排放环境影响评价的工作机制。2022 年 6 月底前，基本摸清重点行业碳排放水平和减排潜力，探索形成建设项目污染物和碳排放协同管控评价技术方法，打通污染源与碳排放管理统筹融合路径，从源头实现减污降碳协同作用。该通知提出了建立方法体系、测算碳排放水平、提出碳减排措施、完善环境影响评价管理要求等工作任务。

二、建设项目环境评价制度的主要内容

（一）建设项目审批阶段的预申报及审查

在建设项目审批阶段，应完成预申报及审查工作。具体包括：（1）项目建设单位提供可行性研究报告（或项目建议书）、平面布置图、地理位置图、企业名称核准书（市场监督管理部门办理），填写建设单位环境影响评价报表或报告书；（2）环境保护部门进行现场勘验，完成现场勘验报告；（3）环境保护部门通过预审对项目是否属于限批或禁批范围、是否符合环境保护相关法律法规和政策性要求进行审查，同意做环境影响评价的，对建设单位的项目环境影响评价编制文件进行初步审查，提出初步意见；不同意做环境影响评价的，说明理由。

环境保护部门对项目环境影响评价的审查主要包括以下方面：（1）是否符合建设项目审批的六条原则，是否违反“限批”“禁批”规定；（2）是否符合生态环境部颁布的《建设项目环境影响评价分类管理名录（2021 年版）》规定的环境影响评价等级要求；（3）环境影响评价机构是否具备相应资质；（4）按照分级审批权限规定，是否属于本级部门审批管理范围；（5）报送的环境影响评价报告表是否符合技术导则要求；（6）污染防治、生态保护措施是否完善可行，经济指标是否适当。

（二）建设项目环境保护事中、事后监督管理

为了做好建设项目环境保护事前审批与事中事后监督管理的有效衔接，

规范建设项目环境保护事中、事后监督管理,充分发挥环境影响评价制度的管理效能,环境保护部于 2015 年 12 月 10 日公布了《建设项目环境保护事中事后监督管理办法(试行)》。具体而言,建设项目环境保护事中监督管理是指环境保护部门对本行政区域内的建设项目自办理环境影响评价手续后到正式投入生产或使用期间,落实经批准的环境影响评价文件及批复要求的监督管理。建设项目环境保护事后监督管理是指环境保护部门对本行政区域内的建设项目正式投入生产或使用后,遵守环境保护法律法规情况,以及按照相关要求开展环境影响后评价情况的监督管理。事中监督管理的主要内容是:经批准的环境影响评价文件及批复中提出的环境保护措施落实情况和公开情况;施工期环境监理和环境监测开展情况;竣工环境保护验收和排污许可证的实施情况;环境保护法律法规的遵守情况和环境保护部门作出的行政处罚决定落实情况。事后监督管理的主要内容是:生产经营单位遵守环境保护法律、法规的情况进行监督管理;产生长期性、累积性和不确定性环境影响的水利、水电、采掘、港口、铁路、冶金、石化、化工以及核设施、核技术利用和铀矿冶等编制环境影响报告书的建设项目,生产经营单位开展环境影响后评价及落实相应改进措施的情况。

建设单位是落实建设项目环境保护责任的主体。建设单位在建设项目开工前和发生重大变动前,必须依法取得环境影响评价审批文件。建设项目实施过程中应严格落实经批准的环境影响评价文件及其批复文件提出的各项环境保护要求,确保环境保护设施正常运行。实施排污许可管理的建设项目,应当依法申领排污许可证,严格按照排污许可证规定的污染物排放种类、浓度、总量等排污。实行辐射安全许可管理的建设项目,应当依法申领辐射安全许可证,严格按照辐射安全许可证规定的源项、种类、活度、操作量等开展工作。建设单位应当主动向社会公开建设项目环境影响评价文件、污染防治设施建设运行情况、污染物排放情况、突发环境事件应急预案及应对情况等环境信息。各级环境保护部门应当公开建设项目的监督管理信息和环境违法处罚信息,加强与有关部门的信息交流共享,实现建设项目环境保护监督管理信息互联互通。信息公开应当采取新闻发布会以及报刊、广播、网站、电视等方式,便于公众、专家、新闻媒体、社会组织获取。

2015 年 12 月 10 日公布的还有《建设项目环境影响后评价管理办法(试

行)》。所谓环境影响后评价,是指编制环境影响报告书的建设项目在通过环境保护设施竣工验收且稳定运行一定时期后,对其实际产生的环境影响以及污染防治、生态保护和风险防范措施的有效性进行跟踪监测和验证评价,并提出补救方案或者改进措施,提高环境影响评价有效性的方法与制度。根据《建设项目环境影响后评价管理办法(试行)》,建设单位或者生产经营单位可以委托环境影响评价机构、工程设计单位、大专院校和相关评估机构等编制环境影响后评价文件。建设项目环境影响后评价一般应当在建设项目正式投入生产或者运营后3~5年内开展。编制建设项目环境影响报告书的环境影响评价机构,原则上不得承担该建设项目环境影响后评价文件的编制工作。建设项目环境影响后评价文件应当包括以下内容:(1)建设项目过程回顾。包括环境影响评价、环境保护措施落实、环境保护设施竣工验收、环境监测情况,以及公众意见收集调查情况等。(2)建设项目工程评价。包括项目地点、规模、生产工艺或者运行调度方式,环境污染或者生态影响的来源、影响方式、程度和范围等。(3)区域环境变化评价。包括建设项目周围区域环境敏感目标变化、污染源或者其他影响源变化、环境质量现状和变化趋势分析等。(4)环境保护措施有效性评估。包括环境影响报告书规定的污染防治、生态保护和风险防范措施是否适用、有效,能否达到国家或者地方相关法律、法规、标准的要求等。(5)环境影响预测验证。包括主要环境要素的预测影响与实际影响差异,原环境影响报告书内容和结论有无重大漏项或者明显错误,持久性、累积性和不确定性环境影响的表现等。(6)环境保护补救方案和改进措施。(7)环境影响后评价结论。建设单位或者生产经营单位完成环境影响后评价后,应当依法公开环境影响评价文件,接受社会监督。环境保护主管部门可以依据环境影响后评价文件,对建设项目环境保护提出改进要求,并将其作为后续建设项目环境影响评价管理的依据。

(三)建设项目竣工环境保护验收

《建设项目竣工环境保护验收暂行办法》规定,建设项目竣工后,建设单位应当如实查验、监测、记载建设项目环境保护设施的建设和调试情况,编制验收监测(调查)报告。以排放污染物为主的建设项目,参照《建设项目竣工环境保护验收技术指南　污染影响类》编制验收监测报告;主要对生态造成影响的建设项目,按照《建设项目竣工环境保护验收技术规范　生态影响类》编制验收调查报告;火力发电、石油炼制、水利水电、核与辐射等已发布行业验收技术规范的建设项目,按照该行业验收技术规范编制验收监测报告或者验收调查报告。建设单位不具备编制验收监测(调查)报告能力的,可以委托有能力的技术机构编制。建设单位对受委托的技术机构编制的验收监测(调查)报告结论负责。建设单位与受委托的技术机构之间的权利义务关系,以及受委托的技术机构应当承担的责任,可以通过合同形式约定。

根据《建设项目竣工环境保护验收暂行办法》的规定,建设项目环境保护设施存在下列情形之一的,建设单位不得提出验收合格的意见:(1)未按环境影响报告书(表)及其审批部门审批决定要求建成环境保护设施,或者环境保护设施不能与主体工程同时投产或者使用的;(2)污染物排放不符合国家和地方相关标准、环境影响报告书(表)及其审批部门审批决定或者重点污染物排放总量控制指标要求的;(3)环境影响报告书(表)经批准后,该建设项目的性质、规模、地点、采用的生产工艺或者防治污染、防止生态破坏的措施发生重大变动,建设单位未重新报批环境影响报告书(表)或者环境影响报告书(表)未经批准的;(4)建设过程中造成重大环境污染未治理完成,或者造成重大生态破坏未恢复的;(5)纳入排污许可管理的建设项目,无证排污或者不按证排污的;(6)分期建设、分期投入生产或者使用依法应当分期验收的建设项目,其分期建设、分期投入生产或者使用的环境保护设施防治环境污染和生态破坏的能力不能满足其相应主体工程需要的;(7)建设单位因该建设项目违反国家和地方环境保护法律法规受到处罚,被责令改正,尚未改正完成的;(8)验收报告的基础资料数据明显不实,内容存在重大缺项、遗漏,或者验收结论不明确、不合理的;(9)其他环境保护法律法规规章等规定不得通过环境保护验收的。验收意见包括工程建设基本情况、工程变动情况、环境保护设施落实情况、环境保护设施调试效果、工程建设对环境的影响、验收结论和后续要求等内容,验收结论应当明确该建设项目环境保护设施是否验收合格。建设项目配套建设的环境保护设施经验收合格后,其主体工程方可投入生产或者使用;未经验收或者验收不合格的,不得投入生产或者使用。

建设单位应当将验收报告以及其他档案资料存档备查。纳入排污许可管理的建设项目,排污单位应当在项目产生实际污染物排放之前,按照国家排污许可有关管理规定要求,申请排污许可证,不得无证排污或不按证排污。建设项目验收报告中与污染物排放相关的主要内容应当纳入该项目验收完成当年排污许可证执行年报。

在建设项目竣工环境保护验收过程中，除按照国家需要保密的情形外，建设单位应当通过其网站或其他便于公众知晓的方式，向社会公开下列信息：(1)建设项目配套建设的环境保护设施竣工后，公开竣工日期；(2)对建设项目配套建设的环境保护设施进行调试前，公开调试的起止日期；(3)验收报告编制完成后5个工作日内，公开验收报告，公示的期限不得少于20个工作日。建设单位公开上述信息的同时，应当向所在地县级以上环境保护主管部门报送相关信息，并接受监督检查。验收报告公示期满后5个工作日内，建设单位应当登录全国建设项目竣工环境保护验收信息平台，填报建设项目基本信息、环境保护设施验收情况等相关信息，环境保护主管部门对上述信息予以公开。

三、建设项目环境影响评价中的法律责任

根据我国《环境保护法》《环境影响评价法》等法律及相关行政法规、规章等规范性文件的规定，建设单位、环境影响评价机构、环境监测机构以及从事环境监测设备和防治污染设施维护、运营的机构等单位及相关工作人员因在建设项目环境影响评价过程中的下列违法、违规行为，可能承担相应的法律责任。

1. 建设单位未依法提交建设项目环境影响评价文件或者环境影响评价文件未经批准，擅自开工建设的，由负有环境保护监督管理职责的部门责令停止建设，处以罚款，并可以责令恢复原状。

2. 建设单位未依法报批建设项目环境影响报告书、报告表，或者未依照《环境影响评价法》第二十四条的规定重新报批或者报请重新审核环境影响报告书、报告表，擅自开工建设的，由县级以上生态环境主管部门责令停止建设，根据违法情节和危害后果，处建设项目总投资额百分之一以上百分之五以下的罚款，并可以责令恢复原状；对建设单位直接负责的主管人员和其他直接责任人员，依法给予行政处分。建设项目环境影响报告书、报告表未经批准或者未经原审批部门重新审核同意，建设单位擅自开工建设的，依照前款的规定处罚、处分。建设单位未依法备案建设项目环境影响登记表的，由县级以上生态环境主管部门责令备案，处5万元以下的罚款。

3. 建设单位编制建设项目初步设计未落实防治环境污染和生态破坏的措

施以及环境保护设施投资概算，未将环境保护设施建设纳入施工合同，或者未依法开展环境影响后评价的，由建设项目所在地县级以上环境保护行政主管部门责令限期改正，处5万元以上20万元以下的罚款；逾期不改正的，处20万元以上100万元以下的罚款。

4. 建设项目未依法进行环境影响评价，被责令停止建设，拒不执行，尚不构成犯罪的，除依照有关法律法规规定予以处罚外，由县级以上人民政府环境保护主管部门或者其他有关部门将案件移送公安机关，对其直接负责的主管人员和其他直接责任人员，处10日以上15日以下拘留；情节较轻的，处5日以上10日以下拘留。

5. 建设项目环境影响报告书、环境影响报告表存在基础资料明显不实，内容存在重大缺陷、遗漏或者虚假，环境影响评价结论不正确或者不合理等严重质量问题的，由设区的市级以上人民政府生态环境主管部门对建设单位处50万元以上200万元以下的罚款，并对建设单位的法定代表人、主要负责人、直接负责的主管人员和其他直接责任人员，处5万元以上20万元以下的罚款。

接受委托编制建设项目环境影响报告书、环境影响报告表的技术单位违反国家有关环境影响评价标准和技术规范等规定，致使其编制的建设项目环境影响报告书、环境影响报告表存在基础资料明显不实，内容存在重大缺陷、遗漏或者虚假，环境影响评价结论不正确或者不合理等严重质量问题的，由设区的市级以上人民政府生态环境主管部门对技术单位处所收费用3倍以上5倍以下的罚款；情节严重的，禁止从事环境影响报告书、环境影响报告表编制工作；有违法所得的，没收违法所得。

编制单位有前述两款违法行为的，编制主持人和主要编制人员5年内禁止从事环境影响报告书、环境影响报告表编制工作；构成犯罪的，依法追究刑事责任，并终身禁止从事环境影响报告书、环境影响报告表编制工作。

6. 承担环境影响评价、环境监测等职责的中介组织的人员故意提供虚假证明文件，情节严重的，处5年以下有期徒刑或者拘役，并处罚金；承担环境影响评价、环境监测等职责的中介组织的人员在涉及公共安全的重大工程、项目中提供虚假的安全评价、环境影响评价等证明文件，致使公共财产、国家和人民利益遭受特别重大损失的，处5年以上10年以下有期徒刑，并处罚金；承担环境影响评价、环境监测等职责的中介组织的人员严重不负责任，出具的证明文件有重大失实，造成严重后果的，处3年以下有期徒刑或者拘役，并处或者单处罚金。

7. 环境影响评价机构、环境监测机构以及从事环境监测设备和防治污染设施维护、运营的机构，在有关环境服务活动中弄虚作假，对造成的环境污染和生态破坏负有责任的，除依照有关法律法规规定予以处罚外，还应当与造成环境污染和生态破坏的其他责任者承担连带责任。

8. 违反建设项目环境保护管理条例的规定，技术机构向建设单位、从事环境影响评价工作的单位收取费用的，由县级以上环境保护行政主管部门责令退还所收费用，处所收费用1倍以上3倍以下的罚款。从事建设项目环境影响评价工作的单位，在环境影响评价工作中弄虚作假的，由县级以上环境保护行政主管部门处所收费用1倍以上3倍以下的罚款。

9. 对多次发生违规审批建设项目环境影响评价文件且情节严重的地区，除由有关机关依法给予处分外，省级以上环境保护部门可以上收该地区环境保护部门的环境影响评价文件审批权限。环境保护部门违法违规作出行政许可的，对直接负责的主管人员和其他直接责任人员给予记过、记大过或者降级处分，造成严重后果的，给予撤职或者开除处分，部门主要负责人应当引咎辞职。对利用职务影响限制、干扰、阻碍建设项目环境保护执法和监督管理的党政领导干部，环境保护部门应当依据《党政领导干部生态环境损害责任追究办法（试行）》，对相关党政领导干部应负责任和处理提出建议，按照干部管理权限将有关材料及时移送纪检监察机关和组织（人事）部门，由纪检监察机关和组织（人事）部门追究其生态环境损害责任。

10. 负责审核、审批、备案建设项目环境影响评价文件的部门在审批、备案中收取费用的，由其上级机关或者监察机关责令退还；情节严重的，对直接负责的主管人员和其他直接责任人员依法给予行政处分。生态环境主管部门或者其他部门的工作人员徇私舞弊，滥用职权，玩忽职守，违法批准建设项目环境影响评价文件的，依法给予行政处分；构成犯罪的，依法追究刑事责任。

【法条索引】

《中华人民共和国环境保护法》（2014年4月24日修订）

第十九条　编制有关开发利用规划，建设对环境有影响的项目，应当依法进行环境影响评价。

未依法进行环境影响评价的开发利用规划，不得组织实施；未依法进行环境影响评价的建设项目，不得开工建设。

第四十一条 建设项目中防治污染的设施，应当与主体工程同时设计、同时施工、同时投产使用。防治污染的设施应当符合经批准的环境影响评价文件的要求，不得擅自拆除或者闲置。

第五十六条 对依法应当编制环境影响报告书的建设项目，建设单位应当在编制时向可能受影响的公众说明情况，充分征求意见。

负责审批建设项目环境影响评价文件的部门在收到建设项目环境影响报告书后，除涉及国家秘密和商业秘密的事项外，应当全文公开；发现建设项目未充分征求公众意见的，应当责成建设单位征求公众意见。

第六十一条 建设单位未依法提交建设项目环境影响评价文件或者环境影响评价文件未经批准，擅自开工建设的，由负有环境保护监督管理职责的部门责令停止建设，处以罚款，并可以责令恢复原状。

第六十三条 企业事业单位和其他生产经营者有下列行为之一，尚不构成犯罪的，除依照有关法律法规规定予以处罚外，由县级以上人民政府环境保护主管部门或者其他有关部门将案件移送公安机关，对其直接负责的主管人员和其他直接责任人员，处十日以上十五日以下拘留；情节较轻的，处五日以上十日以下拘留：

（一）建设项目未依法进行环境影响评价，被责令停止建设，拒不执行的；

（二）违反法律规定，未取得排污许可证排放污染物，被责令停止排污，拒不执行的；

（三）通过暗管、渗井、渗坑、灌注或者篡改、伪造监测数据，或者不正常运行防治污染设施等逃避监管的方式违法排放污染物的；

（四）生产、使用国家明令禁止生产、使用的农药，被责令改正，拒不改正的。

第六十五条 环境影响评价机构、环境监测机构以及从事环境监测设备和防治污染设施维护、运营的机构，在有关环境服务活动中弄虚作假，对造成的环境污染和生态破坏负有责任的，除依照有关法律法规规定予以处罚外，还应当与造成环境污染和生态破坏的其他责任者承担连带责任。

《中华人民共和国环境影响评价法》(2018 年 12 月 29 日修正)

第二条　本法所称环境影响评价,是指对规划和建设项目实施后可能造成的环境影响进行分析、预测和评估,提出预防或者减轻不良环境影响的对策和措施,进行跟踪监测的方法与制度。

第四条　环境影响评价必须客观、公开、公正,综合考虑规划或者建设项目实施后对各种环境因素及其所构成的生态系统可能造成的影响,为决策提供科学依据。

第五条　国家鼓励有关单位、专家和公众以适当方式参与环境影响评价。

第六条　国家加强环境影响评价的基础数据库和评价指标体系建设,鼓励和支持对环境影响评价的方法、技术规范进行科学研究,建立必要的环境影响评价信息共享制度,提高环境影响评价的科学性。

国务院生态环境主管部门应当会同国务院有关部门,组织建立和完善环境影响评价的基础数据库和评价指标体系。

第十六条　国家根据建设项目对环境的影响程度,对建设项目的环境影响评价实行分类管理。

建设单位应当按照下列规定组织编制环境影响报告书、环境影响报告表或者填报环境影响登记表(以下统称环境影响评价文件):

(一)可能造成重大环境影响的,应当编制环境影响报告书,对产生的环境影响进行全面评价;

(二)可能造成轻度环境影响的,应当编制环境影响报告表,对产生的环境影响进行分析或者专项评价;

(三)对环境影响很小、不需要进行环境影响评价的,应当填报环境影响登记表。

建设项目的环境影响评价分类管理名录,由国务院生态环境主管部门制定并公布。

第三十四条　生态环境主管部门或者其他部门的工作人员徇私舞弊,滥用职权,玩忽职守,违法批准建设项目环境影响评价文件的,依法给予行政处分;构成犯罪的,依法追究刑事责任。

《中华人民共和国刑法》(2020 年 12 月 26 日修正)

第二百二十九条　承担资产评估、验资、验证、会计、审计、法律服务、保荐、安全评价、环境影响评价、环境监测等职责的中介组织的人员故意提供虚假证明文件,情节严重的,处五年以下有期徒刑或者拘役,并处罚金;有下列情形之一的,处五年以上十年以下有期徒刑,并处罚金:

(一)提供与证券发行相关的虚假的资产评估、会计、审计、法律服务、保荐等证明文件,情节特别严重的;

(二)提供与重大资产交易相关的虚假的资产评估、会计、审计等证明文件,情节特别严重的;

(三)在涉及公共安全的重大工程、项目中提供虚假的安全评价、环境影响评价等证明文件,致使公共财产、国家和人民利益遭受特别重大损失的。

有前款行为,同时索取他人财物或者非法收受他人财物构成犯罪的,依照处罚较重的规定定罪处罚。

第一款规定的人员,严重不负责任,出具的证明文件有重大失实,造成严重后果的,处三年以下有期徒刑或者拘役,并处或者单处罚金。

《最高人民法院关于审理环境侵权责任纠纷案件适用法律若干问题的解释》(2020 年 12 月 29 日修正,法释〔2020〕17 号)

第一条 因污染环境、破坏生态造成他人损害,不论侵权人有无过错,侵权人应当承担侵权责任。

侵权人以排污符合国家或者地方污染物排放标准为由主张不承担责任的,人民法院不予支持。

侵权人不承担责任或者减轻责任的情形,适用海洋环境保护法、水污染防治法、大气污染防治法等环境保护单行法的规定;相关环境保护单行法没有规定的,适用民法典的规定。

第八条 对查明环境污染、生态破坏案件事实的专门性问题,可以委托具备相关资格的司法鉴定机构出具鉴定意见或者由负有环境资源保护监督管理职责的部门推荐的机构出具检验报告、检测报告、评估报告或者监测数据。

第十六条 下列情形之一,应当认定为环境保护法第六十五条规定的弄虚作假:

(一)环境影响评价机构明知委托人提供的材料虚假而出具严重失实的评价文件的;

(二)环境监测机构或者从事环境监测设备维护、运营的机构故意隐瞒委托人超过污染物排放标准或者超过重点污染物排放总量控制指标的事实的；

（三）从事防治污染设施维护、运营的机构故意不运行或者不正常运行环境监测设备或者防治污染设施的；

（四）有关机构在环境服务活动中其他弄虚作假的情形。

《建设项目环境保护管理条例》（2017 年 7 月 16 日修订，国务院令第 682 号）

第七条　国家根据建设项目对环境的影响程度，按照下列规定对建设项目的环境保护实行分类管理：

（一）建设项目对环境可能造成重大影响的，应当编制环境影响报告书，对建设项目产生的污染和对环境的影响进行全面、详细的评价；

（二）建设项目对环境可能造成轻度影响的，应当编制环境影响报告表，对建设项目产生的污染和对环境的影响进行分析或者专项评价；

（三）建设项目对环境影响很小，不需要进行环境影响评价的，应当填报环境影响登记表。

建设项目环境影响评价分类管理名录，由国务院环境保护行政主管部门在组织专家进行论证和征求有关部门、行业协会、企事业单位、公众等意见的基础上制定并公布。

第八条　建设项目环境影响报告书，应当包括下列内容：

（一）建设项目概况；

（二）建设项目周围环境现状；

（三）建设项目对环境可能造成影响的分析和预测；

（四）环境保护措施及其经济、技术论证；

（五）环境影响经济损益分析；

（六）对建设项目实施环境监测的建议；

（七）环境影响评价结论。

建设项目环境影响报告表、环境影响登记表的内容和格式，由国务院环境保护行政主管部门规定。

《建设项目环境影响登记表备案管理办法》（2016 年 11 月 16 日发布，环境保护部令第 41 号）

第三条　填报环境影响登记表的建设项目，建设单位应当依照本办法规定,办理环境影响登记表备案手续。

第七条 建设项目环境影响登记表备案采用网上备案方式。

对国家规定需要保密的建设项目,建设项目环境影响登记表备案采用纸质备案方式。

第十条 建设单位在办理建设项目环境影响登记表备案手续时,应当认真查阅、核对《建设项目环境影响评价分类管理名录》,确认其备案的建设项目属于按照《建设项目环境影响评价分类管理名录》规定应当填报环境影响登记表的建设项目。

对按照《建设项目环境影响评价分类管理名录》规定应当编制环境影响报告书或者报告表的建设项目,建设单位不得擅自降低环境影响评价等级,填报环境影响登记表并办理备案手续。

第十一条 建设单位填报建设项目环境影响登记表时,应当同时就其填报的环境影响登记表内容的真实、准确、完整作出承诺,并在登记表中的相应栏目由该建设单位的法定代表人或者主要负责人签署姓名。

《建设项目环境保护事中事后监督管理办法(试行)》(2015 年 12 月 10 日发布,环发〔2015〕163 号)

第二条 建设项目环境保护事中监督管理是指环境保护部门对本行政区域内的建设项目自办理环境影响评价手续后到正式投入生产或使用期间,落实经批准的环境影响评价文件及批复要求的监督管理。

建设项目环境保护事后监督管理是指环境保护部门对本行政区域内的建设项目正式投入生产或使用后,遵守环境保护法律法规情况,以及按照相关要求开展环境影响后评价情况的监督管理。

第三条 事中监督管理的主要依据是经批准的环境影响评价文件及批复文件、环境保护有关法律法规的要求和技术标准规范。

事后监督管理的主要依据是依法取得的排污许可证、经批准的环境影响评价文件及批复文件、环境影响后评价提出的改进措施、环境保护有关法律法规的要求和技术标准规范。

第五条 建设单位是落实建设项目环境保护责任的主体。建设单位在建设项目开工前和发生重大变动前,必须依法取得环境影响评价审批文件。建设项目实施过程中应严格落实经批准的环境影响评价文件及其批复文件提出的各项环境保护要求，确保环境保护设施正常运行。

实施排污许可管理的建设项目，应当依法申领排污许可证，严格按照排污许可证规定的污染物排放种类、浓度、总量等排污。

实行辐射安全许可管理的建设项目，应当依法申领辐射安全许可证，严格按照辐射安全许可证规定的源项、种类、活度、操作量等开展工作。

第十八条 对多次发生违规审批建设项目环境影响评价文件且情节严重的地区，除由有关机关依法给予处分外，省级以上环境保护部门可以上收该地区环境保护部门的环境影响评价文件审批权限。

环境保护部门违法违规作出行政许可的，对直接负责的主管人员和其他直接责任人员给予记过、记大过或者降级处分，造成严重后果的，给予撤职或者开除处分，部门主要负责人应当引咎辞职。

第十九条 对利用职务影响限制、干扰、阻碍建设项目环境保护执法和监督管理的党政领导干部，环境保护部门应当依据《党政领导干部生态环境损害责任追究办法（试行）》，对相关党政领导干部应负责任和处理提出建议，按照干部管理权限将有关材料及时移送纪检监察机关和组织（人事）部门，由纪检监察机关和组织（人事）部门追究其生态环境损害责任。

第二十条 对于在建设项目事中事后监督管理工作中滥用职权、玩忽职守、徇私舞弊的，应当依照《公务员法》《行政机关公务员处分条例》等对环境保护部门有关人员给予行政处分或者辞退处理。涉嫌犯罪的，移交司法机关处理。

《建设项目环境影响后评价管理办法（试行）》（2015 年 12 月 10 日发布，环境保护部令第 37 号）

第二条 本办法所称环境影响后评价，是指编制环境影响报告书的建设项目在通过环境保护设施竣工验收且稳定运行一定时期后，对其实际产生的环境影响以及污染防治、生态保护和风险防范措施的有效性进行跟踪监测和验证评价，并提出补救方案或者改进措施，提高环境影响评价有效性的方法与制度。

第八条 建设项目环境影响后评价应当在建设项目正式投入生产或者运营后三至五年内开展。原审批环境影响报告书的环境保护主管部门也可以根据建设项目的环境影响和环境要素变化特征，确定开展环境影响后评价的时限。

第十条 建设单位或者生产经营单位完成环境影响后评价后，应当依法公开环境影响评价文件，接受社会监督。

第十二条 环境保护主管部门可以依据环境影响后评价文件，对建设项目环境保护提出改进要求，并将其作为后续建设项目环境影响评价管理的依据。

《建设项目竣工环境保护验收暂行办法》（2017年11月20日发布，国环规环评〔2017〕4号）

第七条 验收监测（调查）报告编制完成后，建设单位应当根据验收监测（调查）报告结论，逐一检查是否存在本办法第八条所列验收不合格的情形，提出验收意见。存在问题的，建设单位应当进行整改，整改完成后方可提出验收意见。

验收意见包括工程建设基本情况、工程变动情况、环境保护设施落实情况、环境保护设施调试效果、工程建设对环境的影响、验收结论和后续要求等内容，验收结论应当明确该建设项目环境保护设施是否验收合格。

建设项目配套建设的环境保护设施经验收合格后，其主体工程方可投入生产或者使用；未经验收或者验收不合格的，不得投入生产或者使用。

第十四条 纳入排污许可管理的建设项目，排污单位应当在项目产生实际污染物排放之前，按照国家排污许可有关管理规定要求，申请排污许可证，不得无证排污或不按证排污。建设项目验收报告中与污染物排放相关的主要内容应当纳入该项目验收完成当年排污许可证执行年报。

第四章　环保合规尽职调查法律服务要点

【典型案例】

中华环保联合会诉江西龙天勇有色金属有限公司等环境污染责任民事公益诉讼案

一、案情介绍

中华环保联合会诉江西龙天勇有色金属有限公司等环境污染责任民事公益诉讼案[二审民事判决书案号:(2018)赣民终189号]

本案是一起经过二审程序终审的环境民事公益诉讼案件。

本案一审原告为中华环保联合会,一审被告共五个,分别为:江西龙天勇有色金属有限公司(以下简称龙天勇公司)、常宁市沿江锌业有限责任公司(以下简称沿江公司)、宜春市中安实业有限公司(以下简称中安公司)、湖南珊田投资集团汇金有色资源有限公司(以下简称珊田公司)、新余市博凯再生资源开发有限责任公司(以下简称博凯公司)。

中华环保联合会以环境污染侵权为由,一审起诉请求:(1)中安公司、珊田公司、龙天勇公司、博凯公司、沿江公司立即停止违法转移、处置危险废物,通过江西省级媒体向公众赔礼道歉;(2)中安公司、珊田公司、龙天勇公司、博凯公司、沿江公司承担清除污染及环境应急处置的费用9,263,301元;(3)中安公司、珊田公司、龙天勇公司、博凯公司、沿江公司对袁河、仙女湖流域的生态环境进行修复,并承担生态环境修复费用暂计21,991,610元(具体金额以评估、鉴定结果为准);(4)中安公司、珊田公司、龙天勇公司、博凯公司、沿江公司承担生态环境修复期间服务功能的损失(具体金额以评估、鉴定结果为准);(5)中安公司、珊田公司、龙天勇公司、博凯公司、沿江公司承担发生的监测费、评估费、鉴定费、律师费等暂计9,952,443元;(6)中安公司、珊田公司、龙天勇公司、博凯公司、沿江公司承担本案诉讼费用。

一审法院经审理,查明以下事实:

1. 中安公司经营的粗铟工厂在无危险废物经营资质、未依法取得建设项目环境影响评价审批同意、未配套任何污染防治设施的情况下,于2016年1月6日与珊田公司签订《合作协议》,约定珊田公司为其粗铟生产提供资金支持,珊田公司派人参与中安公司的经营管理和业务购销,并约定了盈利分配比例。

2. 2016年1月至4月,中安公司从湖南、江西等地购入铅泥、机头灰等危险废物,用于非法生产提炼铁渣、锌渣、金属铟等产品。2016年1月4日,中安公司与沿江公司签订《铅泥购销合同》,约定了金属铟、铅泥的价格、质量等事项。自2016年1月4日起,沿江公司分8次非法向中安公司提供"铅泥",合计291.85吨,珊田公司支付沿江公司用于非法采购危险废物的款项共计65万元。

3. 博凯公司景源分公司负责人杨志坚与中安公司签订《货物交换合同》,由博凯公司向中安公司提供机头灰、铅泥,进行非法提炼利用,并约定了计价方式。自2016年3月6日起,博凯公司景源分公司分12次向中安公司提供机头灰合计149.14吨。龙天勇公司将无法进一步利用的机头灰与中安公司非法置换铅泥,将铅泥用于其生产利用,产生效益。自2016年2月22日起,分17次向中安公司提供机头灰合计351.29吨。

4. 沿江公司、博凯公司、龙天勇公司向中安公司提供的危险废物共计792.28吨,分别占总重量的36.84%、18.82%、44.34%。中安公司在生产过程中,将未经处理的含镉、铊、镍等重金属及砷的废液、废水,通过私设暗管的方式,直接排入袁河和仙女湖流域,造成新余市第三饮用水厂供水中断的特别重大环境突发事件。事件发生后,中安公司被工商行政管理部门作出吊销营业执照的行政处罚。涉嫌污染环境犯罪的刑事案件,由宜春市袁州区人民法院开庭审理,判决认定中安公司的法定代表人曾平华、公司监事曾勇军、珊田公司的法定代表人钟浩、龙天勇公司员工赵永强、博凯公司景源分公司员工凌勇、沿江公司员工余瑾犯污染环境罪,已被追究刑事责任。

5. 本案中的鉴定机构华南研究所是2014年环境保护部公布的第一批环境损害鉴定评估推荐机构。新余市环境保护局与华南研究所签订了《仙女湖水体污染事件环境损害鉴定与影响评估项目合同书》，约定项目委托费用为600万元，新余市环境保护局已支付300万元。华南研究所出具《仙女湖水体污染事件应急处置阶段环境损害鉴定与影响评估报告》，鉴定结论为：应急处置费用9,263,301元（含环境应急行政支出1,969,321元，应急供水保证费用3,689,863元，污染控制费3,358,977元，固定资产损失30,340元，流动资产损失214,800元），应急监测费用及专家技术咨询费1,952,433元。华南研究所作出的《量化评估》专家意见认为，仙女湖水体污染事件特征污染物对袁河流域及仙女湖湖泊生物群落结构的影响在2016年12月基本恢复至基线水平，根据资源等值分析法计算生态环境损害数额为9680万元（消耗的水资源量$1.21\times10^9\times0.08$元），根据虚拟治理成本法计算生态环境损害数额为8610万元（高度浓度重金属废水量4100吨×单位治理成本3500元/吨×环境功能敏感系数6倍）。

6. 中华环保联合会是经中华人民共和国国务院批准、民政部注册、环境保护部主管，由热心环境保护事业的人士、企业、事业单位自愿结成的、非营利性的、全国性社会组织，该联合会成立于2005年并开始从事环境公益活动，至今未发现有违法记录。中华环保联合会与北京德恒（无锡）律师事务所签订委托代理合同，约定本案一审代理费76万元。北京德恒（无锡）律师事务所处理本案诉讼事务产生差旅费11,736元。

本案一审争议的焦点是：

1. 中华环保联合会是不是本案的适格原告，龙天勇公司、博凯公司是不是本案的适格被告？

2. 中安公司、珊田公司、龙天勇公司、博凯公司、沿江公司是否实施了环境侵权行为，是否应承担环境侵权责任？

3. 袁河、仙女湖流域的环境污染后果应如何确定？

4. 中安公司、珊田公司、龙天勇公司、博凯公司、沿江公司责任如何确定？

一审法院认为：

1. 关于中华环保联合会是不是本案的适格原告，龙天勇公司、博凯公司是不是本案适格被告的问题。中华环保联合会属于在设区的市级以上人民政府民政部门登记，从事环境公益活动已连续5年以上且未发现违法记录，符合《环境保护法》第五十八条关于提起环境公益诉讼主体资格的规定，因此，中华环保联合会是本案的适格原告。龙天勇公司、博凯公司是中华环保联合会起诉时列明的被告，根据2017年《民事诉讼法》第一百一十九条规定，龙天勇公司、博凯公司应作为本案的被告参与诉讼。

2. 关于中安公司、珊田公司、龙天勇公司、博凯公司、沿江公司是否实施了环境侵权行为，是否应承担环境侵权责任的问题。2016年1月至4月，中安公司未经环境影响评价审批同意，也未依法配套污染治理设施，从事粗铟生产活动，违反了国家危险废物管理等环境法律制度。在粗铟生产的过程中，中安公司通过私设的暗管，向袁河偷排含镉、铊、镍、铅等重金属及砷的废液、废水，严重污染了袁河、仙女湖流域的生态环境，造成特别重大环境突发事件。中安公司故意实施的以上环境侵权行为具有明显的过错，其环境侵权行为与损害后果之间存在因果关系，因此，依法应承担环境侵权责任。中安公司辩称环境污染事件和中安公司没有关联，中安公司未与珊田公司签订合作协议。一审法院认为，从事粗铟生产的场所，向袁河偷排含镉、铊、镍、铅等重金属及砷的废液、废水的源头均是中安公司厂房，且与珊田公司签订合作协议的曾勇军是中安公司的监事，因此，应认定中安公司为此次环境侵权的侵权人，中安公司的抗辩意见，一审法院不予采纳。

珊田公司明知中安公司无危险废物经营许可证、未配套污染治理设施等，仍为中安公司提供资金，参与非法经营，存在明显的过错，其与中安公司之间构成共同侵权，应当与中安公司共同承担环境侵权责任。珊田公司辩称其未直接参与中安公司对外排放污染物的行为，主观上无过错，此次污染事件与珊田公司无关的意见，一审法院不予采纳。

龙天勇公司违反国家禁止性环保法律规定，向不具有危险废物经营许可证的中安公司提供危险废物，具有明显的过错，由此造成中安公司对危险废物提炼后，向袁河偷排含镉、铊、镍、铅等重金属及砷的废液、废水，因此，龙天勇公司应与中安公司共同承担环境侵权责任。龙天勇公司辩称向中安公司提供危险废物机头灰是赵永强个人行为，与公司无关。一审法院认为，龙天勇公司对运输存放在公司内的危险废物机头灰车辆进出，进行了严格的登记管理，包括需要进厂登记、过磅、高炉仓库卸货、洗车、过磅（称空车重量）、装烟灰、再次过磅、出门登记等流程。每个流程都有专人负责。因此，向中安公司提供危险废物机头灰应认定为龙天勇公司的行为，其抗辩意见，一审法院不予采纳。

博凯公司景源分公司的实际负责人杨志坚违反国家禁止性环保法律规定，与不具有危险废物经营许可证的中安公司签订非法移转危险废物的《货物交换合同》，并提供危险废物供中安公司提炼，具有明显的过错，由此造成中安公司对危险废物提炼后，向袁河偷排含镉、铊、镍、铅等重金属及砷的废液、废水，因此，博凯公司应与中安公司共同承担环境侵权责任。博凯公司辩称，该公司景源分公司工商营业执照登记的负责人是何晓陶，杨志坚非景源分公司的负责人，向中安公司提供危险废物是杨志坚的个人行为，一审法院认为，杨志坚是博凯公司景源分公司的实际负责人已由宜春市袁州区人民法院作出的刑事判决书认定，即便杨志坚非博凯公司景源分公司的负责人，向中安公司提供的危险废物属于博凯公司景源分公司所有，亦应认定向中安公司提供危险废物的行为属博凯公司景源分公司行为，应由博凯公司承担相应的环境侵权责任。

沿江公司明知危险废物的转移、利用、处置，必须由持有危险废物经营许可证的单位实施，在未查实中安公司是否具有危险废物经营许可证的情况下，将危险废物提供给中安公司，违反了国家禁止性环保法律规定，主观过错明显，由此造成中安公司对危险废物提炼后，向袁河偷排含镉、铊、镍、铅等重金属及砷的废液、废水，因此，沿江公司应与中安公司共同承担环境侵权责任。沿江公司辩称其已要求中安公司提供危险废物经营许可证，未直接实施环境侵权行为，不应承担责任的抗辩意见，一审法院不予采纳。

3. 关于袁河、仙女湖流域的环境污染后果应如何确定的问题。2014 年 1 月，环境保护部正式下发《环境损害评估鉴定推荐机构名录（第一批）》的通知，推荐包括华南研究所在内的 12 家在环境损害评估鉴定领域具有经验和实力的机构开展环境损害评估鉴定工作。2015 年《环境侵权案件解释》第八条规定，对查明环境污染案件事实的专门性问题，可以委托具备相关资格的司法鉴定机构出具鉴定意见或者由国务院环境保护主管部门推荐的机构出具检验报告、检测报告、评估报告或者监测数据。依照此条规定，华南研究所接受新余市环境保护局委托作出的《仙女湖水体污染事件应急处置阶段环境损害鉴定与影响评估报告》可以作为本案确定直接经济损失的依据，该评估报告认定应急处置费用 9, 263, 301 元（含环境应急行政支出 1, 969, 321 元，应急供水保证费用 3, 689, 863 元，污染控制费 3, 358, 977 元，固定资产损失 30, 340 元，流动资产损失 214,800 元),应急监测费用及专家技术咨询费 1,952,433 元的鉴定意见,一审法院予以确认。

鉴于该评估报告未对生态环境修复费用、生态环境受到破坏至恢复原状期间服务功能的损失两方面作出鉴定,一审法院在庭审后委托华南研究所对该两方面损失出具专家意见,华南研究所接受委托后做出“仙女湖水体污染事件特征污染物对袁河流域及仙女湖湖泊生物群落结构的影响在 2016 年 12 月基本恢复至基线水平,按照《突发环境事件损害鉴定评估推荐方法》及《环境损害鉴定评估推荐方法》(第Ⅱ版)选用资源等值分析法或虚拟治理成本法对本次污染事件的生态环境损害进行货币量化,金额分别为 9680 万元和 8610 万元”的专家意见。华南研究所是环境损害评估鉴定领域具有经验和实力的机构,能够充分利用其专业人员、技术、设备和经验的优势为法院提供更加专业的意见,一审法院委托其作出的该专家意见可以作为法院进行损害金额认定的参考。其按照虚拟治理成本法作出的生态环境损害数额是按照现行的治理技术和水平治理排放到环境中的污染物所需要的支出,适用于本案环境污染所致生态环境损害无法通过恢复工程完全恢复、缺乏生态环境损害恢复评价指标的情形。一审法院综合此次环境侵权事件中污染环境、破坏生态的范围和程度、生态环境恢复的难易程度、侵权主体过错程度等因素,并参考华南研究所的专家意见,酌情认定本次环境侵权造成的生态环境损害量化数额为 2260.125 万元(高度浓度重金属废水量 4100 吨 × 单位治理成本 3500 元/吨 × 环境功能敏感系数 4.5 倍 × 35%)。关于评估费,新余市环境保护局与华南研究所签订《仙女湖水体污染事件环境损害鉴定与影响评估项目合同书》中约定的项目委托费用为 600 万元,但新余市环境保护局仅支付 300 万元,一审法院对实际已发生的评估费 300 万元确定为本案侵权损失。关于律师代理费和差旅费,鉴于本案为公益诉讼案件,对于中华环保联合会主张 76 万元律师代理费和 11,736 元差旅费,一审法院酌情认定 20 万元。

综上,一审法院认定环境侵权造成的损失中应急处置费用、应急监测费用及专家技术咨询费、评估费共计 14,215,734 元(9,263,301 元 + 1,952,433 元 + 300 万元),生态环境修复费用、生态环境受到破坏至恢复原状期间服务功能的损失 2260.125 万元,律师代理费和差旅费 20 万元。

4. 关于中安公司、珊田公司、龙天勇公司、博凯公司、沿江公司责任如何确定的问题。中安公司通过私设暗管的方式向袁河偷排重金属污染物直接导致本次污染袁河、仙女湖流域生态环境侵权事件，对环境侵权损害后果具有重大的过错；中安公司从事非法经营危险废物的资金来源于珊田公司，珊田公司对环境侵权损害后果具有一定的过错；中安公司偷排的重金属污染物来源于龙天勇公司、博凯公司、沿江公司分别向中安公司非法提供的危险废物，龙天勇公司、博凯公司、沿江公司对环境侵权损害后果亦具有一定的过错。一审法院综合各被告在环境侵权事件中的过错程度，认定中安公司承担65%的主要责任，珊田公司承担15%的次要责任，龙天勇公司、博凯公司、沿江公司分别按照提供的危险废物所占比例44.34%、18.82%、36.84%分担20%的次要责任（龙天勇公司、博凯公司、沿江公司分别承担8.87%、3.76%、7.37%）。

根据2015年《环境民事公益诉讼案件解释》第十八条“对污染环境、破坏生态，已经损害社会公共利益或者具有损害社会公共利益重大风险的行为，原告可以请求被告承担停止侵害、排除妨碍、消除危险、恢复原状、赔偿损失、赔礼道歉等民事责任”的规定，中华环保联合会要求中安公司、珊田公司、龙天勇公司、博凯公司、沿江公司立即停止违法转移、处置危险废物，通过江西省级媒体向公众赔礼道歉的主张，于法有据，一审法院予以支持。

一审法院最终判决：

1. 中安公司、珊田公司、龙天勇公司、博凯公司、沿江公司立即停止违法转移、处置危险废物，并于本判决生效后10日内通过江西省级媒体向公众赔礼道歉；

2. 中安公司、珊田公司、龙天勇公司、博凯公司、沿江公司分别于本判决生效后10日内赔偿应急处置费用、应急监测费用及专家技术咨询费、评估费9,240,227.1元、2,132,360.1元、1,260,935.6元、534,511.6元、1,047,699.6元（赔偿款支付至新余市中级人民法院环境公益诉讼专项资金账户36×××88，开户行：江西省新余市建行城北支行）；

3. 中安公司、珊田公司、龙天勇公司、博凯公司、沿江公司分别于本判决生效后30日内赔偿生态环境修复费用及生态环境受到损害至恢复原状期间服务功能损失14,690,812.5元、3,390,187.5元、2,004,730.88元、849,807元、1,665,712.12元（赔偿款支付至新余市中级人民法院环境公益诉讼专项资金账户36×××88，开户行：江西省新余市建行城北支行）；

4. 中安公司、珊田公司、龙天勇公司、博凯公司、沿江公司分别于本判决生效后10日内向中华环保联合会支付律师费、差旅费130,000元、30,000元、17,740元、7520元、14,740元;

5. 驳回中华环保联合会的其他诉讼请求。如果未按本判决指定的期间履行给付金钱义务,应当依照2017年《民事诉讼法》第二百五十三条之规定,加倍支付迟延履行期间的债务利息。案件受理费247,836.77元,由中华环保联合会负担33,956.77元(本院决定予以免交),中安公司负担139,022元,珊田公司负担32,082元,龙天勇公司负担18,971元,博凯公司负担8042元,沿江公司负担15,763元。

一审法院判决后,中华环保联合会、龙天勇公司、沿江公司不服,向江西省高级人民法院提起了上诉。

二审法院查明的事实与一审法院一致,对一审法院查明的事实,二审法院予以确认。

本案二审的争议焦点为:

1. 一审判决确定生态环境损害量化数额为2260.125万元是否有法律依据和科学依据?确定评估费用为300万元是否合理?

2. 龙天勇公司、沿江公司是否应承担环境污染赔偿责任?

3. 一审判决中安公司等五家公司按比例承担责任而非承担连带责任,是否符合法律规定?

4. 龙天勇公司、博凯公司、沿江公司三家公司承担具体责任大小的依据,是以危险废物的绝对数量来定,还是应以危险废物中的有害物质含量来定?

二审法院经审理后认为:

1. 关于确定生态环境损害量化数额为2260.125万元和评估费用为300万元有无不当的问题。中华环保联合会上诉认为,一审法院未严格依照专家意见认定的8610万元进行判决,而酌情降低了生态环境损害量化数额,不合理。一审法院该做法是否适当是本案最大的争议焦点。对该问题可从以下三个方面进行分析:一是中华环保联合会提出仙女湖湖区新余市饮用水源地水功能类型为地表水Ⅱ类水,对应的地表水环境功能敏感系数应当取值6~8,按地表水Ⅲ类标准对应的环境功能敏感系数最小值(4.5倍)取值不当。但是,从整个仙女湖区来看,大部分水体为旅游景区水体,水厂取水的只是一小部分,且Ⅲ

类水也符合取水标准,因此按照Ⅲ类水确定环境功能敏感系数并无不当。二是专家意见作为证据类型之一,对于人民法院具有参考作用,并不必然约束和决定人民法院的判决。人民法院对于生态环境修复费用等费用的判决,可以参考专家意见,并综合污染侵权行为人因侵害行为所获得的利益以及过错程度等因素予以合理确定。2015 年《环境民事公益诉讼案件解释》第二十三条规定:"生态环境修复费用难以确定或者确定具体数额所需鉴定费用明显过高的,人民法院可以结合污染环境、破坏生态的范围和程度、生态环境的稀缺性、生态环境恢复的难易程度、防治污染设备的运行成本、被告因侵害行为所获得的利益以及过错程度等因素,并可以参考负有环境保护监督管理职责的部门的意见、专家意见等,予以合理确定。"本案中,一审法院参考华南研究所的专家意见,并综合此次环境侵权事件中污染环境、破坏生态的范围和程度、生态环境恢复的难易程度、侵权主体过错程度等因素,酌情认定本次环境侵权造成的生态环境损害量化数额为 2260.125 万元,并无不当。三是环境民事公益诉讼的判决需要考虑环境保护和当地经济发展之间的平衡。最高人民法院于 2018 年 5 月 30 日发布了《关于深入学习贯彻习近平生态文明思想为新时代生态环境保护提供司法服务和保障的意见》(已修改),该意见第二条规定:"……统筹协调经济社会可持续发展与生态环境保护的关系,找准环境保护、经济发展与人民群众环境权益之间的平衡点……"江西省系经济欠发达地区,企业的经济承受能力相对较弱,如一味追求判决的高数额,不但企业无法承受,实际上也无法执行到位,判决的效果不一定好。故一审法院酌情判决有其合理性,与江西省的现实经济发展水平相契合,注意到了环境保护、经济发展与人民群众环境权益之间的平衡。

关于评估费,新余市环境保护局与华南研究所签订《仙女湖水体污染事件环境损害鉴定与影响评估项目合同书》中约定的项目委托费用为 600 万元,但新余市环境保护局仅支付 300 万元,一审法院将实际已发生的评估费 300 万元确定为本案侵权损失并无不当。

2. 关于龙天勇公司、沿江公司是否应承担环境污染赔偿责任的问题。本案中,龙天勇公司违反国家禁止性环保法律规定,向不具有危险废物经营许可证的中安公司提供危险废物,具有明显的过错,由此造成中安公司对危险废物提炼后,向袁河偷排含镉、铊、镍、铅等重金属及砷的废液、废水,因此,龙天勇公司应与中安公司共同承担环境侵权责任。龙天勇公司辩称向中安公司提供危险废物机头灰是赵永强个人行为，与公司无关。二审法院认为，龙天勇公司对运输存放在公司内的危险废物机头灰车辆进出，进行了严格的登记管理，包括需要进厂登记、过磅、高炉仓库卸货、洗车、过磅（称空车重量）、装烟灰、再次过磅、出门登记等流程。每个流程都有专人负责。因此，向中安公司提供危险废物机头灰应认定为龙天勇公司的行为。沿江公司明知危险废物的转移、利用、处置，必须由持有危险废物经营许可证的单位实施，在未查实中安公司是否具有危险废物经营许可证的情况下，将危险废物提供给中安公司，违反了国家禁止性环保法律规定，主观上过错明显，由此造成中安公司对危险废物提炼后，向袁河偷排含镉、铊、镍、铅等重金属及砷的废液、废水，因此，沿江公司应与中安公司共同承担环境侵权责任。

3. 关于一审判决中安公司等五家公司按比例承担责任而非承担连带责任，是否符合法律规定的问题。《侵权责任法》（已失效）第六十五条规定："因污染环境造成损害的，污染者应当承担侵权责任。"第八条规定："二人以上共同实施侵权行为，造成他人损害的，应当承担连带责任。"第十一条规定："二人以上分别实施侵权行为造成同一损害，每个人的侵权行为都足以造成全部损害的，行为人承担连带责任。"第十二条规定："二人以上分别实施侵权行为造成同一损害，能够确定责任大小的，各自承担相应的责任；难以确定责任大小的，平均承担赔偿责任。"2015 年《环境侵权案件解释》第三条第二款规定："两个以上污染者分别实施污染行为造成同一损害，每一个污染者的污染行为都不足以造成全部损害，被侵权人根据侵权责任法第十二条规定请求污染者承担责任的，人民法院应予支持。"共同侵权人承担连带责任必须以法律的明确规定为前提。从上述规定看，承担连带责任必须是共同实施侵权行为或者分别实施侵权行为但每个侵权行为都足以造成全部损害，如果是多个侵权行为间接结合造成同一损害，则应分别承担责任。结合本案来看，中安公司通过私设暗管的方式向袁河偷排重金属污染物直接导致本次污染事件，系直接的污染者。珊田公司、龙天勇公司、博凯公司、沿江公司分别只是提供资金或者危险废物，与中安公司并未有对上述非法排放行为的共同意思联络，且提供资金或者危险废物的行为并不足以造成本案污染事件和污染后果的发生，故不宜判定承担连带责任。中安公司从事非法经营危险废物的资金来源于珊田公司,珊田公司对环境侵权损害后果具有一定的过错;龙天勇公司、博凯公司、沿江公司分别向中安公司非法提供危险废物,对环境侵权损害后果亦具有一定的过错,均应当按照其过错承担相应份额的责任。此外,由过错程度较轻的珊田公司、龙天勇公司、博凯公司、沿江公司对全部赔偿承担连带责任,明显不合理地加重了企业负担,影响了企业的发展经营,也不符合最高人民法院提出的“统筹协调经济社会可持续发展与生态环境保护的关系”的原则。综上所述,一审法院综合中安公司等五家公司在环境侵权事件中的过错程度,判决五家公司按比例承担责任并无不当。

4. 关于判决龙天勇公司、博凯公司、沿江公司三家公司承担具体责任大小的依据问题。由于三家公司在向中安公司提供危险废物时并未对有害物质种类和含量进行过测定,亦未保留有可信度的样品,其各自提供的危险废物中有害物质的种类和含量已经无法查明。故一审法院将危险废物的绝对数量来作为承担具体责任大小的依据并无不当。

二审法院最终认为,中华环保联合会、龙天勇公司、沿江公司的上诉请求均不能成立,应予驳回;一审判决认定事实清楚,适用法律正确,应予维持。判决:驳回上诉,维持原判。

二、案例解读

本案是一起典型的由环境公益保护组织作为原告起诉侵权人的环境污染责任民事公益诉讼案。在本案中,因为中安公司经营的粗铟工厂在无危险废物经营资质、未依法取得建设项目环境影响评价审批、未配套任何污染防治设施的情况下,进行非法生产,并且在生产过程中,将未经处理的含镉、铊、镍等重金属及砷的废液、废水,通过私设暗管的方式,直接排入袁河和仙女湖流域,造成新余市第三饮用水厂供水中断这一特别重大的环境突发事件。在此次事件的整个过程中,珊田公司、龙天勇公司、博凯公司、沿江公司分别向中安公司提供资金或者危险废物,虽然上述公司之间无共同意思联络,但是其对环境侵权损害后果均具有一定的过错,均应按其过错程度承担相应份额的责任。

本案涉及经营主体的生产经营资质、建设项目的环境影响评价审批手续及企业的环境污染侵权主体责任等法律问题。

(一)无法定资质进行生产经营的行为严重违法

根据《危险废物经营许可证管理办法》第三条的规定,我国的危险废物经营许可证按照经营方式不同,可分为危险废物收集、贮存、处置综合经营许可证和危险废物收集经营许可证。领取危险废物综合经营许可证的单位,可以从事各类别危险废物的收集、贮存、处置经营活动。

本案中,中安公司经营的粗铟工厂在无危险废物经营资质的情况下,于2016年1月6日与珊田公司签订《合作协议》,约定珊田公司为其粗铟生产提供资金支持。珊田公司派人参与中安公司的经营管理和业务购销,双方约定了盈利分配比例,并从湖南、江西等地购入铅泥、机头灰等危险废物,用于非法生产提炼铁渣、锌渣、金属铟等产品,严重违反了法律、行政法规的相关规定。本案一、二审中,两级法院均以此作为依据之一,判决认定中安公司及案涉其他公司对相关环境侵权行为具有明显过错,其环境侵权行为与损害后果之间存在因果关系,依法应承担环境侵权责任。

(二)建设单位应遵守环境影响评价审批及"三同时"制度

《环境影响评价法》第十六条规定:"国家根据建设项目对环境的影响程度,对建设项目的环境影响评价实行分类管理。建设单位应当按照下列规定组织编制环境影响报告书、环境影响报告表或者填报环境影响登记表(以下统称环境影响评价文件):(一)可能造成重大环境影响的,应当编制环境影响报告书,对产生的环境影响进行全面评价;(二)可能造成轻度环境影响的,应当编制环境影响报告表,对产生的环境影响进行分析或者专项评价;(三)对环境影响很小、不需要进行环境影响评价的,应当填报环境影响登记表。建设项目的环境影响评价分类管理名录,由国务院生态环境主管部门制定并公布。"根据《环境保护法》第四十一条的规定,建设项目中防治污染的设施,应当与主体工程同时设计、同时施工、同时投产使用。防治污染的设施应当符合经批准的环境影响评价文件的要求,不得擅自拆除或者闲置。

本案中,中安公司在未依法取得建设项目环境影响评价审批、未配套任何污染防治设施的情况下,开展了危险废物的经营活动,并且在生产过程中将未经处理的含镉、铊、镍等重金属及砷的废液、废水,通过私设暗管的方式,直接排入袁河和仙女湖流域,造成新余市第三饮用水厂供水中断的特别重大环境突发事件。中安公司因此被工商行政(现为市场监督)管理部门吊销了营业执照,并被两级法院判决认定承担案涉环境侵权行为的主要民事责任,包括通过江西省级媒体向公众赔礼道歉;赔偿应急处置费用、应急监测费用及专家技术咨询费、评估费9,240,227.1元;赔偿生态环境修复费用及生态环境受到损害至恢复原状期间服务功能损失14,690,812.5元;向中华环保联合会支付律师费、差旅费130,000元。

(三)企业应对其工作人员在生产经营中的个人行为承担法律责任

根据《民法典》第七十六条的规定,以取得利润并分配给股东等出资人为目的的成立的法人,为营利法人。营利法人包括有限责任公司、股份有限公司和其他企业法人等。《民法典》第五十七条规定,法人是具有民事权利能力和民事行为能力,依法独立享有民事权利和承担民事义务的组织。因此,企业属于营利法人,是独立的民事主体,具有对外独立承担民事责任的能力。在企业的生产经营过程中,相关工作人员与工作有关联的行为视为企业行为,应由企业对外承担相应民事责任。

本案一审中,中安公司辩称环境污染事件和中安公司没有关联,中安公司未与珊田公司签订合作协议。一审法院认为,从事粗铟生产的场所、向袁河偷排含镉、铊、镍、铅等重金属及砷的废液、废水的源头均是中安公司厂房,且与珊田公司签订合作协议的曾勇军是中安公司的监事,因此,应认定中安公司为此次环境侵权的侵权人,中安公司的抗辩意见,不予采纳。龙天勇公司辩称向中安公司提供危险废物机头灰是赵永强个人行为,与公司无关。一审法院认为,龙天勇公司对运输存放在公司内的危险废物机头灰车辆进出进行了严格的登记管理,包括需要进厂登记、过磅、高炉仓库卸货、洗车、过磅(称空车重量)、装烟灰、再次过磅、出门登记等流程。每个流程都有专人负责。因此,向中安公司提供危险废物机头灰应认定为龙天勇公司的行为,其抗辩意见,不予采纳。博凯公司景源分公司的实际负责人杨志坚违反国家禁止性环保法律规定,与不具有危险废物经营许可证的中安公司签订非法移转危险废物的《货物交换合同》,并提供危险废物供中安公司提炼,具有明显的过错,由此造成中安公司对危险废物提炼后,向袁河偷排含镉、铊、镍、铅等重金属及砷的废液、废水,因此,博凯公司应与中安公司共同承担环境侵权责任。博凯公司辩称,该公司景源分公司工商营业执照登记的负责人是何晓陶,杨志坚非景源分公司的负责人,向中安公司提供危险废物是杨志坚的个人行为,一审法院认为,杨志坚是博凯公司景源分公司的实际负责人,已由宜春市袁州区人民法院作出的刑事判决书认定,即便杨志坚非博凯公司景源分公司的负责人,向中安公司提供的危险废物属于博凯公司景源分公司所有，亦应认定向中安公司提供危险废物的行为属博凯公司景源分公司行为，应由博凯公司承担相应的环境侵权责任。

【合规指引】

一、环保合规尽职调查的特殊性

尽职调查是由律师在目标公司或其他尽职调查对象的配合下，采取书面清单、访谈、询证、情况说明、现场调查、网络查询等多种方式，对目标公司的数据、资料、信息、文件和档案等涉及经营情况、项目情况、资金状况、股权结构及控股股东情况、财务状况、知识产权、劳动人事等方面进行全面深入的了解并提出解决问题的具体思路及方案的专门活动。尽职调查在诉讼及股权投资、项目收购、投资合作、技术出资等非诉讼领域有十分广泛的运用，是比较成熟的业务类型。

尽职调查的目的是掌握项目进展所必需的目标公司信息，披露项目风险，为项目后续活动提供决策参考。所以，尽职调查有通行的、必须调查的基本项，根据项目标的不同，在内容和侧重点上有所区别。例如，矿业公司收购项目和科技公司收购项目的尽职调查相比较，前者需摸清矿业权权属、矿业权价款、矿业用地现状等基础信息，后者必须掌握科技公司知识产权的权利归属、产权期限、研发团队、是否涉及职务成果等基本情况。

随着近年来国家环境保护力度的加大，项目环保合规性已经成为影响项目推进的重大风险点。仅在 2021 年，我国多个重大煤化工项目暂停。例如，2021 年 2 月，中国石化宣布原“60 万吨聚烯烃项目”不再建设，拟在原有建设位置新建“中国石化长城能源化工（贵州）有限公司 50 万吨/年聚乙醇酸（PGA）项目”，原“热电联产动力站项目”调整建设，纳入“50 万吨 PGA 项目”配套公用工程建设内容。2021 年 7 月，陕煤集团榆林化学有限责任公司负责规划、建设和运营的全球最大在建煤化工项目——陕煤集团榆林化学有限责任公司煤炭分质利用制化工新材料示范工程，宣布全面停工。一些人认为，暂停的原因是该项目能耗过高，能源技术评价手续没有办完。同月，安徽佑顺新材料有限公司表示，该公司拟投资 114 亿元的 120 万吨煤制乙二醇项目不再实施，该项目由上海宝钢气体有限公司建设年产 120 万吨乙二醇配套合成气项目，以煤为原料，形成年产合成气29亿标准立方的生产规模；浙江桐昆控股集团建设年产120万吨合成气制乙二醇项目，以上海宝钢气体有限公司生产的合成气为原料制备乙二醇产品。

在我国碳达峰、碳中和背景以及“能耗双控”宏观形势下，项目是否符合“环境友好”标准，已经成为项目决策的重点因素之一，甚至可以是“一票否决”的决定性因素。环保合规尽职调查正是围绕项目“环境友好”展开的信息收集、分析、研判、建议的专项服务工作。与其他尽职调查相比，环保合规的特殊性表现在：(1)调查目标是目标项目是否符合“环境友好”标准；(2)调查对象是目标项目涉及环境保护的部分；(3)研判内容包括法律合规与技术环保，除了项目依法应取得的环境影响评价等审批文件，还需包括技术标准的政策研判；(4)调查方法除了常规的资料收集、调研走访、调档查档，还应根据项目需要组织专家论证，法律与技术协同工作。

总之，在处理诉讼事务时或者在进行并购等非诉讼事务前，对目标公司、目标项目涉及环境保护的部分展开调查，可帮助企业避免相应民事责任、行政责任及刑事责任，防范企业生产经营的法律风险。

二、环保合规尽职调查重点参考的法律法规政策

(一)生态保护红线制度

根据《环境保护法》第二十九条的规定，国家在重点生态功能区、生态环境敏感区和脆弱区等区域划定生态保护红线，实行严格保护。各级人民政府对具有代表性的各种类型的自然生态系统区域，珍稀、濒危的野生动植物自然分布区域，重要的水源涵养区域，具有重大科学文化价值的地质构造、著名溶洞和化石分布区、冰川、火山、温泉等自然遗迹，以及人文遗迹、古树名木，应当采取措施予以保护，严禁破坏。另外，中共中央办公厅、国务院办公厅《关于划定并严守生态保护红线的若干意见》第九条规定，生态保护红线原则上按禁止开发区域的要求进行管理。严禁不符合主体功能定位的各类开发活动，严禁任意改变用途。生态保护红线划定后，只能增加、不能减少，因国家重大基础设施、重大民生保障项目建设等需要调整的，由省级政府组织论证，提出调整方案，经环境保护部、国家发展改革委会同有关部门提出审核意见后，报国务院批准。因国家重大战略资源勘查需要，在不影响主体功能定位的前提下，经依法批准后予以安排勘查项目。

因此，在环境保护法律尽职调查中，必须前往生态环境保护部门核对本地区的生态保护红线图，根据项目选址对照生态保护红线图确定项目是否在生态保护范围之内。根据《关于划定并严守生态保护红线的若干意见》的相关规定，生态保护红线原则上按禁止开发区域的要求进行管理，严禁不符合主体功能定位的各类开发活动，严禁任意改变用途。在涉及生态保护红线问题时，应实行"一票否决制"，必须明确生态保护红线的范围，并确定相关项目与生态保护红线的关系。若项目所在区域被划定在生态保护红线范围之内，该项目就不能继续运行，相关资源也不能继续进行开发利用。

（二）环境影响评价制度

根据《环境保护法》《环境影响评价法》的相关规定，国务院有关部门、设区的市级以上地方人民政府及其有关部门，对其组织编制的土地利用的有关规划，区域、流域、海域的建设、开发利用规划，应当在规划编制过程中组织进行环境影响评价，编写该规划有关环境影响的篇章或者说明。

《环境影响评价法》第十六条规定，国家根据建设项目对环境的影响程度，对建设项目的环境影响评价实行分类管理。建设单位应当按照下列规定组织编制环境影响报告书、环境影响报告表或者填报环境影响登记表（以下统称环境影响评价文件）：（1）可能造成重大环境影响的，应当编制环境影响报告书，对产生的环境影响进行全面评价；（2）可能造成轻度环境影响的，应当编制环境影响报告表，对产生的环境影响进行分析或者专项评价；（3）对环境影响很小、不需要进行环境影响评价的，应当填报环境影响登记表。建设项目的环境影响评价分类管理名录，由国务院生态环境主管部门制定并公布。

据此，建设单位应当根据项目具体情况，组织编制环境影响报告书、环境影响报告表或者填报环境影响登记表，预防建设项目实施后对环境造成的不良影响。建设单位未依法报批建设项目环境影响报告书、报告表，或者未依照《环境影响评价法》第二十四条的规定重新报批或者报请重新审核环境影响报告书、报告表，擅自开工建设的，可能面临的法律后果包括：由县级以上生态环境主管部门责令停止建设，根据违法情节和危害后果，处建设项目总投资额1%以上5%以下的罚款，并可以责令恢复原状；对建设单位直接负责的主管人员和其他直接责任人员，依法给予行政处分。建设项目环境影响报告书、报告表未经批准或者未经原审批部门重新审核同意,建设单位擅自开工建设的,依照上述的规定处罚、处分。建设单位未依法备案建设项目环境影响登记表的,可由县级以上生态环境主管部门责令备案,处5万元以下的罚款。因此,在环保合规尽职调查中,应关注并调取相关环境影响评价文件,以避免上述不利法律后果的产生。

(三)建设项目“三同时”制度

根据《环境保护法》第四十一条的规定,建设项目中防治污染的设施,应当与主体工程同时设计、同时施工、同时投产使用。防治污染的设施应当符合经批准的环境影响评价文件的要求,不得擅自拆除或者闲置。这一规定被称为“三同时”制度。在《建设项目环境保护管理条例》中,规定了我国建设项目“三同时”制度的具体内容,即建设项目需要配套建设的环境保护设施,必须与主体工程同时设计、同时施工、同时投产使用:(1)建设项目的初步设计,应当按照环境保护设计规范的要求,编制环境保护篇章,落实防治环境污染和生态破坏的措施以及环境保护设施投资概算。建设单位应当将环境保护设施建设纳入施工合同,保证环境保护设施建设进度和资金,并在项目建设过程中同时组织实施环境影响报告书、环境影响报告表及其审批部门审批决定中提出的环境保护对策措施。(2)编制环境影响报告书、环境影响报告表的建设项目竣工后,建设单位应当按照国务院环境保护行政主管部门规定的标准和程序,对配套建设的环境保护设施进行验收,编制验收报告。建设单位在环境保护设施验收过程中,应当如实查验、监测、记载建设项目环境保护设施的建设和调试情况,不得弄虚作假。除按照国家规定需要保密的情形外,建设单位应当依法向社会公开验收报告。分期建设、分期投入生产或者使用的建设项目,其相应的环境保护设施应当分期验收。编制环境影响报告书、环境影响报告表的建设项目,其配套建设的环境保护设施经验收合格,方可投入生产或者使用;未经验收或者验收不合格的,不得投入生产或者使用。(3)建设项目投入生产或者使用后,应当按照国务院环境保护行政主管部门的规定开展环境影响后评价。环境保护行政主管部门应当对建设项目环境保护设施设计、施工、验收、投入生产或者使用情况,以及有关环境影响评价文件确定的其他环境保护措施的落实情况,进行监督检查。环境保护行政主管部门应当将建设项目有关环境违法信息记入社会诚信档案,及时向社会公开违法者名单。

建设单位未按照“三同时”制度的要求履行相关法律义务的需要承担以下法律后果:(1)建设单位编制建设项目初步设计未落实防治环境污染和生态破坏的措施以及环境保护设施投资概算,未将环境保护设施建设纳入施工合同,或者未依法开展环境影响后评价的,由建设项目所在地县级以上环境保护行政主管部门责令限期改正,处5万元以上20万元以下的罚款;逾期不改正的,处20万元以上100万元以下的罚款。(2)建设单位在项目建设过程中未同时组织实施环境影响报告书、环境影响报告表及其审批部门审批决定中提出的环境保护对策措施的,由建设项目所在地县级以上环境保护行政主管部门责令限期改正,处20万元以上100万元以下的罚款;逾期不改正的,责令停止建设。(3)需要配套建设的环境保护设施未建成、未经验收或者验收不合格,建设项目即投入生产或者使用,或者在环境保护设施验收中弄虚作假的,由县级以上环境保护行政主管部门责令限期改正,处20万元以上100万元以下的罚款;逾期不改正的,处100万元以上200万元以下的罚款;对直接负责的主管人员和其他责任人员,处5万元以上20万元以下的罚款;造成重大环境污染或者生态破坏的,责令停止生产或者使用,或者报经有批准权的人民政府批准,责令关闭。建设单位未依法向社会公开环境保护设施验收报告的,由县级以上环境保护行政主管部门责令公开,处5万元以上20万元以下的罚款,并予以公告。

(四)危险废物综合经营许可证和危险废物收集经营许可证制度

根据《危险废物经营许可证管理办法》第三条的规定,我国的危险废物经营许可证按照经营方式,可分为危险废物收集、贮存、处置综合经营许可证和危险废物收集经营许可证。

领取危险废物综合经营许可证的单位,可以从事各类别危险废物的收集、贮存、处置经营活动。申请领取危险废物收集、贮存、处置综合经营许可证,应当具备下列条件:(1)有3名以上环境工程专业或者相关专业中级以上职称,并有3年以上固体废物污染治理经历的技术人员;(2)有符合国务院交通主管部门有关危险货物运输安全要求的运输工具;(3)有符合国家或者地方环境保护标准和安全要求的包装工具,中转和临时存放设施、设备以及经验收合格的贮存设施、设备;(4)有符合国家或者省、自治区、直辖市危险废物处置设施建设规划,符合国家或者地方环境保护标准和安全要求的处置设施、设备和配套的污染防治设施，其中医疗废物集中处置设施，还应当符合国家有关医疗废物处置的卫生标准和要求；(5)有与所经营的危险废物类别相适应的处置技术和工艺；(6)有保证危险废物经营安全的规章制度、污染防治措施和事故应急救援措施；(7)以填埋方式处置危险废物的，应当依法取得填埋场所的土地使用权。

领取危险废物收集经营许可证的单位，只能从事机动车维修活动中产生的废矿物油和居民日常生活中产生的废镉镍电池的危险废物收集经营活动。申请领取危险废物收集经营许可证，应当具备下列条件：(1)有防雨、防渗的运输工具；(2)有符合国家或者地方环境保护标准和安全要求的包装工具，中转和临时存放设施、设备；(3)有保证危险废物经营安全的规章制度、污染防治措施和事故应急救援措施。

在环境保护法律尽职调查中，应明确：我国法律禁止无经营许可证或者不按照经营许可证规定从事危险废物收集、贮存、处置经营活动。无经营许可证经营的，可能面临的法律后果包括：由市场监督管理部门责令停止违法行为，没收违法所得，并处以罚款。

(五)大气污染物及水污染排放许可证制度

根据《环境保护法》第四十五条的规定，国家依照法律规定实行排污许可管理制度。实行排污许可管理的企业事业单位和其他生产经营者应当按照排污许可证的要求排放污染物；未取得排污许可证的，不得排放污染物。《大气污染防治法》第十九条规定，排放工业废气或者本法第七十八条规定名录中所列有毒有害大气污染物的企业事业单位、集中供热设施的燃煤热源生产运营单位以及其他依法实行排污许可管理的单位，应当取得排污许可证。排污许可的具体办法和实施步骤由国务院规定。违反相关法律规定，存在“未依法取得排污许可证排放大气污染物的；超过大气污染物排放标准或者超过重点大气污染物排放总量控制指标排放大气污染物的；通过逃避监管的方式排放大气污染物；建筑施工或者贮存易产生扬尘的物料未采取有效措施防治扬尘污染”等行为之一的，可能面临的法律责任包括：由县级以上人民政府生态环境主管部门责令改正或者限制生产、停产整治，并处10万元以上100万元以下的罚款；情节严重的，报经有批准权的人民政府批准，责令停业、关闭。被责令改正，拒不改正的，依法作出处罚决定的行政机关可以自责令改正之日的次日起，按照原处罚数额按日连续处罚。

《水污染防治法》第二十一条规定，直接或者间接向水体排放工业废水和医疗污水以及其他按照规定应当取得排污许可证方可排放的废水、污水的企业事业单位和其他生产经营者，应当取得排污许可证；城镇污水集中处理设施的运营单位，也应当取得排污许可证。排污许可证应当明确排放水污染物的种类、浓度、总量和排放去向等要求。排污许可的具体办法由国务院规定。禁止企业事业单位和其他生产经营者无排污许可证或者违反排污许可证的规定向水体排放前款规定的废水、污水。

相关主体在未依法取得排污许可证排放水污染物的，可能面临的法律后果包括：由县级以上人民政府环境保护主管部门责令改正或者责令限制生产、停产整治，并处10万元以上100万元以下的罚款；情节严重的，报经有批准权的人民政府批准，责令停业、关闭。

（六）环境污染行政征收制度

《环境保护法》第四十三条规定，排放污染物的企业事业单位和其他生产经营者，应当按照国家有关规定缴纳排污费。排污费应当全部专项用于环境污染防治，任何单位和个人不得截留、挤占或者挪作他用。依照法律规定征收环境保护税的，不再征收排污费。另外，《环境保护税法实施条例》第五条第一款规定，应税固体废物的计税依据，按照固体废物的排放量确定。固体废物的排放量为当期应税固体废物的产生量减去当期应税固体废物的贮存量、处置量、综合利用量的余额。第七条第一款规定，应税大气污染物、水污染物的计税依据，按照污染物排放量折合的污染当量数确定。

纳税人及其工作人员违反相关规定，可能面临的法律责任包括：情节轻微的一般以财产罚的形式进行处罚，情节严重的可能因涉嫌刑事犯罪受到刑事追诉。

（七）"能耗双控"制度

2021年9月20日，《中共中央、国务院关于完整准确全面贯彻新发展理念做好碳达峰碳中和工作的意见》正式发布。该意见要求坚决遏制高耗能高排放项目盲目发展。新建、扩建钢铁、水泥、平板玻璃、电解铝等高耗能高排放项目严格落实产能等量或减量置换，出台煤电、石化、煤化工等产能控制政策。未纳入国家有关领域产业规划的，一律不得新建改扩建炼油和新建乙烯、对二甲苯、煤制烯烃项目。合理控制煤制油气产能规模。提升高耗能高排放项目能耗准入标准。加强产能过剩分析预警和窗口指导。做好产业布局、结构调整、节能审查与能耗双控的衔接，对能耗强度下降目标完成形势严峻的地区实行项目缓批限批、能耗等量或减量替代。强化节能监察和执法，加强能耗及二氧化碳排放控制目标分析预警，严格责任落实和评价考核。加强甲烷等非二氧化碳温室气体管控。严禁对高耗能、高排放、资源型行业实施电价优惠。

2021 年 9 月，国家发展改革委印发《完善能源消费强度和总量双控制度方案》。该方案提出将严格管控高耗能高排放项目（以下简称"两高"项目）。为坚决遏制"两高"项目盲目发展，国家发展改革委将会同有关部门，督促各省（区、市）建立在建、拟建、存量"两高"项目清单，实行分类处置，并以新增能耗 5 万吨标准煤为界限，国家、地方分级加强管理。国家发展改革委将定期调度各地区能耗量较大的项目特别是"两高"项目建设投产情况，发布能耗双控目标完成情况晴雨表，加强对地方能耗双控工作的窗口指导。

三、环保合规尽职调查文件清单

结合环保合规尽职调查的法律服务经验，建议重点关注以下事项与文件（见表 4－1、表 4－2）。

表 4－1　环保合规尽职调查重点关注事项

序号	事项	内　　容
1	禁止/限制建设区域	饮用水源保护区，自然保护区，海洋特别保护区，世界文化和自然遗产地，国家公园，红线保护区
2	总量控制与区域	能源消费总量与强度控制，温室气体总量控制，污染物排放总量控制
3	地方环保政策	如陕西秦岭保护制度
4	建设项目审批	环境影响评价审批，环保设施验收
5	行政监管	固弃物处置，排污许可

表 4-2　环保合规尽职调查重点文件清单(参考)

序号	文件名称	能提供	不能提供	备注
1	建设工程项目清单(包括已建项目、在建项目和拟扩建项目)			
2	建设项目所涉及的环境影响报告书、环境影响报告表等			
3	生态环境保护部门对环境影响评价报告出具的审批文件			
4	环保设施检测报告或者环境保护验收调查报告			
5	建设项目环境保护验收批准文件			
6	目标公司出具的关于环境保护设施建设、运转使用情况的说明			
7	目标公司出具的关于产品及其生产过程中是否含有或者使用禁用物品的说明			
8	目标公司出具的关于产品及其生产过程中是否含有或者使用禁用物品的说明			
9	关于已经发生或者正在发生的环境事故的情况说明			
10	生态环境保护部门对目标公司作出的任何行政处罚的文件			
11	项目所在地生态环境保护部门关于排水、排气、噪声、废渣的排放标准及三废检测报告			
12	目标公司的主要污染物应达到的国家或者地方规定的排放标准及污染物排放水平的说明			
13	目标公司处置固体废物的情况说明			
14	目标公司水污染物排放许可证或者临时排污许可证			
15	目标公司大气排污许可证			
16	目标公司排放污染物申报登记表			
17	目标公司排污核定通知书			
18	目标公司排污费缴纳通知书			
19	目标公司排污费缴纳凭证			

续表

序号	文件名称	能提供	不能提供	备注
20	目标公司危险废物处置协议及处置方的资质证明文件			
21	目标公司危险废物转运联单及跨市转移批准文件			
22	目标项目能耗指标			
23	如目标公司属于项目所在地重点排污单位,则应当提供向社会公开主要污染物的名称、排放方式、排放浓度和总量、超标排放情况,以及防治污染设施的建设和运行情况,接受社会监督的相关文件			

【法条索引】

《中华人民共和国民法典》(2020 年 5 月 28 日)

第五十七条　法人是具有民事权利能力和民事行为能力,依法独立享有民事权利和承担民事义务的组织。

第六十一条　依照法律或者法人章程的规定,代表法人从事民事活动的负责人,为法人的法定代表人。

法定代表人以法人名义从事的民事活动,其法律后果由法人承受。

法人章程或者法人权力机构对法定代表人代表权的限制,不得对抗善意相对人。

第七十六条　以取得利润并分配给股东等出资人为目的成立的法人,为营利法人。

营利法人包括有限责任公司、股份有限公司和其他企业法人等。

《中华人民共和国环境保护法》(2014 年 4 月 24 日修订)

第二十九条　国家在重点生态功能区、生态环境敏感区和脆弱区等区域划定生态保护红线,实行严格保护。

各级人民政府对具有代表性的各种类型的自然生态系统区域,珍稀、濒危的野生动植物自然分布区域,重要的水源涵养区域,具有重大科学文化价值的地质构造、著名溶洞和化石分布区、冰川、火山、温泉等自然遗迹,以及人文遗迹、古树名木,应当采取措施予以保护,严禁破坏。

第四十一条　建设项目中防治污染的设施,应当与主体工程同时设计、同时施工、同时投产使用。防治污染的设施应当符合经批准的环境影响评价文件的要求，不得擅自拆除或者闲置。

第四十三条 排放污染物的企业事业单位和其他生产经营者，应当按照国家有关规定缴纳排污费。排污费应当全部专项用于环境污染防治，任何单位和个人不得截留、挤占或者挪作他用。

依照法律规定征收环境保护税的，不再征收排污费。

第四十五条 国家依照法律规定实行排污许可管理制度。

实行排污许可管理的企业事业单位和其他生产经营者应当按照排污许可证的要求排放污染物；未取得排污许可证的，不得排放污染物。

《中华人民共和国环境影响评价法》(2018 年 12 月 29 日修正)

第十六条 国家根据建设项目对环境的影响程度，对建设项目的环境影响评价实行分类管理。

建设单位应当按照下列规定组织编制环境影响报告书、环境影响报告表或者填报环境影响登记表(以下统称环境影响评价文件)：

(一)可能造成重大环境影响的，应当编制环境影响报告书，对产生的环境影响进行全面评价；

(二)可能造成轻度环境影响的，应当编制环境影响报告表，对产生的环境影响进行分析或者专项评价；

(三)对环境影响很小、不需要进行环境影响评价的，应当填报环境影响登记表。

建设项目的环境影响评价分类管理名录，由国务院生态环境主管部门制定并公布。

第二十四条 建设项目的环境影响评价文件经批准后，建设项目的性质、规模、地点、采用的生产工艺或者防治污染、防止生态破坏的措施发生重大变动的，建设单位应当重新报批建设项目的环境影响评价文件。

建设项目的环境影响评价文件自批准之日起超过五年，方决定该项目开工建设的，其环境影响评价文件应当报原审批部门重新审核；原审批部门应当自收到建设项目环境影响评价文件之日起十日内，将审核意见书面通知建设单位。

《建设项目环境保护管理条例》（2017 年 7 月 16 日修订，国务院令第 682 号）

第六条　国家实行建设项目环境影响评价制度。

第七条　国家根据建设项目对环境的影响程度，按照下列规定对建设项目的环境保护实行分类管理：

（一）建设项目对环境可能造成重大影响的，应当编制环境影响报告书，对建设项目产生的污染和对环境的影响进行全面、详细的评价；

（二）建设项目对环境可能造成轻度影响的，应当编制环境影响报告表，对建设项目产生的污染和对环境的影响进行分析或者专项评价；

（三）建设项目对环境影响很小，不需要进行环境影响评价的，应当填报环境影响登记表。

建设项目环境影响评价分类管理名录，由国务院环境保护行政主管部门在组织专家进行论证和征求有关部门、行业协会、企事业单位、公众等意见的基础上制定并公布。

第九条　依法应当编制环境影响报告书、环境影响报告表的建设项目，建设单位应当在开工建设前将环境影响报告书、环境影响报告表报有审批权的环境保护行政主管部门审批；建设项目的环境影响评价文件未依法经审批部门审查或者审查后未予批准的，建设单位不得开工建设。

环境保护行政主管部门审批环境影响报告书、环境影响报告表，应当重点审查建设项目的环境可行性、环境影响分析预测评估的可靠性、环境保护措施的有效性、环境影响评价结论的科学性等，并分别自收到环境影响报告书之日起 60 日内、收到环境影响报告表之日起 30 日内，作出审批决定并书面通知建设单位。

环境保护行政主管部门可以组织技术机构对建设项目环境影响报告书、环境影响报告表进行技术评估，并承担相应费用；技术机构应当对其提出的技术评估意见负责，不得向建设单位、从事环境影响评价工作的单位收取任何费用。

依法应当填报环境影响登记表的建设项目，建设单位应当按照国务院环境保护行政主管部门的规定将环境影响登记表报建设项目所在地县级环境保护行政主管部门备案。

环境保护行政主管部门应当开展环境影响评价文件网上审批、备案和信息公开。

第十五条 建设项目需要配套建设的环境保护设施,必须与主体工程同时设计、同时施工、同时投产使用。

第十六条 建设项目的初步设计,应当按照环境保护设计规范的要求,编制环境保护篇章,落实防治环境污染和生态破坏的措施以及环境保护设施投资概算。

建设单位应当将环境保护设施建设纳入施工合同,保证环境保护设施建设进度和资金,并在项目建设过程中同时组织实施环境影响报告书、环境影响报告表及其审批部门审批决定中提出的环境保护对策措施。

第十七条 编制环境影响报告书、环境影响报告表的建设项目竣工后,建设单位应当按照国务院环境保护行政主管部门规定的标准和程序,对配套建设的环境保护设施进行验收,编制验收报告。

建设单位在环境保护设施验收过程中,应当如实查验、监测、记载建设项目环境保护设施的建设和调试情况,不得弄虚作假。

除按照国家规定需要保密的情形外,建设单位应当依法向社会公开验收报告。

第十八条 分期建设、分期投入生产或者使用的建设项目,其相应的环境保护设施应当分期验收。

第十九条 编制环境影响报告书、环境影响报告表的建设项目,其配套建设的环境保护设施经验收合格,方可投入生产或者使用;未经验收或者验收不合格的,不得投入生产或者使用。

前款规定的建设项目投入生产或者使用后,应当按照国务院环境保护行政主管部门的规定开展环境影响后评价。

第二十条 环境保护行政主管部门应当对建设项目环境保护设施设计、施工、验收、投入生产或者使用情况,以及有关环境影响评价文件确定的其他环境保护措施的落实情况,进行监督检查。

环境保护行政主管部门应当将建设项目有关环境违法信息记入社会诚信档案,及时向社会公开违法者名单。

第二十一条 建设单位有下列行为之一的,依照《中华人民共和国环境影响评价法》的规定处罚：

（一）建设项目环境影响报告书、环境影响报告表未依法报批或者报请重新审核，擅自开工建设；

（二）建设项目环境影响报告书、环境影响报告表未经批准或者重新审核同意，擅自开工建设；

（三）建设项目环境影响登记表未依法备案。

第二十二条　违反本条例规定，建设单位编制建设项目初步设计未落实防治环境污染和生态破坏的措施以及环境保护设施投资概算，未将环境保护设施建设纳入施工合同，或者未依法开展环境影响后评价的，由建设项目所在地县级以上环境保护行政主管部门责令限期改正，处 5 万元以上 20 万元以下的罚款；逾期不改正的，处 20 万元以上 100 万元以下的罚款。

违反本条例规定，建设单位在项目建设过程中未同时组织实施环境影响报告书、环境影响报告表及其审批部门审批决定中提出的环境保护对策措施的，由建设项目所在地县级以上环境保护行政主管部门责令限期改正，处 20 万元以上 100 万元以下的罚款；逾期不改正的，责令停止建设。

第二十三条　违反本条例规定，需要配套建设的环境保护设施未建成、未经验收或者验收不合格，建设项目即投入生产或者使用，或者在环境保护设施验收中弄虚作假的，由县级以上环境保护行政主管部门责令限期改正，处 20 万元以上 100 万元以下的罚款；逾期不改正的，处 100 万元以上 200 万元以下的罚款；对直接负责的主管人员和其他责任人员，处 5 万元以上 20 万元以下的罚款；造成重大环境污染或者生态破坏的，责令停止生产或者使用，或者报经有批准权的人民政府批准，责令关闭。

违反本条例规定，建设单位未依法向社会公开环境保护设施验收报告的，由县级以上环境保护行政主管部门责令公开，处 5 万元以上 20 万元以下的罚款，并予以公告。

第二十四条　违反本条例规定，技术机构向建设单位、从事环境影响评价工作的单位收取费用的，由县级以上环境保护行政主管部门责令退还所收费用，处所收费用 1 倍以上 3 倍以下的罚款。

中篇

环保合规的争议解决

第五章　环境民事公益诉讼的适格原告制度

【典型案例】

郑州新力电力有限公司与山东环境保护基金会大气污染责任民事公益诉讼案

一、案情介绍

郑州新力电力有限公司与山东环境保护基金会大气污染责任民事公益诉讼案[二审民事判决书案号:(2019)豫民终1592号]

本案是一起经二审程序终审的大气污染环境民事公益诉讼案件。

2019年,上诉人郑州新力电力有限公司(以下简称新力公司)因与被上诉人山东环境保护基金会(以下简称山东环保会)大气污染责任纠纷公益诉讼一案,不服河南省郑州市中级人民法院(2018)豫01民初1260号民事判决,向河南省高级人民法院提起上诉。河南省高级人民法院受理后依法组成合议庭,公开开庭进行了审理,并于2020年10月作出终审判决。

一审法院查明:

1. 山东环保会的登记机关是山东省民政厅,业务主管单位是山东省环境保护厅。该基金会章程确定的宗旨是资助和奖励对环境保护事业做出杰出贡献的个人和组织,推动环境保护的管理、科学研究、宣传教育、人才培训、学术交流、环保公益、环境公益诉讼、环保产业发展以及涉外活动等各项事业的发展。该基金会提交了2013~2017年的年度工作报告,并声明自成立至今,未因从事业务活动违反法律法规的规定受过行政、刑事处罚。该基金会2013~2017年度年检结论为:2013年合格,2014年合格,2015年合格,2016年合格,2017年基本合格。

2. 新力公司成立于1992年1月，共有五台20万千瓦燃煤热电联产机组，总装机容量100万千瓦；除发电外还替代了郑州市大量燃煤小锅炉，承担着郑州市大量居民集中采暖供热，年最大供热量超过850万吉焦，是郑州市主要热源点之一。新力公司在2015年7月30日、7月31日、10月1日、10月2日、10月16日、12月31日，2017年11月2日、11月30日的部分时段，因燃煤机组的氮氧化物或烟尘排放浓度超标，先后受到郑州市环境保护局的行政处罚；2015年10月19日，因拒不改正违法行为，受到郑州市环境保护局的按日连续处罚；2018年1月14日，因燃煤机组的燃煤输送廊道未完全封闭以及煤渣露天存放，受到郑州市环境保护局的行政处罚。以上罚款共计142万元。

3. 经山东环保基金会申请，并经双方当事人协商一致，原审法院委托生态环境部南京环境科学研究所司法鉴定所对新力公司自2015年4月17日至2018年8月1日超标排放大气污染物行为造成的环境损害情况进行鉴定评估。2019年3月15日，山东环保会和生态环境部南京环境科学研究所签订技术咨询合同，服务内容包括：(1)确定新力公司造成的生态环境破坏至修复完成、危害排除期间服务功能损害数额；(2)编制生态环境最优替代性修复方案，确定将生态环境恢复到受损害之前的功能和价值的方式；(3)新力公司不采取替代性修复措施情况下，确定环境治理费用数额。

2019年7月2日，生态环境部南京环境科学研究所司法鉴定所作出《司法鉴定意见书》。该意见书在分析说明部分载明：新力公司2015～2018年存在多次超标排放烟尘、二氧化硫、氮氧化物等违规行为，对周边生态环境造成损害，根据《生态环境损害鉴定评估技术指南总纲》及《环境损害鉴定评估推荐方法(第Ⅱ版)》，鉴于该环境损害行为发生在过去，且大气环境具有气体交换量大、环境容量大以及自净功能，无法计算基本恢复费用和期间服务功能损失费用，故本意见书计算出的生态环境损害数额即为恢复受损大气环境所需的治理费用，采用环境价值评估方法计算。该意见书鉴定意见是：(1)新力公司超标排放烟尘为63.62当量(折138.69千克)、二氧化硫为30,004.54当量(折28,504.31千克)、氮氧化物为200,800.28当量(折190,760.27千克)，共计超标排放230,867.81当量(折219,402.08千克)；经量化得出虚拟治理成本为509,382.18元，对应造成的生态环境损害数额为1,528,146.54元。(2)鉴于新力公司环境损害行为发生在过去，致使当时被污染的生态环境难以进行修复，建议选用替代性修复方案（如植树造林工程、人工湿地工程）对受损生态环境进行修复与补偿，可结合当地生态环境补偿需求及可行性分析进行选择。

4. 新力公司的3号、4号、5号机组脱硝改造于2015年10月底前完成并通过河南省环境保护厅的验收。2016年，新力公司进行超低排放改造，而后河南省环境保护厅委托郑州市环境保护局对新力公司五台机组超低排放改造情况进行现场核实，先后于2016年12月、2017年1月对五台机组作出公告，公告的主要内容是：经核实的燃煤机组实施改造后，在基准含氧量6%条件下，烟尘、二氧化硫、氮氧化物排放浓度分别不高于10毫克/立方米、35毫克/立方米、50毫克/立方米，达到燃机排放水平。山东环保会为本案支付律师费18万元、技术咨询费10万元，支出差旅费6918.8元。

一审法院认为：

1. 关于山东环保会是否具有提起本案主体资格问题。山东环保会是在山东省民政厅登记的基金会法人，其章程确定的宗旨和业务范围包含维护环境公共利益，其提起的本案诉讼所涉及的社会公共利益，与其宗旨和业务范围具有关联性，其提交了起诉前连续5年的年度工作报告和5年内无违法记录的声明等，故其提起环境民事公益诉讼，符合《环境保护法》第五十八条以及2015年《环境民事公益诉讼案件解释》第二条、第四条、第五条的规定，应认定山东环保会有提起本案诉讼的主体资格。

2. 关于新力公司是否实施了环境侵权行为，是否应当承担污染环境的侵权责任问题。《侵权责任法》（已失效）第六十五条规定："因污染环境造成损害的，污染者应当承担侵权责任。"本案中，新力公司在2015～2018年存在多次超标排放烟尘、二氧化硫、氮氧化物等违规行为，对周边生态环境造成了损害，该行为损害社会公众的环境权益，依法应当承担相应的侵权责任。

3. 关于新力公司对其超标排放大气污染物的行为应承担何种民事责任问题。2015年《环境民事公益诉讼案件解释》第十八条规定，对污染环境、破坏生态，已经损害社会公共利益或者具有损害社会公共利益重大风险的行为，可以请求被告承担停止侵害、排除妨碍、消除危险、恢复原状、赔偿损失、赔礼道歉等民事责任。

一审法院判决：(1)新力公司立即停止超标排放污染物的行为。(2)新力公司在本判决生效之日起15日内,赔偿自2015年4月17日至2018年8月1日,超标排放污染物所产生的环境治理费用1,528,146.54元。(3)新力公司在本判决生效之日起15日内,在河南省级媒体向社会公众公开赔礼道歉。逾期不履行,将在河南省级媒体上公布本判决书的主要内容,费用由新力公司承担。(4)新力公司在本判决生效之日起15日内,向山东环保会支付鉴定费、律师费及差旅费共计206,918.8元。(5)驳回山东环保会的其他诉讼请求。如果未能按本判决指定的期间履行给付金钱义务,应当依照2017年《民事诉讼法》第二百五十三条之规定,加倍支付迟延履行期间的债务利息。案件受理费18,553元由新力公司负担。

一审判决后,新力公司提起上诉。上诉称:(1)在双方当事人达成调解意向且不违反公共利益情况下,一审法院应当采取调解书方式处理案件。(2)上诉人造成的侵权损害不是主观过错,存在客观原因。(3)被上诉人不是本案的适格原告,不具备原告的主体资格。(4)上诉人所有燃煤机组已经全部按要求完成升级改造并通过验收,已经不存在超标排放污染物的行为。(5)被上诉人主张的律师费过高,不符合公益诉讼的特质与意图。

二审经审理查明的事实与原审法院审理查明的事实一致。

二审法院认为:本案的争议焦点有四个:(1)关于山东环保会是否为本案适格诉讼主体的问题;(2)关于新力公司是否存在超标排放污染物损害社会公共利益的问题;(3)关于原审判决新力公司停止超标排放污染物、承担环境治理费用和律师费用是否适当的问题;(4)关于应否根据新力公司与山东环保会达成的和解协议草案出具调解书的问题。

1. 关于山东环保会是否为本案适格诉讼主体的问题

山东环保会具有上述法律和司法解释规定的提起环境公益诉讼的相应资格,是本案的适格诉讼主体。至于新力公司主张的2017年度工作报告未加盖主管部门年检合格章的问题,山东环保会在一审开庭前已经提供了山东省环境保护厅出具的证明,载明2017年度年检结论为“基本合格”,新力公司主张山东环保会不具备诉讼主体资格,依据不充分。

2. 关于新力公司是否存在超标排放污染物损害社会公共利益的问题

山东环保会提供的行政处罚决定书和电厂监控数据月报表、烟气在线监测数据报表、废气排放连续监测小时平均值日报表等证据,可以证明新力公司在2015年4月至2018年8月存在向大气超标排放污染物的行为。

生态环境部南京环境科学研究所司法鉴定所作出的《司法鉴定意见书》证明,新力公司向大气违法超标排放污染物,违反《大气污染防治法》第十八条的规定,超标排放的污染物数量较大,即使大气环境具有自我净化能力,但长时间向大气超标排放污染物必然持续导致周边大气环境严重污染,对于在周边生活的居民生命健康造成重大威胁,损害社会公共利益。故,认定新力公司违法超标排放污染物损害社会公共利益,证据充分。

3. 关于原审判决新力公司停止超标排放污染物、承担环境治理费用和律师费用是否适当的问题

(1)停止超标排放污染物问题。新力公司存在超标排放大气污染物的可能和风险。在此前提下,山东环保会请求新力公司停止超标排放污染物的行为,原审法院判决予以支持,适用法律正确。

(2)环境治理费用问题。鉴于新力公司向大气排放污染物的行为发生在过去,当时被污染的生态环境已经不能进行修复,并且,新力公司至今也没有提出适当的替代性修复方案,法院可以直接判决新力公司承担环境治理费用。

新力公司对生态环境部南京环境科学研究所司法鉴定所作出的《司法鉴定意见书》没有异议,并且经过审查,该鉴定意见程序方面没有违法之处,可以作为裁判依据。《司法鉴定意见书》认定新力公司超排放大气污染物的虚拟治理成本509,382.18元,对应的环境功能区敏感系数为3,相应造成的生态环境损害数额1,528,146.54元。原审法院根据上述鉴定意见,判决新力公司承担环境治理费用1,528,146.54元,依据充分。

(3)律师费用问题。本案系环境民事公益诉讼案件,人民法院可以根据案件具体情况,参照相应的标准,决定一方当事人承担对方当事人合理的律师代理费用。考虑到环境公益诉讼案件的特殊性和复杂性,原审法院结合本案的实际情况,酌定律师费用10万元,符合法律及司法解释的规定。

4. 关于应否根据新力公司与山东环保会达成的和解协议草案出具调解书的问题

本案中,新力公司在原审法院作出判决前,并没有向法院提交双方签字盖章的和解协议,只是提供了和解协议草案。从新力公司在二审中提交的和解

协议草案内容来看，约定由新力公司在其新厂址内并按损害数额相当范围进行植树造林，以此方式对受损害的环境进行修复补偿，该项内容的履行虽然在客观上对改善大气环境有帮助，但是，这种和解方案难以为社会公众所接受，因为企业改善自己厂区的环境是其分内之事，公益性并不突出，受益最大的还是企业自己，达不到让新力公司承担污染环境法律责任，实现修复生态环境的目的，对社会公众也不能形成良好的引导。故，原审法院未根据和解协议草案进行公告或者作出调解书并无不当。

二审法院认为：原审认定事实清楚，适用法律正确，判决驳回上诉，维持原判。

二、案例解读

本案被告新力公司是郑州市主要热源点之一，承担郑州市居民集中采暖供热，兼具供电工作。企业在连年亏损的情况下，依然动用上亿元资金，组织实施环境保护改造，说明新力公司具有环境保护意识，能主动履行社会责任。但是，新力公司的环境保护改造没有达到环保合规的效果，除本案败诉并承担170多万元的经济责任外，新力公司还多次受到环境保护局的行政处罚。本案的警示意义在于，企业的社会公益性不是环境污染的免死金牌，在环境污染追责体系中，社会公益性不是减轻或免除污染责任的合法理由。

（一）关于新力公司不能以主观无过错主张免责

新力公司主张已经采取了环境保护改造措施，作为一家公益企业，公司没有污染环境的主观故意。新力公司的辩护意见没有得到法院支持，原因在于污染环境侵权实行无过错归责原则。《民法典》第一千二百二十九条规定：“因污染环境、破坏生态造成他人损害的，侵权人应当承担侵权责任。”根据郑州市环境保护局作出的《行政处罚决定书》、生态环境部南京环境科学研究所司法鉴定所作出的《司法鉴定意见书》，新力公司超标排放大气污染物、侵犯生态环境公共利益的事实成立，应当承担侵权责任。根据《民法典》第一千二百三十条“因污染环境、破坏生态发生纠纷，行为人应当就法律规定的不承担责任或者减轻责任的情形及其行为与损害之间不存在因果关系承担举证责任”的规定，新力公司主张承担市政供热，不属于法定的不承担责任或者减轻责任的情形。

（二）关于山东环保会提起诉讼的原告资格

《环境保护法》第五十八第一款规定：“对污染环境、破坏生态，损害社会公共利益的行为，符合下列条件的社会组织可以向人民法院提起诉讼：（一）依法在设区的市级以上人民政府民政部门登记；（二）专门从事环境保护公益活动连续五年以上且无违法记录。”2020 年《环境民事公益诉讼案件解释》（法释〔2020〕20 号）第四条第一款规定：“社会组织章程确定的宗旨和主要业务范围是维护社会公共利益，且从事环境保护公益活动的，可以认定为环境保护法第五十八条规定的‘专门从事环境保护公益活动’。”第八条第三项规定：“社会组织提起诉讼的，应当提交社会组织登记证书、章程、起诉前连续五年的年度工作报告书或者年检报告书，以及由其法定代表人或者负责人签字并加盖公章的无违法记录的声明。”

山东环保会在本案诉讼中提交基金会法人登记证书、章程、起诉前连续 5 年的年度工作报告和法定代表人签字的 5 年内无违法记录的声明等材料，证明其系在山东省民政厅登记的社会组织，连续 5 年从事环境保护宣传、环境保护奖评审等环境保护公益活动，章程确定的宗旨符合要求。法院认为，山东环保会具有提起环境公益诉讼的相应资格，是本案的适格诉讼主体。

（三）关于人民法院根据和解协议作出调解的裁量权

在普通民事诉讼中，如果当事人在人民法院主持下达成调解协议或当事人自行达成和解协议，当事人可向人民法院申请撤诉，也可申请人民法院按照协议内容出具调解书，该调解书效力与民事判决效力等同，如当事人不自觉履行协议内容所约定的义务，当事人可申请人民法院强制执行该协议。环境民事公益诉讼的和解原理基本相同，特殊性在于：（1）需公告不少于 30 日，以接受社会监督。2020 年《环境民事公益诉讼案件解释》第二十五条第一款规定：“环境民事公益诉讼当事人达成调解协议或者自行达成和解协议后，人民法院应当将协议内容公告，公告期间不少于三十日。”（2）人民法院对是否出具调解书有裁量权。2020 年《环境民事公益诉讼案件解释》第二十五条第二款规定：“公告期满后，人民法院审查认为调解协议或者和解协议的内容不损害社会公共利益的，应当出具调解书。当事人以达成和解协议为由申请撤诉的，不予准许。”

在本案之前，我国已有环境公益诉讼采取和解方式的案例。2016 年 3 月，中国生物多样性保护与绿色发展基金会向湖北省汉江中级人民法院提起公益诉讼，请求责令湖北宜化化工股份有限公司、湖北宜化肥业有限公司消除磷石膏渣、污水和受到污染的其他固、液体，同时将被破坏的近500亩山林植被修复到损害发生之前的状态和功能。该案件是湖北省环境民事公益诉讼第一案，也是首起和解结案的环境民事公益诉讼案。在湖北省高级人民法院的主持下，原被告双方达成和解协议：湖北宜化肥业有限公司承诺在磷石膏渣场的使用期限内逐步对磷石膏渣场进行覆土治理，在使用期满后2年内完成全面覆土作业，达到适宜于植物、农作物生长的条件，并出资500万元在宜昌市设立峡江生态保护专项资金，用于环境污染治理。

本案中，法院认为，赋予人民法院对和解协议进行审查，目的是避免当事人达成的和解协议违背环境公益诉讼价值追求，损害社会公共利益，并且这种审查不能理解为仅仅局限于公告之后，如果在公告前发现当事人提交的和解协议草案明显损害社会公共利益，人民法院可以不予认可，并直接对案件进行裁判，从而节约司法资源。因此，本案一审法院没有根据和解协议草案进行公告或者作出调解书并无不当。

【合规指引】

公益诉讼可以分为民事公益诉讼、行政公益诉讼和刑事公益诉讼。环境民事公益诉讼是针对公民或企业组织等私法主体的民事行为提起的公益诉讼。我国《民事诉讼法》在2012年修正时，首次规定了环境民事公益诉讼制度，2015年1月，修订后的《环境保护法》施行，正式规定了可以提起公益诉讼的社会组织主体资格。2015年7月，经全国人大常委会授权，13个省(市)开始试点由检察机关提起公益诉讼。2017年6月，全国人大常委会修正《民事诉讼法》，从法律层面确立了检察机关可作为原告提起民事公益诉讼，环境民事公益诉讼制度得以进一步丰富和完善。在2021年12月24日最新修正的《民事诉讼法》中，继续保留了2017年《民事诉讼法》关于环境民事公益诉讼制度的相关规定。

一、环境民事公益诉讼的原告

(一)社会组织作为环境民事公益诉讼原告

《环境保护法》第五十八条第一款规定："对污染环境、破坏生态，损害社会公共利益的行为，符合下列条件的社会组织可以向人民法院提起诉讼：(一)依法在设区的市级以上人民政府民政部门登记；(二)专门从事环境保护公益活动连续五年以上且无违法记录。”

2020 年《环境民事公益诉讼案件解释》第二条规定:“依照法律、法规的规定,在设区的市级以上人民政府民政部门登记的社会团体、基金会以及社会服务机构等,可以认定为环境保护法第五十八条规定的社会组织。”第三条规定:“设区的市,自治州、盟、地区,不设区的地级市,直辖市的区以上人民政府民政部门,可以认定为环境保护法第五十八条规定的‘设区的市级以上人民政府民政部门’。”第四条规定:“社会组织章程确定的宗旨和主要业务范围是维护社会公共利益,且从事环境保护公益活动的,可以认定为环境保护法第五十八条规定的‘专门从事环境保护公益活动’。社会组织提起的诉讼所涉及的社会公共利益,应与其宗旨和业务范围具有关联性。”第五条规定:“社会组织在提起诉讼前五年内未因从事业务活动违反法律、法规的规定受过行政、刑事处罚的,可以认定为环境保护法第五十八条规定的‘无违法记录’。”

根据以上法律规定,社会组织作为环境民事公益诉讼原告应当满足以下条件:

1. 符合社会组织登记机构的级别要求

根据《社会团体登记管理条例》第七条的规定,全国性的社会团体,由国务院的登记管理机关负责登记管理;地方性的社会团体,由所在地人民政府的登记管理机关负责登记管理;跨行政区域的社会团体,由所跨行政区域的共同上一级人民政府的登记管理机关负责登记管理。

《环境保护法》将环境公益诉讼的原告资格限定在设区的市级以上人民政府民政部门登记,包括设区的市,自治州、盟、地区,不设区的地级市,直辖市的区以上人民政府民政部门。中国绿发会和中华环保联合会是最活跃的两家社会组织,均在民政部登记。

2. 专门从事环境保护公益活动连续 5 年以上且无违法记录

(1)“专门从事环境保护公益活动”的认定

2020 年《环境民事公益诉讼案件解释》第四条第一款规定:“社会组织章程确定的宗旨和主要业务范围是维护社会公共利益,且从事环境保护公益活动的,可以认定为环境保护法第五十八条规定的‘专门从事环境保护公益活动’。”社会组织提起的诉讼所涉及的社会公共利益,应与其宗旨和业务范围具有关联性。

在最高人民法院审理的(2016)最高法民再47号中国绿发会诉宁夏瑞泰科技股份有限公司(以下简称瑞泰公司)环境污染公益诉讼案中,最高人民法院审理认为:本案的争议焦点是中国绿发会应否认定为专门从事环境保护公益活动的社会组织。根据《民事诉讼法》《环境保护法》《环境民事公益诉讼案件解释》等相关规定,中国绿发会是否可以作为"专门从事环境保护公益活动"的社会组织提起本案诉讼,应重点从其宗旨和业务范围是否包含维护环境公共利益,是否实际从事环境保护公益活动,以及所维护的环境公共利益是否与其宗旨和业务范围具有关联性等三个方面进行审查。该案件作为最高人民法院公报指导性案例发布,在同类案件审判中应当参考,此案三条审查标准明确社会组织原告资格的认定原则。

第一,关于宗旨和业务范围是否包含维护环境公共利益的认定。最高人民法院认为,对于社会组织宗旨和业务范围是否包含维护环境公共利益,应根据其内涵而非简单依据文字表述作出判断。社会组织章程即使未写明维护环境公共利益,但若其工作内容属于保护各种影响人类生存和发展的天然的和经过人工改造的自然因素的范畴,包括对大气、水、海洋、土地、矿藏、森林、草原、湿地、野生生物、自然遗迹、人文遗迹、自然保护区、风景名胜区、城市和乡村等环境要素及其生态系统的保护,均可以认定为宗旨和业务范围包含维护环境公共利益。

我国1992年签署的联合国《生物多样性公约》(Convention on Biological Diversity)指出,生物多样性是指陆地、海洋和其他水生生态系统及其所构成的生态综合体,包括物种内部、物种之间和生态系统的多样性。《环境保护法》第三十条规定:"开发利用自然资源,应当合理开发,保护生物多样性,保障生态安全,依法制定有关生态保护和恢复治理方案并予以实施。引进外来物种以及研究、开发和利用生物技术,应当采取措施,防止对生物多样性的破坏。"由此可见,生物多样性保护是环境保护的重要内容,亦属维护环境公共利益的重要组成部分。

中国绿发会章程中明确规定,其宗旨为"广泛动员全社会关心和支持生物多样性保护与绿色发展事业,维护公众环境权益和社会公共利益,协助政府保护国家战略资源,促进生态文明建设和人与自然和谐,构建人类美好家园",符合联合国《生物多样性公约》和《环境保护法》保护生物多样性的要求。同时,

“促进生态文明建设”“人与自然和谐”“构建人类美好家园”等内容契合绿色发展理念，亦与环境保护密切相关，属于维护环境公共利益的范畴。故应认定中国绿发会的宗旨和业务范围包含维护环境公共利益内容。

第二，关于实际从事环境保护公益活动的问题的认定。环境保护公益活动，不仅包括植树造林、濒危物种保护、节能减排、环境修复等直接改善生态环境的行为，而且包括与环境保护有关的宣传教育、研究培训、学术交流、法律援助、公益诉讼等有利于完善环境治理体系，提高环境治理能力，促进全社会形成环境保护广泛共识的活动。最高人民法院认为，中国绿发会在本案一审、二审及再审期间提交的历史沿革、公益活动照片、环境公益诉讼立案受理通知书等相关证据材料，虽未经质证，但在立案审查阶段，足以显示中国绿发会自1985年成立以来长期实际从事包括举办环境保护研讨会、组织生态考察、开展环境保护宣传教育、提起环境民事公益诉讼等环境保护活动，符合《环境保护法》和《环境民事公益诉讼案件解释》的规定。

第三，关于社会公共利益与社会组织宗旨和业务范围关联性的认定。依据2020年《环境民事公益诉讼案件解释》第四条的规定，社会组织提起的诉讼所涉及的社会公共利益，应与其宗旨和业务范围具有关联性。此项规定旨在促使社会组织所起诉的环境公共利益保护事项与其宗旨和业务范围具有对应或者关联关系，以保证社会组织具有相应的诉讼能力。因此，即使社会组织起诉事项与其宗旨和业务范围不具有对应关系，但若与其所保护的环境要素或者生态系统具有一定的联系，亦应基于关联性标准确认其主体资格。最高人民法院认为，本案环境公益诉讼系针对腾格里沙漠污染提起。沙漠生物群落及其环境相互作用所形成的复杂而脆弱的沙漠生态系统，更加需要人类的珍惜利用和悉心呵护。中国绿发会起诉认为瑞泰公司将超标废水排入蒸发池，严重破坏了腾格里沙漠本已脆弱的生态系统，所涉及的环境公共利益之维护属于中国绿发会宗旨和业务范围。

(2)专门从事环境保护公益活动连续5年以上且无违法记录

“专门从事环境保护公益活动连续五年以上”是对社会组织实际从事环境保护公益活动时间要求，即“五年”的起算点应为实际从事活动之时，而不是该社会组织登记之时。《环境保护法》第五十八条第一款规定，“(一)依法在设区的市级以上人民政府民政部门登记；(二)专门从事环境保护公益活动连续五年以上且无违法记录”,其中“连续五年”的时间限定只出现在第二个要件中,即仅针对“专门从事环境保护公益活动”,而关于社会组织的登记时间并没有要求,因此不应要求起诉人必须自登记之日起至提起诉讼时止已连续存续满 5 年以上。

在北京市朝阳区自然之友环境研究所(以下简称自然之友)、福建省绿家园环境友好中心(以下简称福建绿家园)诉谢某某等环境民事公益诉讼纠纷案中,案件争议焦点之一为原告自然之友、福建绿家园的主体资格问题。福建省南平市中级人民法院和福建省高级人民法院均认为,原告自然之友系 2010 年 6 月 18 日在北京市朝阳区民政局登记成立的民办非企业单位,虽然其自登记之日起至本案起诉之日止成立不满 5 年,但其在登记前已经依法从事环境保护公益活动,至提起本案诉讼前从事环境保护公益活动已满 5 年,且在本案诉讼过程中其登记设立已满 5 年,并无违法记录。因此,原告自然之友在本案中符合“从事环境保护公益活动连续五年以上”的主体资格要件。

(二)检察院作为环境民事公益诉讼原告

《民事诉讼法》第五十八条规定:“对污染环境、侵害众多消费者合法权益等损害社会公共利益的行为,法律规定的机关和有关组织可以向人民法院提起诉讼。人民检察院在履行职责中发现破坏生态环境和资源保护、食品药品安全领域侵害众多消费者合法权益等损害社会公共利益的行为,在没有前款规定的机关和组织或者前款规定的机关和组织不提起诉讼的情况下,可以向人民法院提起诉讼。前款规定的机关或者组织提起诉讼的,人民检察院可以支持起诉。”2018 年 3 月 2 日施行的《检察公益诉讼案件解释》对检察机关提起民事公益诉讼的规则作出了一般规定,2020 年 12 月,最高人民法院、最高人民检察院又对该司法解释进行了修正。

根据《民事诉讼法》第五十八条第二款的规定,检察院需要在社会组织不提起诉讼的情况下,才可以向人民法院提起环境民事公益诉讼。《检察公益诉讼案件解释》第十三条第一款、第二款规定:“人民检察院在履行职责中发现破坏生态环境和资源保护,食品药品安全领域侵害众多消费者合法权益,侵害英雄烈士等的姓名、肖像、名誉、荣誉等损害社会公共利益的行为,拟提起公益诉讼的,应当依法公告,公告期间为三十日。公告期满,法律规定的机关和有关组织、英雄烈士等的近亲属不提起诉讼的,人民检察院可以向人民法院提起诉讼。”

这是法律规定对两种类型原告诉讼顺位作出的制度安排:人民检察院作为原告提起环境民事公益诉讼需要履行诉前程序,即环境民事公益诉讼先由社会组织起诉;社会组织不起诉的,人民检察院再提起环境民事公益诉讼。同时,应当明确,人民检察院履行诉前公告程序不应限定地域范围,公告的对象应为全国的适格社会组织。因为:第一,公益诉讼制度的设计初衷是鼓励适格社会组织为维护社会公共利益提起公益诉讼。第二,《环境保护法》第五十八条和《环境民事公益诉讼案件解释》第二条、第三条对提起环境民事公益诉讼的社会组织的规定均未限制适格社会组织起诉的地域范围。第三,《检察公益诉讼案件解释》中亦未对公告限定地域范围。表5－1、表5－2分别对2011年至2021年,全国范围内社会组织和检察机关提起环境民事公益诉讼的数量进行了统计,可以看出大多数提起环境民事公益诉讼的社会组织在北京市,北京市的社会组织提起环境民事公益诉讼的案件数量最多,相比而言,检察机关提起环境民事公益诉讼的案件数量很少。

《环境民事公益诉讼案件解释》和《检察公益诉讼案件解释》分别规定了人民法院和人民检察院在民事公益诉讼不同程序、阶段的公告义务①。人民检察院的诉前公告程序主要是基于人民检察院为民事公益诉讼督促起诉主体的主体定位。法院的审前公告程序主要是为了保障其他具有起诉资格的相关主体的起诉权利。两种不同诉讼阶段的公告程序的衔接规定于《检察公益诉讼案件解释》第十七条第二款,“人民检察院已履行诉前公告程序的,人民法院立案后不再进行公告”。无论人民检察院的诉前公告程序还是法院的审前公告程序,都是为了尽可能地保障社会组织的民事公益诉讼诉权,因为公益诉讼是为了维护公共利益,真正高效的公益诉讼,需要有效调动多元的资源,而非检察机关“孤身奋战”、事事“冲锋陷阵”。

---

① 《环境民事公益诉讼案件解释》第十条第二款规定了人民法院的审前公告程序,“有权提起诉讼的其他机关和社会组织在公告之日起三十日内申请参加诉讼,经审查符合法定条件的,人民法院应当将其列为共同原告;逾期申请的,不予准许”。

表5-1 社会组织提起环境民事公益诉讼案件数量统计

序号	社会组织	数量(件)
1	中国生物多样性保护与绿色发展基金会	67
2	北京市丰台区源头爱好者环境研究所	36
3	中华环保联合会	29
4	北京市朝阳区自然之友环境研究所	27
5	金华市绿色生态文化服务中心	14
6	北京市朝阳区绿家园环境科学研究中心	11
7	山东环保基金会	8
8	福建省绿家园环境友好中心	8
9	重庆两江志愿服务发展中心	7
10	东莞市环境科学学会	5

(数据源于阿尔法系统,统计时间为2011年1月~2021年10月)

表5-2 检察机关提起环境民事公益诉讼的数量统计

序号	检察机关	数量(件)
1	上海市崇明区人民检察院	8
2	广东省汕头市人民检察院	5

(数据源于阿尔法系统,统计时间为2011年1月~2021年10月)

人民检察院也是环境行政公益诉讼的起诉主体,但是环境行政公益诉讼的被告为不履行环保监督职能的行政机关。我国于2017年正式建立行政公益诉讼制度。2018年《检察公益诉讼案件解释》(已修正)对检察机关办理公益诉讼案件适用法律问题进行细化规定,其中第三十一条对原告资格问题进行了规定,内容与《行政诉讼法》第二十五条第四款基本相同。《行政诉讼法》第二十五条第四款规定:"人民检察院在履行职责中发现生态环境和资源保护、食品药品安全、国有财产保护、国有土地使用权出让等领域负有监督管理职责的行政机关违法行使职权或者不作为,致使国家利益或者社会公共利益受到侵害的,应当向行政机关提出检察建议,督促其依法履行职责。行政机关不依法履行职责的,人民检察院依法向人民法院提起诉讼。"

二、环境民事公益诉讼的支持起诉主体

《民事诉讼法》第十五条规定:"机关、社会团体、企业事业单位对损害国

家、集体或者个人民事权益的行为，可以支持受损害的单位或者个人向人民法院起诉。”根据《环境民事公益诉讼案件解释》第十一条的相关规定，在环境民事公益诉讼领域，检察机关、负有环境资源保护监督管理职责的部门及其他机关、社会组织、企业事业单位依据《民事诉讼法》第十五条的规定支持社会组织依法提起环境民事公益诉讼。

实践中，各级检察机关、各级环境保护主管部门、社会组织等都可以依法支持起诉。支持起诉主体往往通过提供法律咨询、提交书面意见、协助调查取证、派员出庭等方式参与诉讼，支持环境民事公益诉讼。

值得探讨的是，已有实践中，仅属于法人内设机构的中国政法大学环境资源法研究和服务中心也在多个案件中支持起诉。在北京市朝阳区自然之友环境研究所与中国石油天然气股份有限公司吉林石化分公司、支持起诉单位中国政法大学环境资源法研究和服务中心大气污染责任纠纷案中，吉林省吉林市中级人民法院对中国政法大学环境资源法研究和服务中心的支持起诉予以肯定，认为其作为支持起诉单位参与本案的诉讼，极大地促进了案件的审理进度和案件事实的认定以及准确适用法律。环境污染案件很多涉及专业的法律知识和专业的行业知识，作为我国最高学府的研究机构的参与，对环境保护和调查取证方面给予支持，是较好的协同机制；同时，人民法院也鼓励社会组织和科研院所作为公益诉讼的支持单位参与诉讼。

从理论上分析，这类主体并不具有独立法人资格，但考虑到维护环境民事公益诉讼的公益性需要，以及支持起诉主体并不需要独立承担类似原告在诉讼中所需承担的诉讼相关法律责任，现有实践中并不强求支持起诉主体具有独立法人资格。实践中，往往要求这类非法人机构提交设立该机构的法人之法人资格证明、设立该机构的相关文件、该机构的负责人的任职证明和负责人的身份证明等，作为确认其参加诉讼的资格的审查文件。希望立法或司法解释能就此问题予以明文规定，以更好地指导实践。

三、环境民事公益诉讼与生态环境赔偿诉讼的原告制度对比

（一）生态环境赔偿诉讼制度

中共中央办公厅、国务院办公厅于 2017 年 12 月印发了《生态环境损害赔偿制度改革方案》，规定自 2018 年 1 月 1 日起，在全国开始试行生态环境损害赔偿制度。《生态环境损害赔偿制度改革方案》明确规定了生态环境损害赔偿

范围、责任主体、索赔主体、损害赔偿解决途径等，构建了我国生态环境损害赔偿制度。为加强审判工作指导，最高人民法院在总结各地法院实践经验的基础上，于2019年6月发布了《生态环境损害赔偿案件若干规定（试行）》，为解决生态环境损害赔偿诉讼所面临的实践问题提供了基本遵循。

根据上述两份文件的规定，省级、市地级政府及其指定的部门或机构有权提起“生态环境损害赔偿诉讼”，生态环境损害赔偿诉讼制度正式建立。2020年12月，最高人民法院对《生态环境损害赔偿案件若干规定（试行）》予以修正。2021年1月1日施行的《民法典》第一千二百三十四条和第一千二百三十五条对生态环境损害赔偿制度也进行了规定，从而使生态环境损害赔偿制度在法律层面有了实体法依据。

根据《生态环境损害赔偿案件若干规定（试行）》，具有下列情形之一，省级、市地级人民政府及其指定的相关部门、机构，或者受国务院委托行使全民所有自然资源资产所有权的部门，因与造成生态环境损害的自然人、法人或者其他组织经磋商未达成一致或者无法进行磋商的，可以作为原告提起生态环境损害赔偿诉讼：（1）发生较大、重大、特别重大突发环境事件的；（2）在国家和省级主体功能区规划中划定的重点生态功能区、禁止开发区发生环境污染、生态破坏事件的；（3）发生其他严重影响生态环境后果的。前款规定的市地级人民政府包括设区的市，自治州、盟、地区，不设区的地级市，直辖市的区、县人民政府。

2020年，生态环境部发布“生态环境损害赔偿磋商十大典型案例”，收录了山东济南章丘区6企业非法倾倒危险废物生态环境损害赔偿案、贵州息烽大鹰田2企业违法倾倒废渣生态环境损害赔偿案、浙江诸暨某企业大气环境污染损害赔偿案、天津经开区某企业非法倾倒废切削液和废矿物油生态环境损害赔偿案等案件。生态环境部认为，自2018年全国试行生态环境损害赔偿制度以来，全国各地司法实践已经形成了一批可供借鉴的经验和做法，生态环境损害赔偿制度日趋成熟。

（二）两种制度的区别

下文将通过表5-3对生态环境损害赔偿诉讼与环境民事公益诉讼的不同之处进行分类列举，并在此基础上对两种制度的区别展开详细阐述。

表 5－3　生态环境损害赔偿诉讼与环境民事公益诉讼的比较①

	生态环境损害赔偿诉讼	环境民事公益诉讼
原告	省级、地市级人民政府及其指定的相关部门、机构，或者受国务院委托行使全民所有自然资源资产所有权的部门	人民检察院和具备资格的社会组织
适用情形	(1)发生较大、重大、特别重大突发环境事件的；(2)在国家和省级主体功能区规划中划定的重点生态功能区、禁止开发区发生环境污染、生态破坏事件的；(3)发生其他严重影响生态环境后果的	对已经损害社会公共利益或者具有损害社会公共利益重大风险的污染环境、破坏生态的行为
不适用情形	(1)因污染环境、破坏生态造成人身损害、个人和集体财产损失要求赔偿的，适用侵权责任法等法律规定；(2)因海洋生态环境损害要求赔偿的，适用海洋环境保护法等法律及相关规定	公民、法人和其他组织以人身、财产受到损害为由申请参加诉讼的，告知其另行起诉
前置程序	磋商	无
被告责任承担条件	行为违反法律法规	无过错责任
举证责任	原告对以下事实承担举证责任：(1)被告实施了污染环境、破坏生态的行为或者具有其他应当依法承担责任的情形；(2)生态环境受到损害，以及所需修复费用、损害赔偿等具体数额；(3)被告污染环境、破坏生态的行为与生态环境损害之间具有关联性	举证责任倒置，被告就法律规定不承担责任或减轻责任的情形以及其行为与损害之间不存在因果关系承担举证责任

1. 原告制度的不同

可以作为原告提起生态环境损害赔偿诉讼的，只能是特定的政府或政府部门、机构。《民法典》第一千二百三十四条和第一千二百三十五条的规定使用了一个全新的词语表述“国家规定的机关”，在我国法律层面尚属首例，在以往的法律规定中均表述为“法律规定的机关”。但具体到生态环境损害赔偿诉讼原告这一语境而言，无论是“国家规定的机关”还是“法律规定的机关”，都只是表述不同，具体对象和外延仍应按《生态环境损害赔偿案件若干规定（试

① 刘汝哲：《生态环境损害赔偿诉讼与环境民事公益诉讼的比较分析》，载中华环境网，http://www.zhhjw.org/a/qkzz/zzml/201909/fz/2019/0923/7269.html。

行)》确定。

生态环境损害赔偿诉讼原告只限于政府是基于如下考虑:明确政府作为公共利益第一顺位代表者的地位,能够体现政府在诉讼能力、经费以及效率上的优势,并弥补社会组织提起环境民事公益诉讼制度的不足。

(1)尽管环保组织在从事环境保护事业方面具有专业性,但是其数量十分有限,其中有能力提起环境民事公益诉讼的组织更是寥寥无几。中国绿发会、中华环保联合会两家全国性公益组织起诉的案件之和占案件总数的一半以上。社会组织提起环境民事公益诉讼通常要选择其中容易引起社会关注的案件提起诉讼,因此环境民事公益诉讼的数量实际上十分有限。与环保组织相比,地方政府的数量十分庞大。《生态环境损害赔偿制度改革方案》和《生态环境损害赔偿案件若干规定(试行)》将诉权下放到县级人民政府,这意味着任何地方一旦发生《生态环境损害赔偿制度改革方案》和《生态环境损害赔偿案件若干规定(试行)》规定的可以提起生态环境损害赔偿诉讼的几种情况,该行政区域内的人民政府和有关部门就有责任启动生态环境损害赔偿磋商或诉讼程序,这可以最大限度地避免出现生态环境利益受到损害而无人代表的情况。

(2)严重的生态环境损害案件对于社会组织的专业程度和经济能力来说是一种挑战。在发生突发环境事件等严重污染和生态破坏生态环境的情况下,鉴定费用以及案件受理费、律师费数额巨大。社会组织提起环境民事公益诉讼时,往往需要先行垫付鉴定费;案件受理费和律师费需要由败诉方承担,对于环保组织而言难免成为不可承受之重。例如,在北京市朝阳区自然之友环境研究所(以下简称自然之友)、中国生物多样性保护与绿色发展基金会(以下简称中国绿发会)与被告江苏常隆化工有限公司等环境污染公益诉讼案中,一审法院判决驳回原告诉讼请求,由自然之友、中国绿发会共同负担高达 189 万余元的案件受理费。2011 年,在云南曲靖铬渣污染事件中,有鉴定机构开出 900 万元的生态环境损害鉴定费的报价,这使自然之友一度不得不停滞诉讼。与环保组织相比,地方政府作为公权力机关,有着稳定的经费支撑,能够充分调动其人力和财政资源与赔偿义务人展开磋商并且在无法达成磋商协议的情况下进行诉讼。

(3)由社会组织对突发环境事件等严重生态环境损害提起环境民事公益诉讼存在效率不足的问题。地方政府基于职责需要及时对严重生态环境损害案件进行调查处理，社会组织如果随后介入并开展诉讼，将面临事实调查和证据收集方面的重复工作，耗费更多时间和人力成本。此外，社会组织并不参与突发环境事件之后的风险管控以及应急处置工作，无法掌握实际的费用支出情况，难以确定合理的索赔数额。与环保组织相比，政府具有强大的组织能力及社会资源的广泛调动能力，政府能够掌握行政执法过程中的证据，对于生态环境损害的原因行为有更为全面的了解。地方政府更加了解调查鉴定、风险管控以及应急处置过程中费用支出的具体情况，便于提出索赔主张。

2. 诉讼程序不同

与环境民事公益诉讼不同，生态环境损害赔偿诉讼采取磋商前置主义，即原告须与被告磋商不能达成一致或因客观原因无法进行磋商才能提起诉讼。

将磋商设定为提起生态环境损害赔偿诉讼的前置程序，追偿权利人只有在与造成生态环境损害的自然人、法人或者其他组织经磋商未达成一致或者无法进行磋商的，才能启动生态环境损害赔偿诉讼，出发点在于赔偿权利人拥有行政管理的权力和职责，可以通过行政执法手段来实现责令和指导环境污染者（或者生态破坏者）承担生态环境损害预防和修复义务的目标。按照《生态环境损害赔偿制度改革方案》，生态环境损害发生后，经组织开展调查发现生态环境损害需要修复或赔偿的，赔偿权利人根据生态环境损害鉴定评估报告，就损害事实和程度、修复启动时间和期限、赔偿的责任承担方式和期限等具体问题与赔偿义务人进行磋商，统筹考虑修复方案技术可行性、成本效益最优化、赔偿义务人赔偿能力、第三方治理可行性等情况，达成赔偿协议。这有利于赔偿权利人依据行政执法过程中掌握的数据资料同赔偿义务人进行磋商，尽可能避免索赔工作因鉴定技术规范的缺失和冲突，鉴定费用不合理、鉴定周期长而陷入久拖不决的泥沼，同时为生态环境损害赔偿诉讼积累有效的证据材料，奠定良好的工作基础。

3. 举证责任不同

由于行政执法部门掌握行政执法阶段证据、举证能力较强，在生态环境损害赔偿诉讼中对原告举证责任的要求高于环境民事公益诉讼。

（三）两种制度的衔接

生态环境损害赔偿诉讼和环境民事公益诉讼在适用范围上有重合，但又有所不同。如何兼顾两种诉讼又不造成司法资源浪费，两种诉讼的衔接协调就尤为重要,《生态环境损害赔偿案件若干规定(试行)》第十六条至第十八条明确了两种诉讼的衔接协调问题。

1. 分别受理原则

为了保障环境民事公益原告诉权,节约司法资源,避免审判矛盾,《生态环境损害赔偿案件若干规定(试行)》第十六条规定,在生态环境损害赔偿诉讼案件审理过程中,同一损害生态环境行为又被提起民事公益诉讼,符合起诉条件的,应当由受理生态环境损害赔偿诉讼案件的人民法院受理并由同一审判组织审理。

2. 生态环境损害赔偿诉讼先行原则

《生态环境损害赔偿案件若干规定(试行)》第十七条确定了生态环境损害赔偿诉讼先行原则,即人民法院受理因同一损害生态环境行为提起的生态环境损害赔偿诉讼案件和民事公益诉讼案件,应先中止民事公益诉讼案件的审理,待生态环境损害赔偿诉讼案件审理完毕后,就民事公益诉讼案件未被涵盖的诉讼请求依法作出裁判。这是因为生态环境损害赔偿诉讼除保护社会公共利益外,还涉及国家利益的保护,保护的范围更广,并且行政机关举证能力更强、具备及时修复生态环境的资源和能力,生态环境损害赔偿诉讼先行更有利于保护环境。

3. 诉讼请求覆盖原则

为避免相关民事主体对同一损害生态环境行为重复承担责任,《生态环境损害赔偿案件若干规定(试行)》第十八条明确,对于同一损害生态环境行为,除非有证据证明存在前案审理时未发现的损害,原则上只能提起一次生态环境损害赔偿诉讼或者环境民事公益诉讼。

【法条索引】

《中华人民共和国民事诉讼法》(2021 年 12 月 24 日修正)

第十五条 机关、社会团体、企业事业单位对损害国家、集体或者个人民事权益的行为,可以支持受损害的单位或者个人向人民法院起诉。

第五十八条 对污染环境、侵害众多消费者合法权益等损害社会公共利益的行为,法律规定的机关和有关组织可以向人民法院提起诉讼。

人民检察院在履行职责中发现破坏生态环境和资源保护、食品药品安全领域侵害众多消费者合法权益等损害社会公共利益的行为，在没有前款规定的机关和组织或者前款规定的机关和组织不提起诉讼的情况下，可以向人民法院提起诉讼。前款规定的机关或者组织提起诉讼的，人民检察院可以支持起诉。

《最高人民法院关于审理环境民事公益诉讼案件适用法律若干问题的解释》(2020 年 12 月 29 日修正，法释〔2020〕20 号)

第一条　法律规定的机关和有关组织依据民事诉讼法第五十五条、环境保护法第五十八条等法律的规定，对已经损害社会公共利益或者具有损害社会公共利益重大风险的污染环境、破坏生态的行为提起诉讼，符合民事诉讼法第一百一十九条第二项、第三项、第四项规定的，人民法院应予受理。

第二条　依照法律、法规的规定，在设区的市级以上人民政府民政部门登记的社会团体、基金会以及社会服务机构等，可以认定为环境保护法第五十八条规定的社会组织。

第三条　设区的市，自治州、盟、地区，不设区的地级市，直辖市的区以上人民政府民政部门，可以认定为环境保护法第五十八条规定的“设区的市级以上人民政府民政部门”。

第四条　社会组织章程确定的宗旨和主要业务范围是维护社会公共利益，且从事环境保护公益活动的，可以认定为环境保护法第五十八条规定的“专门从事环境保护公益活动”。

社会组织提起的诉讼所涉及的社会公共利益，应与其宗旨和业务范围具有关联性。

第五条　社会组织在提起诉讼前五年内未因从事业务活动违反法律、法规的规定受过行政、刑事处罚的，可以认定为环境保护法第五十八条规定的“无违法记录”。

第六条　第一审环境民事公益诉讼案件由污染环境、破坏生态行为发生地、损害结果地或者被告住所地的中级以上人民法院管辖。

中级人民法院认为确有必要的，可以在报请高级人民法院批准后，裁定将本院管辖的第一审环境民事公益诉讼案件交由基层人民法院审理。

同一原告或者不同原告对同一污染环境、破坏生态行为分别向两个以上有管辖权的人民法院提起环境民事公益诉讼的，由最先立案的人民法院管辖，必要时由共同上级人民法院指定管辖。

第七条 经最高人民法院批准,高级人民法院可以根据本辖区环境和生态保护的实际情况,在辖区内确定部分中级人民法院受理第一审环境民事公益诉讼案件。

中级人民法院管辖环境民事公益诉讼案件的区域由高级人民法院确定。

第八条 提起环境民事公益诉讼应当提交下列材料:

(一)符合民事诉讼法第一百二十一条规定的起诉状,并按照被告人数提出副本;

(二)被告的行为已经损害社会公共利益或者具有损害社会公共利益重大风险的初步证明材料;

(三)社会组织提起诉讼的,应当提交社会组织登记证书、章程、起诉前连续五年的年度工作报告书或者年检报告书,以及由其法定代表人或者负责人签字并加盖公章的无违法记录的声明。

第九条 人民法院认为原告提出的诉讼请求不足以保护社会公共利益的,可以向其释明变更或者增加停止侵害、修复生态环境等诉讼请求。

第十条 人民法院受理环境民事公益诉讼后,应当在立案之日起五日内将起诉状副本发送被告,并公告案件受理情况。

有权提起诉讼的其他机关和社会组织在公告之日起三十日内申请参加诉讼,经审查符合法定条件的,人民法院应当将其列为共同原告;逾期申请的,不予准许。

公民、法人和其他组织以人身、财产受到损害为由申请参加诉讼的,告知其另行起诉。

第十一条 检察机关、负有环境资源保护监督管理职责的部门及其他机关、社会组织、企业事业单位依据民事诉讼法第十五条的规定,可以通过提供法律咨询、提交书面意见、协助调查取证等方式支持社会组织依法提起环境民事公益诉讼。

第十二条 人民法院受理环境民事公益诉讼后,应当在十日内告知对被告行为负有环境资源保护监督管理职责的部门。

第十三条 原告请求被告提供其排放的主要污染物名称、排放方式、排放浓度和总量、超标排放情况以及防治污染设施的建设和运行情况等环境信息,法律、法规、规章规定被告应当持有或者有证据证明被告持有而拒不提供，如果原告主张相关事实不利于被告的，人民法院可以推定该主张成立。

第十四条　对于审理环境民事公益诉讼案件需要的证据，人民法院认为必要的，应当调查收集。

对于应当由原告承担举证责任且为维护社会公共利益所必要的专门性问题，人民法院可以委托具备资格的鉴定人进行鉴定。

第十五条　当事人申请通知有专门知识的人出庭，就鉴定人作出的鉴定意见或者就因果关系、生态环境修复方式、生态环境修复费用以及生态环境受到损害至修复完成期间服务功能丧失导致的损失等专门性问题提出意见的，人民法院可以准许。

前款规定的专家意见经质证，可以作为认定事实的根据。

第十六条　原告在诉讼过程中承认的对己方不利的事实和认可的证据，人民法院认为损害社会公共利益的，应当不予确认。

第十七条　环境民事公益诉讼案件审理过程中，被告以反诉方式提出诉讼请求的，人民法院不予受理。

第十八条　对污染环境、破坏生态，已经损害社会公共利益或者具有损害社会公共利益重大风险的行为，原告可以请求被告承担停止侵害、排除妨碍、消除危险、修复生态环境、赔偿损失、赔礼道歉等民事责任。

第十九条　原告为防止生态环境损害的发生和扩大，请求被告停止侵害、排除妨碍、消除危险的，人民法院可以依法予以支持。

原告为停止侵害、排除妨碍、消除危险采取合理预防、处置措施而发生的费用，请求被告承担的，人民法院可以依法予以支持。

第二十条　原告请求修复生态环境的，人民法院可以依法判决被告将生态环境修复到损害发生之前的状态和功能。无法完全修复的，可以准许采用替代性修复方式。

人民法院可以在判决被告修复生态环境的同时，确定被告不履行修复义务时应承担的生态环境修复费用；也可以直接判决被告承担生态环境修复费用。

生态环境修复费用包括制定、实施修复方案的费用，修复期间的监测、监管费用，以及修复完成后的验收费用、修复效果后评估费用等。

第二十一条 原告请求被告赔偿生态环境受到损害至修复完成期间服务功能丧失导致的损失、生态环境功能永久性损害造成的损失的，人民法院可以依法予以支持。

第二十二条 原告请求被告承担以下费用的，人民法院可以依法予以支持：

（一）生态环境损害调查、鉴定评估等费用；

（二）清除污染以及防止损害的发生和扩大所支出的合理费用；

（三）合理的律师费以及为诉讼支出的其他合理费用。

第二十三条 生态环境修复费用难以确定或者确定具体数额所需鉴定费用明显过高的，人民法院可以结合污染环境、破坏生态的范围和程度，生态环境的稀缺性，生态环境恢复的难易程度，防治污染设备的运行成本，被告因侵害行为所获得的利益以及过错程度等因素，并可以参考负有环境资源保护监督管理职责的部门的意见、专家意见等，予以合理确定。

第二十四条 人民法院判决被告承担的生态环境修复费用、生态环境受到损害至修复完成期间服务功能丧失导致的损失、生态环境功能永久性损害造成的损失等款项，应当用于修复被损害的生态环境。

其他环境民事公益诉讼中败诉原告所需承担的调查取证、专家咨询、检验、鉴定等必要费用，可以酌情从上述款项中支付。

第二十五条 环境民事公益诉讼当事人达成调解协议或者自行达成和解协议后，人民法院应当将协议内容公告，公告期间不少于三十日。

公告期满后，人民法院审查认为调解协议或者和解协议的内容不损害社会公共利益的，应当出具调解书。当事人以达成和解协议为由申请撤诉的，不予准许。

调解书应当写明诉讼请求、案件的基本事实和协议内容，并应当公开。

第二十六条 负有环境资源保护监督管理职责的部门依法履行监管职责而使原告诉讼请求全部实现，原告申请撤诉的，人民法院应予准许。

第二十七条 法庭辩论终结后，原告申请撤诉的，人民法院不予准许，但本解释第二十六条规定的情形除外。

第二十八条 环境民事公益诉讼案件的裁判生效后，有权提起诉讼的其他机关和社会组织就同一污染环境、破坏生态行为另行起诉，有下列情形之一的，人民法院应予受理：

（一）前案原告的起诉被裁定驳回的；

（二）前案原告申请撤诉被裁定准许的，但本解释第二十六条规定的情形除外。

环境民事公益诉讼案件的裁判生效后，有证据证明存在前案审理时未发现的损害，有权提起诉讼的机关和社会组织另行起诉的，人民法院应予受理。

第二十九条　法律规定的机关和社会组织提起环境民事公益诉讼的，不影响因同一污染环境、破坏生态行为受到人身、财产损害的公民、法人和其他组织依据民事诉讼法第一百一十九条的规定提起诉讼。

第三十条　已为环境民事公益诉讼生效裁判认定的事实，因同一污染环境、破坏生态行为依据民事诉讼法第一百一十九条规定提起诉讼的原告、被告均无需举证证明，但原告对该事实有异议并有相反证据足以推翻的除外。

对于环境民事公益诉讼生效裁判就被告是否存在法律规定的不承担责任或者减轻责任的情形、行为与损害之间是否存在因果关系、被告承担责任的大小等所作的认定，因同一污染环境、破坏生态行为依据民事诉讼法第一百一十九条规定提起诉讼的原告主张适用的，人民法院应予支持，但被告有相反证据足以推翻的除外。被告主张直接适用对其有利的认定的，人民法院不予支持，被告仍应举证证明。

第三十一条　被告因污染环境、破坏生态在环境民事公益诉讼和其他民事诉讼中均承担责任，其财产不足以履行全部义务的，应当先履行其他民事诉讼生效裁判所确定的义务，但法律另有规定的除外。

第六章　环境侵权行为的民事责任认定

【典型案例】

安徽海德化工科技有限公司与江苏省人民政府
环境污染侵权赔偿纠纷案

一、案情介绍

安徽海德化工科技有限公司与江苏省人民政府环境污染侵权赔偿纠纷案［二审民事判决书案号：(2018)苏民终 1316 号］

本案是一起经过二审程序终审的环境污染侵权赔偿纠纷诉讼案件。

2017 年 7 月，江苏省人民政府作为一审原告，以安徽海德化工科技有限公司(以下简称海德公司)为被告，向江苏省泰州市中级人民法院提起民事诉讼，请求判令：(1)被告海德公司赔偿生态环境修复费用 3637.90 万元；(2)被告赔偿生态环境服务功能损失费用 1818.95 万元；(3)被告承担评估费用 26 万元；(4)被告承担本案律师费用 24 万元；(5)被告承担本案的全部诉讼费用。

一审法院经审理，查明以下事实：

1. 案外人杨峰系被告海德公司营销部经理。2014 年 4 月 28 日，杨峰将该公司在生产过程中产生的废碱液 29.1 吨，以处置费每吨 1300 元的价格交给没有法定处置危险废物资质的李宏生等人，李宏生等人明知孙志才无废碱液处置资质，又将上述废碱液以处置费每吨 500 元的价格交给孙志才。同年 4 月 30 日夜间，孙志才与朱某等人在江苏省泰州市下辖泰兴市大洋造船厂码头将废碱液排入长江，造成了严重的环境污染。

2014 年 5 月 7 日，杨峰将海德公司在生产过程中产生的废碱液 20 吨，以处置费每吨 1300 元的价格交给没有法定处置危险废物资质的李宏生等人，李宏生等人明知孙志才无废碱液处置资质，又将上述废碱液以处置费每吨500元的价格交给孙志才。孙志才与朱某等人于当日夜间及同年6月17日凌晨，在江苏省泰兴市大洋造船厂码头分两次将该20吨废碱液排入长江，严重污染水体，造成长江下游的江苏省泰州市下辖靖江市城区5月9日9时20分至11日2时集中式饮用水源中断取水40多个小时。期间，靖江市有关部门采取了添加活性炭吸附、调用内河备用水源稀释等应急处置措施。

2014年5月8日至9日，杨峰将海德公司在生产过程中产生的废碱液53.34吨，以处置费每吨1300元的价格交给没有法定处置危险废物资质的李某甲、李宏生等人，李某甲、李宏生等人又以处置费每吨600元的价格交给丁卫东。丁卫东等人于同年5月14日指使陆进等人将该废碱液排入江苏省泰州市境内的新通扬运河，严重污染环境，致泰州市下辖兴化市城区集中式饮水源于16日7时35分至22时中断取水超过14小时。其间，兴化市自来水厂、兴化市戴南镇自来水厂、兴化市张郭镇自来水厂等分别采取了停止供水、投放活性炭吸附、加高锰酸钾处理等应急处置措施。

上述杨峰、李宏生等人均以污染环境罪被依法追究刑事责任。

2. 上述污染事件发生后，靖江市环境保护局和靖江市人民检察院于2015年3月24日，联合委托江苏省环境科学学会对污染损害进行评估。江苏省环境科学学会经调查、评估，于2015年6月作出《靖江市饮用水源地污染事件环境污染损害评估报告》（以下简称《评估报告》），认定上述靖江市长江段发生的三次水污染事件共造成环境损害1731.26万元。

3. 本次诉讼中，原告江苏省人民政府聘请江苏中毅律师事务所律师代理出庭参与诉讼，根据双方签订的合同及江苏省人民政府开具的发票，江苏省人民政府共支出律师费24万元。

一审法院认为：

1. 被告海德公司应当承担本案的生态环境损害赔偿责任

本案中，被告海德公司作为化工企业，对其在生产经营过程中产生的危险废物——废碱液，负有法定的防治责任。在自身无法回收利用的情况下，应当按照法律、法规规定的程序和方法送交有危险废物处置资质的机构进行处置，严防对生态环境造成损害。但被告对其在生产中产生的危险废物——废碱液不经任何防治，不经任何法定程序，放任其单位营销部负责人杨峰直接交给不具有危险废物处置资质的个人进行处理，最终导致这些危险废物被直接排入长江、新通扬运河，造成严重的环境污染，杨峰系被告单位的营销部负责人，其对废碱液的处置行为是代表单位的营销行为，为单位谋取利益，处置费用也是由被告支付的，因此，属于职务行为，被告理当对杨峰的行为承担相应的法律责任。

2. 原告江苏省人民政府主张的各项损害赔偿数额，应当得到支持

原告共主张被告赔偿以下几个方面的损失：(1)发生在长江靖江次生态环境损害修复费用，计1760.26万元。该费用包含2014年5月1日发生的污染事件所致环境损害修复费用1024.38万元，同年5月9日发生的污染事件所致环境损害修复费用633.6万元、应急处置费82.73万元，同年6月17日发生的污染事件，造成的应急处置费用19.55万元，这些费用经江苏省环境科学学会法定程序作出的评估报告所确定的费用，应当予以支持。(2)发生在泰州市境内的新通扬运河生态环境损害修复费用1877.64万元，是类比靖江市的生态环境损害费用得出的，计算方式具有合理性，亦得到出庭专家辅助人的认可，应当予以支持。(3)两地的生态环境服务功能损失费用1818.95万元和评估费26万元，根据中共中央办公厅、国务院办公厅制定的《生态环境损害赔偿制度改革试点方案》(以下简称《改革试点方案》)(已失效)属于合理支出，应当予以支持。

一审法院最终判决：(1)被告海德公司赔偿环境修复费用3637.90万元；(2)被告海德公司赔偿生态环境服务功能损失1818.95万元；(3)被告海德公司赔偿评估费26万元。上述费用合计5482.85万元，被告海德公司应在本判决生效之日起60日内，支付至泰州市环境公益诉讼资金账户。

一审宣判后，海德公司不服，向江苏省高级人民法院提起上诉。

上诉人海德公司上诉请求：(1)撤销一审判决；(2)驳回江苏省人民政府的诉讼请求；(3)判令由江苏省人民政府负担诉讼费用。

经审理，二审法院对一审法院查明的事实予以确认。

二审法院认为，本案争议焦点是：(1)江苏省人民政府所提起的诉讼是否符合受理条件，一审审判程序是否合法；(2)生态环境损害的计算是否正确；(3)服务功能的计算是否合理；(4)是否应当承担事务性费用；(5)原审判决适用法律是否正确。

1. 关于江苏省人民政府所提起的诉讼是否符合受理条件以及一审审判程序是否合法问题

（1）江苏省人民政府具备提起生态环境损害赔偿诉讼的原告资格。江苏省系《改革试点方案》中的试点省份，国务院已经授权江苏省人民政府作为江苏省内生态环境损害赔偿权利人，有权就江苏省行政区域内的污染环境、破坏生态所造成的损害提起诉讼。根据《改革试点方案》的规定，赔偿权利人可以就赔偿所涉及的具体问题与赔偿义务人磋商，也可以直接提起诉讼，在试点期间磋商并非提起诉讼的前置程序，江苏省人民政府未经磋商就提起诉讼并不违反上述规定。

（2）原审法院释明并无不当。本案虽然不是公益诉讼，但同样涉及社会公共利益。原审法院经法庭调查，认为江苏省人民政府所提出的诉讼请求明显偏少，不足以保护社会公共利益，故向江苏省人民政府释明可以变更诉讼请求，该释明行为并无不当。

2. 关于生态环境损害的计算是否正确问题

（1）《评估报告》可以作为认定靖江水污染事件生态环境损害的依据。案涉环境污染事件发生后，靖江市人民检察院和靖江市环境保护局为量化环境损害数额，委托江苏省环境科学学会对案涉污染事件所造成的生态环境损害进行评估。《评估报告》采取资源等值分析方法，依据长江靖江段受到污染后的水质监测数据、水文、流速等数据作出评估，详细阐明了长江靖江段受到污染后的损害计算方式方法以及结论，评估结论得到了东南大学吕锡武教授等专家的论证确认。《评估报告》采用的评估方式适当，依据充分，结论可信。

（2）通过类比的方式计算新通扬运河污染事件生态环境损害方法合理。发生在长江靖江段的污染事件与发生在新通扬运河的污染事件处于同一时期，所倾倒的危险废物均为海德公司产生的废碱液，两地的水质同属三类水质，且在新通扬运河倾倒的废碱液数量更多。新通扬运河河面比长江窄，水流速度比长江缓慢，污染物稀释速度远低于长江，同样的污染物倾倒进新通扬运河所造成的损害要大于长江。因此，采用类比的方式所计算出来的生态环境损害不会高于实际发生的生态环境损害。江苏省人民政府请求按照类比的方式计算新通扬运河污染事件生态环境损害，请求合理，应当予以支持。

3. 关于服务功能的计算是否合理问题

(1)案涉污染事件造成了服务功能损失。因污染行为,数十吨 pH 为 13.6 的高浓度废碱液倾倒进长江和内河,导致靖江自来水从长江水源地中断取水达 40 小时,污染区域大、持续时间长、后果严重。长江靖江段有水生动物 161 种,鱼类 148 种,重要鱼类 59 种,且有国家一级保护动物中华鲟、江豚和胭脂鱼。在靖江段有国家级水产种子资源保护区。案涉污染事件发生在长江禁渔期,案涉污染行为对长江中鱼类繁殖和幼体生长必将造成严重损害。新通扬运河系南水北调的主要通道,案涉污染事件导致新通扬运河自来水中断取水达 14 小时,且有证据证明污染事件已经造成了鱼类的死亡。由此可见,案涉污染事件造成了生态环境的严重破坏,且损害难以在短期内得到恢复,海德公司应当赔偿服务功能损失。

(2)按照生态环境损害数额的 50% 确定服务功能损失并无不当。海德公司多次故意跨省非法处置危险废物,过错程度严重;所倾倒的危险废物 pH 极高,污染物成分复杂,对生态环境的破坏程度十分严重;在生态环境极其敏感和脆弱的长江禁渔期非法倾倒危险废物,影响十分恶劣,且生态环境难以迅速恢复。综合考虑以上因素,鉴于江苏省环境科学学会在对靖江环境污染事件进行生态环境损害评估时采取了十分保守的计算方法,所确定的生态环境损害已经少于实际损害,原审法院酌定按照生态环境损害数额的 50% 确定服务功能损失合情合理。

4. 关于是否应当承担事务性费用问题

《侵权责任法》(已失效)第六十五条规定,因污染环境造成损害的,污染者应当承担侵权责任。本案所涉的事务性费用系为了评估海德公司非法处置废碱液所造成的生态环境损害所支出的评估费用。江苏省人民政府要求海德公司承担因污染行为而产生的事务性费用于法有据。

最终,二审法院判决:(1)维持江苏省泰州市中级人民法院(2017)苏 12 民初 51 号民事判决。海德公司应于本判决生效之日起 60 日内将赔偿款项 5482.85 万元支付至泰州市环境公益诉讼资金账户;(2)海德公司在向泰州市中级人民法院提供有效担保后,可于本判决生效之日起 60 日内支付上述款项的 20%(1096.57 万元),并于 2019 年 12 月 4 日、2020 年 12 月 4 日、2021 年 12 月 4 日、2022 年 12 月 4 日前各支付上述款项的 20%(每期 1096.57 万元)。如有一期未按时履行,江苏省人民政府可以就全部未赔偿款项申请法院强制执行。

二、案例解读

本案是最高人民法院2019年发布的十起生态环境保护典型案例之一,也是最高人民法院发布的129号指导案例,具有典型和示范意义。

本案是我国探索确立生态环境损害赔偿制度后,人民法院最早受理的省级人民政府诉企业生态环境损害赔偿案件之一。本案判决明确宣示,不能仅以水体具备自净能力为由主张污染物尚未对水体造成损害以及无须再行修复,水的环境容量是有限的,污染物的排放必然会损害水体、水生物、河床甚至是河岸土壤等生态环境。根据损害担责原则,污染者应当赔偿环境修复费用和生态环境服务功能损失。

本案还是《人民陪审员法》施行后,由七人制合议庭审理的案件,四位人民陪审员在案件审理中依法对事实认定和法律适用问题充分发表了意见,强化了长江流域生态环境保护的公众参与和社会监督,进一步提升了生态环境损害赔偿诉讼裁判结果的公信力。此外,人民法院可以综合考虑企业事业单位和其他生产经营者的主观过错、经营状况等因素,在责任人提供有效担保后判决其分期支付赔偿费用,为生态环境损害的赔偿方式作出了积极探索。

(一)被告海德公司应当承担本案的生态环境损害赔偿责任

《环境保护法》第四十二条第一款、第二款规定,排放污染物的企业事业单位和其他生产经营者,应当采取措施,防治在生产建设或者其他活动中产生的废气、废水、废渣、医疗废物、粉尘、恶臭气体、放射性物质以及噪声、振动、光辐射、电磁辐射等对环境的污染和危害。排放污染物的企业事业单位,应当建立环境保护责任制度,明确单位负责人和相关人员的责任。《水污染防治法》第三十三条第一款规定,禁止向水体排放油类、酸液、碱液或者剧毒废液。

本案中,被告海德公司作为化工企业,对其在生产经营过程中产生的危险废物——废碱液,负有法定的防治责任。在自身无法回收利用的情况下,应当按照法律、法规规定的程序和方法送交有危险废物处置资质的机构进行处置,严防对生态环境造成损害。但被告对其在生产中产生的危险废物——废碱液不经任何防治,不经任何法定程序,放任其单位营销部负责人杨峰直接交给不具有危险废物处置资质的个人进行处理,最终导致这些危险废物被直接排入长江、新通扬运河,造成严重的环境污染。

杨峰系被告单位的营销部负责人,其对废碱液的处置行为是代表单位的营销行为,为单位谋取利益,处置费用也是由被告支付的,因此,属于职务行为,被告理当对杨峰的行为承担相应的法律责任。已发生法律效力的刑事判决已经确认杨峰主、客观上均具有非法处置危险废物的故意,并已经判决杨峰承担相应的刑事责任。被告虽未被追究刑事责任,但其违法处置危险废物致产生巨大环境损害的民事赔偿责任,实难推脱。

本案环境污染事件造成靖江市区、兴化市区及几个城镇居民生活用水停水几十小时,严重威胁到了人民群众的正常生产生活。特别严重的是,本案环境污染事件发生在长江休渔期。休渔期期间,是长江鱼类的繁殖期,此时,各类鱼类进入交配、产卵高峰期。被告此时违法处置废碱液的行为,给长江、新通扬运河水环境、生态服务功能尤其是鱼类资源势必会造成难以估量的巨大损失,这一时期因污染对长江渔业所造成的损失要远远大于其他时期。据此,被告于情、于理、于法均应当对本案的环境损害承担赔偿责任。

(二)被告海德公司应当承担生态环境损害赔偿责任的范围

《生态环境损害赔偿制度改革试点方案》明确规定,生态环境损害赔偿范围包括清除污染的费用、生态环境修复费用,生态环境修复期间服务功能的损失、生态环境功能永久性损害造成的损失以及生态环境损害赔偿调查、鉴定评估等合理费用。

根据《评估报告》,靖江市饮用水源地污染事件环境污染损害修复费用为1760.26万元;类比靖江市饮用水源地污染事件环境污染损害修复费用,新通扬运河生态环境损害修复费用为1877.64万元;海德公司非法处置危险废物造成两地生态环境损害修复费用计3637.90万元,必然对两地乃至下游的生态环境服务功能均造成了巨大的损失,江苏省人民政府主张以生态环境损害修复费用3637.90万元的50%计算该项费用,该主张合理;环境污染事件发生后,有关部门为评估本次污染事件的损害结果,实际支出了26万元的调查、评估费用,且有相应票据予以证实,该费用属于合理支出费用。

同时,二审中,海德公司以企业负担过重、资金紧张,如短期内全部支付赔偿将导致企业破产为由,申请分期支付赔偿费用。为保障保护生态环境与经济发展的有效衔接,江苏省人民政府在庭后表示,在海德公司能够提供证据证明其符合国家经济结构调整方向、能够实现绿色生产转型，在有效提供担保的情况下，同意上诉人依照 2017 年《民事诉讼法》第二百三十一条之规定，分五期支付赔偿款。

据此，江苏省高级人民法院最终判定海德公司赔偿环境修复费用 3637.90 万元（1760.26 + 1877.64）、生态环境服务功能损失 1818.95 万元、评估费 26 万元。上述赔偿费用共计 5482.85 万元，由海德公司分五期付至泰州市环境公益诉讼资金账户。

【合规指引】

一、环境侵权民事责任概述

《民法典》第七编“侵权责任”第七章规定了环境污染和生态破坏责任，第一千二百二十九条规定，因污染环境、破坏生态造成他人损害的，侵权人应当承担侵权责任。据此，环境侵权是指因人为活动而污染或破坏生态环境，进而损害或者可能损害他人的人身权、财产权或环境权益等的行为。

环境侵权这一概念包含以下内涵：第一，环境侵权是人为原因而非自然原因，即主要是因产业活动或者开发利用自然资源以及其他人类活动而导致的。具体原因既包括污染环境，也包括破坏（生态）环境。第二，环境侵权的客体既包括他人的人身权、财产权，又包括环境权益，同时，环境法学界也主张包括环境生态本身或者公共财产。这反映了环境侵权所保护的对象范围存在一个不断扩张的趋势。但是，环境生态本身或者自然资源等公共财产的损害能否纳入传统的民事侵权领域的确存在理论解释上的难题。第三，环境侵权的后果既包括损害又包括损害之虞。强调损害之虞体现了环境法上十分重要的预防原则。第四，环境侵权的救济方式不仅包括损害赔偿，还包括恢复原状、危害的防止、排除等。①

环境侵权作为一种具有极大社会危害性的行为，不仅广泛直接危害众多自然人的生命健康，给国家、社会和公民造成巨大的经济损失，而且其危害后果往往不可逆转，损害后果不只严重影响当代人，甚至也包括我们的子孙后代。因此，需要健全的环境侵权法律责任制度和其他配套制度，维护环境被侵

---

① 参见童光法：《环境侵害的归责原则》，载《东方法学》2015 年第 3 期。

权人的权益，惩戒环境侵权行为人，保障人类社会健康可持续发展。

环境侵权责任制度包括环境侵权民事责任制度、环境侵权刑事责任制度和环境侵权行政责任制度，三种制度互相配合、互相补充、缺一不可。环境侵权民事责任的首要目的和功能在于对已经造成的权益损害给予填补的救济，使其恢复到未受损害时的状态；环境侵权刑事责任和环境侵权行政责任的目的则在于通过对环境犯罪行为和环境行政违法行为的惩戒和处罚，以预防和警戒将来，教育人们遵纪守法。从性质上来说，环境侵权民事责任是环境侵权行为人应承担的一种对其不利的法律后果，是环境侵权行为人对被侵权人所应承担的责任，它突出表现为补偿性和恢复原状性，兼有指导和约束人们行为的作用；环境侵权刑事责任和环境侵权行政责任，则是环境侵权行为人触犯刑法或违反环境行政法规时所应当承担的法律后果，是环境侵权人对国家所应承担的责任，它突出体现为惩罚和教育的性质。①

环境侵权民事责任作为一种特殊的民事侵权责任，因其侵权行为、侵害过程及危害结果的特殊性，决定了它在归责原则、构成要件、责任承担方式等方面都与一般民事侵权责任不尽相同。

二、环境侵权民事责任的归责原则

环境侵权民事责任作为一种特殊的侵权责任，特殊性首先体现在其归责原则上。侵权行为的归责原则，是指在行为人的行为致人损害时，根据何种标准和原则确定行为人的侵权责任。一般传统侵权责任要求行为人主观有过错，即过错责任原则。过错是侵权人承担民事责任的基础。

环境侵权民事责任不将侵权人主观上有过错作为其承担民事责任的条件，归责原则为无过错责任原则。因环境侵权行为造成他人损害的，不论侵权人有无过错，侵权人应当承担侵权责任。

《民法通则》（已失效）第一百二十四条规定“违反国家保护环境防止污染的规定，污染环境造成他人损害的，应当依法承担民事责任”，《侵权责任法》（已失效）第六十五条规定“因污染环境造成损害的，污染者应当承担侵权责任”，《民法典》第一千二百二十九条规定“因污染环境、破坏生态造成他人损害

① 参见晋海、王文俊：《环境侵权民事责任构成要件分析》，载《南京大学法律评论》2000 年第 2 期。

的，侵权人应当承担侵权责任”，《环境侵权案件解释》第一条第一款规定“因污染环境、破坏生态造成他人损害，不论侵权人有无过错，侵权人应当承担侵权责任”，我国法律对环境侵权责任规定均不要求侵权人的主观过错，“无过错责任原则”的精神一以贯之。

在涉及噪声污染的部分案件的司法实践中，法院适用了过错责任归责原则。例如，2015 年最高人民法院发布环境侵权典型案例之五：沈海俊诉机械工业第一设计研究院噪声污染责任纠纷案[（2015）蚌民一终字第 00679 号]，法院审理认为，经监测，增压泵作为被测主要声源，在正常连续工作时，沈海俊居住卧室室内噪声所有指标均未超过规定的限值，机械工业第一设计研究院不承担噪声污染侵权责任，驳回了原告沈海俊的诉讼请求。最高人民法院发布该案件的典型意义在于：《噪声污染防治法》第二条第二款规定，本法所称噪声污染，是指超过噪声排放标准或者未依法采取防控措施产生噪声，并干扰他人正常生活、工作和学习的现象。与一般环境侵权适用无过错责任原则不同，环境噪声侵权行为人的主观上要有过错，其外观须具有超过国家规定的噪声排放标准的违法性，才承担噪声污染侵权责任。

三、环境侵权民事责任的构成要件

侵权责任的构成要件，是指构成侵权责任所必须具备的条件。传统一般侵权责任的构成要件有以下四项：(1)加害行为，又称致害行为，是指行为人做出的致他人的民事权利受到损害的行为。(2)损害事实，是指因一定的行为或事件对他人的财产或人身造成的不利影响。损害事实依其性质和内容，可分为财产损害、人身损害和精神损害。(3)因果关系。不法行为与损害事实之间有因果关系。也就是说，引起损害事实的发生是由于不法行为的实施，如果损害事实并非不法行为的实施所致，则不构成侵权。(4)行为人主观上有过错。过错是侵权行为构成要件中的主观因素，只要行为人主观上有过错，无论其是故意还是过失都应承担赔偿责任。

如前所述，因环境侵权责任的归责原则为无过错原则，因此，其构成要件仅包含加害行为、损害事实和因果关系三项。

（一）加害行为

与已失效的《侵权责任法》相比，《民法典》的一个重大变化就是“生态破坏”入法。《侵权责任法》（已失效）第八章章名为“环境污染责任”，其中第六十五条规定“因污染环境造成损害的，污染者应当承担侵权责任”。《民法典》“侵权责任编”第七章章名为“环境污染和生态破坏责任”，第一千二百二十九条的表述是，“因污染环境、破坏生态造成他人损害的，侵权人应当承担侵权责任”。据此，环境侵权中的加害行为包括污染环境的行为和破坏生态的行为。污染环境的行为特征是人类向环境“排污”，后果是导致环境质量下降、人群健康受害以及生态系统功能丧失。生态破坏的行为特征是人类向环境“索取”，后果是导致生态失衡以及生态功能丧失。比较而言，环境污染行为既可能导致个人生命健康受害、财产损害，也可能导致生态破坏等公共利益受害，因为有“污染源”，容易确定侵权行为人及其损害后果；生态破坏行为更多造成的是不特定多数人利益受损以及生态公共利益受害，因为该行为的后果多由生态破坏行为与生态系统运行相互作用而产生，且具有较长的滞后性，难以确定损害后果。

此外，环境侵权行为不以行为具有违法性作为构成要件。《民法通则》（已失效）曾规定“违反国家保护环境防止污染的规定，污染环境造成他人损害的，应当依法承担民事责任”。但至《侵权责任法》（已失效）第六十五条也没有提出违反法律规定的要求，即无论合法行为还是违法行为，只要其造成环境污染或者破坏，从而具有了危害性，即可成为环境侵权行为的要件之一。之所以不要求环境侵权行为具有“违法性”，原因在于：第一，造成环境污染的污染物种类众多，性质复杂，即使现代科学技术已经发展到了一个新的阶段，但仍存在现阶段无法探测到的污染物，进而法律未对其排放予以规定，故其造成的污染虽不会违反法律的规定，但却造成了环境现实的损害。第二，法律规定的排放标准未必完全准确，在范围内排放污染物造成损害的行为人也并不违法，若行为的违法性为必要条件会导致被侵权人的损失得不到补救，从而影响社会公平。第三，一个主体在法律规定的范围内排放污染物可能不会造成损害后果的发生，但多个主体排放污染物的行为组合在一起，可能会发生物理化学反应，此时，每个主体都未违反法律但依旧造成了损害后果。①

（二）损害事实

环境侵权的损害事实与传统的侵权行为相比，除了一般的人身损害、财产

① 参见黄鑫磊：《浅论环境侵权民事责任构成要件》，载《法制与社会》2019 年第 9 期。

损害和精神损害外，还包括环境权益的损害以及生态破坏等。环境侵权行为造成的实际损害，既可能是特定主体的特定权益受到损害，也有可能是某一地区的环境本身受到破坏，如大气、水体遭受污染，还有可能是特定主体和生态环境都受到损害，而自然环境是人类赖以生存和发展的物质基础，是典型的社会公共利益。因此，在某些情况下，污染环境的行为侵害的就不只是特定的个人或者社会组织的私益，而是社会公共利益。

此外，环境侵权作为一种特殊的侵权行为，其构成要件中的损害事实，不仅包括现实已经出现的损害结果，还应包括损害结果可能发生的现实危险。这是因为环境侵权与一般侵权行为不同，其具有隐蔽性、间接性和连续性的特点。例如，“癌症村”的形成。关于“癌症村”的形成，目前虽然尚未有官方的正式说明，但从现有的报道不难看出绝大多数“癌症村”的形成与工业污染存在密切联系。即使现代工业企业向自然界排放或倾倒的污染物符合各项标准，也不能否认这些物质在经过漫长时间的累积之后不会对人体造成损害，而且这种损害并不是显而易见的。某些放射性物质对人体的损害是致命且不可逆的，如果仅仅等到损害结果的现实出现才赋予被害人寻求救济的权利，那么这将是一场不能弥补的悲剧，让人后悔莫及。因此，将现实已经发生的损害结果或存在造成损害结果发生的可能性均作为环境侵权民事责任的构成要件，才能防患于未然。①

（三）因果关系

因果关系是指环境侵害行为与环境损害事实之间存在的一定逻辑联系。环境侵权具有间接性、复杂性、潜伏性和不确定性的特征，其因果关系十分复杂，不易查明和认定。这是因为：(1)一般侵权行为大多直接作用于受害人，环境侵权则要通过“环境”这一载体，再作用于人体和财产，其因果关系不容易显现出来；(2)环境侵权的原因事实是排放于环境的各种污染物；(3)污染物在环境中具有潜伏性和积累性，污染行为与损害结果之间可能有一个相当长的时间差，有的数月甚至数年，也使因果关系认定极为困难；(4)很多污染是多因复合作用的结果，致人生病也可能有多种原因。② 因此，相对于一般侵权责任中

① 参见赵亚楠：《浅论环境侵权民事责任的构成要件》，载《法制与社会》2014 年第 5 期。

② 参见浦纯钰、朱竞艳：《论环境侵权责任的构成要件》，载《辽宁行政学院学报》2008 年第 5 期。

对因果关系严密的要求,环境侵权中对因果关系的要求相对缓和。

《环境侵权案件解释》(法释〔2020〕17号)第六条规定了被侵权人诉讼主张的举证责任,其中对因果关系的举证要求仅需达到“具有关联性”程度:“侵权人排放的污染物或者其次生污染物、破坏生态行为与损害之间具有关联性。”对被侵权人提起诉讼要求较低的因果关系举证责任。根据《民法典》的规定,因果关系的举证责任倒置,由行为人对自己的行为与损害之间不存在因果关系承担举证责任,“因污染环境、破坏生态发生纠纷,行为人应当就法律规定的不承担责任或者减轻责任的情形及其行为与损害之间不存在因果关系承担举证责任”,即当被侵权人完成了因果关系中“具有关联性”程度的举证责任,完成初步证明后,被侵权人的举证责任履行完毕,此时由环境侵权人对侵权行为与环境损害之间不存在引起与被引起的关系承担举证责任,如果侵权人不能完成上述证明的情况下,应当承担败诉的风险。

具体而言,侵权人举证证明下列情形之一的,人民法院应当认定其污染环境、破坏生态行为与损害之间不存在因果关系:(1)排放污染物、破坏生态的行为没有造成该损害可能的;(2)排放的可造成该损害的污染物未到达该损害发生地的;(3)该损害于排放污染物、破坏生态行为实施之前已发生的;(4)其他可以认定污染环境、破坏生态行为与损害之间不存在因果关系的情形。

湖北法院环境资源审判十大典型案例(2018年)之二:胡某云与徐某某、中国国际贸易促进委员会湖北省鹤峰县委员会噪声污染责任纠纷案[(2016)鄂28民终1700号],法院审理认为,原告徐某某在提交了鹤峰县环境监测站2012年7月10日至7月11日、2013年5月20日至21日的监测报告(噪声监测报告),证实了其住宅的环境噪声超过了国家规定的环境噪声标准,已经构成环境噪声污染。同时,徐某某提交了相关的医疗费收据用以证实因胡某云的设备噪音超标导致其身体受到损害而支出了相关费用。但是,被告胡某云作为排放噪声的和平批发部的经营者,应当就其超标准排放噪声行为与给徐某某所造成的损害之间不存在因果关系承担举证责任。在本案一、二审诉讼中胡某云对此并未提交确实充分的证据予以证明,胡某云理应承担举证不能的法律后果。本案充分运用举证责任制度释法明理。我国对环境污染案件双方当事人举证责任分配适用举证责任倒置制度,举证责任倒置制度是指基于法律规定,将本应由提出事实主张的一方当事人承担的部分事实举证责任转移给他方当事人承担,如果他方当事人不能据此举证证明,则推定提出事实主张一方当事人的事实主张成立的一种举证责任分配制度。即因污染环境发生纠纷,污染者应当就法律规定的不承担责任或者减轻责任的情形及其行为与损害之间不存在因果关系承担举证责任。对同类案件的审判具有典型意义。

司法实践中,因果关系的认定通常委托专业司法机构出具鉴定意见。司法鉴定机构对因果关系的分析是以存在明确的污染环境或破坏生态行为和生态环境损害事实为前提,对污染环境行为与生态环境损害间因果关系展开分析。通过文献查阅、专家咨询、样方调查和生态实验等方法,阐明破坏生态行为导致生态环境损害的可能的作用机制,建立破坏生态行为导致生态环境损害的生态链条,分析破坏生态行为导致生态环境损害的可能性。

分析的内容包括:(1)调查分析污染环境或破坏生态行为与生态环境损害发生的时间先后顺序。污染环境或破坏生态行为与生态环境损害间应存在明确的时间先后顺序。(2)环境污染物的同源性分析。采样分析污染源、环境介质和生物中污染物的成分、浓度、同位素丰度等,采用稳定同位素或放射性同位素和指纹图谱等技术,结合统计分析方法,判断污染源、环境介质和生物中污染物是否具有同源性。(3)迁移路径的合理性分析。分析评估区域气候气象、地形地貌、水文地质等自然环境条件,判断是否存在污染物从污染源迁移至环境介质最后到达生物的可能。建立环境污染物从污染源经环境介质到生物的迁移路径假设,识别划分迁移路径的每一个单元,利用空间分析、迁移扩散模型等方法分析污染物迁移方向、浓度变化等情况,分析判断各个单元是否可以组成完整的链条,验证迁移路径的连续性、合理性和完整性。(4)生物暴露的可能性分析。识别生物暴露于环境污染物的暴露介质、暴露途径、暴露时间和暴露方式,结合生物内暴露和外暴露测量,分析判断生物暴露于环境污染物的可能性。(5)生物发生损害的可能性分析。通过文献查阅、专家咨询和毒理实验等方法,分析污染物暴露与生态环境损害间的关联性,阐明污染物暴露与生态环境损害间可能的作用机理;建立污染物暴露与生态环境损害间的剂量—反应关系,结合环境介质中污染物浓度、生物内暴露和外暴露量等,分析判断生物暴露水平产生损害的可能性。(6)排除其他可能的因素的影响,并阐述因果关系分析结论的不确定性。

四、环境侵权民事责任的承担方式

《民法典》第一千二百三十四条、第一千二百三十五条规定了对环境侵权的生态环境修复责任和生态环境损害赔偿责任。2020 年《环境侵权案件解释》第十三条规定，“人民法院应当根据被侵权人的诉讼请求以及具体案情，合理判定侵权人承担停止侵害、排除妨碍、消除危险、修复生态环境、赔礼道歉、赔偿损失等民事责任”。

（一）停止侵害、排除妨碍、消除危险的责任承担

停止侵害，排污行为仍在持续的，可以要求行为人停止排污，此即停止侵害；排除妨碍，排污行为已对他人造成妨碍的，可以要求行为人排除妨碍；消除危险，排污行为可能污染环境，并对他人的人身、财产构成危险的，可以要求行为人消除危险。

从功能的角度看，停止侵害、排除妨碍、消除危险与环境行政责任可能重合。《环境保护法》和相关单行法律法规规定了行政处罚，其中责令限制生产、责令停业、责令停止建设等责任的根本目的在于制止侵害继续、排除给环境造成的妨碍和危害之危险，与停止侵害、排除妨碍、消除危险的民事责任的目的相同。但环境侵权的停止侵害、排除妨碍、消除危险、损害赔偿责任等构成要件不同于行政责任，无须达到承担行政责任的违法性标准。例如，根据《大气污染防治法》第一百一十八条第一款的规定，责令停业整顿的构成要件是“违反本法规定，排放油烟的餐饮服务业经营者未安装油烟净化设施、不正常使用油烟净化设施或者未采取其他油烟净化措施，超过排放标准排放油烟”。餐饮服务企业排放油烟未违反排放标准，但侵害他人民事权益的，就可以判决停止侵害、排除妨碍。①

此外，2020 年《环境侵权案件解释》第十五条规定，“被侵权人起诉请求侵权人赔偿因污染环境、破坏生态造成的财产损失、人身损害以及为防止损害发生和扩大、清除污染、修复生态环境而采取必要措施所支出的合理费用的，人民法院应予支持”。被侵权人可以请求侵权人承担“为防止污染扩大、消除污染而采取必要措施所支出的合理费用”。2020 年《环境民事公益诉讼案件解释》第十九条也规定，被侵权人可以请求侵权人承担“为停止侵害、排除妨碍、消除危险采取合理预防、处置措施而发生的费用”。这些合理费用是在环境侵权这一特殊民事侵权中停止侵害、排除妨碍、消除危险责任的延伸。

① 参见蔡唱：《民法典时代环境侵权的法律适用研究》，载《法商研究》2020 年第 4 期。

（二）赔偿损失

我国关于环境侵权赔偿的理论研究和司法探索始于 1979 年《环境保护法（试行）》（已失效），此后颁行的《环境保护法》《侵权责任法》及相关司法解释，在处理环境污染和生态破坏的损害赔偿问题时，均奉行了民法规则，如 2014 年《环境保护法》第六十四条明确规定，“因污染环境和破坏生态造成损害的，应当依照《中华人民共和国侵权责任法》的有关规定承担侵权责任”。但传统民法规则的赔偿原理并不满足环境污染和生态破坏的赔偿认定要求，其中最典型的情况是，传统民法规则适用损害填平原理，仅就被侵权人无法挽回的“损失差额”承担赔偿责任，其前提是损失恒定且可明确计算为数字。生态环境是一个动态的系统，不存在民法意义上的“稳定利益”。在“对环境的侵害”中，污染环境和破坏生态行为侵害的客体是自然环境的生态平衡及其生态服务功能，这是一个在运动过程中不断实现物质循环、能量流动、信息传递的系统。被侵害的系统一直存在自我净化与损害环境污染和生态破坏的损失扩散同时进行的状况，而且不同的损害形式之间也相互关联。因此，很难确定不利益的状态及其差额，只能在侵害发生后根据被侵害系统的实际情况进行符合一定标准的修复。一旦出现无法修复的情形，所支付的赔偿金，也绝不是被侵害生态环境的前后对比差额。

《民法典》的施行从根本上认可建立了污染环境和破坏生态侵权行为的特殊性，建立起以“生态修复”为核心的损害赔偿逻辑。《民法典》“侵权责任编”专设第七章“环境污染和生态破坏责任”，对侵权赔偿责任主体、归责原则、赔偿范围、惩罚性赔偿等进行规定，其中第一千二百三十四条规定侵权人应承担合理期限内的生态修复责任，第一千二百三十五条规定侵权人赔偿损失和费用的认定范围。根据《民法典》的规定，违反国家规定造成生态环境损害的，国家规定的机关或者法律规定的组织有权请求侵权人赔偿下列损失和费用。

1. 财产损害赔偿范围

财产损害赔偿原则上适用全额赔偿原则，包括因侵权行为导致的直接损失和间接损失。直接损失，即既得利益的丧失或现有财产的减损；间接损失也称可得利益的损失，是指被侵权人在正常情况下应当得到但因受环境污染或破坏而未能得到的收入。《民法典》第一千二百三十五条规定，以下损失可被纳入财产损害赔偿范围：（1）生态环境受到损害至修复完成期间服务功能丧失导致的损失;(2)生态环境功能永久性损害造成的损失;(3)生态环境损害调查、鉴定评估等费用;(4)清除污染、修复生态环境费用;(5)防止损害的发生和扩大所支出的合理费用。

2. 人身损害赔偿

人身损害赔偿包括:(1)因环境侵权致被害人丧失生命(死亡);(2)因环境侵权而导致人的身体组织器官的完整性受损,使人的组织器官缺失或丧失其功能,如造成残疾等;(3)因环境污染而致人的生理机能的完整性以及持续、稳定、良好的心理状态受到损害,如受害人因饮用被污染的水而导致某种疾病等。

3. 精神损害赔偿

精神损害赔偿是特指在环境侵权行为中,因环境破坏而致使受害人遭受的愤怒、恐惧、焦虑、悲痛、烦恼、忧郁、绝望等精神痛苦,侵权人给予的赔偿。《民法典》第一千二百二十九条规定,“因污染环境、破坏生态造成他人损害的,侵权人应当承担侵权责任”。该条没有就侵权责任类型给予明确。一般解释下,认为该条损害指的是人身损害和财产损害。《民法典》起草时,曾有学者建议将精神损害赔偿明确为财产损害、人身损害和精神损害,但没有被采纳。

但这并不妨碍被侵权人主张精神损害赔偿。《民法典》第一千一百八十三条规定,“侵害自然人人身权益造成严重精神损害的,被侵权人有权请求精神损害赔偿。因故意或者重大过失侵害自然人具有人身意义的特定物造成严重精神损害的,被侵权人有权请求精神损害赔偿”。

其实,我国司法实践中早有支持精神损害赔偿的案例。2001 年 12 月 24 日杭州市中级人民法院审结的某小学学生刘露等 407 位同校学生诉某化工厂环境污染引起的精神损害赔偿案,被认为是国内因环境侵权行为承担精神损害赔偿责任的第一案。① 杭州市中级人民法院依照《民法通则》(已失效)第一百二十四条,2001 年《最高人民法院关于确定民事侵权精神损害赔偿责任若干问题的解释》(已修改)第八条第二款、第九条第三项、第十条第一款之规定,判决被告某化工公司应赔偿原告刘露等 407 人精神损害抚慰金。湖北法院环境资源审判十大典型案例(2018 年)之二的胡某云与徐某某、中国国际贸易促进

① 参见王树义:《环境与资源法学案例教程》,知识产权出版社 2004 年版,第 231 页。

委员会湖北省鹤峰县委员会噪声污染责任纠纷案，湖北省鹤峰县人民法院(2016)鄂2828民初191号判决，被告胡某云赔偿原告徐某某医疗费1517.82元，交通费140元，精神损害抚慰金7000元。(2017)渝0116民初4321号王金琼、杨才星诉重庆市江津区杨家湾砂石厂等环境污染责任纠纷案中，重庆市江津区人民法院判决：杨家湾砂石厂于本判决生效后30日内将其排放的粉尘值降低至国家规定标准以下，即颗粒物无组织排放不得超过1.0mg/m^3；杨家湾砂石厂于本判决生效后30日内赔偿王金琼2008年至2017年的医疗费12,000元、精神损害抚慰金8000元；杨家湾砂石厂于本判决生效后30日内赔偿杨才星2008年至2017年的医疗费22,000元、精神损害抚慰金8000元。

(三)生态环境修复责任

生态环境修复责任是《民法典》中增加的特殊规定。《民法典》第一千二百三十四条规定，"违反国家规定造成生态环境损害，生态环境能够修复的，国家规定的机关或者法律规定的组织有权请求侵权人在合理期限内承担修复责任。侵权人在期限内未修复的，国家规定的机关或者法律规定的组织可以自行或者委托他人进行修复，所需费用由侵权人负担"。《环境侵权案件解释》第十四条规定，"被侵权人请求修复生态环境的，人民法院可以依法裁判侵权人承担环境修复责任，并同时确定其不履行环境修复义务时应当承担的环境修复费用。侵权人在生效裁判确定的期限内未履行环境修复义务的，人民法院可以委托其他人进行环境修复，所需费用由侵权人承担"。

生态修复责任规则适用时应注意其经济合理性标准的特殊性。一般民事责任中经济合理性标准通过比较恢复原状合理费用和被恢复对象的价值进行判断，即当恢复原状的费用大于被恢复对象时，则可以不予恢复，通过其他方式承担责任。但生态修复责任中经济合理性的标准很特殊，是通过比较生态环境修复费用和预期生态环境收益判断的，并非原受损生态环境经济价值。司法鉴定中，生态修复责任以生态环境恢复至基线为目标，生态环境损害价值以及相应的修复服用，主要根据将需要开展的生态环境恢复工程措施的费用进行计算，同时，还应包括生态环境损害开始发生至恢复到基线水平的期间损害。

生态环境恢复方案以首先确定生态环境恢复的总体目标、阶段目标和恢复策略进行递进选择：(1)综合考虑恢复目标、工作量、持续时间等因素，制订备选基本恢复方案。(2)估计备选基本恢复行动或措施的实施范围、恢复规模和持续时间等,选择适宜的替代等值分析方法,评估期间损害,计算补偿性恢复行动工程量,制订补偿性恢复方案。(3)综合采用专家咨询、费用—效果分析、层次分析法等方法对备选生态环境恢复方案进行筛选。筛选应重点考虑备选基本恢复方案和补偿性恢复方案的时间与经济成本,兼顾方案的有效性、合法性、技术可行性、公众可接受性、环境安全性、可持续性等因素,筛选比对后确定最优基本恢复和补偿性恢复方案。(4)如果既无法将受损的生态环境恢复至基线,也没有可行的补偿性恢复方案弥补期间损害,或只能恢复部分受损的生态环境,则应采用环境价值评估方法对生态环境的永久性损害进行价值评估,计算生态环境损害数额。

环境损害的评估方法,有替代等值分析方法和环境价值评估方法。替代等值分析方法包括资源等值分析方法、服务等值分析方法和价值等值分析方法。环境价值评估方法包括直接市场价值法、揭示偏好法、效益转移法和陈述偏好法。如果受损的生态环境以提供资源为主,采用资源等值分析方法;如果受损的生态环境以提供生态系统服务为主,或兼具资源与生态系统服务,采用服务等值分析方法。如果不能满足资源等值分析方法和服务等值分析方法的基本条件,可考虑采用价值等值分析方法。本书引文案例海德公司与江苏省人民政府环境污染侵权赔偿纠纷案[二审民事判决书案号:(2018)苏民终1316号]中,海德公司上诉理由之一正是认为不应当采用资源等值分析方法计算生态环境损害费用,而应采用虚拟治理成本法计。原环境保护部《环境损害鉴定评估推荐方法(第Ⅱ版)》(环办〔2014〕90号)第8.3.1.3.1条载明,生态环境损害评估方法的选择原则为优先选择替代等值分析方法中的资源等值分析方法和服务等值分析方法。如果受损的环境以提供资源为主,采用资源等值分析方法。《环境损害鉴定评估推荐方法(第Ⅱ版)》附录A《常用的环境价值评估方法》A.2.3也指出,虚拟治理成本法适用于环境污染所致生态环境损害无法通过恢复工程完全恢复、恢复成本远远大于其收益或缺乏生态环境损害恢复评价指标的情形。因此,法院经审理认为,海德公司所致长江水体受到污染损害的情形应当优先采用资源等值分析方法进行计算,不适用虚拟治理成本评估办法。

生态环境恢复费用,按照国家工程投资估算的规定列出,包括:工程费、设备及材料购置费、替代工程建设所需的土地、水域、海域等购置费用和工程建设费用及其他费用，采用概算定额法、类比工程预算法编制。污染环境行为发生后，为减轻或消除污染对生态环境的危害而发生的阻断、去除、转移、处理和处置污染物的污染清理费用，以实际发生费用为准，并对实际发生费用的必要性和合理性进行判断。

（四）惩罚性赔偿

《民法典》第一千二百三十二条规定："侵权人违反法律规定故意污染环境、破坏生态造成严重后果的，被侵权人有权请求相应的惩罚性赔偿。"

惩罚性赔偿是与填补性赔偿相对应的一种赔偿制度。该制度在我国最早出现于1993年《消费者权益保护法》。由于其具备填补性赔偿制度所没有的惩罚性、威慑性、阻吓性等功能，2003年《最高人民法院关于审理商品房买卖合同纠纷案件适用法律若干问题的解释》（已修改）、2009年《侵权责任法》（已失效）、2018年《食品安全法》、2019年《商标法》等法律法规相继设定惩罚性赔偿制度。环境侵权责任中采用该项制度的理由在于环境民事侵权所造成的人身、财产损失和环境权益损害中，人身、财产损害按照现有的同质赔偿原则基本上可以得到补偿，环境权益损害则因不能折合成财产而被排除在外，无法获得赔偿。

根据《民法典》的规定，环境侵权适用惩罚性赔偿应符合以下条件：

1. 违法性。与现存其他领域的惩罚性赔偿不同，环境侵权损害惩罚性赔偿明确了"违反法律规定"。这里的"法律"应当指的是环境行政法律或环境刑事法律。当排污者严格按照排污许可证排放污染物，开发利用者始终根据许可证开发利用资源，即便造成了损害后果，也只承担一般侵权责任，不成立惩罚性赔偿。

2. 故意性。故意属于对侵权人行为时主观心态的探究。如前文所述，环境侵权的归责原则为无过错责任原则，即不论行为人是否存在主观过错。但在惩罚性赔偿中，被侵权人必须证明侵权人在主观上是"故意"的，如明知第三人没有资质，仍将废弃物低价交由其处置。在环境侵权领域中，填补性赔偿的"无过错责任"与惩罚性赔偿的"过错责任"形成鲜明对比，也表明了适用惩罚性赔偿的"高标准"。

3. 严重性。严重性是针对环境污染或生态破坏行为所造成的后果而言的，说明环境侵权中的惩罚性赔偿以结果为导向。那么，侵权达到何种程度才称得上"严重后果"呢？通说将惩罚性赔偿视为准刑罚或刑事侵权。有鉴于此，在当前尚未有专门法规定何谓"严重后果"时，可参照《办理环境污染刑事案件解释》（法释〔2016〕29号）第一条、第二条、第三条的规定。①

（2016）苏民终1357号徐州市人民检察院诉徐州市鸿顺造纸有限公司水污染责任纠纷案采用了惩罚性赔偿制度。法院审理查明，被告公司在2013年至2015年间处于正常生产经营状态，高强瓦楞纸市场价在2000～2100元，以年产6万吨的生产规模看，具有相对较大的生产规模，亦可能获得较高的经营利益。每吨50元的防治污染设备运行成本，意味着违法偷排能获取较高的非法利益。从行政机关查处的被告连续三年、三次违法排污情况看，被告都是故意违法，且采用偷埋、私设暗管等方式实施违法行为。被告为追求利益最大化，多次故意实施违法排污行为，在环保部门给予环境监察建议、处以罚款后，仍加大违法排污量，实施环境污染行为。由此可见，被告的主观过错较为明显。环境侵权行为及后果的复杂性、长久性、隐蔽性、迁移性等特点导致其危害性强、损害范围广且难以及时固定证据。

法院认为，不能仅就2600吨的排污事实确定被告的赔偿责任，对被告公司裁量应体现惩罚性因素。鉴于被告的实际排污量及对生态环境实际造成的损害大小难以准确确定，综合考虑具体污染环境情节、被告违法程度及主观过错程度、防治污染设备的运行成本、被告生产经营情况及因侵害行为所获得的利益、污染环境的范围和程度、生态环境恢复的难易程度等因素，采用酌定的方式确定生态环境修复费用及生态环境的服务功能损失，据此确定全案损害赔偿费用。

五、环境侵权民事责任的减轻或免责事由

如前分析，环境侵权责任是无过错责任，只要满足损害行为、损害事实和因果关系三个构成要件，侵权责任即可成立。在举证责任分配上，被侵权人只需证明污染者排放了污染物、有损害后果、污染者排放的污染物或者其次生污染物与损害之间具有关联性，即可完成举证责任。侵权人应就法律规定的免

---

① 参见陈学敏：《环境侵权损害惩罚性赔偿制度的规制——基于〈民法典〉第1232条的省思》，载《中国政法大学学报》2020年第6期。

责事由及其行为与损害结果之间不存在因果关系承担举证责任。2020 年《环境侵权案件解释》第一条第三款规定，“侵权人不承担责任或者减轻责任的情形，适用海洋环境保护法、水污染防治法、大气污染防治法等环境保护单行法的规定；相关环境保护单行法没有规定的，适用民法典的规定”。

根据上述原理与规定，环境侵权民事责任的减轻或免责，首先适用环境领域特别法规定，只有特别法规制空白的情况下，才适用《民法典》的一般原理。

（一）委托司法鉴定机构出具其行为与损害之间不存在因果关系的鉴定结论

2020 年《环境侵权案件解释》第七条规定，侵权人举证证明下列情形之一的，人民法院应当认定其污染环境、破坏生态行为与损害之间不存在因果关系：（1）排放污染物、破坏生态的行为没有造成该损害可能的；（2）排放的可造成该损害的污染物未到达该损害发生地的；（3）该损害于排放污染物、破坏生态行为实施之前已发生的；（4）其他可以认定污染环境、破坏生态行为与损害之间不存在因果关系的情形。

司法实践中，因果关系判定因涉及专业领域知识，通常应委托专业司法鉴定机构出具结论。2014 年原环境保护部印发《环境损害鉴定评估推荐方法（第Ⅱ版）》，因污染环境或破坏生态行为（包括突发环境事件）导致人身、财产、生态环境损害、应急处置费用和其他事务性费用的鉴定评估应依据该评估方法。但该方法不适用于因核与辐射所致环境损害的鉴定评估。突发环境事件应急处置阶段环境损害评估适用《突发环境事件应急处置阶段污染损害评估技术规范》。

根据该方法，污染环境行为与环境损害间的因果关系判定包括环境暴露与环境损害间的因果关系判定和环境污染物从污染源到受体的暴露路径的建立与验证两部分。

环境暴露与环境损害的因果关系判定应符合以下一般原则：

（1）环境暴露与环境损害间存在时间先后顺序。环境暴露发生在前，环境损害发生在后。

（2）环境暴露与环境损害间的关联具有合理性。环境暴露导致环境损害的机理可由医学、生物学、毒理学等理论作出合理解释。

（3）环境暴露与环境损害间的关联具有一致性。环境暴露与环境损害间的关联在不同时间、地点和研究对象中得到重复性验证。

(4)环境暴露与环境损害间的关联具有特异性。环境损害发生在特定的环境暴露条件下,不因其他原因导致。由于环境暴露与环境损害间可能存在单因多果、多因多果等复杂因果关系,因此,环境暴露与环境损害间关联的特异性不作强制性要求。

暴露路径的建立和验证的方法包括:

(1)存在明确的污染来源和污染排放行为。直接或间接证据表明污染源存在明确的污染排放行为,包括物证、书证、证人证言、笔录、视听资料等。

(2)空气、地表水、地下水、土壤等环境介质中存在污染源排放的污染物,且与污染源产生或排放的污染物(或污染物的转化产物)具有一致性。

(3)污染物传输路径的合理性。当地气候气象、地形地貌、水文条件等自然环境条件存在污染物从污染源迁移至污染区域的可能,且其传输路径与污染源排放途径相一致。

(4)受体(人身、财产或生态环境)暴露的可能性。环境污染物可能经呼吸道、膳食或饮水、皮肤接触等暴露途径进入人体,且空气、生活饮用水、食物中污染物的浓度超过国家或地方相关质量标准限值;或财产所处的环境介质中检测出污染物,且含量明显超出国家、行业或地方标准限值;或环境介质(地表水、地下水、空气、土壤)中污染物浓度超过相应环境质量标准或环境基准限值。

(5)识别暴露路径的暴露单元,对每一个暴露单元内的污染物浓度、污染物的迁移机制和路线以及该单元的暴露范围进行分析以此确认各个暴露单元是否可以组成完整的暴露路径;或采用定量或半定量方法,如基于同位素的示踪技术、污染扩散模型等,建立并验证污染物从污染源经环境至受体的暴露路径。

值得注意的是,尽管我国立法有不存在因果关系证明责任的明确规定,但在司法实践中,因果关系的认定主要有赖于专业鉴定意见而非法官裁量。从理论上讲,鉴定意见认定因果关系有合理性。鉴定意见不外乎“存在因果关系”和“不存在因果关系”两种情形,但实际上,任何时候说“没有”比“有”存在更大风险,少有鉴定机构愿意接受“不存在因果关系”的鉴定。根据相关研究结论,即使鉴定机构出具“不存在因果关系”的鉴定意见,人民法院仍可能基于其他考量判决污染者承担赔偿责任。[①] 所以,基于因果关系的免责在司法实践

① 参见胡学军:《环境侵权中的因果关系及其证明问题评析》,载《中国法学》2013年第5期。

中还存在一定难度。

(2021)鲁1523民初123号李某与茌平信发华宇氧化铝有限公司水污染责任纠纷案中,被告成功就不存在因果关系进行举证,免除民事责任。原告村庄的土地位于山东省聊城市茌平区境内的茌新河西岸。2014年原告流转了部分村民的土地40.15亩(其中包括自己的承包地)投资200多万元,建池种植了优质雪莲藕,使用茌新河水灌溉了藕田。2016年开始,藕苗出现大量死亡,当年秋季前藕苗基本死光。原告曾请山东泉林肥料公司对茌新河水污染的藕田进行检测,结果显示重金属超标。证明茌新河水有"毒",是造成藕苗死亡的直接原因。此水污染给原告造成植藕损失244万元。

被告主张排水行为与原告的损害结果没有因果关系,理由如下:(1)根据《茌平县水利志》的记载,茌新河起源于韩集乡蒋庄南,经广平、赵官屯、温陈在胡屯乡流入徒骇河。这说明茌新河是自南向北的流向。茌新河水正常情况下应当自南向北流,再根据原被告及法院三方的现场勘查情况,也可以看出,仅仅靠农业灌溉的抽水量是不会改变一条河流的流向的,况且有信源水闸的阻挡,下游的河水不会发生自北向南倒流,从而导致茌新河的污水被原告使用造成其藕田的损失。河流自南向北的正常流向,被告提供证据以及现场勘查的情况已经得到证明。如果原告认为茌新河水是逆流,该证据应当由原告举证,如原告没有相关证据证明,应承担举证不能的法律后果。(2)再根据聊城市发展和改革委员会关于对茌新河信源蓄水工程可行性研究报告的批复及工程布置图和被告华宇公司的排水口位置图,可以断定信源蓄水工程的合规性以及原被告之间属于上下游关系,通过卫星地图可以看出,原告位于茌新河上游,在309国道以南大约500米处,被告华宇公司排水口位于茌新河下游,在309国道以北大约1700米处。原被告双方之间相距超过两公里,并且双方之间还建有信源蓄水闸,该蓄水闸的作用就是蓄水用于上游3.77万亩耕地的灌溉,蓄水闸建成后,除特殊情况向下游开闸放水外,基本上处于关闭状态,因此上下游存在水位差。该蓄水闸的存在,一方面可以说明茌新河上游水质情况较好,适于农田灌溉,一直以来上游都在使用茌新河水进行灌溉,并未出现农作物死亡的现象;另一方面可以说明蓄水闸下游的水不会越过该闸发生倒流,流到上游两公里处污染到原告的藕田。就算是信源水闸下游的村民也在使用茌新河水进行灌溉,也未出现农作物死亡的现象,这也可以说明被告排出的水对环境是无生态毒性的。(3)被告凉水塔外排水所加药剂为“薄膜防垢剂”,纳尔科(中国)环境技术服务有限公司对该药剂对生态环境的影响已经作出鉴定,该药剂对环境没有已知的生态毒性影响。并且环保部门对华宇公司的外排水实行在线实时监测,同时华宇公司也委托了专业的第三方监测机构对外排水进行每月监测,外排水的各项指标均符合山东省流域水污染物综合排放标准。

法院认为,被告提交的《茌平县水利志》及聊城市发展和改革委员会关于对茌新河信源蓄水工程可行性研究报告的批复等证据,结合河流流向,排放口的位置及排放口与李某种植藕田的距离,参照《环境损害鉴定评估推荐办法(第Ⅱ版)》关于因果关系判定的相关规定中“(3)污染物传输路径的合理性”等综合分析,从高度盖然性而言,被告已完成了“其排放的可造成损害的污染物未到达该损害发生地”的举证责任。根据2020年《环境侵权案件解释》第七条第二项的规定,依法认定被告就其向茌新河排放污水的行为与李晓的藕田受损之间不存在因果关系。

(二)举证证明存在法律规定的不承担责任或者减轻责任的情形,包括不可抗力、受害人过错

1.关于不可抗力的免责认定

环境侵权案件中,有些污染事件是暴雨洪灾等不可抗力事件引发的,企业可以基于不可抗力主张免于承担民事责任。但在一些司法判例中,侵权企业的不可抗力主张并不必然得到法院支持。例如,(2018)最高法民再415号韩国春、中国石油天然气股份有限公司吉林油田分公司水污染责任纠纷再审案中,污染者中国石油天然气股份有限公司吉林油田分公司(以下简称中石油吉林分公司)虽然主张不可抗力免责,但没有获得最高人民法院支持。原因是“废弃油井是油气勘探开发作业中的必然产物,由于技术、自然风险或者人为因素,废弃油井可能发生井喷、溢油、爆炸燃烧以及缓慢外泄、污染地下水层等情形,可能造成他人的人身损害、财产损失、环境损害风险或实质损害”。中石油吉林分公司是污染源废弃油井的所有者,虽然污染确因自然灾害引起,但中石油吉林分公司不能举证证明已经采取措施对污染源进行有效的控制和风险防范,因此,对因污染行为造成他人的人身损害、财产损失及环境损害,应当予以赔偿。

不可抗力虽然是普遍认可的免责事由,但污染者不能仅仅根据不可抗力

主张免责,还需就已经采取措施且所采取的措施具有合理性进行举证。

由于环境保护法律体系未就污染人“及时采取合理措施”的证明标准给予明确解释,污染者是否采取应对措施,采取措施是否满足及时、合理的标准,有赖于法官自由裁量。

2. 第三人过错不是环境侵权民事责任的免责理由

对于污染者与被侵权人之外的第三人的过错导致的污染环境事件,如果按照一般侵权的过错责任原则,被侵权人可自行确定第三人并举证证明第三人行为和污染损害的因果关系。由于环境侵权事故的复杂性,此种设计不利于被侵权人维权,无助于环境生态公平。因此,《侵权责任法》(已失效)第六十八条规定,被侵权人可以选择请求污染者或者第三人赔偿。2020 年《环境侵权案件解释》第五条规定:“被侵权人根据民法典第一千二百三十三条规定分别或者同时起诉侵权人、第三人的,人民法院应予受理。被侵权人请求第三人承担赔偿责任的,人民法院应当根据第三人的过错程度确定其相应赔偿责任。侵权人以第三人的过错污染环境、破坏生态造成损害为由主张不承担责任或者减轻责任的,人民法院不予支持。”

根据上述规定,在环境侵权民事责任中,侵权人不得以第三人过错主张免责。但可在承担赔偿责任后,向第三人追偿。

3. 达标排放不构成免责理由

2020 年《环境侵权案件解释》第一条第二款明确,即使排污符合标准,给他人造成损害的,也应当根据有损害就要赔偿的原则,承担赔偿责任,即达标排污不能作为污染者的免责事由。例如,最高人民法院民事审判参考性案例之邓仕迎诉广西永凯糖纸有限责任公司等六企业通海水域污染损害责任纠纷案[(2016)桂民终 193 号],被告以合规排放污水为由进行抗辩,法院对其抗辩主张不予采纳。

在英德市横石塘镇新群村委会新村村民小组与英德市硫铁矿化工厂有限责任公司、英德市人民政府环境污染责任纠纷案[(2016)粤 18 民终 825 号]中,法院审理认为:英德市硫铁矿化工厂有限责任公司(以下简称硫铁矿公司)虽然是依法成立,取得了营业执照、排污许可证,但根据《侵权责任法》(已失效)第六十五条的规定,因环境污染造成损害的,污染者应当承担侵权责任。由此可见,污染环境的行为造成了损害,污染者就应当承担赔偿责任,不必以违反国家规定的排污标准为前提，即使硫铁矿公司提供相应的证据证实其是依法成立的企业，相关立项及环保要求均符合法律规定，也要承担无过错责任。但在本案中，英德市横石塘镇新群村委会新村村民小组（以下简称新村村民小组）村庄150亩土地位于其排污出水口下游，因砷元素超标严重污染土地而致土地无法耕种，即存在损害结果。侵权责任法同时规定，因环境污染发生纠纷，污染者应当就法律规定的不承担责任的情形及行为与损害结果之间不存在因果关系承担举证责任，即明确了环境污染案件不同于传统民事案件，实行举证责任倒置，而硫铁矿公司不能提供证据证明其排污行为与损害结果之间不存在因果关系，应承担举证不能的后果，推定新村村民小组村庄土地砷污染与硫铁矿公司存在因果关系，硫铁矿公司应赔偿新村村民小组的损失。英德市人民政府不是侵权行为人，没有实施污染环境的行为，不应承担连带赔偿责任。

4. 排放未纳入环境标准的物质致污染，侵权人不能因排放物不在环境评价标准之内主张减轻或免责

最高人民法院民事审判参考性案例之吕金奎等79人诉山海关船舶重工有限责任公司海上污染损害责任纠纷案［天津市高级人民法院（2014）津高民四终字第22号］中，法院审理查明：山海关老龙头海域污染系山海关船舶重工有限责任公司（以下简称山船重工公司）在修造大型船舶过程中泄漏含铁量较高的刨锈污水导致，山船重工公司实施了向海水中泄漏含铁量较高污水的污染行为。山船重工公司提出抗辩理由为：铁物质不属于评价海水水质的标准，其行为不属于环境污染侵权行为。本案审理难点在于在未被纳入环境标准的情况下，致害物质是否属于环境污染责任中的“污染物”以及是否构成环境污染侵权。本案判决山船重工公司侵权成立，确立了环境污染责任中“污染物”应界定为一切能够造成环境损害的物质，排放未纳入环境标准物质致损亦构成环境污染侵权的裁判规则。

5. 损害后果已减弱或消失，侵权人不能因此主张免责

最高人民法院公报案例“泰州市环保联合会与泰兴锦汇化工有限公司等环境污染侵权赔偿纠纷案”［（2015）民申字第1366号］在裁判摘要中阐明“环境污染案件中，危险化学品和化工产品生产企业对其主营产品及副产品必须具有较高的注意义务，必须全面了解其主营产品和主营产品生产过程中产生

的副产品是否具有高度危险性，是否会造成环境污染；必须使其主营产品的生产、出售、运输、储存和处置符合相关法律规定，并使其副产品的生产、出售、运输、储存和处置符合相关法律规定，避免对生态环境造成损害或者产生造成生态环境损害的重大风险。虽然河流具有一定的自净能力，但是环境容量是有限的。向河流中大量倾倒副产酸，必然对河流的水质、水体动植物、河床、河岸以及河流下游的生态环境造成严重破坏，如不及时修复，污染的累积必然会超出环境承载能力，最终造成不可逆转的环境损害。因此，不能以部分水域的水质得到恢复为由免除污染者应当承担的环境修复责任"。

【法条索引】

《中华人民共和国民法典》（2020 年 5 月 28 日）

第一千二百二十九条　因污染环境、破坏生态造成他人损害的，侵权人应当承担侵权责任。

第一千二百三十条　因污染环境、破坏生态发生纠纷，行为人应当就法律规定的不承担责任或者减轻责任的情形及其行为与损害之间不存在因果关系承担举证责任。

第一千二百三十二条　侵权人违反法律规定故意污染环境、破坏生态造成严重后果的，被侵权人有权请求相应的惩罚性赔偿。

第一千二百三十四条　违反国家规定造成生态环境损害，生态环境能够修复的，国家规定的机关或者法律规定的组织有权请求侵权人在合理期限内承担修复责任。侵权人在期限内未修复的，国家规定的机关或者法律规定的组织可以自行或者委托他人进行修复，所需费用由侵权人负担。

《中华人民共和国固体废物污染环境防治法》（2020 年 4 月 29 日修订）

第五条　固体废物污染环境防治坚持污染担责的原则。

产生、收集、贮存、运输、利用、处置固体废物的单位和个人，应当采取措施，防止或者减少固体废物对环境的污染，对所造成的环境污染依法承担责任。

第十三条　县级以上人民政府应当将固体废物污染环境防治工作纳入国民经济和社会发展规划、生态环境保护规划，并采取有效措施减少固体废物的产生量、促进固体废物的综合利用、降低固体废物的危害性，最大限度降低固体废物填埋量。

第十四条 国务院生态环境主管部门应当会同国务院有关部门根据国家环境质量标准和国家经济、技术条件，制定固体废物鉴别标准、鉴别程序和国家固体废物污染环境防治技术标准。

第十五条 国务院标准化主管部门应当会同国务院发展改革、工业和信息化、生态环境、农业农村等主管部门，制定固体废物综合利用标准。

综合利用固体废物应当遵守生态环境法律法规，符合固体废物污染环境防治技术标准。使用固体废物综合利用产物应当符合国家规定的用途、标准。

第十六条 国务院生态环境主管部门应当会同国务院有关部门建立全国危险废物等固体废物污染环境防治信息平台，推进固体废物收集、转移、处置等全过程监控和信息化追溯。

第十七条 建设产生、贮存、利用、处置固体废物的项目，应当依法进行环境影响评价，并遵守国家有关建设项目环境保护管理的规定。

第十八条 建设项目的环境影响评价文件确定需要配套建设的固体废物污染环境防治设施，应当与主体工程同时设计、同时施工、同时投入使用。建设项目的初步设计，应当按照环境保护设计规范的要求，将固体废物污染环境防治内容纳入环境影响评价文件，落实防治固体废物污染环境和破坏生态的措施以及固体废物污染环境防治设施投资概算。

建设单位应当依照有关法律法规的规定，对配套建设的固体废物污染环境防治设施进行验收，编制验收报告，并向社会公开。

第十九条 收集、贮存、运输、利用、处置固体废物的单位和其他生产经营者，应当加强对相关设施、设备和场所的管理和维护，保证其正常运行和使用。

第二十条 产生、收集、贮存、运输、利用、处置固体废物的单位和其他生产经营者，应当采取防扬散、防流失、防渗漏或者其他防止污染环境的措施，不得擅自倾倒、堆放、丢弃、遗撒固体废物。

禁止任何单位或者个人向江河、湖泊、运河、渠道、水库及其最高水位线以下的滩地和岸坡以及法律法规规定的其他地点倾倒、堆放、贮存固体废物。

第二十一条 在生态保护红线区域、永久基本农田集中区域和其他需要特别保护的区域内，禁止建设工业固体废物、危险废物集中贮存、利用、处置的设施、场所和生活垃圾填埋场。

第二十二条　转移固体废物出省、自治区、直辖市行政区域贮存、处置的，应当向固体废物移出地的省、自治区、直辖市人民政府生态环境主管部门提出申请。移出地的省、自治区、直辖市人民政府生态环境主管部门应当及时商经接受地的省、自治区、直辖市人民政府生态环境主管部门同意后，在规定期限内批准转移该固体废物出省、自治区、直辖市行政区域。未经批准的，不得转移。

转移固体废物出省、自治区、直辖市行政区域利用的，应当报固体废物移出地的省、自治区、直辖市人民政府生态环境主管部门备案。移出地的省、自治区、直辖市人民政府生态环境主管部门应当将备案信息通报接受地的省、自治区、直辖市人民政府生态环境主管部门。

第二十六条　生态环境主管部门及其环境执法机构和其他负有固体废物污染环境防治监督管理职责的部门，在各自职责范围内有权对从事产生、收集、贮存、运输、利用、处置固体废物等活动的单位和其他生产经营者进行现场检查。被检查者应当如实反映情况，并提供必要的资料。

实施现场检查，可以采取现场监测、采集样品、查阅或者复制与固体废物污染环境防治相关的资料等措施。检查人员进行现场检查，应当出示证件。对现场检查中知悉的商业秘密应当保密。

第二十七条　有下列情形之一，生态环境主管部门和其他负有固体废物污染环境防治监督管理职责的部门，可以对违法收集、贮存、运输、利用、处置的固体废物及设施、设备、场所、工具、物品予以查封、扣押：

（一）可能造成证据灭失、被隐匿或者非法转移的；

（二）造成或者可能造成严重环境污染的。

《中华人民共和国大气污染防治法》（2018 年 10 月 26 日修正）

第十八条　企业事业单位和其他生产经营者建设对大气环境有影响的项目，应当依法进行环境影响评价、公开环境影响评价文件；向大气排放污染物的，应当符合大气污染物排放标准，遵守重点大气污染物排放总量控制要求。

第十九条　排放工业废气或者本法第七十八条规定名录中所列有毒有害大气污染物的企业事业单位、集中供热设施的燃煤热源生产运营单位以及其他依法实行排污许可管理的单位，应当取得排污许可证。排污许可的具体办法和实施步骤由国务院规定。

第二十条 企业事业单位和其他生产经营者向大气排放污染物的，应当依照法律法规和国务院生态环境主管部门的规定设置大气污染物排放口。

禁止通过偷排、篡改或者伪造监测数据、以逃避现场检查为目的的临时停产、非紧急情况下开启应急排放通道、不正常运行大气污染防治设施等逃避监管的方式排放大气污染物。

第二十一条 国家对重点大气污染物排放实行总量控制。

重点大气污染物排放总量控制目标，由国务院生态环境主管部门在征求国务院有关部门和各省、自治区、直辖市人民政府意见后，会同国务院经济综合主管部门报国务院批准并下达实施。

省、自治区、直辖市人民政府应当按照国务院下达的总量控制目标，控制或者削减本行政区域的重点大气污染物排放总量。

确定总量控制目标和分解总量控制指标的具体办法，由国务院生态环境主管部门会同国务院有关部门规定。省、自治区、直辖市人民政府可以根据本行政区域大气污染防治的需要，对国家重点大气污染物之外的其他大气污染物排放实行总量控制。

国家逐步推行重点大气污染物排污权交易。

第二十二条 对超过国家重点大气污染物排放总量控制指标或者未完成国家下达的大气环境质量改善目标的地区，省级以上人民政府生态环境主管部门应当会同有关部门约谈该地区人民政府的主要负责人，并暂停审批该地区新增重点大气污染物排放总量的建设项目环境影响评价文件。约谈情况应当向社会公开。

第二十三条 国务院生态环境主管部门负责制定大气环境质量和大气污染源的监测和评价规范，组织建设与管理全国大气环境质量和大气污染源监测网，组织开展大气环境质量和大气污染源监测，统一发布全国大气环境质量状况信息。

县级以上地方人民政府生态环境主管部门负责组织建设与管理本行政区域大气环境质量和大气污染源监测网，开展大气环境质量和大气污染源监测，统一发布本行政区域大气环境质量状况信息。

第二十四条 企业事业单位和其他生产经营者应当按照国家有关规定和监测规范，对其排放的工业废气和本法第七十八条规定名录中所列有毒有害大气污染物进行监测，并保存原始监测记录。其中，重点排污单位应当安装、使用大气污染物排放自动监测设备，与生态环境主管部门的监控设备联网，保证监测设备正常运行并依法公开排放信息。监测的具体办法和重点排污单位的条件由国务院生态环境主管部门规定。

重点排污单位名录由设区的市级以上地方人民政府生态环境主管部门按照国务院生态环境主管部门的规定，根据本行政区域的大气环境承载力、重点大气污染物排放总量控制指标的要求以及排污单位排放大气污染物的种类、数量和浓度等因素，商有关部门确定，并向社会公布。

第二十五条　重点排污单位应当对自动监测数据的真实性和准确性负责。生态环境主管部门发现重点排污单位的大气污染物排放自动监测设备传输数据异常，应当及时进行调查。

第二十六条　禁止侵占、损毁或者擅自移动、改变大气环境质量监测设施和大气污染物排放自动监测设备。

第二十七条　国家对严重污染大气环境的工艺、设备和产品实行淘汰制度。

国务院经济综合主管部门会同国务院有关部门确定严重污染大气环境的工艺、设备和产品淘汰期限，并纳入国家综合性产业政策目录。

生产者、进口者、销售者或者使用者应当在规定期限内停止生产、进口、销售或者使用列入前款规定目录中的设备和产品。工艺的采用者应当在规定期限内停止采用列入前款规定目录中的工艺。

被淘汰的设备和产品，不得转让给他人使用。

第二十八条　国务院生态环境主管部门会同有关部门，建立和完善大气污染损害评估制度。

第二十九条　生态环境主管部门及其环境执法机构和其他负有大气环境保护监督管理职责的部门，有权通过现场检查监测、自动监测、遥感监测、远红外摄像等方式，对排放大气污染物的企业事业单位和其他生产经营者进行监督检查。被检查者应当如实反映情况，提供必要的资料。实施检查的部门、机构及其工作人员应当为被检查者保守商业秘密。

第三十条　企业事业单位和其他生产经营者违反法律法规规定排放大气污染物，造成或者可能造成严重大气污染，或者有关证据可能灭失或者被隐匿的,县级以上人民政府生态环境主管部门和其他负有大气环境保护监督管理职责的部门,可以对有关设施、设备、物品采取查封、扣押等行政强制措施。

《最高人民法院关于审理环境侵权责任纠纷案件适用法律若干问题的解释》(2020年12月29日修正,法释〔2020〕17号)

第一条 因污染环境、破坏生态造成他人损害,不论侵权人有无过错,侵权人应当承担侵权责任。

侵权人以排污符合国家或者地方污染物排放标准为由主张不承担责任的,人民法院不予支持。

侵权人不承担责任或者减轻责任的情形,适用海洋环境保护法、水污染防治法、大气污染防治法等环境保护单行法的规定;相关环境保护单行法没有规定的,适用民法典的规定。

第六条 被侵权人根据民法典第七编第七章的规定请求赔偿的,应当提供证明以下事实的证据材料:

(一)侵权人排放了污染物或者破坏了生态;

(二)被侵权人的损害;

(三)侵权人排放的污染物或者其次生污染物、破坏生态行为与损害之间具有关联性。

第七条 侵权人举证证明下列情形之一的,人民法院应当认定其污染环境、破坏生态行为与损害之间不存在因果关系:

(一)排放污染物、破坏生态的行为没有造成该损害可能的;

(二)排放的可造成该损害的污染物未到达该损害发生地的;

(三)该损害于排放污染物、破坏生态行为实施之前已发生的;

(四)其他可以认定污染环境、破坏生态行为与损害之间不存在因果关系的情形。

第十三条 人民法院应当根据被侵权人的诉讼请求以及具体案情,合理判定侵权人承担停止侵害、排除妨碍、消除危险、修复生态环境、赔礼道歉、赔偿损失等民事责任。

第十四条 被侵权人请求修复生态环境的,人民法院可以依法裁判侵权人承担环境修复责任,并同时确定其不履行环境修复义务时应当承担的环境修复费用。

侵权人在生效裁判确定的期限内未履行环境修复义务的，人民法院可以委托其他人进行环境修复，所需费用由侵权人承担。

第十五条　被侵权人起诉请求侵权人赔偿因污染环境、破坏生态造成的财产损失、人身损害以及为防止损害发生和扩大、清除污染、修复生态环境而采取必要措施所支出的合理费用的，人民法院应予支持。

《最高人民法院关于审理环境民事公益诉讼案件适用法律若干问题的解释》（2020 年 12 月 29 日修正，法释〔2020〕20 号）

第十九条　原告为防止生态环境损害的发生和扩大，请求被告停止侵害、排除妨碍、消除危险的，人民法院可以依法予以支持。

原告为停止侵害、排除妨碍、消除危险采取合理预防、处置措施而发生的费用，请求被告承担的，人民法院可以依法予以支持。

第七章　环境损害司法鉴定要点解析

【典型案例】

田某忠与中国石油天然气股份有限公司
吉林油田分公司水污染责任纠纷案

一、案情介绍

田某忠与中国石油天然气股份有限公司吉林油田分公司水污染责任纠纷案[二审民事判决书案号:(2020)吉07民终75号]

本案是一起经过二审程序终审的水污染责任纠纷环境民事诉讼案件。

2018年,田某忠作为一审原告,以中国石油天然气股份有限公司吉林油田分公司(以下简称中石油吉林分公司)为被告,向吉林省松原市宁江区人民法院提起水污染责任纠纷环境民事诉讼,请求判令:(1)中石油吉林分公司立即停止对原告养鱼池的石油类污染侵害,排除石油类污染源的妨碍和危险,恢复原告养鱼池达到可以重新养鱼的水质状态;(2)中石油吉林分公司赔偿原告经济损失1,943,707.5元。

一审法院经审理,查明以下事实:

1. 田某忠曾以财产损害赔偿纠纷为由诉至一审法院,该案已再审审结

田某忠承包了位于吉林省前郭尔罗斯蒙古族自治县蒙古艾里乡妙音村查干湖附近,面积15公顷的鱼池,从事淡水鱼养殖。2015年8月10日,中石油吉林分公司下属的新立采油厂在田某忠所承包的鱼池底部铺设的输油管线发生泄漏。后田某忠以财产损害赔偿纠纷为由诉至一审法院,要求中石油吉林分公司赔偿田某忠2015年渔业损失568,890元;2015年至2025年10月的渔业损失568.89万元。一审法院作出(2015)宁民初字第3559号民事判决,判

决:(1)中石油吉林分公司于本判决生效后立即赔偿田某忠经济损失568,890元。(2)驳回田某忠的其他诉讼请求。(3)鉴定费21,850元,由中石油吉林分公司承担。中石油吉林分公司不服该判决,上诉至吉林省松原市中级人民法院,吉林省松原市中级人民法院作出(2017)吉07民终1323号民事判决,判决:(1)撤销(2015)宁民初字第3559号民事判决;(2)中石油吉林分公司于本判决生效后立即赔偿田某忠经济损失350,000元;(3)驳回田某忠的其他诉讼请求;(4)鉴定费21,850元,由中石油吉林分公司承担。田某忠不服该判决,向吉林省高级人民法院申请再审。吉林省高级人民法院作出(2018)吉民申666号民事裁定,驳回田某忠的再审申请。(2018)吉民申666号民事裁定书中载明:"本院经审查认为……因田某忠未提供证据证实此次管道泄漏对于其鱼池环境污染及造成损失具有持续性及持续性的周期,且鱼池水质经二次检测为合格,故对于田某忠主张的2015年至2025年10年的渔业损失568.89万元的诉讼请求,不予保护。"

2. 2018年田某忠以水污染责任纠纷为由提起本案诉讼

2018年2月24日,田某忠以水污染责任纠纷为由诉至一审法院,一审法院受理后,中石油吉林分公司在答辩期内提出管辖权异议。2018年8月6日,一审法院作出(2018)吉0702民初1221号民事裁定,驳回中石油吉林分公司对管辖权提出的异议。中石油吉林分公司不服该裁定,上诉至吉林省松原市中级人民法院,吉林省松原市中级人民法院驳回上诉,维持原裁定。

田某忠为证实鱼池内水质不符合养鱼标准,提供国家渔业水质标准文件下载件一枚、吉林市吉科检测技术有限公司于2017年9月13日出具的编号JCBG20××02号检测报告一份、吉林市吉科检测技术有限公司于2018年5月8日出具的编号JCBG20××02号检测报告一份、吉林省冶金研究院于2018年7月10日出具的编号20180626-02-01号检测报告一份。中石油吉林分公司对于上述证据不予认可,并提供照片、鉴定所需补充鉴定材料、长春市宇驰检测技术有限公司于2015年10月27日出具的编号CC20151022W01号检测报告一份等证据拟证实其辩解。本案审理过程中,中石油吉林分公司申请对田某忠现养鱼池内水质与2015年中石油吉林分公司油污泄漏是否存在关联性,及如存在关联,关联度为多少进行鉴定。田某忠亦申请对中石油吉林分公司2015年输油管线泄漏给田某忠鱼池造成污染事态的持续性及持续性时限;

田某忠鱼池2016年度、2017年度及2018年度的具体经济损失价值进行鉴定。

2019年6月24日，经中石油吉林分公司申请，吉林省松原市中级人民法院委托，吉林中实司法鉴定中心对田某忠现养鱼池内水质与2015年中石油吉林分公司油污泄漏是否存在关联性，及如存在关联，关联度为多少进行鉴定，并出具吉中实司鉴中心〔2019〕环损鉴字第24号司法鉴定意见书，鉴定意见为："1.涉案鱼塘水质BOD5平均浓度是对照鱼塘的3.07倍，是《渔业水质标准》(GB 11607—1989)的2.34倍，涉案鱼塘水质损害事实成立。2.涉案鱼塘石油行业特征污染物浓度未超过《渔业水质标准》(GB 11607—1989)和对照鱼塘，其中主要物质石油类未检出，涉案鱼塘水质损害事实与申请人油污泄漏不存在因果关系。"田某忠对于该鉴定意见提出异议，并提出其曾对鉴定意见书提出质疑，鉴定中心对于其质疑作出答复后，其因对答复意见存疑，自行申请吉林市吉科检测技术有限公司对于鱼池水样检测，并当庭提交吉林中实司法鉴定中心对田某忠提出的司法鉴定质疑书的答复一份及吉林市吉科检测技术有限公司出具的检测报告一份。依据司法鉴定质疑书的答复记载，2019年7月24日，田某忠对于本案鉴定意见书提出质疑，吉林中实司法鉴定中心于2019年8月10日出具答复，对于田某忠提出的"鉴定事项错误、水质采样方式不合法、鉴定结论与事实不符"的质疑进行了答复。田某忠自行委托对松原市查干湖田某忠鱼池水样检测，吉林市吉科检测技术有限公司于2019年7月6日出具编号JCBG20190705009号的检测报告，检测结果中石油类检测项目为0.43mg/L。中石油吉林分公司对于吉中实司鉴中心〔2019〕环损鉴字第24号司法鉴定意见书没有异议，花费鉴定费77,600元。对于田某忠提出的质疑及自行委托作出的检测报告均不予认可。经释明，田某忠对于吉中实司鉴中心〔2019〕环损鉴字第24号司法鉴定意见书提出异议，但不申请鉴定人出庭作证，于庭审后申请对上述事项进行重新鉴定。

一审法院认为：

因已经发生法律效力的裁判只是对至裁判作出的基准时之前发生的事项具有既判力。虽田某忠曾对于2015年至2025年的损失主张权利，且生效的裁判未予保护，但因其主张的诉讼请求在生效裁判作出之时尚未达到发生之时间点，现生效裁判发生后，其主张对于已经过的时间点发生新的事实，并再次提起诉讼，不违反"一事不再理原则"，故对于中石油吉林分公司关于田某忠重复起诉的辩解不予采信。

田某忠主张的侵害行为及损害结果源于2015年8月10日，为证实2015年的泄漏事件污染后果持续存在，并具有损害事实，田某忠提供了吉林市吉科检测技术有限公司于2017年、2018年出具的检测报告两份、吉林省冶金研究院于2018年出具的检测报告一份。中石油吉林分公司对上述检测报告提出异议，其提供了长春市宇驰检测技术有限公司于2015年出具的检测报告一份，拟证实2015年水污染行为发生后，经过治理，鱼池水质经二次检测为合格，并经其申请，吉林省松原市中级人民法院委托，吉林中实司法鉴定中心对田某忠现养鱼池内水质与2015年中石油吉林分公司油污泄漏是否存在关联性及如存在关联，关联度为多少进行鉴定，鉴定意见为：涉案鱼塘水质损害事实成立。但涉案鱼塘石油行业特征污染物浓度未超过《渔业水质标准》（GB 11607—1989）和对照鱼塘，其中主要物质石油类未检出，涉案鱼塘水质损害事实与申请人油污泄漏不存在因果关系。田某忠对于该鉴定意见提出异议，并要求重新鉴定，对其申请重新进行鉴定的请求，法院不予准许。对于吉中实司鉴中心〔2019〕环损鉴字第24号司法鉴定意见书，法院予以采信。

本案为田某忠主张的因水污染发生的纠纷，其主张应否得到支持，需要认定是否存在水污染的行为及损害事实，且污染行为与损害事实之间存在因果关系及是否存在法律规定的不承担责任或者减轻责任的情形。依据田某忠提供的证据及鉴定意见，现有证据不足以证实，2015年8月10日，中石油吉林分公司下属的新立采油厂在田某忠所承包的鱼池底部铺设的输油管线发生泄漏的事件，对于本案所涉鱼塘的污染后果持续存在，存在应停止侵害、排除妨害的情形，亦不足以证实对于田某忠造成了自2016年至2019年5月29日的经济损失，故对于田某忠的诉讼请求，不予保护。

一审法院最终判决：（1）驳回田某忠的诉讼请求；（2）鉴定费77,600元，由田某忠承担。

一审判决后，田某忠不服，向吉林省松原市中级人民法院提起上诉。

二审经审理查明的事实与原审法院审理查明的事实一致。另查明，庭审中，田某忠明确其主张中石油吉林分公司存在的水污染行为就是2015年的输油管线泄漏，没有新泄漏。

二审法院认为：案件的争议焦点为本案应否予以重新鉴定。

2002 年《民诉证据规定》第二十七条规定:“当事人对人民法院委托的鉴定部门作出的鉴定结论有异议申请重新鉴定,提出证据证明存在下列情形之一的,人民法院应予准许:(一)鉴定机构或者鉴定人员不具备相关的鉴定资格的;(二)鉴定程序严重违法的;(三)鉴定结论明显依据不足的;(四)经过质证认定不能作为证据使用的其他情形。对有缺陷的鉴定结论,可以通过补充鉴定、重新质证或者补充质证等方法解决的,不予重新鉴定。”因吉林中实司法鉴定中心系双方共同选定的鉴定机构,其作出的吉中实司鉴中心〔2019〕环损鉴字第 24 号司法鉴定意见书系受人民法院委托,田某忠未能提供关于其主张的水样采集方式及评价指标的依据,未能举证证明存在上述应予准许重新鉴定的情形,故对田某忠重新鉴定的申请,一审法院不予准许并无不当。《民诉法解释》第九十条规定:“当事人对自己提出的诉讼请求所依据的事实或者反驳对方诉讼请求所依据的事实,应当提供证据加以证明,但法律另有规定的除外。在作出判决前,当事人未能提供证据或者证据不足以证明其事实主张的,由负有举证证明责任的当事人承担不利的后果。”

本案中,田某忠主张中石油吉林分公司承担赔偿责任,应由田某忠举证证明中石油吉林分公司存在侵权行为及该行为导致的损害后果,由中石油吉林分公司举证证明侵权行为与损害后果之间是否存在因果关系及是否存在法律规定的不承担责任或者减轻责任的情形。因田某忠明确其主张中石油吉林分公司存在水污染行为仅指 2015 年的输油管线泄漏,而此次泄漏田某忠已经向人民法院主张权利,(2018)吉民申 666 号民事裁定书中载明:“本院经审查认为……因田某忠未提供证据证实此次管道泄漏对于其鱼池环境污染及造成损失具有持续性及持续性的周期,且鱼池水质经二次检测为合格……”能够认定 2015 年中石油吉林分公司输油管线泄漏后,经过维修和治理,田某忠鱼池水质已经合格。并经中石油吉林分公司申请,吉林中实司法鉴定中心出具〔2019〕环损鉴字第 24 号司法鉴定意见书,鉴定意见为涉案鱼塘水质损害事实与申请人油污泄漏不存在因果关系。现田某忠认可 2015 年后没有新泄漏,其提供的鉴定意见均系单方委托,中石油吉林分公司不予认可,故无法确认 2016 ~ 2018 年田某忠鱼池水质状况,现有证据不足以证实 2015 年中石油吉林分公司的输油管线泄漏对于案涉鱼塘环境污染及造成损失具有持续性,田某忠应承担举证不能的不利后果。

最终,二审法院认为一审判决认定事实清楚,适用法律正确。判决驳回上诉,维持原判。

二、案例解读

(一)企业就其污染环境行为承担损失赔偿责任

环境民事侵权行为是指因行为人的原因引起环境污染或生态破坏,并进而导致人身、财产及环境权益损害等后果的行为。环境侵权所侵害的利益具有多样性,损害具有潜伏性和持续性甚至不可逆性。因此,环境民事侵权以无过错责任作为归责原则,即一旦因污染环境、破坏生态造成损害后果,不论行为人是否有过错,均应承担赔偿责任。

《民法典》第一千二百二十九条规定:“因污染环境、破坏生态造成他人损害的,侵权人应当承担侵权责任。”第一千二百三十二条规定:“侵权人违反法律规定故意污染环境、破坏生态造成严重后果的,被侵权人有权请求相应的惩罚性赔偿。”第一千二百三十五条规定:“违反国家规定造成生态环境损害的,国家规定的机关或者法律规定的组织有权请求侵权人赔偿下列损失和费用:(一)生态环境受到损害至修复完成期间服务功能丧失导致的损失;(二)生态环境功能永久性损害造成的损失;(三)生态环境损害调查、鉴定评估等费用;(四)清除污染、修复生态环境费用;(五)防止损害的发生和扩大所支出的合理费用。”《环境侵权案件解释》第一条第一款、第二款规定:“因污染环境、破坏生态造成他人损害,不论侵权人有无过错,侵权人应当承担侵权责任。侵权人以排污符合国家或者地方污染物排放标准为由主张不承担责任的,人民法院不予支持。”

本案一审原告田某忠曾以环境污染侵权为由,先后提起过包括本案诉讼在内的两个诉讼,被告均为中石油吉林分公司。在这两个诉讼中,田某忠均提出了损害赔偿的请求。在2015年的财产损害赔偿纠纷诉讼中,田某忠要求中石油吉林分公司赔偿渔业损失,一审法院支持的损失金额为568,890元,但在该案二审中,二审法院将赔偿数额改为350,000元,二审改判的理由为田某忠未提供证据证实被告的案涉行为对其鱼池环境污染及造成损失具有持续性及持续性的周期,且鱼池水质经二次检测为合格。后田某忠不服二审判决申请再审,其再审申请被驳回。在本案中,田某忠主张的停止侵害、排除妨碍和危险、赔偿损失等诉求能否得到支持,关键是中石油吉林分公司能否被确定为侵权人,输油管道泄漏是否对鱼塘造成了持续性的影响和侵害。如果上述事实被确认,中石油吉林分公司将需要依法承担侵权责任。然而,经过人民法院审理,认为现有证据不足以证实2015年输油管线发生泄漏的事件对于本案所涉鱼塘有持续污染,存在应停止侵害、排除妨害等情形,亦不足以证实田某忠存在经济损失,故人民法院最终驳回了田某忠的诉讼请求。

(二)污染环境诉讼中,当事人有权委托鉴定,并可申请重新鉴定

《环境侵权案件解释》第八条规定:"对查明环境污染、生态破坏案件事实的专门性问题,可以委托具备相关资格的司法鉴定机构出具鉴定意见或者由负有环境资源保护监督管理职责的部门推荐的机构出具检验报告、检测报告、评估报告或者监测数据。"《民诉证据规定》第四十条第一款规定:"当事人申请重新鉴定,存在下列情形之一的,人民法院应当准许:(一)鉴定人不具备相应资格的;(二)鉴定程序严重违法的;(三)鉴定意见明显依据不足的;(四)鉴定意见不能作为证据使用的其他情形。"

环境污染可能涉及水、固体废物、空气、土壤、噪声等多个方面,发生污染或生态破坏后,很多损害后果在很长一段时间后才会被发现,而且很多情况下损害的发生往往是多种原因导致的,环境污染、生态破坏与损害结果之间关联性的认定非常复杂,往往超出法官的知识能力范围。因此,在环境污染民事侵权诉讼中,对上述问题的判定需要依赖专业科学技术知识。最高人民法院通过上述司法解释明确规定,对查明环境污染、生态破坏案件事实的专门性问题,可以委托有资质的第三方机构进行司法鉴定。司法鉴定作出后,经过当事人质证,可以成为认定案件事实的依据。当然,若出现鉴定人不具有鉴定资格、鉴定程序严重违法、鉴定意见明显依据不足等情形时,该鉴定意见不能作为证据使用,当事人可以申请重新鉴定。

本案中,田某忠的主张能否得到法院支持,需要查明2015年中石油吉林分公司输油管线泄漏是否给田某忠鱼池造成持续污染。就此,中石油吉林分公司申请对田某忠现养鱼池内水质与2015年中石油吉林分公司油污泄漏是否存在关联性及如存在关联,关联度为多少进行鉴定。田某忠亦申请对中石油吉林分公司2015年输油管线泄漏给其鱼池造成污染事态的持续性及持续性时限,鱼池2016年度、2017年度及2018年度的具体经济损失价值进行鉴定。经吉林省松原市中级人民法院委托,吉林中实司法鉴定中心出具吉中实司鉴中

心〔2019〕环损鉴字第24号司法鉴定意见书，鉴定意见为：(1)涉案鱼塘水质损害事实成立。(2)涉案鱼塘水质损害事实与申请人油污泄漏不存在因果关系。田某忠虽对该鉴定意见提出异议并要求重新鉴定，但因其申请事项不符合重新鉴定的情形，人民法院未予准许重新鉴定，后田某忠又自行委托了吉林市吉科检测技术有限公司对鱼池水样进行检测。虽然吉林市吉科检测技术有限公司出具的鉴定意见对田某忠有利，但因其鉴定系田某忠自行委托，中石油吉林分公司对该检测报告不予认可，法院最终未采纳该鉴定意见，而是采信了法院委托的由吉林中实司法鉴定中心出具的〔2019〕环损鉴字第24号司法鉴定意见书。最终，法院认为田某忠的证据不足以证实其主张，驳回了其诉讼请求。

（三）污染环境诉讼实行举证责任倒置

《民诉法解释》第九十条规定："当事人对自己提出的诉讼请求所依据的事实或者反驳对方诉讼请求所依据的事实，应当提供证据加以证明，但法律另有规定的除外。在作出判决前，当事人未能提供证据或者证据不足以证明其事实主张的，由负有举证证明责任的当事人承担不利的后果。"《民法典》第一千二百三十条规定："因污染环境、破坏生态发生纠纷，行为人应当就法律规定的不承担责任或者减轻责任的情形及其行为与损害之间不存在因果关系承担举证责任。"我国民事诉讼的举证责任分配一般遵循"谁主张，谁举证"的原则，但在污染环境、破坏生态诉讼纠纷中，在举证责任的分配问题上实行一定的倒置，即因环境污染、破坏生态发生纠纷，被告方即环境污染的行为人应当就其不承担责任或者减轻责任或行为与损害后果之间不存在因果关系承担举证责任。

然而，举证责任倒置并不意味着被侵权人在诉讼中无须负担任何举证责任，根据《环境侵权案件解释》第六条的规定，被侵权人主张环境侵权赔偿的，应向法院提供证明以下事实的证据材料：(1)侵权人排放了污染物或者破坏了生态；(2)被侵权人的损害；(3)侵权人排放的污染物或者其次生污染物、破坏生态行为与损害之间具有关联性。如果被侵权人无法提供上述证据资料，则意味着其没有完成举证责任，将会因此承担不利的诉讼后果。

本案中，当事人双方及一、二审两级法院也是依据上述举证责任规则进行了相关的诉讼活动、裁判行为。田某忠在上诉请求中提出："污染行为与损害事实之间是否存在因果关系的举证责任应当由中石油吉林分公司承担……"

中石油吉林分公司亦在答辩时提出："如果如田某忠在上诉状中所提出，在2019年5月29日之前水质无法确定，因此不能推定在2019年5月29日之前水质是合格的，并要求中石油吉林分公司对其赔偿2016年到2019年5月29日的经济损失1,945,603.8元，那么就说明在2015年10月22日检测合格以后，中石油吉林分公司依然有持续侵害污染田某忠鱼塘的可能。因此，田某忠提出此主张就要向二审法院提供证据证实2015年8月10日的管道泄漏对于其鱼池污染及造成的损失具有持续性及持续周期。但追溯2015年的诉讼及原审，田某忠一直都未能向法院提供此项证据。"二审法院最终认为，田某忠主张中石油吉林分公司承担赔偿责任，应由田某忠举证证明中石油吉林分公司存在侵权行为及该行为导致的损害后果，由中石油吉林分公司举证证明侵权行为与损害后果之间是否存在因果关系及是否存在法律规定的不承担责任或者减轻责任的情形。因田某忠明确其主张中石油吉林分公司存在水污染行为仅指2015年的输油管线泄漏，而此次泄漏田某忠已经向人民法院主张权利，(2018)吉民申666号民事裁定书中载明："本院经审查认为……因田某忠未提供证据证实此次管道泄漏对于其鱼池环境污染及造成损失具有持续性及持续性的周期，且鱼池水质经二次检测为合格……"能够认定2015年中石油吉林分公司输油管线泄漏后，经过维修和治理，田某忠鱼池水质已经合格。经中石油吉林分公司申请，吉林中实司法鉴定中心出具〔2019〕环损鉴字第24号司法鉴定意见书，鉴定意见为涉案鱼塘水质损害事实与申请人油污泄漏不存在因果关系。田某忠认可2015年后没有新泄漏，其提供的鉴定意见均系单方委托，中石油吉林分公司不予认可，故无法确认2016~2018年田某忠鱼池水质状况，现有证据不足以证实2015年中石油吉林分公司的输油管线泄漏对于案涉鱼塘环境污染及造成损失具有持续性，田某忠应承担举证不能的不利后果。

【合规指引】

一、环境损害司法鉴定概述

（一）环境损害司法鉴定的产生与发展

2005年10月1日施行、2015年4月24日修正的全国人民代表大会常务委员会《关于司法鉴定管理问题的决定》明确规定，国家对从事下列司法鉴定业务的鉴定人和鉴定机构实行登记管理制度：(1)法医类鉴定；(2)物证类鉴定;(3)声像资料鉴定;(4)根据诉讼需要由国务院司法行政部门商最高人民法院、最高人民检察院确定的其他应当对鉴定人和鉴定机构实行登记管理的鉴定事项。故被纳入登记管理制度的只有法医、物证、声像资料三类司法鉴定。

环境损害司法鉴定是近几年快速发展的一类司法鉴定形式。随着经济社会的不断发展,我国对环境保护日趋重视,一系列有关环境保护的规范性法律文件陆续出台,社会各界的环保意识也不断提高,环境诉讼案件随之增多。因环境诉讼审判过程中涉及很多专业性极强的问题,如排放物质是否有毒或是否含有放射性核素,环境质量是否受到损害,环境损害的时空范围和程度,环境损失金额,污染环境行为是否和损害后果之间存在因果关系,环境修复方案是否恰当等。这些问题常常跨学科、跨领域,涉及科学技术、环境标准等自然科学的综合运用,已然超出了法官的专业知识范围,因而,在环境诉讼案件中,司法鉴定便成为解决上述专业技术问题的重要方式。客观、公正的鉴定意见,成为法官依法认定事实的重要依据,有利于及时化解纠纷、维护当事人的合法权益。

2015 年 12 月 21 日,最高人民法院、最高人民检察院、司法部根据全国人民代表大会常务委员会《关于司法鉴定管理问题的决定》,联合印发了《关于将环境损害司法鉴定纳入统一登记管理范围的通知》(司发通〔2015〕117 号),自此,环境损害司法鉴定成为继法医类、物证类、声像资料类鉴定后,第一个被纳入司法鉴定行政主管部门统一登记管理的其他鉴定类别。

根据司法部、环境保护部(已撤销)《关于规范环境损害司法鉴定管理工作的通知》的规定,环境损害司法鉴定是指在诉讼活动中鉴定人运用环境科学的技术或者专门知识,采用监测、检测、现场勘察、实验模拟或者综合分析等技术方法,对环境污染或者生态破坏诉讼涉及的专门性问题进行鉴别和判断并提供鉴定意见的活动。环境损害司法鉴定主要领域包括:(1)污染物性质鉴定;(2)地表水和沉积物环境损害鉴定;(3)空气污染环境损害鉴定;(4)土壤与地下水环境损害鉴定;(5)近海海洋与海岸带环境损害鉴定;(6)生态系统环境损害鉴定;(7)其他环境损害鉴定。根据《环境损害司法鉴定执业分类规定》,我国环境损害司法鉴定在上述 7 大领域项下又进一步细分为 47 个分领域,环境损害司法鉴定已经涵盖了环境污染、生态破坏诉讼中可能涉及的各类专门性问题。

(二)环境损害司法鉴定的特点

环境损害司法鉴定同其他司法鉴定一样,其本质是自然科学、技术在司法中的运用,是对特定的专业性问题进行的鉴别和判断,但同时,环境损害司法鉴定具有自己的特殊性。

1. 时效性强

环境具有自净能力,在物理、化学和生物等自然作用下,排放到环境中的污染物浓度或总量会逐渐降低,而且污染物一旦排放到环境中,将会随着气流、水流等扩散,故环境损害司法鉴定对时效性要求比较强,如果损害发生后未及时进行司法鉴定,相关数据就会发生变化甚至灭失,导致鉴定人最终不能做出准确的判断或出具的鉴定意见无法准确反映损害当时的客观情况。这就要求一旦发生环境损害,就应当及时进行数据提取、固定并尽快启动司法鉴定程序,从而确保环境损害司法鉴定结果的准确性、科学性。

2. 涉及学科广、范围大

环境损害司法鉴定涉及污染物性质鉴定、地表水和沉积物环境损害鉴定、空气污染环境损害鉴定、土壤与地下水环境损害鉴定、近海海洋与海岸带环境损害鉴定、生态系统环境损害鉴定及其他环境损害鉴定共计 7 大领域 47 个分领域,而不同领域需要的专业知识及技术均不一样。即便是同一类鉴定领域,因污染原因、方式、路径复杂多样,进行司法鉴定时所需的专业知识也往往存在交叉。因此,环境损害司法鉴定具有非常明显的涉及学科广、范围大的特点。

3. 鉴定成本高、周期长

由于环境损害影响范围广、损害原因复杂多样、时空变化较快等原因,环境损害司法鉴定工作比其他司法鉴定复杂,需要更多的时间才能得出准确的鉴定意见,有些环境损害司法鉴定往往还需要鉴定人开展实验或进行研讨,这些因素都在客观上导致环境损害司法鉴定的成本更高、周期更长。例如,2011 年 6 月 4 日、17 日,蓬莱 19 - 3 油田先后发生两起溢油事故,造成重大海洋溢油污染,国家海洋局等部门组织人员进行鉴定,通过轮船在海上采集信息,花费了大额的支出。直到 2012 年 6 月 21 日,国家海洋局才在其官方网站公布了《蓬莱 19 - 3 油田溢油事故联合调查组关于事故调查处理报告》,确认康菲公司作为该油田的作业者承担溢油事故的全部责任。此时,距离溢油事故发生已满 1 年。

二、环境损害司法鉴定机构的确定

环境损害司法鉴定机构是环境损害司法鉴定的完成主体,如何选定鉴定机构关系着诉讼进程,对环境民事诉讼案件具有非常重要的意义。

(一)环境损害司法鉴定机构应取得鉴定资格

自环境损害司法鉴定被纳入司法鉴定行政主管部门统一登记管理以后,进行环境损害司法鉴定,应当委托司法行政机关认可并颁发了资质许可的机构进行,否则,不具有相应鉴定资质的单位作出的鉴定结论,存在不被人民法院采信的法律风险。鉴定人是否具有相应的环境损害司法鉴定资格,也是司法实践中对鉴定意见进行质证时,各方当事人最常争辩的焦点。

湖北省高级人民法院在王某杨、湖北兴发化工集团股份有限公司大气污染责任纠纷案[(2017)鄂民申 2357 号]中认为:王某杨在原一审提交的宜昌市林业调查规划设计院《鉴定书》,由于存在出具机构不具备环境损害司法鉴定资格,且该鉴定系王某杨单方委托,鉴定主体、程序不符合法定要求等问题,故该《鉴定书》不具备民事证据资格。

河南省高级人民法院在刘某民环境污染责任纠纷案[(2019)豫民终 778 号]中认为:刘某民申请重新鉴定的理由是河南生态环境损害司法鉴定中心仅具有土壤与地下水环境损害鉴定、生态系统环境损害鉴定等资质,并不具有土方工程造价、生态恢复工程造价的相关资质,无权对治理和修复污染土壤的费用进行鉴定评估。而原审公益诉讼起诉人提供的证据显示,河南生态环境损害司法鉴定中心的司法鉴定许可证鉴定范围包括土壤与地下水环境损害鉴定,本案涉及的鉴定事项即为土壤环境损害鉴定,土壤环境损害鉴定包括土壤环境损害程度鉴定、因果关系分析、损害的量化和损失计算,治理和修复污染土壤的费用是土壤环境损害鉴定评估的组成部分,河南生态环境损害司法鉴定中心具备土壤与地下水环境损害鉴定资质,即有资质对治理和修复被污染土壤的费用进行鉴定。刘某民以河南生态环境损害司法鉴定中心没有相应的鉴定资质为由申请重新鉴定,缺乏事实依据。

江西省高级人民法院在重庆两江志愿服务发展中心、萍乡萍钢安源钢铁有限公司环境污染责任纠纷案[(2020)赣民终 737 号]中认为:江西省环境保护科学研究院于 2018 年 11 月 30 日取得司法鉴定许可证,业务范围包括环境损害司法鉴定,其根据一审法院委托作出的评估意见符合法律规定。因此,该评估意见可以作为认定本案事实的参考依据。

(二)环境损害司法鉴定机构的确定方式

根据《司法鉴定程序通则》的相关规定,环境损害司法鉴定应当在民事案件立案后,司法鉴定机构统一接受人民法院的委托时启动。虽然司法鉴定最终系受人民法院的委托,但鉴定机构的具体确定,可以有以下两种方式。

1. 双方协商确定

根据《民诉证据规定》第三十二条的规定,在诉讼过程中,一方当事人提出司法鉴定申请,人民法院准许的,人民法院会组织双方当事人协商以确定鉴定人。在人民法院主持下,协商确定鉴定机构的程序大致为:(1)人民法院告知双方当事人相应权利、义务;(2)向双方当事人提供鉴定机构名册;(3)双方当事人协商选择鉴定机构。协商一致的,根据协商结果执行;协商不一致的,由人民法院依法指定鉴定机构或采用公开摇号方式确定鉴定机构。

2. 法院指定

2020年《环境民事公益诉讼案件解释》第十四条规定:"对于审理环境民事公益诉讼案件需要的证据,人民法院认为必要的,应当调查收集。对于应当由原告承担举证责任且为维护社会公共利益所必要的专门性问题,人民法院可以委托具备资格的鉴定人进行鉴定。"

《民诉证据规定》第三十条规定:"人民法院在审理案件过程中认为待证事实需要通过鉴定意见证明的,应当向当事人释明,并指定提出鉴定申请的期间。符合《民诉法解释》第九十六条第一款规定情形的,人民法院应当依职权委托鉴定。"第三十二条第一款、第二款规定:"人民法院准许鉴定申请的,应当组织双方当事人协商确定具备相应资格的鉴定人。当事人协商不成的,由人民法院指定。人民法院依职权委托鉴定的,可以在询问当事人的意见后,指定具备相应资格的鉴定人。"因环境污染、生态破坏一旦发生,往往会损害社会公共利益,因此,在环境民事诉讼中,人民法院依职权委托鉴定的情况较多。根据上述法律规定,在双方当事人协商鉴定机构不成或人民法院依职权委托鉴定的情况下,人民法院均可指定鉴定人。

三、环境损害司法鉴定技术依据、意见形成及采信

(一)环境损害司法鉴定技术依据

为了规范鉴定机构在环境损害司法鉴定过程中的技术标准,国务院各部门陆续发布了不同的技术性规范。鉴定机构在进行环境损害司法鉴定过程中应予以遵照执行,具体技术标准见表7-1。

表7－1　环境损害司法鉴定主要技术规范

序号	发布单位	标准名称	发布时间	实施日期
1	农业农村部（原农业部）	NY/T 398—2000 农、畜、水产品污染监测技术规范	2000.8.30	2000.12.1
2	生态环境部（原国家环境保护总局、原环境保护部）、国家市场监督管理总局（原国家质量监督检验检疫总局）	GB 3838—2002 地表水环境质量标准	2002.4.28	2002.6.1
3	生态环境部（原国家环境保护总局）	HJ/T 91—2002 地表水和污水监测技术规范	2002.12.15	2003.1.1
4	生态环境部（原国家环境保护总局）	HJ/T 166—2004 土壤环境监测技术规范	2004.12.9	2004.12.9
5	自然资源部（原国家海洋局）	HY/T 095—2007 海洋溢油生态损害评估技术导则	2007.4.9	2007.5.1
6	农业农村部（原农业部）	NY/T 1263—2007 农业环境污染事故损失评价技术准则	2007.4.17	2007.7.1
7	生态环境部（原环境保护部）	GB 3096—2008 声环境质量标准	2008.8.19	2008.10.1
8	农业农村部（原农业部）	NY/T 1669—2008 农业野生植物调查技术规范	2008.8.28	2008.10.1
9	生态环境部（原环境保护部）	HJ 589—2021 突发环境事件应急监测技术规范	2021.12.16	2022.3.1
10	生态环境部（原环境保护部）	HJ630—2011 环境监测质量管理技术导则	2011.9.8	2011.11.1
11	生态环境部（原环境保护部）	HJ 627—2011 生物遗传资源经济价值评价技术导则	2011.9.9	2012.1.1
12	云南省质量技术监督局	DB53/T 391—2012 自然保护区与国家公园生物多样性监测技术规程	2012.3.15	2012.5.1
13	生态环境部（原环境保护部）	HJ 25.4—2014 污染场地土壤修复技术导则	2014.2.19	2014.7.1

续表

序号	发布单位	标准名称	发布时间	实施日期
14	司法部司法鉴定管理局	SF/Z JD0601001—2014 农业环境污染事故司法鉴定经济损失估算实施规范	2014.3.17	2014.3.17
15	生态环境部(原环境保护部)	HJ 710.12—2016 生物多样性观测技术导则 水生维管植物	2016.5.4	2016.8.1
16	国家质量监督检验检疫总局、国家标准化管理委员会	GB/T 14848—2017 地下水质量标准	2017.10.14	2018.5.1
17	生态环境部(原环境保护部)	HJ/T 194—2017 环境空气质量手工监测技术规范	2017.12.29	2018.4.1
18	国家市场监督管理总局、国家标准化管理委员会	GB/T 21678—2018 渔业污染事故经济损失计算方法	2018.6.7	2019.1.1
19	生态环境部、国家市场监督管理总局	GB 15618—2018 农用地土壤污染风险管控标准(试行) GB 36600—2018 土壤环境质量 建设用地土壤污染风险管控标准(试行)	2018.6.22	2018.8.1
20	生态环境部	GB 3095—2012 环境空气质量标准+修改单	2012.2.29 2018.8.13 修改	2012.2.29 2018.9.1
21	生态环境部(原环境保护部)	HJ 25.1—2014 场地环境调查技术导则	2014.2.19	2014.7.1(2018年11月19日生态环境部对该标准进行修改并征求意见)
22	生态环境部(原环境保护部)	HJ 25.2—2014 场地环境监测技术导则	2014.2.19	2014.7.1(2018年11月19日生态环境部对该标准进行修改并征求意见)

续表

序号	发布单位	标准名称	发布时间	实施日期
23	生态环境部（原环境保护部）	HJ 25.3—2014 污染场地风险评估技术导则	2014.2.19	2014.7.1（2018年11月19日生态环境部对该标准进行修改并征求意见）
24	生态环境部（原环境保护部）	HJ 25.4—2014 污染场地土壤修复技术导则	2014.2.19	2014.7.1（2018年11月19日生态环境部对该标准进行修改并征求意见）
25	生态环境部（原环境保护部）	HJ682—2014 污染场地术语	2014.2.19	2014.7.1（2018年11月19日生态环境部对该标准进行修改并征求意见）
26	生态环境部	HJ 25.5—2018 污染地块风险管控与土壤修复效果评估技术导则（试行）	2018.12.29	2018.12.29
27	生态环境部	HJ 298—2019 危险废物鉴别技术规范	2019.11.12	2020.1.1
28	生态环境部	HJ/T 164—2020 地下水环境监测技术规范	2020.12.1	2021.3.1

（二）环境损害司法鉴定意见的形成

人民法院委托环境损害司法鉴定的，应当及时组织诉讼当事人对鉴定材料进行质证，经质证无异议的鉴定材料应及时提供给鉴定机构。司法鉴定机构收到鉴定材料后，应当对委托鉴定事项、鉴定材料等进行审查，对属于本机构司法鉴定业务范围、鉴定用途合法、提供的鉴定材料能够满足鉴定需要的，应当受理司法鉴定委托；对于鉴定材料不完整、不充分，不能满足鉴定需要的，司法鉴定机构可以要求委托人补充,经补充后能够满足鉴定需要的,亦应当受理。上述是否受理的决定,应当自司法鉴定机构收到委托之日起 7 个工作日内作出。但对于复杂、疑难或者特殊鉴定事项的委托,司法鉴定机构可以与委托人协商决定受理的时间。司法鉴定机构最终决定受理鉴定委托的,应当及时与委托人签订司法鉴定委托书,明确双方权利义务。

根据《司法鉴定程序通则》,司法鉴定应是在诉讼活动中启动和进行的。然而,环境污染具有易逝性等特点,若必须进入诉讼后才能启动环境损害司法鉴定,可能会出现实际鉴定时客观环境已经发生变化,最终导致鉴定机构无法做出准确鉴定结论的情形,影响案件的正常审理。根据《环境民事公益诉讼案件解释》第八条的规定,提起环境民事公益诉讼应当提交下列材料:(1)符合《民事诉讼法》第一百二十一条规定的起诉状,并按照被告人数提出副本;(2)被告的行为已经损害社会公共利益或者具有损害社会公共利益重大风险的初步证明材料;(3)社会组织提起诉讼的,应当提交社会组织登记证书、章程、起诉前连续五年的年度工作报告书或者年检报告书,以及由其法定代表人或者负责人签字并加盖公章的无违法记录的声明。由此可见,提起环境民事公益诉讼,需要在起诉时提供初步证明材料,而该类诉讼中涉及的有关环境损害赔偿数额、环境修复方案或因果关系等问题,往往需要借助专业机构出具的司法鉴定意见予以证明。故司法实践中,原告往往会在起诉前便委托有资质的第三方机构对相关专业性问题进行鉴定,以满足立案要求。

环境损害司法鉴定涉及 7 大领域 47 个分领域,涉及学科范围广泛,目前尚无某个司法鉴定机构的鉴定范围可包含上述 7 大领域。司法鉴定机构只能在其取得的司法鉴定许可证确定的范围内从事鉴定评估,故面对复杂的环境损害司法鉴定内容,一个鉴定机构往往很难完成全部鉴定工作,这就需要多个鉴定机构共同配合完成,或者向本机构以外的相关专业领域的专家进行咨询。广东省高级人民法院作出的张某山、邝某尧与广东省广州市人民检察院水污染责任纠纷环境民事公益诉讼案[(2018)粤民终 2466 号]中,针对大石古水塘垃圾倾倒污染事件,从化区国土局就同时委托了环境保护部华南环境科学研究所和广东省微生物研究所(广东省微生物分析检测中心)对大石古水塘污染事件的环境损害进行鉴定评估。环境保护部华南环境科学研究所和广东省微生物研究所最终共同出具了《环境损害鉴定评估报告》。该鉴定报告经当事人质证后，被人民法院作为认定该案事实的根据。广西壮族自治区玉林市中级人民法院在衢州迅通物流有限公司、中国平安财产保险股份有限公司衢州中心支公司环境污染责任纠纷案[（2019）桂09民初90号]中，玉林市福绵区环境保护局亦同时委托广东省环境科学研究院和广西壮族自治区环境保护科学研究院共同承担此次环境污染事故环境污染损害评估及受污染土壤修复方案编制工作，后两机构共同出具了《损害评估报告（终稿）》和《土壤修复方案（终稿）》。

司法鉴定人完成鉴定后，司法鉴定机构应当指定具有相应资质的人员对鉴定程序和鉴定意见进行复核。经复核后，司法鉴定机构和司法鉴定人应当按照统一规定的文本格式制作司法鉴定意见书，并由司法鉴定人签名，加盖司法鉴定机构的司法鉴定专用章后，按照有关规定或者约定，向委托人发送司法鉴定意见书。

（三）环境损害司法鉴定意见的采信

在诉讼过程中，鉴定机构依法作出鉴定意见后，双方当事人可对鉴定意见中有异议的事项进行举证、质证。根据《民诉证据规定》第四十条的规定，如果当事人有证据证明存在以下情形之一的，可以申请重新鉴定：（1）鉴定人不具备相应资格的；（2）鉴定程序严重违法的；（3）鉴定意见明显依据不足的；（4）鉴定意见不能作为证据使用的其他情形。对鉴定意见的瑕疵，可以通过补正、补充鉴定或者补充质证、重新质证等方法解决的，人民法院不予准许重新鉴定申请。环境损害司法鉴定意见作为证据的一种，经过当事人质证后，由人民法院根据实际情况决定是否能作为认定案件事实的依据。

对于自行委托所获得的鉴定意见，与人民法院委托所取得的司法鉴定意见一样，最终也必须接受双方当事人的质证。根据《民诉证据规定》第四十一条的规定，对于一方当事人就专门性问题自行委托有关机构或者人员出具的意见，另一方当事人有证据或者理由足以反驳并申请鉴定的，人民法院应予准许。因此，法律不禁止一方当事人事前自行委托鉴定，但应委托具有资质的鉴定单位进行，且应接受对方当事人的质证。

鉴于环境损害司法鉴定的专业性和复杂性，为了能真正厘清案件基本事实，促进双方对司法鉴定意见进行实质上的质证，我国法律规定了专家辅助人出庭制度。《民事诉讼法》第八十二条规定：“当事人可以申请人民法院通知有专门知识的人出庭,就鉴定人作出的鉴定意见或者专业问题提出意见。”《环境民事公益诉讼案件解释》第十五条规定:“当事人申请通知有专门知识的人出庭,就鉴定人作出的鉴定意见或者就因果关系、生态环境修复方式、生态环境修复费用以及生态环境受到损害至修复完成期间服务功能丧失导致的损失等专门性问题提出意见的,人民法院可以准许。前款规定的专家意见经质证,可以作为认定事实的根据。”《民诉证据规定》第八十三条规定:“……申请有专门知识的人出庭的,申请书中应当载明有专门知识的人的基本情况和申请的目的。人民法院准许当事人申请的,应当通知双方当事人。”司法实践中,当事人也往往会向人民法院申请专家辅助人出庭,由专家辅助人对鉴定意见进行质证并就相关问题提出专业意见。法庭对专家辅助人意见是否采信,取决于专家意见的真实性和科学性,从证据效力方面来看,专家意见并没有优于其他证据的必然效力,专家意见经质证后,审判人员也会依照法律规定和案件实际情况,遵循法官职业道德,对专家意见作出是否采信的判断。

当事人对鉴定意见有异议或人民法院认为有必要,还会通知鉴定人出庭,由鉴定人就其资质、鉴定程序、鉴定意见采用的标准、损害计算依据及方法等鉴定事项予以说明。通过鉴定人出庭制度和专业辅助人制度,能够使法官及诉讼当事人对司法鉴定意见形成准确判定,弥补其在专业知识上的不足,为法官科学裁判提供重要支撑。

四、环境损害司法鉴定的费用承担

(一)鉴定费用的预先支付问题

《民诉证据规定》第三十一条规定:“当事人申请鉴定,应当在人民法院指定期间内提出,并预交鉴定费用。逾期不提出申请或者不预交鉴定费用的,视为放弃申请。对需要鉴定的待证事实负有举证责任的当事人,在人民法院指定期间内无正当理由不提出鉴定申请或者不预交鉴定费用,或者拒不提供相关材料,致使待证事实无法查明的,应当承担举证不能的法律后果。”由此可知,环境损害司法鉴定对环境民事案件的顺利审理有着非常重要的意义,环境损害司法鉴定的启动需要当事人提出申请并预交鉴定费用,否则对需要鉴定的待证事实负有举证责任的当事人将承担不利的法律后果。

然而,环境损害司法鉴定收费高昂,原告常常无法承受鉴定费用,从而导致失去诉讼中的关键证据或放弃诉讼。为了改变这种现状,2019 年 5 月 24

日，司法部办公厅发布《关于进一步做好环境损害司法鉴定管理有关工作的通知》，提出环境公益诉讼中的环境损害司法鉴定，可先鉴定后收费。该通知要求，要鼓励引导综合实力强、高资质、高水平环境损害司法鉴定机构在不预先收取鉴定费的情况下，能够及时受理检察机关委托的环境公益诉讼案件，依法依规开展鉴定活动，出具鉴定意见，未预先收取的鉴定费待人民法院判决后由败诉方承担。虽然上述通知只针对环境公益诉讼，但已经在环境损害司法鉴定收费方式上向前迈进了一大步，期望随着我国环境损害司法鉴定收费制度的完善，在不久的将来，彻底改变司法鉴定费用负担重的局面，不再让收费负担成为阻碍环境损害司法鉴定的障碍。

（二）鉴定费用的承担主体

根据《民法典》第一千二百三十五条的规定，违反国家规定造成生态环境损害的，国家规定的机关或者法律规定的组织有权请求侵权人赔偿生态环境损害调查、鉴定评估等费用。《环境民事公益诉讼案件解释》第二十二条规定，原告请求被告承担生态环境损害调查、鉴定评估等费用的，人民法院可以依法予以支持。故在环境民事诉讼案件中，即使原告预先垫付了鉴定费用，也可以依据上述规定，请求判令被告承担环境损害司法鉴定费用。

河南省高级人民法院在刘某民环境污染责任纠纷案［（2019）豫民终 778 号］中，在分析鉴定费用承担主体时，认为该案系检察机关因刘某民经营农药厂造成土壤污染而提起的环境民事公益诉讼案件，鉴定是确定土壤污染损害情况及相应的修复方案的必要程序，对造成土壤污染损害后果的，无论是在刑事诉讼程序中委托鉴定，还是在环境民事公益诉讼程序中委托鉴定，鉴定费用损失均应当由污染者承担。如果案涉环境污染鉴定由国家承担鉴定费用，则不利于制裁破坏生态、污染环境的违法行为，原审法院根据检察机关的请求判决刘某民承担鉴定费用，让其因污染环境付出相应的代价，能够引导教育公民、法人和其他组织自觉保护良好的生态环境。刘某民主张不应当由其承担鉴定费用，理由不充分。

（三）鉴定费用过高导致不能鉴定的解决方案

环境损害司法鉴定程序周期长、费用高，导致有些案件的鉴定费用与当事人主张的赔偿金额相差无几或比赔偿金额还高。另外，技术鉴定的范围是当事人确有争议且对案件裁判有影响的专门性事实问题，而有些专门性问题较为复杂且受多种因素的影响,即使穷尽目前技术手段,最终可能也无法得出准确鉴定结论。为了解决上述问题,《环境民事公益诉讼案件解释》第二十三条明确规定:“生态环境修复费用难以确定或者确定具体数额所需鉴定费用明显过高的,人民法院可以结合污染环境、破坏生态的范围和程度,生态环境的稀缺性,生态环境恢复的难易程度,防治污染设备的运行成本,被告因侵害行为所获得的利益以及过错程度等因素,并可以参考负有环境资源保护监督管理职责的部门的意见、专家意见等,予以合理确定。”为了规范法官自由裁量权的行使,法官在确定损害赔偿数额时,应当先行释明并听取双方当事人的意见,以确保公平正义。

专家意见是环境民事公益诉讼中生态环境修复费用难以确定或者司法鉴定费用明显过高情形下的重要补救方式,一旦被人民法院采纳,对人民法院审理案件具有非常重要的影响。故专家应在保持客观、中立的立场下,严格根据科学规律对案件所涉的专业性问题发表专业意见。

广东省清远市中级人民法院在广东省韶关市人民检察院与郑某雄、邓某加环境污染责任纠纷案[(2016)粤18民初32号]中认为:公益诉讼诉讼人广东省韶关市人民检察院作为本案的当事人,其有权委托具有专门知识的相关人员对本案环境污染事故中的专业性问题提出意见。而涉案的《环境损害评估专家咨询意见》是由环境保护部华南环境科学研究所高级工程师黄道建、罗隽及广东省环境科学研究院高级工程师莫蓁蓁共同出具,上述三位专家所在的工作单位亦已被列入《环境损害鉴定评估推荐机构名录(第一批)》中,故上述三位专家属于具有专门知识的人,其所出具的《环境损害评估专家咨询意见》符合上述规定。另因涉案《环境损害评估专家咨询意见》是以专家意见的形式作出,即使该《环境损害评估专家咨询意见》没有加盖相关机构的公章,只要经双方当事人质证即可作为认定案件事实的根据。广东省高级人民法院就该案作出的[(2017)粤民终3092号]二审民事判决书中,关于《环境损害评估专家咨询意见》可否采信的问题,肯定了清远市中级人民法院的观点,认为出具《环境损害评估专家咨询意见》三位专家属于具有专门知识的人,其所出具的《环境损害评估专家咨询意见》符合规定,并且经过双方当事人质证,可作为认定案件事实的根据。

人民法院参考专家意见,首先需要厘清哪些人可以成为环境民事公益诉讼中的专家。对此问题，我国现有法律和司法解释均未对专家的资格作出具体规定，仅表述为“具有专门知识的人”。司法实践中，对专家的理解一般都属于广义上的理解。专家意见可以被人民法院采信的前提，是要求出具意见的人首先是人民法院认可的“具有专门知识的人”，是否被认定为专家，主要是看其是不是具有与案件所涉及的特定领域相吻合的专门知识、技能和经验。例如，[（2016）粤18民初32号]判决书中，作出专家意见的三人均为高级工程师，其所在的工作单位亦已被列入《环境损害鉴定评估推荐机构名录（第一批）》，故其专家身份得到法院的认可。若出具意见的专家具有如下情形的，其意见则很可能不被法院采信：（1）不具有出具相应意见的工作能力、资格，不属于案涉专业问题专家；（2）曾经出现过不良道德记录。不良道德记录包括在以往诉讼中，出具过有违职业道德的意见，在学术研究中有过剽窃他人学术、技术成果等行为。

五、生态环境损害鉴定评估推荐机构

（一）生态环境损害鉴定评估推荐机构的范围

除了取得环境损害司法鉴定许可证的鉴定机构外，生态环境部分别于2014年1月3日、2016年2月4日及2020年5月19日印发了三批生态环境损害鉴定评估推荐机构名录，以满足行政管理、生态环境损害赔偿磋商、环境司法等工作需要。目前，共推荐评估机构42家，该推荐不属于行政许可，不具备强制力。

（二）环境损害司法鉴定机构和生态环境损害鉴定评估推荐机构的选择

在同时存在环境损害司法鉴定机构和生态环境损害鉴定评估推荐机构的情况下，环境民事纠纷中的当事人应该如何选择，《环境侵权案件解释》对此作出了明确规定，该解释第八条规定：“对查明环境污染、生态破坏案件事实的专门性问题，可以委托具备相关资格的司法鉴定机构出具鉴定意见或者由负有环境资源保护监督管理职责的部门推荐的机构出具检验报告、检测报告、评估报告或者监测数据。”由此可知，对于环境案件中专门性问题的鉴定，当事人可在环境损害司法鉴定机构和生态环境损害鉴定评估推荐机构中自主选择，环境损害司法鉴定机构出具的鉴定意见和生态环境损害鉴定评估推荐机构出具的检验报告、检测报告、评估报告、监测数据等，在诉讼中应具有同等证明力。

在环境民事诉讼的司法实践中，适用上述规定的案件也较为常见。例如，

贵州省高级人民法院在中国人民财产保险股份有限公司平塘支公司、兰忠前环境污染责任纠纷案[(2019)黔民终685号]中认为:环境损害司法鉴定机构及其鉴定人员需通过严格的评审认定,具备相关资质条件才能从事环境损害鉴定评估专项工作。一审法院结合相关规定和本案实际,依法采信公益诉讼起诉人提供的由环境保护部推荐的第三方专门机构编制的《环境损害鉴定评估报告书》等证据认定本案损失,而未采信上诉人提供的由不具有环境损害专项评估资质条件的第三方机构编制的《保险公估报告》,证据的分析认定符合相关规定,有利于环境公共利益的充分保护,并无不当。上诉人认为环境损害鉴定不受特定资质条件的限制,一审法院不应采信上述《环境损害鉴定评估报告书》而应重新鉴定评估的上诉理由,于法无据,不能成立。

【法条索引】

《中华人民共和国民法典》(2020年5月28日)

第一千二百二十九条 因污染环境、破坏生态造成他人损害的,侵权人应当承担侵权责任。

第一千二百三十条 因污染环境、破坏生态发生纠纷,行为人应当就法律规定的不承担责任或者减轻责任的情形及其行为与损害之间不存在因果关系承担举证责任。

第一千二百三十二条 侵权人违反法律规定故意污染环境、破坏生态造成严重后果的,被侵权人有权请求相应的惩罚性赔偿。

第一千二百三十五条 违反国家规定造成生态环境损害的,国家规定的机关或者法律规定的组织有权请求侵权人赔偿下列损失和费用:

(一)生态环境受到损害至修复完成期间服务功能丧失导致的损失;

(二)生态环境功能永久性损害造成的损失;

(三)生态环境损害调查、鉴定评估等费用;

(四)清除污染、修复生态环境费用;

(五)防止损害的发生和扩大所支出的合理费用。

《最高人民法院关于民事诉讼证据的若干规定》(2019年12月25日修正,法释〔2019〕19号)

第三十条 人民法院在审理案件过程中认为待证事实需要通过鉴定意见

证明的，应当向当事人释明，并指定提出鉴定申请的期间。

符合《最高人民法院关于适用〈中华人民共和国民事诉讼法〉的解释》第九十六条第一款规定情形的，人民法院应当依职权委托鉴定。

第三十一条　当事人申请鉴定，应当在人民法院指定期间内提出，并预交鉴定费用。逾期不提出申请或者不预交鉴定费用的，视为放弃申请。

对需要鉴定的待证事实负有举证责任的当事人，在人民法院指定期间内无正当理由不提出鉴定申请或者不预交鉴定费用，或者拒不提供相关材料，致使待证事实无法查明的，应当承担举证不能的法律后果。

第三十二条　人民法院准许鉴定申请的，应当组织双方当事人协商确定具备相应资格的鉴定人。当事人协商不成的，由人民法院指定。

人民法院依职权委托鉴定的，可以在询问当事人的意见后，指定具备相应资格的鉴定人。

人民法院在确定鉴定人后应当出具委托书，委托书中应当载明鉴定事项、鉴定范围、鉴定目的和鉴定期限。

第三十九条　鉴定人出庭费用按照证人出庭作证费用的标准计算，由败诉的当事人负担。因鉴定意见不明确或者有瑕疵需要鉴定人出庭的，出庭费用由其自行负担。

人民法院委托鉴定时已经确定鉴定人出庭费用包含在鉴定费用中的，不再通知当事人预交。

第四十条　当事人申请重新鉴定，存在下列情形之一的，人民法院应当准许：

（一）鉴定人不具备相应资格的；

（二）鉴定程序严重违法的；

（三）鉴定意见明显依据不足的；

（四）鉴定意见不能作为证据使用的其他情形。

存在前款第一项至第三项情形的，鉴定人已经收取的鉴定费用应当退还。拒不退还的，依照本规定第八十一条第二款的规定处理。

对鉴定意见的瑕疵，可以通过补正、补充鉴定或者补充质证、重新质证等方法解决的，人民法院不予准许重新鉴定的申请。

重新鉴定的，原鉴定意见不得作为认定案件事实的根据。

第四十一条 对于一方当事人就专门性问题自行委托有关机构或者人员出具的意见,另一方当事人有证据或者理由足以反驳并申请鉴定的,人民法院应予准许。

第八十三条 当事人依照民事诉讼法第七十九条和《最高人民法院关于适用〈中华人民共和国民事诉讼法〉的解释》第一百二十二条的规定,申请有专门知识的人出庭的,申请书中应当载明有专门知识的人的基本情况和申请的目的。

人民法院准许当事人申请的,应当通知双方当事人。

《最高人民法院关于审理环境民事公益诉讼案件适用法律若干问题的解释》(2020 年 12 月 29 日修正,法释〔2022〕11 号)

第十四条 对于审理环境民事公益诉讼案件需要的证据,人民法院认为必要的,应当调查收集。

对于应当由原告承担举证责任且为维护社会公共利益所必要的专门性问题,人民法院可以委托具备资格的鉴定人进行鉴定。

第十五条 当事人申请通知有专门知识的人出庭,就鉴定人作出的鉴定意见或者就因果关系、生态环境修复方式、生态环境修复费用以及生态环境受到损害至修复完成期间服务功能丧失导致的损失等专门性问题提出意见的,人民法院可以准许。

前款规定的专家意见经质证,可以作为认定事实的根据。

第二十二条 原告请求被告承担以下费用的,人民法院可以依法予以支持:

(一)生态环境损害调查、鉴定评估等费用;

(二)清除污染以及防止损害的发生和扩大所支出的合理费用;

(三)合理的律师费以及为诉讼支出的其他合理费用。

第二十三条 生态环境修复费用难以确定或者确定具体数额所需鉴定费用明显过高的,人民法院可以结合污染环境、破坏生态的范围和程度,生态环境的稀缺性,生态环境恢复的难易程度,防治污染设备的运行成本,被告因侵害行为所获得的利益以及过错程度等因素,并可以参考负有环境资源保护监督管理职责的部门的意见、专家意见等,予以合理确定。

《中华人民共和国民事诉讼法》(2021 年 12 月 24 日修正)

第八十二条　当事人可以申请人民法院通知有专门知识的人出庭,就鉴定人作出的鉴定意见或者专业问题提出意见。

《最高人民法院关于适用〈中华人民共和国民事诉讼法〉的解释》(2022 年 3 月 22 日修正,法释〔2022〕11 号)

第九十条　当事人对自己提出的诉讼请求所依据的事实或者反驳对方诉讼请求所依据的事实,应当提供证据加以证明,但法律另有规定的除外。

在作出判决前,当事人未能提供证据或者证据不足以证明其事实主张的,由负有举证证明责任的当事人承担不利的后果。

《最高人民法院关于审理环境侵权责任纠纷案件适用法律若干问题的解释》(2020 年 12 月 29 日修正,法释〔2020〕17 号)

第一条　因污染环境、破坏生态造成他人损害,不论侵权人有无过错,侵权人应当承担侵权责任。

侵权人以排污符合国家或者地方污染物排放标准为由主张不承担责任的,人民法院不予支持。

侵权人不承担责任或者减轻责任的情形,适用海洋环境保护法、水污染防治法、大气污染防治法等环境保护单行法的规定;相关环境保护单行法没有规定的,适用民法典的规定。

第六条　被侵权人根据民法典第七编第七章的规定请求赔偿的,应当提供证明以下事实的证据材料:

(一)侵权人排放了污染物或者破坏了生态;

(二)被侵权人的损害;

(三)侵权人排放的污染物或者其次生污染物、破坏生态行为与损害之间具有关联性。

第八条　对查明环境污染、生态破坏案件事实的专门性问题,可以委托具备相关资格的司法鉴定机构出具鉴定意见或者由负有环境资源保护监督管理职责的部门推荐的机构出具检验报告、检测报告、评估报告或者监测数据。

《全国人民代表大会常务委员会关于司法鉴定管理问题的决定》(2015 年 4 月 24 日修正,主席令第 25 号)

二、国家对从事下列司法鉴定业务的鉴定人和鉴定机构实行登记管理制度：

（一）法医类鉴定；

（二）物证类鉴定；

（三）声像资料鉴定；

（四）根据诉讼需要由国务院司法行政部门商最高人民法院、最高人民检察院确定的其他应当对鉴定人和鉴定机构实行登记管理的鉴定事项。

法律对前款规定事项的鉴定人和鉴定机构的管理另有规定的，从其规定。

《最高人民法院、最高人民检察院、司法部关于将环境损害司法鉴定纳入统一登记管理范围的通知》（2015 年 12 月 21 日发布，司发通〔2015〕117 号）

为满足环境损害诉讼需要，加强环境发展、环境保护和环境修复工作，推进生态文明建设，根据《全国人民代表大会常务委员会关于司法鉴定管理问题的决定》和《最高人民法院　最高人民检察院关于办理环境污染刑事案件适用法律若干问题的解释》等有关规定，经研究，决定将环境损害司法鉴定纳入统一登记管理范围。

环境损害司法鉴定管理的具体办法由司法部会同环境保护部制定。

《司法部、环境保护部关于规范环境损害司法鉴定管理工作的通知》（2015 年 12 月 21 日发布，司发通〔2015〕118 号）

二、鉴定事项

环境损害司法鉴定是指在诉讼活动中鉴定人运用环境科学的技术或者专门知识，采用监测、检测、现场勘察、实验模拟或者综合分析等技术方法，对环境污染或者生态破坏诉讼涉及的专门性问题进行鉴别和判断并提供鉴定意见的活动。环境诉讼中需要解决的专门性问题包括：确定污染物的性质；确定生态环境遭受损害的性质、范围和程度；评定因果关系；评定污染治理与运行成本以及防止损害扩大、修复生态环境的措施或方案等。

环境损害司法鉴定的主要领域包括：

（1）污染物性质鉴定，主要包括危险废物鉴定、有毒物质鉴定，以及污染物其他物理、化学等性质的鉴定；

（2）地表水和沉积物环境损害鉴定，主要包括因环境污染或生态破坏造成河流、湖泊、水库等地表水资源和沉积物生态环境损害的鉴定；

（3）空气污染环境损害鉴定，主要包括因污染物质排放或泄露造成环境空气或室内空气环境损害的鉴定；

（4）土壤与地下水环境损害鉴定，主要包括因环境污染或生态破坏造成农田、矿区、居住和工矿企业用地等土壤与地下水资源及生态环境损害的鉴定；

（5）近海海洋与海岸带环境损害鉴定，主要包括因近海海域环境污染或生态破坏造成的海岸、潮间带、水下岸坡等近海海洋环境资源及生态环境损害的鉴定；

（6）生态系统环境损害鉴定，主要对动物、植物等生物资源和森林、草原、湿地等生态系统，以及因生态破坏而造成的生物资源与生态系统功能损害的鉴定；

（7）其他环境损害鉴定，主要包括由于噪声、振动、光、热、电磁辐射、核辐射等污染造成的环境损害鉴定。

《环境损害司法鉴定机构登记评审细则》（2018 年 6 月 14 日发布，司发通〔2018〕54 号）

本细则适用于专家对申请从事环境损害司法鉴定业务的法人或者其他组织（以下简称申请人）的技术条件和技术能力进行评审的活动。

一、省级司法行政机关应当按照《行政许可法》、《司法鉴定机构登记管理办法》（司法部令第 95 号）、《司法鉴定人登记管理办法》（司法部令第 96 号）等规定，对申请人的申请材料进行认真审查，根据审查情况，按照法定时限出具受理决定书或者不予受理决定书。决定受理的，省级司法行政机关应当于 5 个工作日内组织专家开展评审工作。

二、省级司法行政机关会同省级生态环境主管部门，按照《司法部 环境保护部关于印发〈环境损害司法鉴定机构登记评审办法〉〈环境损害司法鉴定机构登记评审专家库管理办法〉的通知》（司发通〔2016〕101 号）的规定，在环境损害司法鉴定机构登记评审专家库中随机抽取并确定评审专家，按鉴定事项组织建立专家评审组，每个鉴定事项的评审专家组人数不少于 3 人，其中国家库专家不少于 1 人。

五、省级司法行政机关应当加强与省级生态环境主管部门的联络沟通，共同研究解决专家评审工作中遇到的困难和问题，确保专家评审工作正常进行。省级生态环境主管部门发现专家评审以及《评审意见书》等材料存在问题的，应当及时反馈省级司法行政机关。

六、本细则发布前已经登记的环境损害司法鉴定机构,应当在省级司法行政机关确定的期限内按照本细则规定的标准和条件进行整改。整改完成后,省级司法行政机关会同省级生态环境主管部门组织专家对该机构进行能力评估,仍不能满足基本能力要求,符合注销登记条件的,依法予以注销。

第八章　环境行政处罚的应对策略

【典型案例】

亚东石化（扬州）有限公司与扬州市仪征生态环境局、扬州市生态环境局环境行政处罚及行政复议案

一、案情介绍

亚东石化（扬州）有限公司与扬州市仪征生态环境局、扬州市生态环境局环境行政处罚及行政复议案［二审行政判决书案号：（2019）苏10行终335号］

本案是一起二审程序终审的对经行政复议后的环境行政处罚行为不服提起行政诉讼的案件。

2018年11月16日，亚东石化（扬州）有限公司（以下简称亚东公司）作为一审原告，因对扬州市生态环境局（以下简称扬州环境局）维持扬州市仪征生态环境局（以下简称仪征环境局）仪环罚（2018）第101号行政处罚决定（以下简称101号处罚决定）不服，以仪征环境局、扬州环境局为被告，向扬州市邗江区人民法院提起行政诉讼，请求判令：（1）依法撤销被告仪征环境局于2018年8月1日作出的101号处罚决定；（2）本案诉讼费用由被告承担。

一审法院经审理，查明以下事实：

2018年5月10日，南京市环境保护局（以下简称南京环保局）根据江苏省环境保护厅、江苏省公安厅联合下发的苏环办〔2018〕141号《关于印发沿江八市共抓大保护交叉互查环保联合执法专项行动工作方案的通知》要求，对亚东公司进行检查，发现亚东公司加药软管在清洗后悬挂于废水站北侧的软管挂点处，软管内的强碱性液体滴在下方未采取防渗漏措施的地面。根据南京环保局的情况反馈，2018年5月11日，仪征环境局对亚东公司进行立案调查，并

于当日到亚东公司进行现场检查,发现亚东公司酸碱中和池临时加碱管线已撤走,加碱管线挂钩所在处下方地面为泥土地面,上面覆盖有石子,但有泥土裸露,地面泥土湿润有少量积水,地面积水经检测 pH 值均为 8 ~ 9。土壤经检测 pH 值为 10.54。

2018 年 5 月 24 日,仪征环境局向亚东公司作出仪环改(2018)第 71 号《责令整改违法行为决定书》。2018 年 6 月 7 日,仪征环境局执法人员到亚东公司进行现场跟踪督察,发现亚东公司已对违法行为进行了一定整改。仪征环境局经过集体评议、处罚告知、听取陈述申辩等程序,于 2018 年 8 月 1 日作出 101 号处罚决定并向亚东公司送达。

亚东公司不服 101 号处罚决定,向扬州环境局申请行政复议。2018 年 11 月 16 日,扬州环境局作出复议决定,维持了仪征环境局的 101 号处罚决定。后亚东公司全额缴纳了罚款。

一审法院认为:根据《水污染防治法》第十条的规定,仪征环境局具有作出被诉行政处罚决定的职权。仪征环境局通过现场拍照、检查及调查询问等方法获取的证据足以认定亚东公司的违法行为成立,其处罚决定认定事实清楚。仪征环境局制定的《仪征市环保局行政处罚自由裁量权基准》系在法律规定处罚措施范围内设定的基准,没有突破法律规定。依据该规范性文件并结合案件事实,仪征环境局决定给予亚东公司 16 万元罚款的处罚,裁量适当。经过立案、调查,向亚东公司送达《行政处罚事先(听证)告知书》,集体审议,仪征环境局最终作出处罚决定并送达,程序合法。

扬州环境局根据亚东公司的复议申请,进行了听证,充分听取亚东公司的陈述、申辩和双方的意见,并对相关证据进行了质证,所作出的复议决定合法。

亚东公司提出本案系因公司员工误操作而为,没有对土壤和地下水造成污染,违法情节显著轻微,处罚过重;仪征环境局对案涉行为作出处罚,实际上是要求亚东公司对厂区所有区域实施防渗漏处理,无事实和法律依据。一审法院最终判决:驳回亚东公司的诉讼请求。

一审宣判后,亚东公司不服,向江苏省扬州市中级人民法院提起上诉。

亚东公司上诉请求:(1)请求二审法院撤销原判,依法改判或发回重审;(2)一、二审诉讼费由两被上诉人承担。

事实和理由：

1. 两被上诉人适用处罚规定错误，原审认定不正确。《水污染防治法》第四十条第一款本意是要求在宏观规划上，对相关危险主体的施工区域严格要求防渗漏，上诉人在施工区域已完成了严苛的防渗漏处理。案涉行为是由于在非生产作业时，个别员工违反规定、偶发地放置软管，造成下方的绿化带土壤即时地微弱变碱性，理应适用针对该微观、具体、疏忽行为的恰当行政法规进行处罚，而非从宏观上要求上诉人对案涉绿化带再做防渗漏处理。

2.《仪征市环保局行政处罚自由裁量权基准》中 CF261A 档次（16 万 ~ 20 万元）的裁量标准严重有违上位法规定，理应撤销。案涉行为所适用的 CF261A 档次（16 万 ~ 20 万元）的裁量情形中的区间“16 万 ~ 20 万元”系完全考虑单一因素即“注册资本”得出，其他区间亦基于单一因素确定。但根据环境保护部颁布的《规范环境行政处罚自由裁量权若干意见》的相关规定，行政处罚必须以事实为依据，与环境违法行为的性质、情节以及社会危害程度相当，并综合、全面地考虑违法行为危害的具体对象、方法或者手段，环境污染、生态破坏程度以及社会影响、行为人的主观过错等因素综合考量。显然，仪征环境局的裁量基准文件违反了环境保护部的文件要求，有违违法行为与行政处罚相适应的原则，不具有合法性。

经审理，二审法院认为，案件的争议焦点为：一是 101 号处罚决定适用法律是否正确；二是 101 号处罚决定裁量是否适当。

1. 101 号处罚决定认定案涉行为违反了《水污染防治法》第四十条第一款的规定，适用法律正确

《水污染防治法》第四十条第一款规定：“化学品生产企业以及工业集聚区、矿山开采区、尾矿库、危险废物处置场、垃圾填埋场等的运营、管理单位，应当采取防渗漏等措施，并建设地下水水质监测井进行监测，防止地下水污染。”基于此，作为临近长江、从事化学品生产多年的上诉人，对环境保护的相关法律法规应当是熟知的，对相关制度要求以及自身的主体责任也是明确的。但熟知制度是一个方面，抓好制度的落实才最为重要。本案中，一方面，涉案的违法线索是在 2018 年 5 月 10 日“沿江八市共抓大保护交叉互查环保联合执法”这一特殊背景下，被南京环保局检查发现的，具有顶风违规之嫌；另一方面，在案的证据表明，亚东公司的员工在生产作业过程中，将含有强碱的加药

软管悬挂在未采取防渗漏措施的地面上方，导致软管挂点处土壤中 pH 值为 10.54，已经造成土壤污染，且具有污染环境的其他未知风险。亚东公司在没有防渗漏措施的绿化地带实施生产作业行为，已构成对《水污染防治法》第四十条第一款规定内容的违反，因此，101 号处罚决定适用法律并无不当。亚东公司提出，案涉行为系因公司员工违反规定，偶发地放置软管，理应适用针对该情形的行政法规进行处罚，而非从宏观上要求亚东公司对案涉绿化带再做防渗漏处理。对此，101 号处罚决定只是要求作为化学品生产企业的亚东公司在实施生产作业行为时，所涉区域应当采取防渗漏等措施，并未要求亚东公司对未作为生产作业的区域，也要采取防渗漏等措施。因此，亚东公司的上述理由，是对处罚决定昭示含义的错误理解，不予支持。

2. 101 号处罚决定裁量适当

仪征环境局依据上级文件要求结合环境执法实践，制定了《仪征市环保局行政处罚自由裁量权基准》，该规范性文件系为了规范自由裁量权的行使，防止职权滥用而在法律规定的行政处罚的种类及幅度范围内进行的细化规定，并未突破法律规定，可以在行政处罚进行裁量时予以适用。同时，在案证据表明，案涉违法行为符合《仪征市环保局行政处罚自由裁量权基准》CF261A 档次（16 万～20 万元）的裁量情形，仪征环境局依据上述条款和裁量基准，对亚东公司作出罚款 16 万元的处罚，裁量适当。亚东公司提出裁量基准文件违反了环境保护部的文件要求，有违违法行为与行政处罚相适应的原则的上诉理由，缺乏法律依据，不予支持。

最终，二审法院认为，原审判决认定事实清楚，审判程序合法，裁判结果正确。亚东公司的上诉请求，缺乏事实和法律依据，不予支持。依据《行政诉讼法》第八十九条第一款第一项之规定，判决驳回上诉，维持原判。

二、案例解读

（一）企业对环境行政处罚可通过行政复议和行政诉讼的方式寻求救济

根据我国《行政复议法》第二条的规定，公民、法人或者其他组织认为具体行政行为侵犯其合法权益的，有权向行政机关提出行政复议申请，请求复议机关对具体行政行为予以审查，以维护自身合法权益。根据我国《行政诉讼法》第二条、《行政复议法》第五条的规定，公民、法人或者其他组织对行政复议决定不服的，可以向人民法院提起行政诉讼，请求人民法院对具体行政行为和行政复议决定进行审查，以维护自身合法权益。因此，对环境行政处罚行为，企业认为其违法的，可通过行政复议和行政诉讼的方式寻求救济。实践中，常见的环境行政处罚行为包括警告、通报批评；罚款、没收违法所得、没收非法财物；暂扣许可证件、降低资质等级、吊销许可证件或者其他具有许可性质的证件；责令停产整顿；限制开展生产经营活动、责令停产停业、责令关闭以及法律、行政法规规定的其他行政处罚。

本案中，南京环保局根据江苏省环境保护厅、江苏省公安厅联合下发的苏环办〔2018〕141号《关于印发沿江八市共抓大保护交叉互查环保联合执法专项行动工作方案的通知》要求，对亚东公司进行检查，发现亚东公司存在一系列环境违法行为。根据南京环保局的情况反馈，仪征环境局对亚东公司进行了立案调查、现场检查等行为，确认亚东公司存在环境违法行为。后仪征环境局向亚东公司发出责令整改违法行为决定书，亚东公司进行了一定的整改。最终，仪征环境局经过集体评议、处罚告知、听取陈述申辩等程序，作出了101号处罚决定并向亚东公司送达。亚东公司不服该处罚决定，向扬州环境局申请行政复议，扬州环境局复议维持了仪征环境局的处罚决定。亚东公司不服，遂向法院提起了行政诉讼。

（二）环境行政处罚有严格的程序要求

一般情况下，环境执法主体在作出环境行政处罚决定时，应遵循严格、完整的基本程序。主要包括：

1. 立案

立案是指环境行政主体对于公民、法人或者其他组织的控告检举材料和自己发现的违法行为，认为需要给予环境行政违法人行政处罚，并决定进行调查处理的活动。立案应当填写专门形式的立案报告表，立案后应指派承办人员负责案件的调查工作。

2. 调查取证

调查取证是案件承办人员对于案件事实调查核实、收集证据的过程。根据《行政处罚法》的规定，环境行政主体在调查或者依法进行检查时，执法人员不得少于两人，并应向当事人或有关人员出示证件。环境执法人员与当事人有直接利害关系的，应当回避。环境执法人员应全面、客观、公正地调查、收集有关证据，并可以采取抽样取证的方法。在证据可能灭失或者以后难以取得的情况下，经行政机关负责人批准，可以先行登记保存，并在7日内及时作出处理决定，在此期间，当事人或者有关人员不得销毁或者转移证据。

3. 审查调查结果

调查终结后，案件承办人员应提出有关事实结论和处理结论的书面意见，由环境行政主体负责人审查批准。对情节复杂或者重大违法行为给予较重的行政处罚，环境行政部门的负责人应当集体讨论决定。在决定作出之前应依法向当事人履行告知义务，并听取当事人的陈述和申辩。

4. 制作行政处罚决定书

对于决定给予行政处罚的，环境行政部门必须制作符合法律规定的行政处罚决定书，该决定书应载明下列事项：(1)当事人的姓名或者名称、地址；(2)违反法律、法规或者规章的事实和证据；(3)行政处罚的种类和依据；(4)行政处罚的履行方式和期限；(5)不服行政处罚决定，申请行政复议或者提起行政诉讼的期限；(6)作出行政处罚决定的环境保护监督管理部门的名称和作出决定的日期。最后，处罚决定书必须盖有作出处罚决定的行政机关的印章。

5. 处罚决定书的送达

行政处罚决定书制作后，应当在宣告后当场交付当事人；当事人不在场的，环境执法部门应当在7日内依照《民事诉讼法》的有关规定，根据案件具体情况以直接送达、留置送达、转交送达、委托送达、邮寄送达或公告送达等方式送达当事人。

本案中，因亚东公司存在违法行为，仪征环境局在对亚东公司进行环境行政执法的过程中，进行了立案调查、现场检查、发出责令整改违法行为决定书、跟踪督察、集体评议、处罚告知、听取陈述申辩等程序，最终对亚东公司作出了101号处罚决定。

（三）正确适用法律是环境行政处罚合法的基本要求之一

根据我国《行政诉讼法》第六十九条的规定，行政行为合法的内容包括“证据确凿，适用法律、法规正确，符合法定程序”。环境行政处罚作为环境执法领域的一类典型行政行为，对其合法性判断也应符合上述规定。因此，正确适用法律是环境行政处罚合法的基本要求之一。

本案中，作为临近长江、从事化学品生产多年的亚东公司，对环境保护的相关法律法规应当是熟知的，对相关制度要求以及自身的主体责任也应是明确的。但熟知制度是一个方面，抓好制度的落实才最为重要。《水污染防治法》第四十条第一款规定："化学品生产企业以及工业集聚区、矿山开采区、尾矿库、危险废物处置场、垃圾填埋场等的运营、管理单位，应当采取防渗漏等措施，并建设地下水水质监测井进行监测，防止地下水污染。"本案的违法线索是在2018年5月10日"沿江八市共抓大保护交叉互查环保联合执法"这一特殊背景下，被南京环保局检查发现的，亚东公司具有顶风违规之嫌。另外，在案的证据表明，亚东公司的员工在生产作业过程中的相关行为已经造成土壤污染，且具有污染环境的其他未知风险。亚东公司的行为已构成对《水污染防治法》第四十条第一款规定内容的违反。因此，案涉环境行政处罚行为适用法律是正确的，符合《行政处罚法》的相关要求。

（四）环境行政机关在进行处罚时拥有一定的自由裁量权

行政处罚自由裁量权是指行政机关在实施行政处罚时，根据法律、法规、规章的规定，综合考虑违法行为的事实、性质、情节、社会危害程度以及当事人主观过错等因素，决定是否给予行政处罚、给予行政处罚的种类和幅度的权限。我国《行政处罚法》第三十四条规定，行政机关可以依法制定行政处罚裁量基准，规范行使行政处罚裁量权。行政处罚裁量基准应当向社会公布。生态环境部于2019年发布了《关于进一步规范适用环境行政处罚自由裁量权的指导意见》，对适用环境行政处罚自由裁量权的基本原则、配套制度、制定裁量规则和基准的总体要求、制定裁量规则和基准的程序、裁量规则和基准的适用、裁量权运行的监督和考评等问题进行了进一步的规定，对环境行政处罚执法中自由裁量权的运用起到了指引作用。另外，《环境行政处罚办法》第六条明确规定，在行使环境行政处罚自由裁量权时，必须符合立法目的，并综合考虑违法行为所造成的环境污染、生态破坏程度及社会影响，当事人的过错程度，违法行为的具体方式或者手段，违法行为危害的具体对象，当事人是初犯还是再犯，当事人改正违法行为的态度和所采取的改正措施及效果等情节。同类违法行为的情节相同或者相似、社会危害程度相当的，行政处罚种类和幅度应当相当。

本案中，仪征环境局依据法律及上级规范性文件的要求，结合环境执法实践，制定了《仪征市环保局行政处罚自由裁量权基准》，该规范性文件系为了规范自由裁量权的行使，防止职权滥用而在法律框架内进行的细化规定，其未突破法律规定,合法有效,可以作为评价案涉环境行政处罚行为合法的依据。本案相关证据表明,亚东公司的违法行为符合《仪征市环保局行政处罚自由裁量权基准》CF261A 档次(16 万~20 万元)的裁量情形,仪征环境局依据上述条款和裁量基准,对亚东公司作出罚款 16 万元的处罚是适当的。

【合规指引】

一、环境行政处罚概述

环境行政处罚即环境行政执法主体对行政相对人的环境违法行为进行的处罚。

1. 环境行政处罚的实施主体

根据我国《环境行政处罚办法》第十四条、第十五条的规定,环境行政处罚权的实施主体包括县级以上环境保护主管部门、经法律、行政法规、地方性法规授权的环境监察机构以及受环境保护主管部门委托的环境监察机构,上述主体在法定职权、授权或者受委托范围内实施环境行政处罚。其中受委托的环境监察机构在委托范围内,以委托其处罚的环境保护主管部门名义实施行政处罚。

2. 环境行政处罚的种类

根据我国《行政处罚法》第九条的规定,行政处罚的种类包括:警告、通报批评;罚款、没收违法所得、没收非法财物;暂扣许可证件、降低资质等级、吊销许可证件;限制开展生产经营活动、责令停产停业、责令关闭、限制从业;行政拘留以及法律、行政法规规定的其他行政处罚。

《环境行政处罚办法》第十条规定,环境行政处罚的种类包括:警告;罚款;责令停产整顿;责令停产、停业、关闭;暂扣、吊销许可证或者其他具有许可性质的证件;没收违法所得、没收非法财物;行政拘留;法律、行政法规设定的其他行政处罚种类。

必须说明的是,我国《行政处罚法》已于 2021 年 1 月 22 日修订通过,2021 年 7 月 15 日正式施行,这次修订对行政处罚的种类进行了一定的补充和修改,因此,《环境行政处罚办法》作为下位法,其关于环境行政处罚种类的规定不能与《行政处罚法》相冲突,两者一致的地方,在《环境行政处罚办法》中可以保留,不一致的地方,应以《行政处罚法》为准。

据此，环境行政处罚的种类应包括：警告、通报批评；罚款、没收违法所得、没收非法财物；暂扣许可证件、降低资质等级、吊销许可证件或者其他具有许可性质的证件；责令停产整顿；限制开展生产经营活动、责令停产停业、责令关闭以及法律、行政法规规定的其他行政处罚。

3. 环境行政处罚的时效。行政处罚时效，是指行政机关对违反行政管理秩序的公民、法人或者其他组织追究行政责任、给予行政处罚的有效期限。行政机关超过法律规定的期限未发现违法行为的，对当时的违法行为人不再给予行政处罚。我国《行政处罚法》第三十六条规定："违法行为在二年内未被发现的，不再给予行政处罚；涉及公民生命健康安全、金融安全且有危害后果的，上述期限延长至五年。法律另有规定的除外。前款规定的期限，从违法行为发生之日起计算；违法行为有连续或者继续状态的，从行为终了之日起计算。"

据此，在环境行政执法领域，对于一般的行为，环境行政处罚的时效是2年，如果环境违法行为涉及公民生命健康安全的，处罚时效可以延长至5年。同时，根据《环境行政处罚办法》第四十六条的规定，对违法行为是否超过处罚时效的审查，是环境行政处罚案件审查的主要内容之一。

二、环境行政处罚的基本程序

根据我国《行政处罚法》《环境行政处罚办法》《环境行政处罚听证程序规定》等法律和规范性文件的规定，笔者对我国环境行政处罚程序中的主要问题进行以下概括和阐明。

1. 环境行政处罚的立案条件：(1)有涉嫌违反环境保护法律、法规和规章的行为；(2)依法应当或者可以给予行政处罚；(3)属于本机关管辖；(4)一般违法行为发生之日起到被发现之日止未超过2年，涉及公民生命健康的未超过5年。违法行为处于连续或继续状态的，从行为终了之日起计算。

2. 环境行政处罚的调查取证：(1)紧急案件可先行调查取证。对需要立即查处的环境违法行为，可以先行调查取证，并在7个工作日内决定是否立案和补办立案手续。(2)调查取证时，调查人员不得少于两人，并应当出示中国环境监察证或者其他行政执法证件。(3)调查人员有权采取检查、勘察、取样、录音、拍照、录像，询问当事人及有关人员，查阅、复制生产记录、排污记录和其他有关材料等相关措施。(4)对有关物品或者场所进行检查时，应当制作现场检查（勘察）笔录，可以采取拍照、录像或者其他方式记录现场情况。(5)需要取样的，应当制作取样记录或者将取样过程记入现场检查（勘察）笔录，可以采取拍照、录像或者其他方式记录取样情况。（6）环境保护主管部门组织监测的，应当提出明确具体的监测任务，并要求提交监测报告。监测报告必须载明监测机构的全称、监测机构的国家计量认证标志（CMA）和监测字号；监测项目的名称、委托单位、监测时间、监测点位、监测方法、检测仪器、检测分析结果等内容；监测报告上应有相关工作人员的签名和监测机构的盖章。（7）调查中可依法先行登记保存相关证据并在符合法定情形时予以解除；可依法实施查封、暂扣等行政强制措施，并应当告知当事人有申请行政复议和提起行政诉讼的权利。经查明与违法行为无关或者不再需要采取查封、暂扣措施的，应当解除查封、暂扣措施。（8）终结调查的，案件调查机构应当提出已查明违法行为的事实和证据、初步处理意见，按照查处分离的原则送本机关处罚案件审查部门审查。

3. 环境行政处罚的案件审查。案件审查的主要内容包括：（1）本机关是否有管辖权；（2）违法事实是否清楚；（3）证据是否确凿；（4）调查取证是否符合法定程序；（5）是否超过行政处罚追诉时效；（6）适用依据和初步处理意见是否合法、适当。

4. 环境行政处罚中的告知义务。行政机关在作出行政处罚决定前，应当告知当事人有关事实、理由、依据和当事人依法享有的陈述、申辩权利。在法定情形下，还应告知当事人有要求举行听证的权利。

5. 环境行政处罚的简易程序。（1）适用条件：违法事实确凿并有法定依据，对公民处以200元以下、对法人或者其他组织处以3000元以下罚款或者警告的行政处罚，可以适用简易程序，当场作出处罚决定。（2）需要注意：因为简易程序是当场作出处罚决定的，所以其省去了普通程序中的一些环节，如立案、报行政机关负责人决定、情节复杂或重大违法行为的行政机关负责人集体讨论决定、法制审核等，且可一人执法。但在有些环节在简易程序中却是不能省略的，否则就是程序违法。这些环节具体包括：①出示执法证件、表明身份。②以文字、音像等形式，对行政处罚进行全过程记录。③履行告知义务，相关告知内容可在行政处罚决定书中载明，让当事人签字予以认可。④充分保障当事人的陈述、申辩权。⑤当场交付行政处罚决定书。当事人拒绝签收的，应当在行政处罚决定书上注明。⑥报所属行政机关备案。

6. 环境行政处罚的听证程序。必须说明的是，听证是法律赋予行政相对人在特定情形下的一种额外程序，即听证程序不是完整、独立的处罚程序，其只是普通程序的一个特殊阶段，是在普通程序的基础上增加的环节。听证程序发生于调查结束后，处罚决定正式作出前。环境行政处罚听证程序的主要内容包括：(1)告知、申请和通知。对适用听证程序的行政处罚案件，环境保护主管部门应当在作出行政处罚决定前，制作并送达行政处罚听证告知书，告知当事人有要求听证的权利。行政处罚听证告知书应当载明已查明的环境违法事实和证据、处罚理由和依据；拟作出的行政处罚的种类和幅度等事项。当事人要求听证的，应当在收到行政处罚听证告知书之日起 5 日内，向拟作出行政处罚决定的环境保护主管部门提出书面申请。当事人未如期提出书面申请的，环境保护主管部门不再组织听证。(2)适用范围：①拟对法人、其他组织处以人民币 50,000 元以上或者对公民处以人民币 5000 元以上罚款的；②拟对法人、其他组织处以人民币(或者等值物品价值)50,000 元以上或者对公民处以人民币(或者等值物品价值)5000 元以上的没收违法所得或者没收非法财物的；③拟处以暂扣、吊销许可证或者其他具有许可性质的证件的；④降低资质等级的；⑤拟责令停产、停业、关闭的；⑥其他较重的行政处罚；⑦法律、法规、规章规定的其他情形。(3)当事人享有下列权利：①申请或者放弃听证；②依法申请不公开听证；③依法申请听证主持人、听证员、记录员回避；④可以亲自参加听证，也可以委托 1 ~2 人代理参加听证；⑤就听证事项进行陈述、申辩和举证、质证；⑥进行最后陈述；⑦审阅并核对听证笔录；⑧依法查阅案卷材料。

7. 环境行政处罚的决定。(1)违法事实成立，依法应当给予行政处罚的，根据其情节轻重及具体情况，作出行政处罚决定。(2)违法行为轻微，依法可以不予行政处罚的，不予行政处罚。(3)符合法定情形的，移送有权机关处理。(4)案情复杂或者对重大违法行为给予较重的行政处罚，环境保护主管部门负责人应当集体讨论决定。(5)处罚决定书应当载明当事人的基本情况、违法事实和证据、处罚的种类、依据和理由、处罚的履行方式和期限、不服行政处罚决定申请复议或者提起诉讼的途径和期限等内容。

三、《行政处罚法》背景下企业的环境行政处罚风险规避

《行政处罚法》对行政机关实施行政处罚行为具有基础性的指导作用，是实施环境行政处罚必须遵循的基本法律，我国 2021 年年初修订通过的《行政

处罚法》,已于2021年7月15日正式施行。《行政处罚法》对行政处罚的诸多事项进行了调整、修改,因此,企业应结合《行政处罚法》的相关规定,对可能面临的环境行政处罚风险进行有效规避。

1.处罚种类增加,企业可行使权利的范围扩大。《行政处罚法》对行政处罚的种类进行了调整和增加,关于行政处罚种类的新规定,前文已有论及,此处不再具体阐述。对环境行政机关而言,行政处罚种类的范围扩大,意味着更多的环境行政执法行为需要遵循《行政处罚法》规定的处罚程序,需要赋予当事人陈述、申辩及其他救济权利。因此,对企业而言,处罚种类增加,其可提出救济的行为范围将进一步扩大。比如,在《环境保护法》第六十条、《大气污染防治法》第九十九条中,均规定了"限制生产""停产整治""责令停业、关闭"等措施,在以往的执法实践中,往往将这些措施按照行政命令来对待,而《行政处罚法》将这些措施明确规定为行政处罚,因此,在《行政处罚法》已经开始实施的今天,企业在面临上述执法行为时,可依据《行政处罚法》的相关规定,行使陈述、申辩、申请听证等权利。另外,《行政处罚法》明确规定了通报批评属于行政处罚,因此,以往有些环境行政执法机关通过一纸"红头文件"的方式对企业作出通报批评的做法,在现在已经不符合《行政处罚法》的规定了,因为通报批评也属于行政处罚,也需要履行相应的行政处罚程序,并赋予企业陈述、申辩等权利。

2.处罚实施权下沉,企业应关注基层政府环境执法。2019年1月31日,中共中央办公厅和国务院办公厅联合印发了《关于推进基层整合审批服务执法力量的实施意见》,将行政执法权重心下移到乡镇政府、街道办事处。在总结多地实践经验的基础上,《行政处罚法》第二十四条规定:"省、自治区、直辖市根据当地实际情况,可以决定将基层管理迫切需要的县级人民政府部门的行政处罚权交由能够有效承接的乡镇人民政府、街道办事处行使,并定期组织评估。决定应当公布。承接行政处罚权的乡镇人民政府、街道办事处应当加强执法能力建设,按照规定范围、依照法定程序实施行政处罚。有关地方人民政府及其部门应当加强组织协调、业务指导、执法监督,建立健全行政处罚协调配合机制,完善评议、考核制度。"对企业而言,该规定意味着今后由乡镇政府、街道办事处实施的环境行政处罚将有所增加。当然,具体哪些环境行政处罚权下放到基层政府,还需要关注县级政府公布的有关决定。企业应当对下放的环境执法权限范围给予充分关注。若发现不符合《行政处罚法》第二十四条规定情形的，可进行相应的投诉、举报。

3. 对拟作出的环境行政处罚，企业抗辩理由增加。行政处罚不是“为罚而罚”，行政处罚应坚持处罚与教育相结合原则。为了推动行政执法作风转变，提高依法履职尽责能力，激发市场活力，优化营商环境，《行政处罚法》增加了法定和酌定的从轻、减轻处罚及不予处罚的情形，主要包括“首违酌定不罚”和“当事人有证据证明无过错不罚”等情形。

根据《行政处罚法》第三十二条、第三十三条的规定，当事人有主动消除或者减轻违法行为危害后果、受他人胁迫或者诱骗实施违法行为、主动供述行政机关尚未掌握的违法行为、配合行政机关查处违法行为有立功表现、法律、法规、规章规定其他应当从轻或者减轻行政处罚等情形之一的，应当从轻或者减轻行政处罚。违法行为轻微并及时改正，没有造成危害后果的，不予行政处罚。初次违法且危害后果轻微并及时改正的，可以不予行政处罚。当事人有证据足以证明没有主观过错的，不予行政处罚。法律、行政法规另有规定的，从其规定。对当事人的违法行为依法不予行政处罚的，行政机关应当对当事人进行教育。据此，企业作为行政相对人，在面对环境行政处罚时，其抗辩理由将有所增加。

在环境行政执法机关拟作出环境行政处罚时，企业可以查证其相关违法行为是否属于首次违法，如果是，则企业可以提出“首违不罚”进行抗辩，同时积极整改，消除影响，通过承诺做好长效预防工作和建立企业合规的常态化管理机制等方式向环境行政处罚机关表明积极诚恳的改进态度，在《行政处罚法》的背景下，企业有较大可能被不予处罚。对“当事人有证据证明无过错不罚”这一情形，需要把握不罚的前提是被处罚人“有证据足以证明其没有主观过错”，而何种证据能达到上述证明目的和效果，是需要专业律师来指导的。该规定在赋予企业更大可能不受行政处罚的同时，也对其提出了更高举证要求，因此，企业日常工作过程的环保合规建设就显得尤为重要。

4. 企业应勇于承担社会责任。2012 年以来，全国各地接连发生多起血铅超标、饮用水水源污染等环境污染事件，很多环境违法行为存在隐蔽性强、持续时间长、危害后果严重但短期内可能无法发现等特点，国务院曾在《关于加强和规范事中事后监管的指导意见》（国发〔2019〕18 号）中提出：“对直接涉及公共安全和人民群众生命健康等特殊重点领域,依法依规实行全覆盖的重点监管。”

根据《行政处罚法》第三十六条、第四十九条的规定,对存在涉及公民生命健康安全的环境违法行为,追责期限延长至5年。在发生重大传染病疫情等突发事件时,为了控制、减轻和消除突发事件引起的社会危害,行政机关对违反突发事件应对措施的行为,依法快速、从重处罚。需要说明的是,5年的追责期限适用需要有危害后果的存在。比如,某企业生产了危及公民生命健康安全且不符合相关国家标准、行业标准的产品,但这些产品一直存放在企业仓库,在未流入市场之前就被行政机关查获,则对该企业的违法行为的处罚就只能适用2年的追责期限,而非5年。

据此,企业应坚决避免涉及公民生命健康安全的违法行为,同时,积极配合相关部门应对重大传染病疫情等突发事件。这一方面可使企业有效规避快速、从重环境行政处罚的风险,另一方面也是企业关注民生、勇于承担社会责任的体现。

5. 企业对超期作出决定的环境行政处罚,可以违反法定程序为由请求撤销。《行政处罚法》第六十条规定:“行政机关应当自行政处罚案件立案之日起九十日内作出行政处罚决定。法律、法规、规章另有规定的,从其规定。”据此,行政处罚的决定期限一般是90日。同时,《行政处罚法》对其他法律和法规、规章进行了特别授权,赋予其对行政处罚的决定期限作出不同规定的权力。对企业而言,如果环境行政处罚机关在案件立案后未作出行政处罚决定,在不存在其他法律、法规、规章的特别规定时,根据《行政处罚法》第六十条的规定,环境行政处罚机关的行为就是违反法定期限要求的行为,企业可据此以违反法定程序为由提起行政复议或行政诉讼,请求复议机关或人民法院撤销处罚决定。

6. 企业申请环境行政处罚听证的情形、申请时间发生了变化。《行政处罚法》将当事人可以申请听证的情形从“责令停产停业、吊销许可证、吊销执照、较大数额罚款等”扩大至“较大数额罚款、没收较大数额违法所得、没收较大价值非法财物、降低资质等级、吊销许可证件、责令停产停业、责令关闭、限制从业、其他较重的行政处罚”等九大类。对于企业而言,如环境行政执法机关在执法时作出了上述行政处罚决定,但却未赋予企业申请听证的权利,则企业可以提起行政复议或行政诉讼,以环境行政处罚决定违反法定程序为由请求复议机关或人民法院对其予以撤销。

同时,《行政处罚法》2021 年修订时将申请听证的时间从“当事人要求听证的,应当在行政机关告知后三日内提出”修改为“当事人要求听证的,应当在行政机关告知后五日内提出”。《行政处罚法》同时规定,听证完毕后,应当根据听证笔录作出决定。因此,对于企业而言,如果其收到的拟处罚告知书上所载明的“听证申请时间”仍然是 3 日,则其可以提出异议。同时,如果环境行政处罚的集体讨论是在听证之前作出的,而听证程序进行之后,行政机关并没有进行集体讨论,也属于违反法定程序,企业可据此请求复议机关或人民法院对行政处罚决定予以撤销。

7. 企业在环境行政处罚的调查过程中,可依法行使相关权利。(1)查验执法人员的证件和身份。《行政处罚法》第五十五条第一款规定:“执法人员在调查或者进行检查时,应当主动向当事人或者有关人员出示执法证件。当事人或者有关人员有权要求执法人员出示执法证件。执法人员不出示执法证件的,当事人或者有关人员有权拒绝接受调查或者检查。”据此,在环境行政处罚的调查过程中,要求执法人员出示执法证件是行政相对人的合法权利,但是行使该权利时要注意其与“拒绝或阻挠”行政办案的界限。在查验执法证件时,需要特别注意执法人员的姓名、照片、工作单位、证件有效期等信息,注意照片与现场执法人员是否一致,注意证件是否在有效期内,注意执法人员的工作单位,以便确定该单位是否具有相关调查事项的权限,并注意留存相关证据,“拒绝接受调查或者检查”应有理有据。如果调查人员未出示执法证件、或人证不一致或证件未在有效期内或没有执法权限,当事人或者有关人员有权依法拒绝接受调查或检查。

(2)行使陈述、申辩的权利,搜集并提交相应证据材料。《行政处罚法》第四十五条第一款规定:“当事人有权进行陈述和申辩。行政机关必须充分听取当事人的意见,对当事人提出的事实、理由和证据,应当进行复核;当事人提出的事实、理由或者证据成立的,行政机关应当采纳。”在行政处罚的调查过程中,行政机关可能存在多轮调查取证活动。一方面,行政处罚相对人需要关注行政机关调查取证的程序是否合法,为后期依法维权保存相关证据。另一方面,对己方有利的事实、理由,以及相关证据材料,包括但不限于能够证明是否存在行政违法行为、违法情节轻重、有无其他从轻、减轻情节的有关证据材料，均应当尽早提供，以利于行政机关尽快全面掌握案件情况。对于己方难以取得的证据，可依法向行政机关提出申请，申请由行政机关对关键证据予以调取；涉及涉案金额认定等情形的，必要时还可以委托专门的鉴定机构介入进行审计、评估等活动。

需要特别提示的是，在此过程中，行政处罚相对人绝对不能怀有侥幸心理，所有作出行政处罚依据的证据必须经查证属实，方可作为认定案件事实的根据。任何提供虚假证据或者藏匿、毁灭证据的情形都经不住办案机关的进一步查证，而提供虚假证据或者藏匿、毁灭证据的行为还可能给自身招致其他风险，构成犯罪的，还将被追究刑事责任。

(3)依法申请听证。申请听证是《行政处罚法》赋予当事人的一项法定权利，听证程序也是对行政处罚调查过程中有关事实、理由、证据以及行政处罚建议的集中展示，是行政处罚相对人进行申辩和质证的有利机会，听证笔录是行政机关作出决定的依据之一，行政处罚相对人在听证活动中发表的所有主张、提交的所有证据也将以听证笔录的方式，呈现到行政处罚的决定人员或法制审核人员面前，为行政相对人在程序上提供了更进一步的保障。

(4)认真核对调查笔录，确认无误后再签字。在行政处罚的调查过程中，行政机关通常会制作现场调查笔录。在现场笔录制作完成后，行政相对人应仔细核对调查笔录中的记载与自己的原意是否相符，防止调查笔录记录的情况与自己想要表达的内容实质不一致的情况，在记录不一致的情况下可以要求调查人员予以修改，否则有权拒绝签名，以便更好维护自身权益。

四、企业在环境行政处罚中的应对

(一)积极参与听证程序

行政处罚的听证程序，是指行政机关在作出重大行政处罚决定之前，依当事人的申请，举行听证会，充分听取当事人的陈述、申辩，并允许当事人及利害关系人与执法人员进行质证的程序。听证程序是行政机关作出处罚决定前，被处罚人表达诉求、争取权利的重要程序。企业应积极申请听证，组织陈述申辩材料。

《环境行政处罚听证程序规定》第五条、第六条规定，环境保护主管部门在作出以下行政处罚决定之前，应当告知当事人有申请听证的权利；当事人申请听证的,环境保护主管部门应当组织听证:(1)拟对法人、其他组织处以人民币50,000元以上或者对公民处以人民币5000元以上罚款的;(2)拟对法人、其他组织处以人民币(或者等值物品价值)50,000元以上或者对公民处以人民币(或者等值物品价值)5000元以上的没收违法所得或者没收非法财物的;(3)拟处以暂扣、吊销许可证或者其他具有许可性质的证件的;(4)拟责令停产、停业、关闭的;(5)环境保护主管部门认为案件重大疑难的,经商当事人同意,可以组织听证。

听证基本程序如下:(1)当事人要求听证的,应当在行政机关告知后3日内提出。(2)行政机关应当在听证的7日前,通知当事人举行听证的时间、地点。(3)除涉及国家秘密、商业秘密或者个人隐私外,听证公开举行。(4)听证由行政机关指定的非本案调查人员主持;当事人认为主持人与本案直接利害关系的,有权申请回避。(5)当事人可以亲自参加听证,也可以委托1~2人代理。(6)举行听证时,调查人员提出当事人违法的事实、证据和行政处罚建议,当事人进行申辩和质证。(7)听证应当制作笔录;笔录应当交当事人审核无误后签字或者盖章。

(二)不服行政处罚,提起行政复议

根据《环境行政复议办法》第七条、第十一条的规定,公民、法人或者其他组织认为环境保护行政主管部门的具体行政行为侵犯其合法权益的,可以自知道该具体行政行为之日起60日内提出行政复议申请。可以申请行政复议的行政行为包括:

1. 对环境保护行政主管部门作出的查封、扣押财产等行政强制措施不服的;

2. 对环境保护行政主管部门作出的警告、罚款、责令停止生产或者使用、暂扣、吊销许可证、没收违法所得等行政处罚决定不服的;

3. 认为符合法定条件,申请环境保护行政主管部门颁发许可证、资质证、资格证等证书,或者申请审批、登记等有关事项,环境保护行政主管部门没有依法办理的;

4. 对环境保护行政主管部门有关许可证、资质证、资格证等证书的变更、中止、撤销、注销决定不服的;

5. 认为环境保护行政主管部门违法征收排污费或者违法要求履行其他义

务的；

6. 认为环境保护行政主管部门的其他具体行政行为侵犯其合法权益的。

（三）直接提起行政诉讼，或经复议后提起行政诉讼

阿尔法系统以“环境行政处罚”为关键词进行检索，2005～2021年共收录环境行政处罚相关案件6232件，总体呈上升趋势。根据《行政处罚法》的规定，被处罚企业对环境执法机关的行政处罚决定不服，可以通过行政复议或行政诉讼方式寻求公力救济。

复议或诉讼期间是否暂停行政处罚，将视情形而定。《行政处罚法》第七十三条规定，“当事人对行政处罚决定不服，申请行政复议或者提起行政诉讼的，行政处罚不停止执行，法律另有规定的除外。当事人对限制人身自由的行政处罚决定不服，申请行政复议或者提起行政诉讼的，可以向作出决定的机关提出暂缓执行申请。符合法律规定情形的，应当暂缓执行。当事人申请行政复议或者提起行政诉讼的，加处罚款的数额在行政复议或者行政诉讼期间不予计算”。

围绕行政诉讼司法审查主体合规、程序合规、适用法律正确的三个要点，有如下裁判观点可供参考。

1. 程序违法的监测结论不能作为行政处罚的依据

案例：海南桑德水务有限公司诉海南省儋州市生态环境保护局环保行政处罚纠纷案（最高人民法院公报案例）

2013年6月5日，海南省环境监测中心站出具琼环监字〔2013〕第153号《监测报告》（以下简称153号《监测报告》）。儋州环保局根据该《监测报告》，认为桑德水务公司涉嫌违法排放水污染物，于2014年4月16日拟对桑德水务公司作出行政处罚。桑德水务公司在法定期限内未提出陈述、申辩和听证的申请。同年6月16日，儋州环保局作出被诉儋土环资罚决字〔2014〕47号《行政处罚决定书》（以下简称47号处罚决定），对桑德水务公司处以2013年5月应缴纳排污费二倍的罚款177,719元。儋州市人民政府经复议后对47号处罚决定予以维持。桑德水务公司不服，遂诉至法院，请求撤销47号处罚决定。

海南省儋州市人民法院一审认为，儋州环保局作为儋州市环境保护工作的行政主管部门，具有对本辖区内违法排放水污染物的行为作出行政处罚的法定职权。根据《环境行政处罚办法》第三十四条的规定，采样是本案监测的

必经程序。但儋州环保局未能提供采样记录或采样过程等相关证据,无法证明其采样程序合法,进而无法证明送检样品的真实性,直接影响监测结果的真实性。因此,儋州环保局在没有收集确凿证据证实样品来源真实可靠的情况下,仅以海南省环境监测中心站出具的153号《监测报告》认定桑德水务公司超标排放废水,主要证据不足。

儋州环保局于2014年6月16日同时分别对桑德水务公司2013年1月14日和5月22日超标排放行为给予二次处罚,程序违法。被诉47号处罚决定只给予桑德水务公司罚款,未责令桑德水务公司限期改正,行政处罚行为明显不当。一审法院判决撤销47号处罚决定,由儋州环保局承担诉讼费用。海南省第二中级人民法院二审认为,153号《监测报告》的合法性是审查本案被诉环保行政处罚事实认定是否清楚的基础。由于153号《监测报告》的取样程序违法,不能作为认定桑德水务公司存在环境违法行为事实的主要证据。除153号《监测报告》外,儋州环保局没有进行相关调查,并且违反查处分离的规定,程序违法。47号处罚决定认定事实的主要证据不足,适用法律错误。二审法院判决驳回上诉,维持原判。

本案系环保行政处罚纠纷,涉及对环保行政处罚行为所依据证据的审查认定。由于儋州环保局在一审中未能提供取样记录或取样过程等相关证据,无法证明其取样程序的合法性,故法院认定153号《监测报告》不能作为认定桑德水务公司存在环境违法行为事实的主要证据,依法撤销处罚决定。

2. 违反相关技术规范所作的监测报告不能作为环境执法的依据

案例:甘肃省武威市凉州区百盛餐具消毒中心诉武威市生态环境局行政处罚案[甘肃省矿区人民法院案号:(2020)甘95行终1号]

本案的争议焦点之一是武威市生态环境局(以下简称武威生态局)作出的行政行为认定的事实是否清楚、依据的证据是否确凿的问题。武威生态局作出责令改正违法行为决定书[武环责改字(2019)10号]和行政处罚决定书[武环罚(2019)19号]的主要依据是武威市环境保护监测站出具的《监测报告》(武环监测2019-07-036号)。

法院审理认为:

从该监测报告的内容来看,该监测报告记载的执行标准为《污水综合排放标准》(GB 8979—1996)三级标准,经查,《污水综合排放标准》(GB 8979—

1996）并不存在，实际应为《污水综合排放标准》（GB 8978—1996），该监测报告引用污水综合排放标准有误；该监测报告显示石油类污染物最高允许排放浓度执行标准为30mg/L，该标准适用于1997年12月31日之前建设的单位。甘肃省武威市凉州区百盛餐具消毒中心（以下简称百盛餐具中心）注册成立于2003年12月18日，为1998年1月1日之后建设的单位，石油类污染物最高允许排放浓度执行标准应为20mg/L，该监测报告适用执行标准限值错误。武威生态局称上述错误为笔误，但未提交相关证据支持。即使如其所称为笔误，亦对监测报告的严肃性和专业性造成实质影响。

从监测采样的过程来看，本案污水采样环境监测技术人员采用采瞬时样的方法。根据中华人民共和国国家环境保护标准《水质采样技术指导》（HJ 494—2009）4.7.1 采样频次 e）规定，“排污单位如有污水处理设施并能正常运行使污水能稳定排放，则污染物排放曲线比较平稳，监督检测可以采瞬时样；对于排放曲线有明显变化的不稳定排放污水，要根据曲线情况分时间单元采样，再组成混合样品。正常情况下，混合样品的单元采样不得少于两次”，即采瞬时样以污水稳定排放为前提，如果污水不能稳定排放则不具备采瞬时样的条件。

本案百盛餐具中心表示，首先，其生产过程中产生的污水，经由隔渣池、隔油池、化粪池预处理后，每3天排放一次，排放方式为周期性排放，而非连续稳定排放，且采样前一天刚排过污水，不具备正常排放条件。武威市凉州区环境监测站技术人员于7月28日15时50分到达现场却于18时13分开始采样，以及原先使用的污水提升泵因无水空转被烧坏的事实，说明该企业生产产生的污水尚未达到正常排放的条件，污水尚未处于稳定排放状态。武威生态局亦未能提供证据证实采样当日百盛餐具中心产生的污水处于稳定排放状态符合采瞬时样的规范要求。其次，根据中华人民共和国国家环境保护标准《水质样品的保存和管理技术规定》（HJ 493—2009）7 常用样品保存技术表1《物理、化学及生化分析指标的保存技术》规定：测试项目为石油类、油类的，采样容器为G（硬质玻璃瓶）；测试项目为化学需氧量（COD）的，采样容器一般也为G（硬质玻璃瓶），零下20摄氏度冷冻条件下，采样容器也可以为P[聚乙烯瓶（桶）]。本案测试项目CODcr、石油类、动植物油的采样容器均为聚乙烯桶，不符合规范要求。最后，根据中华人民共和国国家环境保护标准《地表水和污水监测技术规范》(HJ/T 91—2002)5.2.2 污水采样方法部分,5.2.2.5 注意事项 c 规定:“用于测定悬浮物、BOD5、硫化物、油类、余氯的水样,必须单独定容采样,全部用于测定。”本案测定 COD、石油类、油类项目用同一份水样,亦不符合规范要求。严格按照相关技术规范要求采样、分析,实行全过程质量控制是确保监测报告监测数据准确、可靠,监测结论客观、真实的前提,也才能作为行政机关行政执法的依据。

法院生效判决认为,本案污水监测在样品采集、样品保存方面不符合技术规范要求,监测报告在引用污水综合排放标准、适用执行标准限值方面均存在错误,严重影响监测报告结论的准确性。武威生态局以该监测报告作为认定百盛餐具中心存在违法行为的依据进而作出责令改正违法行为决定书和行政处罚决定书,认定事实不清,证据不充分。

3. 环境保护监督管理部门或其委托的机构出具的调查报告等公文书证,经当事人质证,可以作为认定案件事实的根据

案例:梁兆南诉华润水泥(上思)有限公司水污染责任纠纷案(最高人民法院民事审判参考性案例)

法院审理认为,本案中上思县水产畜牧兽医局、上思县环境监测大队、上思县思阳镇政府等部门组成联合调查组三次现场勘察、对周边群众进行了询问的基础上形成的调查报告,属于环境保护行政主管部门行使行政职权,实施行政行为的职责范围。在此过程中并不存在程序违法等行为,其调查报告可以作为被告环境污染事实的认定。

本案属于环境侵权案件,该案判决认可了行政机关在执法中对案件纠纷事实情况的初步认定和证据收集保全作用。《环境保护法》第十条第二款规定:“县级以上人民政府有关部门和军队环境保护部门,依照有关法律的规定对资源保护和污染防治等环境保护工作实施监督管理。”环境保护行政主管部门可以依职权或者依据当地群众的举报对于自己管辖区域内的环境污染事件,进行必要的调查取证,针对其中存在超标排放等行政违法行为和犯罪行为的,应当给予行政处罚或者移送有关机关处理。同时,根据《环境行政处罚办法》第三十三条及相关规定,环境保护行政主管部门等行政机关对环境污染案件中对有关物品或者场所进行检查时,应当制作现场检查(勘察)笔录,可以采取拍照、录像或者其他方式记录现场情况。

4. 环境行政处罚调查过程中，当事人对环境监测数据无异议，行政处罚决定作出后当事人又对原监测数据提出异议的，不能作为推翻行政处罚决定的依据

案例：广州市名园餐饮有限公司与广州市越秀区环境保护局行政处罚案[《人民法院案例选》2016年第8辑；(2015)穗中法行终字第997号]

本案原告广州市名园餐饮有限公司是经广州市工商行政管理局越秀分局于2011年10月28日登记成立的有限责任公司(自然人独资)，经营地址为广州市越秀区解放中路306号二层之五、六、七、八，营业期限为2011年10月28日起长期经营，经营范围为餐饮业。

2014年7月9日，在原告正常经营情况下，广州市越秀区环境监测站对原告油烟排放情况进行监测并当场制作《污染源监测检查现场记录及样品交接表》，原告员工易某陪同监测并签名确认。2014年7月16日，越秀区环境监测站出具(越)环境监测污字(2014)第0407号监测报告，监测结果显示原告厨房油烟排放口的油烟废气治理后平均浓度为2.72毫克/立方米。同年9月5日，原告法定代表人到被告处接受调查询问，其表示对上述监测报告无异议。2014年9月26日，被告向原告作出越环罚告(2014)167号行政处罚事先告知书，告知原告拟作出的处罚及陈述申辩权利。同年10月9日，原告向被告提交书面申辩意见。2014年10月22日被告作出越环罚(2014)200号行政处罚决定书，认定原告厨房排放的油烟废气平均浓度为2.72毫克/立方米，超过了《饮食业油烟排放标准》(GB/T 18483—2001)规定的饮食业单位油烟最高允许排放限值(排放浓度为2.0毫克/立方米)，违反了《大气污染防治法》第十三条的规定，依据《大气污染防治法》第四十八条和《行政处罚法》第二十三条的规定，对原告作出责令停止违法行为、罚款3万元的行政处罚。原告不服，向广州市越秀区人民政府提起行政复议，该政府于2014年12月30日作出越秀府行复(2014)第35号行政复议决定书，维持了被告作出的处罚决定。

5. 环境法律规范法律适用交叉时，环境执法部门选择适用更严格法律，不属于适用法律不当

案例：上海鑫晶山建材开发有限公司诉上海市金山区环境保护局环境行政处罚案[上海行政审判十大典型案例(2017)，最高人民法院指导案例139号]

2016年8月17日，被告上海市金山区环境保护局(以下简称金山环保局)

执法人员前往原告上海鑫晶山建材开发有限公司(以下简称鑫晶山公司)进行检查,并由金山环境监测站工作人员对该公司厂界臭气和废气排放口进行气体采样。同月 26 日,金山环境监测站出具了监测报告,报告显示,依据《恶臭污染物排放标准》(GB 14554—93)规定,臭气浓度厂界标准值二级为 20,经对鑫晶山公司厂界四个监测点位各采集三次样品进行检测,3#监测点位臭气浓度一次性最大值为 25。2016 年 9 月 5 日,金山环保局于当日进行立案。经调查,金山环保局于 2016 年 11 月 9 日作出责令改正通知书及行政处罚听证告知书,并向鑫晶山公司进行了送达。应鑫晶山公司要求,金山环保局于 2016 年 11 月 23 日组织了听证。2016 年 12 月 2 日,金山环保局作出第 2020160224 号行政处罚决定书(以下简称被诉行政处罚决定)认定 3#监测点臭气浓度一次性最大值为 25,超出《恶臭污染物排放标准》(GB 14554—93)规定的排放限值 20,违反了《大气污染防治法》第十八条的规定,依据该法第九十九条第二项的规定,决定对鑫晶山公司罚款 25 万元。

上海市金山区人民法院经审理后认为:被告适用《大气污染防治法》对原告涉案行为进行处罚是否正确是本案最大争议焦点。原告认为厂界恶臭来源于生产用的污泥,污泥属于一般固体废物,其涉案行为应适用《固体废物污染环境防治法》第六十八条第一款第七项及第二款的规定,不应适用罚款数额更高的《大气污染防治法》第九十九条第二项规定。

该院认为,前者规制的是未采取防范措施造成工业固体废物污染环境的行为,后者规制的是超标排放大气污染物的行为;前者有未采取防范措施的行为并具备一定环境污染后果即可构成,后者排污单位排放大气污染物必须超过排放标准或者重点大气污染物排放总量控制指标才可构成。本案中,被告接到群众有关原告排放臭气的投诉后进行执法检查,检查、监测对象是原告排放大气污染物的情况,监测报告显示臭气浓度超标,故适用《大气污染防治法》第九十九条第二项规定更为贴切和准确,且如前所述,本案并无证据可证实臭气是否来源于任何工业固体废物,故被诉行政处罚决定适用法律并无不当。

本案判决确立了最贴切法律适用原则。环境法律规范法律适用交叉竞合较多,环境行政处罚的行政案件如何选择适用环境法律规范是法官需重点关注的问题。本案核心法律争议在于堆积有固体废物的企业厂界臭气浓度超出国家排放标准时,是适用《大气污染防治法》,还是适用《固体废物污染环境防治法》。前者第九十九条第二项规定了超过大气污染物排放标准或者超过重点大气污染物排放总量控制指标排放大气污染物的情况的处罚，后者第六十八条第一款第七项及第二款规定了未采取相应防范措施，造成工业固体废物扬散、流失、渗漏或者造成其他环境污染的情况的处罚。

本案通过对两部法律各自条文的语义分析，结合案件情况，最终确定在厂界臭气浓度超过国家排放标准时应适用《大气污染防治法》第九十九条第二项规定进行处罚。同时，前述两部法律规定中的处罚幅度不同，适用处罚幅度更高的《大气污染防治法》对企业违法行为可起到更强威慑作用，符合环境保护利益衡平原则。

【法条索引】

《中华人民共和国行政处罚法》(2021 年 1 月 22 日修订)

第七条 公民、法人或者其他组织对行政机关所给予的行政处罚，享有陈述权、申辩权；对行政处罚不服的，有权依法申请行政复议或者提起行政诉讼。

公民、法人或者其他组织因行政机关违法给予行政处罚受到损害的，有权依法提出赔偿要求。

第九条 行政处罚的种类：

(一)警告、通报批评；

(二)罚款、没收违法所得、没收非法财物；

(三)暂扣许可证件、降低资质等级、吊销许可证件；

(四)限制开展生产经营活动、责令停产停业、责令关闭、限制从业；

(五)行政拘留；

(六)法律、行政法规规定的其他行政处罚。

第三十二条 当事人有下列情形之一，应当从轻或者减轻行政处罚：

(一)主动消除或者减轻违法行为危害后果的；

(二)受他人胁迫或者诱骗实施违法行为的；

(三)主动供述行政机关尚未掌握的违法行为的；

(四)配合行政机关查处违法行为有立功表现的；

(五)法律、法规、规章规定其他应当从轻或者减轻行政处罚的。

第三十三条 违法行为轻微并及时改正，没有造成危害后果的，不予行政处罚。初次违法且危害后果轻微并及时改正的,可以不予行政处罚。

当事人有证据足以证明没有主观过错的,不予行政处罚。法律、行政法规另有规定的,从其规定。

对当事人的违法行为依法不予行政处罚的,行政机关应当对当事人进行教育。

第三十四条 行政机关可以依法制定行政处罚裁量基准,规范行使行政处罚裁量权。行政处罚裁量基准应当向社会公布。

第三十六条 违法行为在二年内未被发现的,不再给予行政处罚;涉及公民生命健康安全、金融安全且有危害后果的,上述期限延长至五年。法律另有规定的除外。

前款规定的期限,从违法行为发生之日起计算;违法行为有连续或者继续状态的,从行为终了之日起计算。

第四十二条 行政处罚应当由具有行政执法资格的执法人员实施。执法人员不得少于两人,法律另有规定的除外。

执法人员应当文明执法,尊重和保护当事人合法权益。

第四十三条 执法人员与案件有直接利害关系或者有其他关系可能影响公正执法的,应当回避。

当事人认为执法人员与案件有直接利害关系或者有其他关系可能影响公正执法的,有权申请回避。

当事人提出回避申请的,行政机关应当依法审查,由行政机关负责人决定。决定作出之前,不停止调查。

第四十四条 行政机关在作出行政处罚决定之前,应当告知当事人拟作出的行政处罚内容及事实、理由、依据,并告知当事人依法享有的陈述、申辩、要求听证等权利。

第四十五条 当事人有权进行陈述和申辩。行政机关必须充分听取当事人的意见,对当事人提出的事实、理由和证据,应当进行复核;当事人提出的事实、理由或者证据成立的,行政机关应当采纳。

行政机关不得因当事人陈述、申辩而给予更重的处罚。

第四十九条 发生重大传染病疫情等突发事件,为了控制、减轻和消除突发事件引起的社会危害,行政机关对违反突发事件应对措施的行为,依法快速、从重处罚。

第五十一条 违法事实确凿并有法定依据，对公民处以二百元以下、对法人或者其他组织处以三千元以下罚款或者警告的行政处罚的，可以当场作出行政处罚决定。法律另有规定的，从其规定。

第六十条 行政机关应当自行政处罚案件立案之日起九十日内作出行政处罚决定。法律、法规、规章另有规定的，从其规定。

第六十三条 行政机关拟作出下列行政处罚决定，应当告知当事人有要求听证的权利，当事人要求听证的，行政机关应当组织听证：

（一）较大数额罚款；

（二）没收较大数额违法所得、没收较大价值非法财物；

（三）降低资质等级、吊销许可证件；

（四）责令停产停业、责令关闭、限制从业；

（五）其他较重的行政处罚；

（六）法律、法规、规章规定的其他情形。

当事人不承担行政机关组织听证的费用。

《环境行政处罚办法》（2010 年 1 月 19 日修订，环境保护部令第 8 号）

第六条 【规范自由裁量权】行使行政处罚自由裁量权必须符合立法目的，并综合考虑以下情节：

（一）违法行为所造成的环境污染、生态破坏程度及社会影响；

（二）当事人的过错程度；

（三）违法行为的具体方式或者手段；

（四）违法行为危害的具体对象；

（五）当事人是初犯还是再犯；

（六）当事人改正违法行为的态度和所采取的改正措施及效果。

同类违法行为的情节相同或者相似、社会危害程度相当的，行政处罚种类和幅度应当相当。

第十条 【处罚种类】根据法律、行政法规和部门规章，环境行政处罚的种类有：

（一）警告；

（二）罚款；

（三）责令停产整顿；

（四）责令停产、停业、关闭；

（五）暂扣、吊销许可证或者其他具有许可性质的证件；

（六）没收违法所得、没收非法财物；

（七）行政拘留；

（八）法律、行政法规设定的其他行政处罚种类。

第十四条　【处罚主体】县级以上环境保护主管部门在法定职权范围内实施环境行政处罚。

经法律、行政法规、地方性法规授权的环境监察机构在授权范围内实施环境行政处罚，适用本办法关于环境保护主管部门的规定。

第十五条　【委托处罚】环境保护主管部门可以在其法定职权范围内委托环境监察机构实施行政处罚。受委托的环境监察机构在委托范围内，以委托其处罚的环境保护主管部门名义实施行政处罚。

委托处罚的环境保护主管部门，负责监督受委托的环境监察机构实施行政处罚的行为，并对该行为的后果承担法律责任。

第十七条　【案件管辖】县级以上环境保护主管部门管辖本行政区域的环境行政处罚案件。

造成跨行政区域污染的行政处罚案件，由污染行为发生地环境保护主管部门管辖。

第二十二条　【立案条件】环境保护主管部门对涉嫌违反环境保护法律、法规和规章的违法行为，应当进行初步审查，并在7个工作日内决定是否立案。

经审查，符合下列四项条件的，予以立案：

（一）有涉嫌违反环境保护法律、法规和规章的行为；

（二）依法应当或者可以给予行政处罚；

（三）属于本机关管辖；

（四）违法行为发生之日起到被发现之日止未超过2年，法律另有规定的除外。违法行为处于连续或继续状态的，从行为终了之日起计算。

第二十九条　【调查人员职权】调查人员有权采取下列措施：

（一）进入有关场所进行检查、勘察、取样、录音、拍照、录像；

（二）询问当事人及有关人员，要求其说明相关事项和提供有关材料；

（三）查阅、复制生产记录、排污记录和其他有关材料。

环境保护主管部门组织的环境监测等技术人员随同调查人员进行调查时，有权采取上述措施和进行监测、试验。

第三十三条 【现场检查笔录】对有关物品或者场所进行检查时，应当制作现场检查（勘察）笔录，可以采取拍照、录像或者其他方式记录现场情况。

第三十四条 【现场检查取样】需要取样的，应当制作取样记录或者将取样过程记入现场检查（勘察）笔录，可以采取拍照、录像或者其他方式记录取样情况。

第三十五条 【监测报告要求】环境保护主管部门组织监测的，应当提出明确具体的监测任务，并要求提交监测报告。

监测报告必须载明下列事项：

（一）监测机构的全称；

（二）监测机构的国家计量认证标志（CMA）和监测字号；

（三）监测项目的名称、委托单位、监测时间、监测点位、监测方法、检测仪器、检测分析结果等内容；

（四）监测报告的编制、审核、签发等人员的签名和监测机构的盖章。

第三十八条 【证据的登记保存】在证据可能灭失或者以后难以取得的情况下，经本机关负责人批准，调查人员可以采取先行登记保存措施。

情况紧急的，调查人员可以先采取登记保存措施，再报请机关负责人批准。

先行登记保存有关证据，应当当场清点，开具清单，由当事人和调查人员签名或者盖章。

先行登记保存期间，不得损毁、销毁或者转移证据。

第三十九条 【登记保存措施与解除】对于先行登记保存的证据，应当在7个工作日内采取以下措施：

（一）根据情况及时采取记录、复制、拍照、录像等证据保全措施；

（二）需要鉴定的，送交鉴定；

（三）根据有关法律、法规规定可以查封、暂扣的，决定查封、暂扣；

（四）违法事实不成立，或者违法事实成立但依法不应当查封、暂扣或者没收的，决定解除先行登记保存措施。

超过7个工作日未作出处理决定的，先行登记保存措施自动解除。

第四十条　【依法实施查封暂扣】实施查封、暂扣等行政强制措施，应当有法律、法规的明确规定，并应当告知当事人有申请行政复议和提起行政诉讼的权利。

第四十一条　【查封暂扣实施要求】查封、暂扣当事人的财物，应当当场清点，开具清单，由调查人员和当事人签名或者盖章。

查封、暂扣的财物应当妥善保管，严禁动用、调换、损毁或者变卖。

第四十二条　【查封暂扣解除】经查明与违法行为无关或者不再需要采取查封、暂扣措施的，应当解除查封、暂扣措施，将查封、暂扣的财物如数返还当事人，并由调查人员和当事人在财物清单上签名或者盖章。

第四十六条　【案件审查的内容】案件审查的主要内容包括：

（一）本机关是否有管辖权；

（二）违法事实是否清楚；

（三）证据是否确凿；

（四）调查取证是否符合法定程序；

（五）是否超过行政处罚追诉时效；

（六）适用依据和初步处理意见是否合法、适当。

第五十四条　【处罚决定书的内容】行政处罚决定书应当载明以下内容：

（一）当事人的基本情况，包括当事人姓名或者名称、组织机构代码、营业执照号码、地址等；

（二）违反法律、法规或者规章的事实和证据；

（三）行政处罚的种类、依据和理由；

（四）行政处罚的履行方式和期限；

（五）不服行政处罚决定，申请行政复议或者提起行政诉讼的途径和期限；

（六）作出行政处罚决定的环境保护主管部门名称和作出决定的日期，并且加盖作出行政处罚决定环境保护主管部门的印章。

《关于进一步规范适用环境行政处罚自由裁量权的指导意见》（2019年5月21日发布，环执法〔2019〕42号）

四、裁量规则和基准的适用

（九）调查取证阶段。环境违法案件调查取证过程中，执法人员应当以裁量规则和基准为指导，全面调取有关违法行为和情节的证据；在提交行政处罚案件调查报告时，不仅要附有违法行为的定性证据，还应根据裁量因子提供有关定量证据。开发使用移动执法平台的，应当与裁量系统相衔接，为执法人员现场全面收集证据、正确适用法律提供帮助。

（十）案件审查阶段。案件审查过程中，案件审查人员应当严格遵守裁量规则和使用裁量基准，对具体案件的处罚额度提出合理的裁量建议；经集体审议的案件也应当专门对案件的裁量情况进行审议，书面记录审议结果，并随案卷归档。

（十一）告知和听证阶段。生态环境部门应当在告知当事人行政处罚有关违法事实、证据、处罚依据时，一并告知行政处罚裁量权的适用依据，及其陈述申辩权利。当事人陈述申辩时对自由裁量适用提出异议的，应当对异议情况进行核查，对合理的意见予以采纳，不得因当事人的陈述申辩而加重处罚。

（十二）决定阶段。生态环境部门在作出处罚决定时，应当在处罚决定书中载明行政处罚自由裁量的适用依据和理由，以及对当事人关于裁量的陈述申辩意见的采纳情况和理由。

（十三）裁量的特殊情形。

1. 有下列情形之一的，可以从重处罚。

（1）两年内因同类环境违法行为被处罚 3 次（含 3 次）以上的；

（2）重污染天气预警期间超标排放大气污染物的；

（3）在案件查处中对执法人员进行威胁、辱骂、殴打、恐吓或者打击报复的；

（4）环境违法行为造成跨行政区域环境污染的；

（5）环境违法行为引起不良社会反响的；

（6）其他具有从重情节的。

2. 有下列情形之一的，应当依法从轻或者减轻行政处罚。

（1）主动消除或者减轻环境违法行为危害后果的；

（2）受他人胁迫有环境违法行为的；

（3）配合生态环境部门查处环境违法行为有立功表现的；

（4）其他依法从轻或者减轻行政处罚的。

3. 有下列情形之一的，可以免予处罚。

(1)违法行为(如“未批先建”)未造成环境污染后果,且企业自行实施关停或者实施停止建设、停止生产等措施的;

(2)违法行为持续时间短、污染小(如“超标排放水污染物不超过2小时,且超标倍数小于0.1倍、日污水排放量小于0.1吨的”;又如“不规范贮存危险废物时间不超过24小时、数量小于0.01吨,且未污染外环境的”)且当日完成整改的;

(3)其他违法行为轻微并及时纠正,没有造成危害后果的。

《环境行政处罚听证程序规定》(2010年12月27日发布,环办〔2010〕174号)

第五条　环境保护主管部门在作出以下行政处罚决定之前,应当告知当事人有申请听证的权利;当事人申请听证的,环境保护主管部门应当组织听证:

(一)拟对法人、其他组织处以人民币50000元以上或者对公民处以人民币5000元以上罚款的;

(二)拟对法人、其他组织处以人民币(或者等值物品价值)50000元以上或者对公民处以人民币(或者等值物品价值)5000元以上的没收违法所得或者没收非法财物的;

(三)拟处以暂扣、吊销许可证或者其他具有许可性质的证件的;

(四)拟责令停产、停业、关闭的。

第十七条　对适用听证程序的行政处罚案件,环境保护主管部门应当在作出行政处罚决定前,制作并送达《行政处罚听证告知书》,告知当事人有要求听证的权利。

《行政处罚听证告知书》应当载明下列事项:

(一)当事人的姓名或者名称;

(二)已查明的环境违法事实和证据、处罚理由和依据;

(三)拟作出的行政处罚的种类和幅度;

(四)当事人申请听证的权利;

(五)提出听证申请的期限、申请方式及未如期提出申请的法律后果;

(六)环境保护主管部门名称和作出日期,并且加盖环境保护主管部门的印章。

第十八条 当事人要求听证的,应当在收到《行政处罚听证告知书》之日起3日内,向拟作出行政处罚决定的环境保护主管部门提出书面申请。当事人未如期提出书面申请的,环境保护主管部门不再组织听证。

以邮寄方式提出申请的,以寄出的邮戳日期为申请日期。

因不可抗力或者其他特殊情况不能在规定期限内提出听证申请的,当事人可以在障碍消除的3日内提出听证申请。

第十九条 环境保护主管部门应当在收到当事人听证申请之日起7日内进行审查。对不符合听证条件的,决定不组织听证,并告知理由。对符合听证条件的,决定组织听证,制作并送达《行政处罚听证通知书》。

第九章　污染环境罪与环境刑事合规建议

【典型案例】

寿光市联盟石油化工有限公司、刘兴德污染环境案

一、案情介绍

寿光市联盟石油化工有限公司、刘兴德污染环境案[二审刑事裁定书案号:(2020)鲁03刑终114号]

本案是一起典型的环境污染刑事案件。

2018年,淄博市淄川区人民法院审理淄川区人民检察院指控原审被告单位寿光市联盟石油化工有限公司、山东新永辉化工有限公司、原审被告人刘龙昌、刘兴德、刘志钧、高相军、齐良、单春永、张学清、张树才(已死亡)、于晓菲、路连林、单连江、王松亮、王永钦、李文犯污染环境罪一案,作出(2017)鲁0302刑初40号刑事判决。淄博市中级人民法院于2018年12月29日裁定撤销原判,发回淄博市淄川区人民法院重新审理。重审期间,淄博市淄川区人民检察院以川检公诉刑诉(2019)138号起诉书指控被告人路连林、刘龙昌、刘兴德犯污染环境罪,向淄川区人民法院提起补充公诉,淄川区人民法院依法另行组成合议庭,一并公开开庭进行了审理,并于2020年3月23日作出(2019)鲁0302刑初69号刑事判决。宣判后,原审被告单位寿光市联盟石油化工有限公司,原审被告人刘兴德、张学清不服,提出上诉。淄博市中级人民法院于2020年7月1日立案,并依法组成合议庭。

一审法院查明:

1. 2014年6月至同年9月,被告单位寿光市联盟石油化工有限公司(以下简称寿光联盟公司)总经理张学清安排寿光联盟公司设备科副科长张树才将

该公司生产过程中产生的酸性废液共计 5820.4 吨交给不具有危险废物处置资质的被告人单春永、刘兴德处置。被告人单春永、刘兴德安排被告人单连江、王松亮、王永钦、李文、路连林驾车将酸性废液共计 5107.1 吨，非法倾倒于被告人刘龙昌的淄博荣昌油脂有限公司（经刘龙昌同意）院内废井、渗坑中及博山区山头镇秋谷村蒋某 1 父亲蒋某 2 的厂子院内，造成污染环境。经山东省环境保护科学研究设计院鉴定，该酸性废液属于 HW34 废酸类危险废物，具有毒性和腐蚀性。

2. 2014 年 4 月至同年 6 月，被告单位山东新永辉化工有限公司（以下简称新永辉公司）安排被告人于晓菲对外处置酸性废液。被告人于晓菲将该公司生产过程中产生的酸性废液共计 1920.3 吨交给不具有危险废物处置资质的被告人齐良处置，被告人齐良交给被告人高相军处置，被告人高相军又介绍被告人刘兴德共同处置。后由被告人高相军、路连林驾车将酸性废液非法倾倒于被告人刘龙昌的淄博荣昌油脂有限公司（经刘龙昌同意）院内废井、渗坑中及博山区山头镇秋谷村蒋某 1 父亲蒋某 2 的厂子院内，造成污染环境。经山东省环境保护科学研究设计院鉴定，该酸性废液属于 HW34 废酸类危险废物，具有毒性和腐蚀性。

3. 2014 年 4 月，被告人刘兴德雇用的被告人路连林、徐宝燕（已判决）按照毛成玉（另案处理）和李某 1、金某（均已判决）的约定，将李某 1 违规贮存在淄博市桓台县马桥镇李某 1 厂子院中地罐内的张某 3 等人从河北省霸州市等地非法运来的废盐酸共计 12 车 444 吨，非法运输至淄博市淄川区岭子镇台头崖村被告人刘龙昌的淄博荣昌油脂有限公司院内非法倾倒，造成污染环境。经山东省环境保护科学研究设计院鉴定，非法倾倒的废酸液均为危险废物，亦为有毒物质。

一审法院审判认为：

1. 被告单位寿光联盟公司、新永辉公司违反国家规定，非法排放、倾倒、处置有毒物质，严重污染环境，后果特别严重，其行为均已构成污染环境罪；被告人张学清作为被告单位直接负责的主管人员，被告人于晓菲作为被告单位的直接责任人员，其行为亦构成污染环境罪。被告人刘龙昌、刘兴德、刘志钧、高相军、齐良、单春永、路连林、单连江、王松亮、王永钦、李文违反国家规定，非法排放、倾倒或者处置有毒物质，严重污染环境，后果特别严重，其行为均已构成污染环境罪。

2. 被告人刘兴德系在判决宣告以后刑罚执行完毕以前发现还有其他罪没有判决,应对新发现的罪作出判决,把前后两个判决所判处的刑罚,数罪并罚。被告人刘龙昌、齐良、张学清、路连林、单连江系自首,对被告单位寿光联盟公司及被告人刘龙昌、齐良、张学清、路连林、单连江均可从轻处罚。被告人刘兴德、刘志钧、单春永、王松亮、王永钦、李文归案后如实供述犯罪事实,均可从轻处罚。被告人高相军能够供认部分犯罪事实,可据情从轻处罚。案发后,被告单位寿光联盟公司、新永辉公司缴纳部分污染综合处置费,对被告单位及相关责任人员均可分别据情从轻处罚;被告人齐良能够上缴违法所得,可酌定从轻处罚。

3. 被告单位寿光联盟公司、新永辉公司系危险废物的提供者,是整个污染环境行为的源头,被告人张学清、于晓菲作为被告单位直接负责的主管人员、直接责任人员,均应认定为主犯;被告人单春永、齐良、高相军、刘兴德、刘志钧为谋取非法利益,牵线搭桥或直接安排他人非法排放、倾倒、处置废酸,所起作用积极,均应认定为主犯;被告人刘龙昌明知倾倒危险废物可能会污染环境,为谋取非法利益仍向他人提供处置场地,应认定为主犯;被告人路连林、单连江、王松亮、王永钦、李文作为运输危险废物的罐车司机,在污染环境共同犯罪中起辅助作用,为从犯,应当从轻或减轻处罚。

4. 依照《刑法》第三百三十八条、第三百四十六条、第五十二条、第五十三条、第二十五条第一款、第二十六条第一款、第四款、第二十七条、第三十条、第三十一条、第六十四条、第六十七条、第六十九条、第七十条、第六十一条,《办理环境污染刑事案件解释》第三条、第七条、第十一条之规定,(1)以污染环境罪判处被告单位寿光联盟公司罚金1000万元。(2)以污染环境罪判处被告单位新永辉公司罚金600万元。(3)以污染环境罪判处被告人刘龙昌有期徒刑6年10个月,并处罚金45万元。(4)以污染环境罪判处被告人刘兴德有期徒刑6年,并处罚金30万元,与前罪所判处的刑罚有期徒刑6年,罚金10万元数罪并罚,决定执行有期徒刑10年10个月,并处罚金40万元。(5)以污染环境罪判处被告人刘志钧有期徒刑3年6个月,并处罚金人民币10万元。(6)以污染环境罪判处被告人高相军有期徒刑4年6个月,并处罚金20万元。(7)以污染环境罪判处被告人齐良有期徒刑4年,并处罚金10万元。(8)以污染环境罪判处被告人单春永有期徒刑 6 年，并处罚金 35 万元。（9）以污染环境罪判处被告人张学清有期徒刑 3 年，并处罚金 30 万元。（10）以污染环境罪判处被告人于晓菲有期徒刑 3 年 6 个月，并处罚金 25 万元。（11）以污染环境罪判处被告人路连林有期徒刑 3 年 11 个月，并处罚金 6 万元。（12）以污染环境罪判处被告人单连江有期徒刑 1 年 6 个月，并处罚金 2 万元。（13）以污染环境罪判处被告人王松亮有期徒刑 2 年，并处罚金 3 万元。（14）以污染环境罪判处被告人王永钦有期徒刑 1 年 10 个月，并处罚金 2.5 万元。（15）以污染环境罪判处被告人李文有期徒刑 1 年 10 个月，并处罚金人民币 2.5 万元。（16）扣押在案的违法所得依法予以没收，不足部分继续予以追缴。

宣判后，公诉机关不抗诉，原审被告单位寿光联盟公司，原审被告人刘兴德、张学清不服，分别提出上诉。

二审法院审理查明的事实、证据与一审相同。

二审法院审判认为：原审判决事实清楚，证据确实、充分，定罪准确，量刑适当，审判程序合法。依照《刑事诉讼法》第二百三十六条第一款第一项的规定，裁定驳回上诉，维持原判。

二、案例解读

（一）被告单位均构成污染环境罪

《刑法》第三十一条规定："单位犯罪的，对单位判处罚金，并对其直接负责的主管人员和其他直接责任人员判处刑罚。本法分则和其他法律另有规定的，依照规定。"根据《刑法》第三百四十六条的规定，环境犯罪中的单位犯罪都适用双罚制，既对单位判处罚金，也对直接负责的主管人员和其他直接责任人员判处刑罚。本案两被告企业寿光联盟公司、新永辉公司均被认定构成污染环境罪，分别以污染环境罪判处罚金 1000 万元、600 万元。

寿光联盟公司在上诉答辩中称，其与被告单春永签订了《安全协议》《废硫酸外运协议》，已经履行了安全注意义务，非法倾倒酸性废液的行为系被告单春永伙同他人作出，寿光联盟公司不应对此承担责任。但该辩称没有得到法院支持。法院认为，在案证据能够充分证实寿光联盟公司在明知公司生产过程中产生的酸性废液为危险废物，应按国家规定进行处置的情况下，仍未尽责查验经营许可，而是在主要负责人张学清的安排下，由单位设备科副科长张树才将危险废物以每吨 330 元的价格交给没有危险废物处置资质的被告人单春永处置。《废硫酸外运协议》《烷基化废硫酸处理报告》两份证据能够证实对危险废物的非法处理系寿光联盟公司的整体意志，故寿光联盟公司的行为成立单位犯罪。

（二）企业总经理和主管人员构成污染环境罪

寿光联盟公司总经理张学清、新永辉公司领导于晓菲，亦构成污染环境罪。法院认为，被告人张学清、于晓菲作为被告单位直接负责的主管人员、直接责任人员，均应认定为主犯，以污染环境罪判处被告人张学清有期徒刑 3 年，并处罚金 30 万元，以污染环境罪判处被告人于晓菲有期徒刑 3 年 6 个月，并处罚金 25 万元。

新永辉公司于晓菲接受公司委派处理酸性废液，于晓菲寻找到不具有危险废物处置资质的被告人齐良进行处置，是新永辉公司环境污染犯罪的源头，于晓菲在新永辉公司的单位犯罪中发挥决策作用，并且其决策行为与单位犯罪的危害结果之间存在刑法上的因果关系，构成单位犯罪的直接负责的主管人员，作为单位犯罪的主管人员承担刑事责任。针对寿光联盟公司总经理张学清的上诉，法院认为，张学清作为寿光联盟公司总经理，在公司本有分管环保工作的副总经理和处理危险废物的安全环保科的情况下，未将废硫酸的处置工作交给分管环保的副总经理及安全环保科按照法定程序处置，却直接指示设备科副科长张树才与单春永联系处置废硫酸，导致废硫酸被非法处置，应当承担决策责任，作为单位犯罪的主管人员承担刑事责任，原审并无不当。

（三）涉案的中间联络人、倾倒场地负责人、罐装车司机均构成污染环境罪

本案被告单春永、齐良、高相军、刘兴德、刘志钧为中间人，谋取非法利益，牵线搭桥或直接安排他人非法排放、倾倒、处置废酸，所起作用积极，认定为主犯；被告人刘龙昌明知倾倒危险废物可能会污染环境，为谋取非法利益仍向他人提供处置场地，认定为主犯；被告人路连林、单连江、王松亮、王永钦、李文作为运输危险废物的罐车司机，在污染环境共同犯罪中起辅助作用，为从犯，从轻或减轻处罚。

被告人刘兴德系在判决宣告以后刑罚执行完毕以前发现还有其他罪没有判决，应对新发现的罪作出判决，把前后两个判决所判处的刑罚，数罪并罚。以污染环境罪判处被告人刘兴德有期徒刑 6 年，并处罚金 30 万元，与前罪所判处的刑罚有期徒刑 6 年，罚金 10 万元数罪并罚，决定执行有期徒刑 10 年 10 个

月，并处罚金40万元。

【合规指引】

一、污染环境罪立法脉络

1997年《刑法》首次将污染环境行为入刑，第三百三十八条“重大环境污染事故罪”规定，违反国家规定，向土地、水体、大气排放、倾倒或者处置有放射性的废物、含传染病病原体的废物、有毒物质或者其他危险废物，造成重大环境污染事故，致使公私财产遭受重大损失或者人身伤亡的严重后果的，处3年以下有期徒刑或者拘役，并处或者单处罚金；后果特别严重的，处3年以上7年以下有期徒刑，并处罚金。

2011年，《刑法修正案（八）》将“重大环境污染事故罪”改为“污染环境罪”，同时将“造成重大环境污染事故，致使公私财产遭受重大损失或者人身伤亡的严重后果”的表述修改为“严重污染环境”。污染环境罪不限于以造成严重后果为入罪条件，实施严重危害环境安全的行为也可入刑，降低了污染环境罪的入罪门槛。

2020年，《刑法修正案（十一）》再次修正第三百三十八条，对污染环境罪作出如下修正：(1) 提高刑期上限。将“后果特别严重的，处三年以上七年以下有期徒刑，并处罚金”修改为“情节严重的，处三年以上七年以下有期徒刑，并处罚金”。新增一档法定刑，“有下列情形之一的，处七年以上有期徒刑，并处罚金：（一）在饮用水水源保护区、自然保护地核心保护区等依法确定的重点保护区域排放、倾倒、处置有放射性的废物、含传染病病原体的废物、有毒物质，情节特别严重的；（二）向国家确定的重要江河、湖泊水域排放、倾倒、处置有放射性的废物、含传染病病原体的废物、有毒物质，情节特别严重的；（三）致使大量永久基本农田基本功能丧失或者遭受永久性破坏的；（四）致使多人重伤、严重疾病，或者致人严重残疾、死亡的”。(2)明确竞合犯的处理原则，“有前款行为，同时构成其他犯罪的，依照处罚较重的规定定罪处罚”。

《刑法》不断加大污染环境惩罚力度的同时，人民法院、人民检察院联合相关部门联合发布司法解释、会谈纪要等文件，对污染环境罪的侦查、起诉、审理进行规范指导，极大加强了污染环境罪的司法处理力度。比较关键的文件包括：2013年，最高人民法院和最高人民检察院联合发布《关于办理环境污染刑事案件适用法律若干问题的解释》(法释〔2013〕15号,已失效);2016年,最高人民法院和最高人民检察院在之前的基础上完善了相关规定,发布了《办理环境污染刑事案件解释》;2019年,最高人民法院、最高人民检察院、公安部、司法部以及生态环境部联合发布了《关于办理环境污染刑事案件有关问题座谈会纪要》,对单位犯罪进行了专门的解释。

二、污染环境罪的犯罪构成

按照现行刑法体系规定,污染环境罪可理解为违反防治污染环境的法律规定,严重污染环境,依照法律应受到刑事处罚的行为。

(一)主观方面的认定

《刑法修正案(八)》对污染环境罪作出修改后,关于该罪的主观罪过形态,曾经存在不少争议。但目前司法界对此形成比较统一的认识:污染环境罪的主观罪过形式为故意,包括直接故意和间接故意,原因在于污染环境罪保护的法益是环境管理制度。[①] 在污染环境罪中,污染环境结果的发生大多数情况下需要经过一定年限或者积累到一定程度才能显现,甚至存在行为发生时,科学技术手段难以确定将来是否会形成污染结果的情况。但是,如果污染环境罪保护的法益是国家环境保护管理制度,而生产企业理应知晓并严格遵循国家制度,行为人故意违反相关制度,对可能造成的污染后果持积极追求或消极放任的态度,便具备污染环境罪的主观条件。

(二)客观方面的认定

环境污染罪在客观方面表现为违反国家规定,向土地、水体和大气排放危险废物,造成环境污染,致使公私财产遭受重大损失或者人身伤亡的严重后果的行为。

1. 违反了国家规定。

行为人需违反全国人大及其常委会制定的有关环境保护方面的法律,如《环境保护法》《大气污染防治法》《水污染防治法》《海洋环境保护法》《固体废物污染环境防治法》等法律及相关行政法规、规章等规范性文件,以及《放射性同位素与射线装置放射防护条例》(已失效)、《工业"三废"排放试行标准》等

---

① 王凯:《污染环境罪的罪过形式属于故意》,载最高人民检察院官网,https://www.spp.gov.cn/llyj/201704/t20170419_188478.shtml。

专门法规。

2. 实施了“排放、倾倒、处置有放射性的废物、含传染病病原体的废物、有毒物质或者其他有害物质”，以及依据《办理环境污染刑事案件解释》规定的特殊情况下的“收集、贮存、利用、处置危险废物”的行为。

(1)排放、倾倒、处置行为的认定。

司法实践中，“排放”可以归纳为污染物产生后不经处理直接以各种形式排入外部环境，在时间、空间上与污染物的产生有较强的连续性，中间环节少，污染集中在生产地附近，如偷排工业废水。“倾倒”则一般被认为是使用容器将污染物通过一定方式移动到其他地点后再行排入外部环境，在时间、空间上与污染物的产生间隔较大，中间环节多，主要体现为异地污染，如倾倒、填埋建筑垃圾和生活垃圾混杂物。处置是指以焚烧、填埋或其他改变危险废物属性的方式处理危险废物或者将其置于特定场所或者设施并不再取回的行为。

《办理环境污染刑事案件解释》第六条第一款、第七条规定，无危险废物经营许可证从事收集、贮存、利用、处置危险废物经营活动，严重污染环境的，按照污染环境罪定罪处罚；同时构成非法经营罪的，依照处罚较重的规定定罪处罚。明知他人无危险废物经营许可证，向其提供或者委托其收集、贮存、利用、处置危险废物，严重污染环境的，以污染环境罪的共同犯罪论处。

(2)放射性废物、含传染病病原体的废物、有毒物质或者其他有害物质的认定。

①放射性废物。《放射性污染防治法》第六十二条规定：“……放射性废物，是指含有放射性核素或者被放射性核素污染，其浓度或者比活度大于国家确定的清洁解控水平，预期不再使用的废弃物。”按照物理形态，可分为放射性废水、废气和固体废物。

②含传染病病原体的废物(亦称传染性废物)。《传染病防治法》第三条第一款规定传染病分为甲类、乙类和丙类。第二十七条要求，对被传染病病原体污染的污水、污物、场所和物品，有关单位和个人必须在疾病预防控制机构的指导下或者按照其提出的卫生要求，进行严格消毒处理；拒绝消毒处理的，由当地卫生行政部门或者疾病预防控制机构进行强制消毒处理。

③有毒物质是对机体发生化学或物理化学的作用，因而损害机体，引起功能障碍、疾病，甚至死亡的物质。有毒物质可分为无机毒物和有机毒物两大

类。例如,汞、铅、砷、镉、铬、氟等属于无机毒物,其中有许多能在生物体中富集积累。有机毒物如酚、氰、有机氯、有机磷、有机汞、乙烯等。

④其他危险废物则是指上述列举之外的,列入国家危险废物名录或根据国家规定的危险废物鉴别标准和鉴别方法认定的具有危险特性的废物。根据我国加入的《巴塞尔公约》,其他危险废物主要是指从住家搜集的废物和从焚化住家废物产生的残余物。

3. 行为后果达到法定量刑标准。

根据《最高人民检察院、公安部关于公安机关管辖的刑事案件立案追诉标准的规定(一)》第六十条之规定:“违反国家规定,向土地、水体、大气排放、倾倒或者处置有放射性的废物、含传染病病原体的废物、有毒物质或者其他危险废物,造成重大环境污染事故,涉嫌下列情形之一,应予立案追诉:(一)致使公私财产损失三十万元以上的;(二)致使基本农田、防护林地、特种用途林地五亩以上,其他农用地十亩以上,其它土地二十亩以上基本功能丧失或者遭受永久性破坏的;(三)致使森林或者其他林木死亡五十立方米以上,或者幼树死亡二千五百株以上的;(四)致使一人以上死亡、三人以上重伤、十人以上轻伤,或者一人以上重伤并且五人以上轻伤的;(五)致使传染病发生、流行或者人员中毒达到《国家突发公共卫生事件应急预案》中突发公共卫生事件分级Ⅲ级以上情形,严重危害人体健康的;(六)其他致使公私财产遭受重大损失或者人身伤亡的严重后果的情形。本条和本规定第六十二条规定的‘公私财产损失’,包括污染环境直接造成的财产损毁、减少的实际价值,为防止污染扩散以及消除污染而采取的必要的、合理的措施而发生的费用。”

《办理环境污染刑事案件解释》第一条规定:“实施刑法第三百三十八条规定的行为,具有下列情形之一的,应当认定为‘严重污染环境’:(一)在饮用水水源一级保护区、自然保护区核心区排放、倾倒、处置有放射性的废物、含传染病病原体的废物、有毒物质的;(二)非法排放、倾倒、处置危险废物三吨以上的;(三)排放、倾倒、处置含铅、汞、镉、铬、砷、铊、锑的污染物,超过国家或者地方污染物排放标准三倍以上的;(四)排放、倾倒、处置含镍、铜、锌、银、钒、锰、钴的污染物,超过国家或者地方污染物排放标准十倍以上的;(五)通过暗管、渗井、渗坑、裂隙、溶洞、灌注等逃避监管的方式排放、倾倒、处置有放射性的废物、含传染病病原体的废物、有毒物质的;(六)二年内曾因违反国家规定,排放、倾倒、处置有放射性的废物、含传染病病原体的废物、有毒物质受过两次以上行政处罚，又实施前列行为的；（七）重点排污单位篡改、伪造自动监测数据或者干扰自动监测设施，排放化学需氧量、氨氮、二氧化硫、氮氧化物等污染物的；（八）违法减少防治污染设施运行支出一百万元以上的；（九）违法所得或者致使公私财产损失三十万元以上的；（十）造成生态环境严重损害的；（十一）致使乡镇以上集中式饮用水水源取水中断十二小时以上的；（十二）致使基本农田、防护林地、特种用途林地五亩以上，其他农用地十亩以上，其他土地二十亩以上基本功能丧失或者遭受永久性破坏的；（十三）致使森林或者其他林木死亡五十立方米以上，或者幼树死亡二千五百株以上的；（十四）致使疏散、转移群众五千人以上的；（十五）致使三十人以上中毒的；（十六）致使三人以上轻伤、轻度残疾或者器官组织损伤导致一般功能障碍的；（十七）致使一人以上重伤、中度残疾或者器官组织损伤导致严重功能障碍的；（十八）其他严重污染环境的情形。”

依据《刑法》第三百三十八条和《办理环境污染刑事案件解释》第三条的规定，单位和自然人都可构成污染环境罪的犯罪主体。严重污染环境的，3 年以下有期徒刑或者拘役，并处或者单处罚金；情节严重的，处 3 年以上 7 年以下有期徒刑，并处罚金；情节特别严重的，处 7 年以上有期徒刑，并处罚金。情节严重的情形包括：(1)致使县级以上城区集中式饮用水水源取水中断 12 小时以上的；(2)非法排放、倾倒、处置危险废物 100 吨以上的；(3)致使基本农田、防护林地、特种用途林地 15 亩以上，其他农用地 30 亩以上，其他土地 60 亩以上基本功能丧失或者遭受永久性破坏的；(4)致使森林或者其他林木死亡 150 立方米以上，或者幼树死亡 7500 株以上的；(5)致使公私财产损失 100 万元以上的；(6)造成生态环境特别严重损害的；(7)致使疏散、转移群众 15,000 人以上的；(8)致使 100 人以上中毒的；(9)致使 10 人以上轻伤、轻度残疾或者器官组织损伤导致一般功能障碍的；(10)致使 3 人以上重伤、中度残疾或者器官组织损伤导致严重功能障碍的；(11)致使 1 人以上重伤、中度残疾或者器官组织损伤导致严重功能障碍，并致使 5 人以上轻伤、轻度残疾或者器官组织损伤导致一般功能障碍的；(12)致使 1 人以上死亡或者重度残疾的；(13)其他后果特别严重的情形。

情节特别严重的包括：(1)在饮用水水源保护区、自然保护地核心保护区等依法确定的重点保护区域排放、倾倒、处置有放射性的废物、含传染病病原体的废物、有毒物质,情节特别严重的;(2)向国家确定的重要江河、湖泊水域排放、倾倒、处置有放射性的废物、含传染病病原体的废物、有毒物质,情节特别严重的;(3)致使大量永久基本农田基本功能丧失或者遭受永久性破坏的;(4)致使多人重伤、严重疾病,或者致人严重残疾、死亡的。

三、单位成为污染环境罪犯罪主体

(一)区分单位犯罪和单位成员犯罪

单位犯罪,是指公司、企业、事业单位、机关、团体为本单位或者本单位全体成员谋取非法利益,有单位的决策机构按照单位决策程序决定,由直接责任人员具体实施的犯罪。从近两年的司法实践来看,污染环境罪认定单位犯罪的比率呈上升趋势。

司法实务认为,单位犯罪虽然是单位本身犯罪,但具体犯罪行为需要决定者与实施者,因此,区分单位犯罪和单位成员犯罪的界限在于单位成员是否基于单位意志实施行为。单位意志是单位内部成员在相互联系、相互作用、协调一致的条件下形成的意志,即单位的单位意志。如果单位内部成员按照单位的统一要求,为了单位利益,基于单位意志实施犯罪行为,则可认定为单位犯罪。

可被认定单位构成污染环境罪的情形有以下几种:(1)经单位决策机构按照决策程序决定的;(2)经单位主要负责人或分管负责人决定、同意的;(3)单位主要负责人或者分管负责人明知行为人实施上述行为而不加以制止,也未及时采取有效措施防止损失扩大、消除污染的。例如,在凯某某门窗系统有限公司、龚某某、贺某某、向某某污染环境案中,凯某某门窗系统有限公司是依法经工商注册设立的有限责任公司,没有安装任何污染防治设施,没有进行环境影响评价就进行生产,直接将生产的废水通过暗管最终排入雨水窨井内,长期污染环境。由于公司没有提供污水防治设施,导致生产班长贺某某、操作工向某某只能通过公司提供的暗管的方式排放废水。单位主要负责人龚某某明知贺某某、向某某实施上述行为而不加以制止,也未及时采取措施防止损失扩大、消除污染的,且污染环境的行为产生的收益都归凯某某门窗系统有限公司所有,故认定为单位犯罪。

下列情形,一般不构成单位污染环境犯罪:(1)假冒单位的名义实施污染行为。(2)实施污染犯罪行为的个人私分所获非法利益的。金某某、杜某某、徐某某污染环境案中,金某某、杜某某擅自添加生产工序,导致生产排放的废水中含有重金属污染物,并授意操作工徐某某通过暗管排放,严重污染环境。本案中涉案公司规模小,且金、杜二人擅自添加生产工序未按规定应有的决策程序进行,且违法所得由金、杜二人平分,故不宜认定为单位犯罪。(3)单位内部成员在没有得到单位决策机构批准、同意或者认可的前提下实施污染犯罪行为的。(4)案发后单位被撤销、注销、吊销营业执照、宣告破产,或者判决时已经停产、单位无可供执行罚金的财产的。(5)单位性质为公司,单位财产与个人财产混同的或者不具备公司法要求的法人治理结构的。(6)有证据证实单位确已依法尽到对单位人员环境保护宣传、业务操作培训等职责,操作人员未经管理人员同意径行实施污染行为的。

(二)"小工"在共同犯罪中的地位

"小工"即雇用从事相关活动的工人,通常是污染环境行为的实际操作者、执行人。"小工"在污染环境罪中的地位,应结合其参与犯罪的程度和主观方面的情况进行综合判断。

1. 参与犯罪的程度需考量"小工"在环境污染中的作用、是否参与整个犯罪过程等情况。如参与运送危险废物的司机只参与了运输环节,未参与倾倒环节,则应认为情节较为轻微。比如,胡某某、焦某污染环境案中,操作工情节轻微,未做犯罪处理。

2. 主观上则主要考量其对于危险废物是否明知或应当知道,如明知为危险废物而参与,则认为其主观恶性较强。当然,对于明知或应知的判定也应该以客观事实为基础,如获得超出一般同等作业方式的报酬,作业时间、地点、方式较为特殊,有明显的现象表明作业对象为危险废物的,可以认定为明知或应知。比如,刘某某、张某某污染环境案中,张某某作为操作工倾倒涉案废油废液时系凌晨,倾倒地点系非常偏僻,且涉案废油废液存在明显刺鼻气味,因此可以推定其主观上具有明知。

四、企业负责人成为污染环境罪犯罪主体

(一)单独构成污染环境罪

在单位不构成犯罪的情况下,企业负责人作为实施污染环境行为的个体,判处犯污染环境罪,量刑处罚。

案例1:(2021)辽1122刑初71号"梁某海、常某民环境污染刑事案"中,被告人梁某海于2019年8月任大洼鑫源化工有限公司的总经理,被告人常某民于2012年任大洼鑫源化工有限公司车间主任,二人对厂区外排水负有监管和检测责任,在明知厂区生产、维修中对含有甲醛、甲醇的危险废物处理不规范的情况下,并未进行有效监管,造成厂区内外严重污染。经盘锦市生态环境局认定,大洼鑫源化工有限公司排水口周围废水及泥土、渗井中废水、圆井中废水含有甲醇、甲醛属于《危险废物鉴别标准 毒性物质含量鉴别》(GB 5085.6—2007)的有毒有害物质,经鉴定,含有甲醇、甲醛的废水均属于危险废物。法院审理认为,被告人梁某海、常某民违反国家规定,通过渗井等逃避监管的方式处置有毒物质的,严重污染环境,其行为触犯《刑法》第三百三十八条之规定,犯罪事实清楚,证据确实、充分,应当以污染环境罪追究其刑事责任。

案例2:最高人民法院1998年公报案例杨某武重大环境污染事故案中,运城市天马文化用纸厂(以下简称天马纸厂)是被告人杨某武于1993年开办的独资企业,设立在利用黄河水灌溉农田和解决城市供水问题的引黄干渠附近。该厂自投产以来,一直没有配置污水处理设备,生产过程中产生的含有挥发酚等有毒物质的污水,都积存在工厂附近的坑里,靠自然蒸发、渗入地下或者排入引黄干渠。天马纸厂因向引黄干渠中排放污水,曾经受到引黄管理局的经济处罚。1997年10月上旬,天马纸厂的污水坑决口,大量污水流入与引黄干渠一闸之隔的壕沟里,将壕沟中的引黄支渠(当地人俗称斗渠)淹没。10月14日下午,被告人杨某武在明知壕沟里积存着大量污水的情况下,指派该厂工人郑某强、杨某红,以修理引黄干渠闸门启闭机上的传动齿轮为由,借故将闸门提起,致使壕沟里的部分污水流入引黄干渠。10月15日上午,引黄管理局五级站站长刘某强发现干渠内进入污水后,找到该厂责令杨某武即时排除污水。杨某武虽然采取了排污措施,但是未能将污水完全排净,亦未将闸门堵严。当天下午3时许,引黄管理局五级站开机通过引黄干渠向水库管委会管辖的樊村水库供水两个多小时。10月16日早6时许,当引黄水流入樊村水库时,引黄管理局工作人员看到有大量污水同时进入水库,库存的41万方水被污染,遂逆流而上查看,发现污水来自天马纸厂积存污水的壕沟中。此时,原来被污水淹没的引黄支渠已经露出,壕沟里的污水也所剩不多。由于引黄管理局在发现污水进入樊村水库后,未能及时将此情况通知水库管委会,因此水库管委会又将被污染的水供给供水公司,使该公司的供水系统被严重污染。为避免发生饮水事故,供水公司只得将北城区的供水中断3天。法院判处杨某武犯重大环境污染事故罪,有期徒刑2年,并处罚金5万元。

(二)构成污染环境罪的共同犯

依据《刑法》第三百三十八条及《办理环境污染刑事案件解释》第十一条的规定,单位构成污染环境罪的情况下,单位直接负责的主管人员和其他直接责任人员构成共犯,按照污染环境罪定罪处罚。

理论上,污染环境罪的共同犯罪参与者主要有污染物生产者、污染行为实施者、污染行为帮助者、污染物利用者四大类。

1. 污染物生产者。污染物生产者一般不是污染环境罪的主体,但是在依据《办理环境污染刑事案件解释》第七条,具有委托无危险废物经营许可证的主体收集、贮存、利用、处置危险废物,严重污染环境的情况下,可能被认定为共同犯罪。

2. 污染行为实施者。实际从事污染物的排放、倾倒、处置行为,以及特殊情况下的收集、贮存、利用、处置危险废物经营活动的行为的主体,是污染环境罪的主要主体。

3. 污染行为帮助者。帮助污染行为实施者开展污染活动的主体,如存在雇佣关系的人员,向污染行为实施者提供或者委托其收集、贮存、利用、处置危险废物的其他主体,可以构成共同犯罪。

4. 污染物利用者。某些为满足自身生产需要,委托污染环境罪的特殊犯罪主体收集、贮存、利用、处置危险废物的主体,如向无危险废物经营许可证的公司购买明知为非法利用废物所提取的原材料。

实践中,企业厂长、法定代表人、董事长、总经理、中层领导干部等管理人员,是污染环境罪的高危风险群体。

案例1:法定代表人构成污染环境罪

昆山某某有限公司、李某某等污染环境案一审刑事判决书[(2018)苏0583刑初16号]

被告单位昆山某某有限公司及该公司法定代表人被告人李某某、废水处理负责人被告人李某等人,未经环保部门批准、验收,擅自在该公司原有棕化工艺生产线的基础上投入蚀刻工艺生产线,并投入生产。2017年2月23日至

27日期间，被告单位昆山某某有限公司及被告人李某某、李某，将该蚀刻工艺线产生的含铜废水排放至污水管网中。经昆山市环境监测站检测，被告单位昆山某某有限公司排放的废水中铜(总铜)浓度为102mg/L，超过国家《污水综合排放标准》(GB 8978—1996)中“第二类污染物最高允许排放浓度”(总铜2.0mg/L)10倍以上，严重污染环境。被告单位昆山某某有限公司、被告人李某某、李某违反国家规定，排放有毒物质，严重污染环境，其行为已构成污染环境罪。

案例2：厂长构成污染环境罪

南京某某油厂、张某等污染环境案一审刑事判决书[(2018)苏0102刑初15号]

被告单位南京某某油厂系南京财经学校校办工厂，厂址位于本市某某区夹岗门81号，主要使用机械油、植物油酸、工业松香、氢氧化钾等原料生产机床工作液(乳化液)。被告人张某自1996年起担任被告单位南京某某油厂厂长，于2016年9月21日被免去厂长职务。被告人施某于2016年3月接替张某全面负责被告单位南京某某油厂的管理工作，同年9月21日被任命为厂长。被告人戴某自2008年起担任被告单位南京某某油厂副厂长，负责生产、环保工作。被告人李某自1996年起担任被告单位南京某某油厂副厂长，负责销售工作。被告人黄某自1996年起担任被告单位南京某某油厂生产科长，负责车间生产、环保工作，于2016年5月10日被免去生产科长职务。被告人梁某于2016年5月10日接任黄某担任生产科科长，负责车间生产、环保工作，此前梁某为被告单位南京某某油厂电工。

被告单位南京某某油厂违反国家规定，通过暗管、渗坑逃避监管的方式排放有毒物质，严重污染环境，被告人张某、戴某、李某、施某系被告单位南京某某油厂直接负责的主管人员，黄某、梁某系被告单位南京某某油厂直接责任人员，其行为均已构成污染环境罪。

案例3：中层领导干部构成污染环境罪

云南某某有限公司、李某某污染环境案一审刑事判决书[(2018)云0402刑初105号]

2016年9月上旬的一天，云南某某有限公司仓库管理人员向公司综合部经理王某某汇报仓库堆放的过期油墨过多，要作库存清理，随后王某某将此情况报告给公司原法定代表人、董事长李某某。2016年10月上旬一天的公司例会上,李某某组织公司中层领导王某某、付某某等人讨论对公司仓库存放过期油墨的处理,李某某提出为节省公司成本,要在公司厂区选择一块空地挖坑倾倒后用土填埋过期油墨,参会人员没有提出反对意见。

2016年10月下旬的一天,云南某某有限公司原法定代表人、董事长李某某安排公司综合部经理王某某在公司厂区北角开挖了四个土坑,公司生产部经理付某某组织工人将公司积累下的8.199吨废油墨倾倒入坑内,并用土壤覆盖填埋。经某某市环境保护局认定,云南某某有限公司倾倒填埋的废油墨属于《国家危险废物名录》中HW12类,废物代码900-299-12。

被告单位云南某某有限公司、被告人李某某、王某某、付某某违反国家规定,倾倒有毒物质,严重污染环境,其行为均已触犯《刑法》第三百三十八条之规定,构成污染环境罪。

案例4:承包经营人构成共同犯罪

杭州某某有限公司、崔某某、俞某某等污染环境案一审刑事判决书[(2018)浙0681刑初515号]

杭州某某有限公司于2013年12月20日设立,法定代表人为章某某,主要从事造纸废料的回收再利用,过程中会产生大辫子、水洗渣、沉沙等造纸废渣。该公司于2014年下半年由被告人崔某某、俞某某、崔某1合伙承包经营,且三被告人均参与公司的日常管理,具体由被告人俞某某总体负责,被告人崔某某主要负责对外业务,被告人崔某1后来负责财务。从2016年上半年开始,因造纸废渣的堆积影响到公司的正常生产,此时,江某(绰号:大标,另案处理)联系被告人崔某某,称可以有偿为公司非法处置造纸废渣,被告人崔某某经与被告人俞某某、崔某1商量后决定由江某1负责处理公司的造纸废渣,公司支付给江某每车2600元左右的费用。后江某通过黄某、许某等人(均另案处理)使用自卸货车将造纸废渣运输至诸暨市××街道××村周边、××岭复绿工程工地非法倾倒,至2017年4月17日被公安机关查获。经绍兴市环保科技服务中心鉴定,造纸废渣属工业有害废物,其渗滤液对填埋地块下方及周边地表水、土壤及地下水生态环境造成损害。

被告单位杭州某某有限公司违反国家规定,非法处置有害物质,严重污染环境,其行为已构成污染环境罪,依法应追究刑事责任;被告人崔某某、俞某某、崔某1作为直接负责的主管人员，亦应当以污染环境罪追究其刑事责任。

案例5：实际经营人构成共同犯罪

上海某某有限公司、应某2等污染环境案一审刑事判决书[(2018)沪7101刑初132号]

被告单位某某公司主要生产加工金属制品、小五金、不锈钢制品等，生产过程中产生的废液被收集在厂区储存桶内。被告人应某2系该公司实际经营人，被告人王某某系生产部门负责人，被告人何某某此前因处理废液事宜通过王某某与应某2相识。

2017年12月，被告人应某2决定将储存桶内的废液交给何某某处理，并约定向其支付人民币7000元，由王某某负责具体事宜。后何某某联系了被告人徐某某，同月22日夜，徐某某伙同被告人徐某2驾驶槽罐车至公司门口与何某某会合，经何某某与王某某联系后进入公司抽取废液，三人再驾车至本市某某区××镇外××公路、××路西100米处，先后将约6吨废液倾倒至该处市政窨井内。当晚23时50分许，被告人徐某某、徐某2被当场抓获，被告人应某2、何某某、王某某于同月23日、26日和29日分别到案。经测试，窨井内水样pH值为1.61、槽罐车内水样pH值为1.04、危废仓库最西侧桶内废液pH值<1，属于危险废物，三份水样所含重金属成分相同。

被告人何某某、徐某某、徐某2违反国家规定，共同倾倒危险废物，严重污染环境；被告单位某某公司明知他人无危险废物经营许可证，委托其处置危险废物，严重污染环境；被告人应某2、王某某系被告单位直接负责的主管人员和其他直接责任人员，被告单位及五被告人均已构成污染环境罪。

五、企业环境刑事合规不起诉与建议

2020年3月，为了进一步服务保障好民营经济，促进企业整改和依法合规发展，改变机械司法动辄剥夺涉案企业负责人的人身自由，加剧市场主体的压力与困难，而对有轻微犯罪行为的企业负责人依法不捕、不诉后“一放了之”的做法，检察系统推出真严管、真厚爱的企业刑事合规改革制度改革。第一批改革试点在上海浦东、金山，江苏张家港，山东郯城，广东深圳南山、宝安等6家基层检察院。2021年3月，最高人民检察院启动第二期试点，试点省市包括北京、辽宁、上海、江苏、浙江、福建、山东、湖北、湖南、广东10个省市。2021年6月3日，最高人民检察院举办“依法督促涉案企业合规管理，将严管厚爱落到实处”新闻发布会，发布企业合规改革试点典型案例，以及《关于建立涉案企业合规第三方监督评估机制的指导意见（试行）》。

公布的四个典型案例中，第一个案例为张家港市L公司、张某甲等人污染环境案。该典型案例中，江苏省张家港市L化机有限公司（以下简称L公司）在检察机关指导下，通过专业律师编制环保合规整改方案，通过合规建设评估，为最终免予刑事处罚争取有利条件。

L公司系从事不锈钢产品研发和生产的省级高科技民营企业，张某甲、张某乙、陆某某分别系该公司的总经理、副总经理、行政主管。2018年下半年，L公司在未取得生态环境部门环境评价的情况下建设酸洗池，并于2019年2月私设暗管，将含有镍、铬等重金属的酸洗废水排放至生活污水管，造成严重环境污染。2020年8月，张家港市公安局以L公司及张某甲等人涉嫌污染环境罪向张家港市人民检察院移送审查起诉。

张家港市人民检察院审查认为，L公司及张某甲等人虽涉嫌污染环境罪，但排放污水量较小，尚未造成实质性危害后果，可以进行合规考察监督并参考考察情况依法决定是否适用不起诉。同时经调查，L公司系省级高科技民营企业，年均纳税400余万元、企业员工90余名、拥有专利20余件，部分产品突破国外垄断。如果公司及其主要经营管理人员被判刑，对国内相关技术领域将造成较大影响。有鉴于此，2020年10月，检察机关向L公司送达《企业刑事合规告知书》，该公司在第一时间提交了书面合规承诺以及行业地位、科研力量、纳税贡献、承担社会责任等证明材料。检察机关在认真审查调查报告、听取行政机关意见以及综合审查企业书面承诺的基础上，对L公司作出合规考察决定。

随后，L公司聘请律师对合规建设进行初评，全面排查企业合规风险，制订详细合规计划，检察机关委托税务、生态环境、应急管理等部门对合规计划进行专业评估。L公司每月向检察机关书面汇报合规计划实施情况。2020年12月，检察机关组建以生态环境部门专业人员为组长的评估小组，对L公司整改情况及合规建设情况进行评估，经评估合格，通过合规考察。同月，检察机关邀请人民监督员、相关行政主管部门、工商联等各界代表，召开公开听证会，参会人员一致建议对L公司作不起诉处理。检察机关经审查认为，符合刑事诉讼法相关规定，当场公开宣告不起诉决定，并依法向生态环境部门提出对该公司给予行政处罚的检察意见。2021年3月，苏州市生态环境局根据《水污染防治法》有关规定，对L公司作出行政处罚决定。

结合该典型案例，律师建议企业在日常经营管理中做好环保合规的风险防范工作，建立一套行之有效的环保合规工作机制。

1. 加强对企业生产经营活动进行风险评估

在明晰环境污染相关立法和熟悉企业业务的基础上，对企业生产经营活动中各环节的风险进行评估。如分析企业是否存在"严重违规排放、倾倒、处置有放射性的废物、含传染病病原体的废物、有毒物质"或"违规排放、倾倒、处置危险废物3吨以上"等行为，建立企业风险库。

2. 建立生态环保责任制度

在对企业进行风险评估的基础上，明确企业的主要领导及各部门之具体职责，将企业环境保护的责任进行层层细化，建立职责分明、以责论处的工作原则，根据各部门及人员之相关职责，制定环境保护的工作清单，将环境保护工作进行分解和细化，做到落实到岗，形成系统化、规范化的环境保护责任管理体系。实务中，某些企业人员为了追求其自身的利益，时有擅自作出违法行为导致触犯污染环境罪的情形。如企业在此行为之前已拥有一套完善的生态环境保护责任制度，则在身陷刑事风险时可以以"该行为是企业员工之个人犯罪，不能将此认定为单位犯罪"进行抗辩。

3. 由专业律师协助办理相关法定资质

以排污许可证举例，按照《排污许可分类管理名录》及《排污许可证申请与核发技术规范》要求，律师要指导该企业在投入生产或使用并产生实际排污行为之前申请领取排污许可证。确保许可证副本中的生产工艺、环境保护设施等信息与实际情况相吻合，使企业实际排放量和浓度在许可范围内，并按照全国排污许可证管理信息平台中执行报告模块进行填报。

4. 建立健全规范化日常监管制度

由专业律师帮助企业建立健全环境保护监督管理体系，定期进行检查通报。企业的环境保护监督管理部门定期对企业环境保护的各个方面进行现场监督检查，对于不符合要求的情况要进行记录并及时通报，落实相关人员的责任，立即对相关问题进行整改。此外，要严格落实环境管理台账制度。建立对日常环境保护问题之整改台账和对重大环境保护隐患问题台账，包括问题产生的原因、责任的落实、整改的措施以及相关的应急预案等内容。企业如果面临刑事风险,这些台账可以作为企业自身经营行为的合法证据。

5. 定期对企业员工进行相关培训

由于易触犯污染环境罪的企业类型大多集中在技术性较强的行业中。这些企业的员工多擅长专业技术,对法律知识的了解不多,由专业律师根据企业所在的地区和行业特点,为企业员工定期提供专业化的法律培训,从整体上提高企业的对于环境保护的法律意识及合规意识。

6. 涉案后及时适用企业合规第三方监督评估机制

涉案企业如符合企业合规改革试点适用条件,可积极申请环保合规整改。配合人民检察院组织第三方监督评估机制管理委员会、选任组成第三方监督评估组织,按照整改要求建立健全企业规章制度,消除违法犯罪隐患,出具合规承诺,人民检察院进行调查、评估、监督和考察后作出不起诉决定。

【法条索引】

《中华人民共和国刑法》(2020 年 12 月 26 日修正)

第三十一条 单位犯罪的,对单位判处罚金,并对其直接负责的主管人员和其他直接责任人员判处刑罚。

《中华人民共和国刑法修正案(十一)》(2020 年 12 月 26 日,主席令第 66 号)

四十、将刑法第三百三十八条修改为:"违反国家规定,排放、倾倒或者处置有放射性的废物、含传染病病原体的废物、有毒物质或者其他有害物质,严重污染环境的,处三年以下有期徒刑或者拘役,并处或者单处罚金;情节严重的,处三年以上七年以下有期徒刑,并处罚金;有下列情形之一的,处七年以上有期徒刑,并处罚金:

"(一)在饮用水水源保护区、自然保护地核心保护区等依法确定的重点保护区域排放、倾倒、处置有放射性的废物、含传染病病原体的废物、有毒物质,情节特别严重的;

"(二)向国家确定的重要江河、湖泊水域排放、倾倒、处置有放射性的废物、含传染病病原体的废物、有毒物质,情节特别严重的;

"(三)致使大量永久基本农田基本功能丧失或者遭受永久性破坏的;

"(四)致使多人重伤、严重疾病,或者致人严重残疾、死亡的。

"有前款行为,同时构成其他犯罪的,依照处罚较重的规定定罪处罚。"

《最高人民法院关于审理单位犯罪案件具体应用法律有关问题的解释》(1999 年 6 月 25 日发布,法释〔1999〕14 号)

第二条　个人为进行违法犯罪活动而设立的公司、企业、事业单位实施犯罪的,或者公司、企业、事业单位设立后,以实施犯罪为主要活动的,不以单位犯罪论处。

第三条　盗用单位名义实施犯罪,违法所得由实施犯罪的个人私分的,依照刑法有关自然人犯罪的规定定罪处罚。

《最高人民法院、最高人民检察院关于办理环境污染刑事案件适用法律若干问题的解释》(2016 年 12 月 23 日发布,法释〔2016〕29 号)

第一条　实施刑法第三百三十八条规定的行为,具有下列情形之一的,应当认定为"严重污染环境":

(一)在饮用水水源一级保护区、自然保护区核心区排放、倾倒、处置有放射性的废物、含传染病病原体的废物、有毒物质的;

(二)非法排放、倾倒、处置危险废物三吨以上的;

(三)排放、倾倒、处置含铅、汞、镉、铬、砷、铊、锑的污染物,超过国家或者地方污染物排放标准三倍以上的;

(四)排放、倾倒、处置含镍、铜、锌、银、钒、锰、钴的污染物,超过国家或者地方污染物排放标准十倍以上的;

(五)通过暗管、渗井、渗坑、裂隙、溶洞、灌注等逃避监管的方式排放、倾倒、处置有放射性的废物、含传染病病原体的废物、有毒物质的;

(六)二年内曾因违反国家规定,排放、倾倒、处置有放射性的废物、含传染病病原体的废物、有毒物质受过两次以上行政处罚,又实施前列行为的;

(七)重点排污单位篡改、伪造自动监测数据或者干扰自动监测设施,排放化学需氧量、氨氮、二氧化硫、氮氧化物等污染物的;

(八)违法减少防治污染设施运行支出一百万元以上的;

(九)违法所得或者致使公私财产损失三十万元以上的;

(十)造成生态环境严重损害的;

(十一)致使乡镇以上集中式饮用水水源取水中断十二小时以上的;

(十二)致使基本农田、防护林地、特种用途林地五亩以上,其他农用地十亩以上,其他土地二十亩以上基本功能丧失或者遭受永久性破坏的;

（十三）致使森林或者其他林木死亡五十立方米以上，或者幼树死亡二千五百株以上的；

（十四）致使疏散、转移群众五千人以上的；

（十五）致使三十人以上中毒的；

（十六）致使三人以上轻伤、轻度残疾或者器官组织损伤导致一般功能障碍的；

（十七）致使一人以上重伤、中度残疾或者器官组织损伤导致严重功能障碍的；

（十八）其他严重污染环境的情形。

第二条 实施刑法第三百三十九条、第四百零八条规定的行为，致使公私财产损失三十万元以上，或者具有本解释第一条第十项至第十七项规定情形之一的，应当认定为“致使公私财产遭受重大损失或者严重危害人体健康”或者“致使公私财产遭受重大损失或者造成人身伤亡的严重后果”。

第三条 实施刑法第三百三十八条、第三百三十九条规定的行为，具有下列情形之一的，应当认定为“后果特别严重”：

（一）致使县级以上城区集中式饮用水水源取水中断十二小时以上的；

（二）非法排放、倾倒、处置危险废物一百吨以上的；

（三）致使基本农田、防护林地、特种用途林地十五亩以上，其他农用地三十亩以上，其他土地六十亩以上基本功能丧失或者遭受永久性破坏的；

（四）致使森林或者其他林木死亡一百五十立方米以上，或者幼树死亡七千五百株以上的；

（五）致使公私财产损失一百万元以上的；

（六）造成生态环境特别严重损害的；

（七）致使疏散、转移群众一万五千人以上的；

（八）致使一百人以上中毒的；

（九）致使十人以上轻伤、轻度残疾或者器官组织损伤导致一般功能障碍的；

（十）致使三人以上重伤、中度残疾或者器官组织损伤导致严重功能障碍的；

（十一）致使一人以上重伤、中度残疾或者器官组织损伤导致严重功能障碍，并致使五人以上轻伤、轻度残疾或者器官组织损伤导致一般功能障碍的；

（十二）致使一人以上死亡或者重度残疾的；

（十三）其他后果特别严重的情形。

第四条　实施刑法第三百三十八条、第三百三十九条规定的犯罪行为，具有下列情形之一的，应当从重处罚：

（一）阻挠环境监督检查或者突发环境事件调查，尚不构成妨害公务等犯罪的；

（二）在医院、学校、居民区等人口集中地区及其附近，违反国家规定排放、倾倒、处置有放射性的废物、含传染病病原体的废物、有毒物质或者其他有害物质的；

（三）在重污染天气预警期间、突发环境事件处置期间或者被责令限期整改期间，违反国家规定排放、倾倒、处置有放射性的废物、含传染病病原体的废物、有毒物质或者其他有害物质的；

（四）具有危险废物经营许可证的企业违反国家规定排放、倾倒、处置有放射性的废物、含传染病病原体的废物、有毒物质或者其他有害物质的。

第五条　实施刑法第三百三十八条、第三百三十九条规定的行为，刚达到应当追究刑事责任的标准，但行为人及时采取措施，防止损失扩大、消除污染，全部赔偿损失，积极修复生态环境，且系初犯，确有悔罪表现的，可以认定为情节轻微，不起诉或者免予刑事处罚；确有必要判处刑罚的，应当从宽处罚。

第六条　无危险废物经营许可证从事收集、贮存、利用、处置危险废物经营活动，严重污染环境的，按照污染环境罪定罪处罚；同时构成非法经营罪的，依照处罚较重的规定定罪处罚。

实施前款规定的行为，不具有超标排放污染物、非法倾倒污染物或者其他违法造成环境污染的情形的，可以认定为非法经营情节显著轻微危害不大，不认为是犯罪；构成生产、销售伪劣产品等其他犯罪的，以其他犯罪论处。

第七条　明知他人无危险废物经营许可证，向其提供或者委托其收集、贮存、利用、处置危险废物，严重污染环境的，以共同犯罪论处。

第八条　违反国家规定，排放、倾倒、处置含有毒害性、放射性、传染病病原体等物质的污染物，同时构成污染环境罪、非法处置进口的固体废物罪、投放危险物质罪等犯罪的，依照处罚较重的规定定罪处罚。

第九条 环境影响评价机构或其人员，故意提供虚假环境影响评价文件，情节严重的，或者严重不负责任，出具的环境影响评价文件存在重大失实，造成严重后果的，应当依照刑法第二百二十九条、第二百三十一条的规定，以提供虚假证明文件罪或者出具证明文件重大失实罪定罪处罚。

第十条 违反国家规定，针对环境质量监测系统实施下列行为，或者强令、指使、授意他人实施下列行为的，应当依照刑法第二百八十六条的规定，以破坏计算机信息系统罪论处：

（一）修改参数或者监测数据的；

（二）干扰采样，致使监测数据严重失真的；

（三）其他破坏环境质量监测系统的行为。

重点排污单位篡改、伪造自动监测数据或者干扰自动监测设施，排放化学需氧量、氨氮、二氧化硫、氮氧化物等污染物，同时构成污染环境罪和破坏计算机信息系统罪的，依照处罚较重的规定定罪处罚。

从事环境监测设施维护、运营的人员实施或者参与实施篡改、伪造自动监测数据、干扰自动监测设施、破坏环境质量监测系统等行为的，应当从重处罚。

第十一条 单位实施本解释规定的犯罪的，依照本解释规定的定罪量刑标准，对直接负责的主管人员和其他直接责任人员定罪处罚，并对单位判处罚金。

第十二条 环境保护主管部门及其所属监测机构在行政执法过程中收集的监测数据，在刑事诉讼中可以作为证据使用。

公安机关单独或者会同环境保护主管部门，提取污染物样品进行检测获取的数据，在刑事诉讼中可以作为证据使用。

第十三条 对国家危险废物名录所列的废物，可以依据涉案物质的来源、产生过程、被告人供述、证人证言以及经批准或者备案的环境影响评价文件等证据，结合环境保护主管部门、公安机关等出具的书面意见作出认定。

对于危险废物的数量，可以综合被告人供述，涉案企业的生产工艺、物耗、能耗情况，以及经批准或者备案的环境影响评价文件等证据作出认定。

第十四条 对案件所涉的环境污染专门性问题难以确定的，依据司法鉴定机构出具的鉴定意见，或者国务院环境保护主管部门、公安部门指定的机构出具的报告，结合其他证据作出认定。

第十五条　下列物质应当认定为刑法第三百三十八条规定的“有毒物质”：

（一）危险废物，是指列入国家危险废物名录，或者根据国家规定的危险废物鉴别标准和鉴别方法认定的，具有危险特性的废物；

（二）《关于持久性有机污染物的斯德哥尔摩公约》附件所列物质；

（三）含重金属的污染物；

（四）其他具有毒性，可能污染环境的物质。

第十六条　无危险废物经营许可证，以营利为目的，从危险废物中提取物质作为原材料或者燃料，并具有超标排放污染物、非法倾倒污染物或者其他违法造成环境污染的情形的行为，应当认定为“非法处置危险废物”。

第十七条　本解释所称“二年内”，以第一次违法行为受到行政处罚的生效之日与又实施相应行为之日的时间间隔计算确定。

本解释所称“重点排污单位”，是指设区的市级以上人民政府环境保护主管部门依法确定的应当安装、使用污染物排放自动监测设备的重点监控企业及其他单位。

本解释所称“违法所得”，是指实施刑法第三百三十八条、第三百三十九条规定的行为所得和可得的全部违法收入。

本解释所称“公私财产损失”，包括实施刑法第三百三十八条、第三百三十九条规定的行为直接造成财产损毁、减少的实际价值，为防止污染扩大、消除污染而采取必要合理措施所产生的费用，以及处置突发环境事件的应急监测费用。

本解释所称“生态环境损害”，包括生态环境修复费用，生态环境修复期间服务功能的损失和生态环境功能永久性损害造成的损失，以及其他必要合理费用。

本解释所称“无危险废物经营许可证”，是指未取得危险废物经营许可证，或者超出危险废物经营许可证的经营范围。

第十八条　本解释自2017年1月1日起施行。本解释施行后，《最高人民法院、最高人民检察院关于办理环境污染刑事案件适用法律若干问题的解释》（法释〔2013〕15号）同时废止；之前发布的司法解释与本解释不一致的，以本解释为准。

下篇

环保合规的热点问题

第十章　碳排放权交易制度与纠纷类型

【典型案例】

秦某、中民常青低碳科技有限公司买卖合同纠纷案

一、案情介绍

秦某、中民常青低碳科技有限公司买卖合同纠纷案［一审民事判决书案号：(2021)川0193民初768号］

本案是一审终审的中国核证自愿减排量投资纠纷诉讼案件。

2021年3月，原告秦某与被告中民常青低碳科技有限公司（以下简称中民常青公司）合同纠纷一案，由四川自由贸易试验区人民法院公开开庭进行了审理。原告诉请判令中民常青公司接收秦某持有的CCER（中国核证自愿减排量）产品总计2,492,505元及支付委托期限内的委托收益1,132,918.3元（按照产品总金额，每月收益4.17%的标准，自委托期限起始日即2019年12月24日起，暂计至2020年11月20日，实际计算至还清之日止）。

一审法院查明：

1. 2019年12月24日，秦某向四川联合环境交易所有限公司支出250万元。当日，秦某在四川碳排放权交易系统内分两笔买入产品代码为000163的“滇水电02”，金额合计2,492,505元，上述标的物卖方为中民常青公司。当日，双方签订《中国核证自愿减排量合作协议》，将以上买入、卖出交易截图作为协议附件，主要约定：秦某（乙方）委托中民常青公司（甲方）对其在四川联合环境交易所营业部或公司开设的账户（资金账号：×××01；户名：秦某，以下简称委托账户）内的CCER产品总计人民币2,492,505元进行管理及后续中和。乙方委托甲方管理及后续中和的标的物为中国核证自愿减排量（CCER），

计量单位为“吨二氧化碳当量（tCO_2e）”，代码为000163，名称为滇水电02，价格为15元/吨，数量合计166,167吨。关于结算条件及方式，乙方持有的CCER标的物需连续持有该CCER产品6个月以上且在此期间该CCER产品从未进行过交易，双方同意此笔委托期限为12个月，从2019年12月24日至2020年12月23日止。甲方承诺给予乙方持有标的物年化收益率及溢价款（统称为委托收益金额）总额为标的物金额的50%，甲方保证以乙方持有的标的物总金额的4.17%作为委托收益，自2020年1月起按照甲方承诺，每月5日向乙方指定账户支付当月委托收益金额至委托期限止。乙方在持有标的物后期（在后6个自然月，即第7个月开始计算），甲方将乙方持有的标的物分期、分量转入“全面碳惠/碳中和公共平台”进行中和，甲方在签订本协议日起一年内将乙方持有的标的物全部对外进行中和。如果甲方无法完成乙方代持标的物中和，甲方应在到期日后5日内接收乙方持有的标的物，并在3日内返还乙方于2019年12月24日所支付的2,492,505元。

2. 中民常青公司的股东蒲胜丽通过其账户于2020年4月8日向秦某支付220,000元。秦某述称，该款为《中国核证自愿减排量合作协议》约定的收益款，除此之外未支付收益款，也未回购约定的碳排放产品。

一审法院认为：

1.《最高人民法院关于适用〈中华人民共和国民法典〉时间效力的若干规定》第一条第二款规定：“民法典施行前的法律事实引起的民事纠纷案件，适用当时的法律、司法解释的规定，但是法律、司法解释另有规定的除外。”本案有关法律事实均发生于《民法典》施行前，本案适用当时的法律和司法解释。《中国核证自愿减排量合作协议》是中民常青公司、秦某真实意思表示，内容未违反法律、行政法规效力性强制性规定，合法有效。

2. 该协议主要权利义务是秦某购买并代持中民常青公司的碳排放标的物（代码000163，滇水电02，价格为15元/吨，数量合计166,167吨），并按月向秦某发放收益，一年委托期限内支付年化收益率50%的收益，并在委托期限届满前实现碳排放标的物中和。如不能履行该义务，则在到期满3日内返还2,492,505元，收回上述碳排放标的物。综上，本案合同权利义务包括了购买碳排放标的物、委托持有、支付收益、回购等，性质上非一方出卖货物，另一方支付价款的买卖合同，应按无名合同处理，本案为合同纠纷。中民常青公司主要义务是按约定支付收益，并在未实现碳排放标的物中和的情况下，按时回购标的物并支付价款。中民常青公司经依法传唤，无正当理由拒不到庭参加诉讼，视为放弃答辩、举证的权利，不能证明其履行了上述合同义务，故应当按约定回购标的物，并返还标的物价款2,492,505元。秦某全部收到上述返还价款或部分收到返还价款的，应配合在四川碳排放权交易系统内将案涉相应的碳排放标的权利（按15元/吨计算）转移给中民常青公司。标的物转移的手续费用，双方未明确约定负担规则，应按有关交易场所的交易规定负担。如果秦某不能配合转移或不能全部转移上述碳排放标的物权利给中民常青公司的，也应按15元/吨予以折价补偿中民常青公司。

3. 关于合同约定的收益，总额为2,492,505元×50%＝1,246,252.5元。秦某举证已收到22万元收益款项，故中民常青公司应当继续支付剩余未付收益（截止到委托期限满），秦某主张计算至还清标的价款之日止，无合同依据，超出部分不予支持。根据双方约定的履行期限，上述收益属于应当先履行的部分，故中民常青公司如不完全履行本判决义务的，先抵充收益，再抵充返还标的物价款。

一审法院判决：被告中民常青公司于本判决生效之日起5日内向原告秦某支付收益1,026,252.5元，并返还标的物价款2,492,505元。秦某收到上述返还的标的物价款2,492,505元后，立即在四川碳排放权交易系统内配合将本案碳排放标的物（代码为000163"滇水电02"，数量166,167吨）转移给被告中民常青公司。如果原告秦某部分收到返还的标的物价款的，应按15元/吨计算应转移的相应部分标的物权利。标的物转移的手续费用，按有关的交易场所交易规定负担。如果原告秦某不能配合转移或不能全部转移上述碳排放标的物权利给被告中民常青公司的，按15元/吨予以折价补偿中民常青公司。

二、案例解读

本案是一起碳核证减排量投资纠纷。虽然我国现行法律没有明确规定碳排放配额、碳核证减排量的财产权地位，但市场已经以碳排放配额、碳核证减排量以及产生的经济收益为标的产生一定数量的交易行为，包括购买、转让、质押等形式。司法裁判也表明，司法机关运用合同、担保等法律原理与规则对碳排放配额、碳核证减排量相关纠纷进行审理。事实上，碳排放配额、碳核证减排量的财产权以及由此衍生的金融空间是其获得市场广泛关注的吸引力之一。

(一)本案合作协议法律效力的认定

合作协议是确定双方投资关系的基础性文件,因投资发生的争议,司法诉讼的案由为合同纠纷。合同纠纷司法裁判逻辑的第一步是确定合同效力。关于合同效力的认定原理,《民法典》与《民法总则》《合同法》一脉相承。理论上,合同效力包括合同主体合法、意思表示真实、合同标的合法、程序合法四个必须要件,核心是“真实意思表示,内容未违反法律、行政法规效力性强制性规定”。《最高人民法院关于适用〈中华人民共和国民法典〉时间效力的若干规定》第一条第二款规定:“民法典施行前的法律事实引起的民事纠纷案件,适用当时的法律、司法解释的规定,但是法律、司法解释另有规定的除外。”因本案争议合同的签订时间是2019年,因此效力认定依据《合同法》(已失效)第五十二条之规定。法院认为,该合同“真实意思表示,内容未违反法律、行政法规效力性强制性规定”,合法有效。

值得商榷的是,根据法院查明事实,原被告双方于2019年12月24日签订《中国核证自愿减排量合作协议》设定的权利义务包括了购买碳排放标的物、委托持有、支付收益、回购等。根据协议约定,原被告采用一种类似“期货”“基金”的操作方式,对碳核证减排量进行开发管理:投资人购买碳核证减排量,委托第三方机构在交易平台上对碳核证减排量进行市场竞价,投资人支付第三方机构管理费并获取投资收益,第三方机构承诺收益并附条件回购。该种模式下,碳核证减排量带有“投机”色彩,与节能减排的制度初衷似乎不符。碳核证减排量的交易制度源于《京都议定书》,目的是通过赋予碳核证减排量财产价值,采用市场方式补偿节能减排单位。市场竞价方式也有利于碳核证减排量经济价值最大化,形成市场化激励机制。因此,碳核证减排量交易并不排斥金融投资。但是,作为事关社会生态安全的拟制商品,碳核证减排量与一般商品又有所不同。合理定价、合理竞价,真实发挥碳核证减排量的节能减排功能,防止碳核证减排量被金融市场虚拟化,是交易机制不可触碰的底线。本案中,中民常青公司将其持有的碳核证减排量转让给个体投资人,再以代持方式进行“操盘”盈利,似有违规嫌疑。但是,由于我国现行法律、行政法规以及相关政策并没有对此明令禁止,按照“法无禁止即自由”的民事权利原则,不宜认定该协议设定的权利义务违法。

（二）关于回购价格的确定

本案中，原、被告双方于2019年12月24日签订《中国核证自愿减排量合作协议》，约定"甲方在签订本协议日起一年内将乙方持有的标的物全部对外进行中和。如果甲方无法完成乙方代持标的物中和，甲方应在到期日后5日内接收乙方持有的标的物，并在3日内返还乙方于2019年12月24日所支付的2,492,505元"。双方约定了合同到期后的回购义务，但对回购价格没有约定。

实践中，回购价格的确定有原合同价、市场价、评估价、协商价等多种方式，如固定资产回购多采用评估价或评估价基础上的协商定价，债券、股票等证券类资产回购采用一定期限内证券市场交易平均价。本案中，双方权利义务关系因协议在2020年12月23日到期而终止，原告主张以原价15元/吨进行回购和"恢复原状"的逻辑相通，法院予以支持。

【合规指引】

一、碳排放权交易制度的政策沿革

我国早在2011年便启动了碳排放权交易试点，第一批试点有北京、上海、天津、重庆、湖北、广东、深圳、福建等八省市。经过近10年探索，截至2020年11月，试点省市碳市场共覆盖钢铁、电力、水泥等20多个行业，接近3000家企业，累计配额成交量约为4.3亿吨二氧化碳当量，累计成交额近100亿元，有效推动了试点省市应对气候变化和控制温室气体排放工作。[①] 2021年7月，我国正式启动全国碳市场上线交易系统，标志着全国碳交易市场的建立提上日程。

根据业界观点，碳排放权交易政策以2021年为分水岭，分为两个阶段：2011～2021年为试点阶段，关于碳排放权交易的政策散见于国民经济规划、通知、方案等政府文件；2021年为推行阶段，生态环境部先后颁发施行《碳排放权交易管理办法（试行）》、《碳排放权登记管理规则（试行）》、《碳排放权交易管理规则（试行）》和《碳排放权结算管理规则（试行）》，奠定了碳排放权交易的法律基础。以下按照两分法，将各阶段主要政策文件梳理如下（见表10－1、表10－2）。

---

① 徐靓丽：《中国碳排放权交易市场全面启动 试点十年累计成交近100亿》，载百度，https://baijiahao.baidu.com/s?id=1691081920718042556&wfr=spider&for=pc。

表 10－1　2011～2021 年主要政策文件

名　　称	实施日期
国民经济和社会发展第十二个五年规划纲要	2011.03.14
国民经济和社会发展第十三个五年规划纲要	2016.03.16
国务院关于印发“十二五”控制温室气体排放工作方案的通知	2011.12.01
国务院关于加快发展节能环保产业的意见	2013.08.01
国务院批转发展改革委关于 2013 年深化经济体制改革重点工作意见的通知	2013.05.18
国务院关于印发能源发展“十二五”规划的通知	2013.01.01
国务院批转发展改革委关于 2014 年深化经济体制改革重点任务意见的通知	2014.04.30
国务院批转发展改革委关于 2015 年深化经济体制改革重点工作意见的通知	2015.05.08
国务院办公厅关于石化产业调结构促转型增效益的指导意见	2016.07.23
国务院办公厅关于健全生态保护补偿机制的意见	2016.04.28
国务院批转国家发展改革委关于 2016 年深化经济体制改革重点工作意见的通知	2016.03.25
国务院关于印发“十三五”节能减排综合工作方案的通知	2016.12.20
国务院关于印发“十三五”控制温室气体排放工作方案的通知	2016.10.27
国务院办公厅关于石化产业调结构促转型增效益的指导意见	2016.07.23
国务院办公厅关于健全生态保护补偿机制的意见	2016.04.28
国务院批转国家发展改革委关于 2016 年深化经济体制改革重点工作意见的通知	2016.03.25
国务院关于加快培育和发展战略性新兴产业的决定	2010.10.10
财政部关于印发《碳排放权交易有关会计处理暂行规定》的通知	2020.01.01
大型活动碳中和实施指南(试行)	2019.05.29
国家林业局办公室关于印发《林业应对气候变化“十三五”行动要点》的通知	2016.05.30
国家发展改革委办公厅关于切实做好全国碳排放权交易市场启动重点工作的通知	2016.01.11
国家发展改革委办公厅关于印发第三批 10 个行业企业温室气体核算方法与报告指南(试行)的通知	2015.07.06

续表

名 称	实施日期
国家发展改革委办公厅关于印发第二批4个行业企业温室气体排放核算方法与报告指南(试行)的通知	2014.12.03
国家发展改革委办公厅关于印发首批10个行业企业温室气体排放核算方法与报告指南(试行)的通知	2013.10.15
金融业发展和改革“十二五”规划	2012.09.17
国家发展改革委关于印发《温室气体自愿减排交易管理暂行办法》的通知	2012.06.13
国家林业局办公室关于印发《林业应对气候变化“十二五”行动要点》的通知	2011.12.31
国家发展改革委办公厅关于开展碳排放权交易试点工作的通知	2011.10.29
清洁发展机制项目运行管理办法	2011.08.03
国家外汇管理局综合司关于办理二氧化碳减排量等环境权益跨境交易有关外汇业务问题的通知	2010.12.03

表10-2 2021年后生效施行的政策文件

名 称	实施日期
国民经济和社会发展第十四个五年规划和2035年远景目标纲要	2021.03.11
国务院关于落实《政府工作报告》重点工作分工的意见	2021.03.19
国务院关于加快建立健全绿色低碳循环发展经济体系的指导意见	2021.02.02
生态环境部关于加强高耗能、高排放建设项目生态环境源头防控的指导意见	2021.05.30
生态环境部关于发布《碳排放权登记管理规则(试行)》《碳排放权交易管理规则(试行)》和《碳排放权结算管理规则(试行)》的公告	2021.05.14
生态环境部办公厅关于加强企业温室气体排放报告管理相关工作的通知	2021.03.28
生态环境部办公厅关于印发《企业温室气体排放报告核查指南(试行)》的通知	2021.03.26
碳排放权交易管理办法(试行)	2021.02.01
生态环境部关于统筹和加强应对气候变化与生态环境保护相关工作的指导意见	2021.01.09

二、碳排放权交易平台的建设情况

市场交易语境下，碳排放权交易平台是国家特许授权、专门机构负责的特定管理系统以及围绕该系统注册、运行、维护而产生的关系场域。其雏形可追溯到1976年美国环境保护局为推动电力企业二氧化硫减排创新的排放权交易制度。2003年，美国“金融期货之父”瑞查德·桑德尔（Richard L. Sandor）创建芝加哥气候交易所（Chicago Climate Exchange，CCX），该交易所是全球第一个排污权市场交易平台，瑞查德·桑德尔也因其在排放权交易中的卓越贡献被誉为“碳交易之父”。

2005年，欧盟启动世界上第一个多国参与的碳排放权交易平台（European Union Emission Trading Scheme，EUETS）。不同于CCX的自愿减排机制，EUETS采取了强制性减排机制，即欧盟会员国政府必须同意由EUETS制定的国家排放上限，在此上限内，各公司除了分配到的排放量以外，还可以出售或购买额外的需要额度，以确保整体排放量在特定的额度内。超额排放的公司将会受到处罚，而配额有剩余的公司则可以保留排放量以供未来使用，或者出售给其他公司，如企业排放超标又不购买排放权将会受到政府处罚。

我国碳排放权交易平台采用与EUETS类似的“总量管制和交易规则”。建设期按时间线可划分为三个阶段：2011年之前的准备阶段、2011～2021年区域平台建设阶段和2021年启动的全国平台建设阶段。

1. 第一阶段：2011年之前的准备阶段

在碳排放交易平台建立之前，我国参与碳排放权交易主要通过清洁发展机制（Clean Development Mechanism，CDM）项目。清洁发展机制是《京都议定书》引入的灵活履约机制之一，其核心内容是允许承担温室气体减排任务的附件一缔约国在通过非附件一缔约国投资温室气体减排项目，获得核证减排量（Certified Emission Reductions，CERs），并依此抵消其依据《京都议定书》所应承担的部分温室气体减排任务。

截至2011年1月，在联合国CDM执行理事会（EB）批准注册的全球2744个CDM项目中，5.01亿吨CO_2当量的核证减排量已经获得EB的签发总量为2005年的501倍。其中，我国注册项目占全部项目的42%，共有1168个项目成功注册，带来的效益非常明显：减排量被核证签发的约为2.677亿吨，占东道国CDM项目累计签发总量的53%。

在该阶段,国内部分地区围绕 CDM 项目发展了一批环境交易所发展,如北京环境交易所、上海环境能源交易所、大连环境交易所等。有统计数据显示,截至 2010 年 7 月,我国共有 8 家环境能源交易所;截至 2012 年年底,国内挂牌成立的环境权益类交易所有 9 家,环境交易所 19 家。这些环境交易机构为碳排放权交易平台建设积累下丰富的实践经验。

2. 第二阶段:2011 ~2021 年区域平台建设阶段

我国正式启动碳排放权交易平台建设始于 2011 年。第十一届全国人民代表大会第四次会议批准《国民经济和社会发展第十二个五年规划纲要》,首次明确提出"建立完善温室气体排放统计核算制度,逐步建立碳排放交易市场。推进低碳试点示范"。根据"十二五"规划要求,各部委相继出台相关政策文件。其中,2011 年 11 月 29 日,国家发展改革委办公厅发布《关于开展碳排放权交易试点工作的通知》,正式同意北京市、天津市、上海市、重庆市、湖北省、广东省及深圳市开展碳排放权交易试点,七省市分别设立交易公司,建立区域性的注册登记系统和交易系统,负责所在省份行政辖区的碳排放权交易。2016 年,福建省启动碳交易市场,成为国内第 8 个碳交易试点,同年,四川联合环境交易所经国家发改委备案,成为新增加的温室气体自愿减排交易机构。

根据公开信息显示,这一阶段的区域平台运行呈现如下特点:各区域碳排放权交易平台均按照现代化公司治理结构进行运营管理;多家进入试点的交易所均有上市公司直接或间接持股;碳排放权交易量、交易价格的区域差异明显。

3. 第三阶段:2021 年启动的全国平台建设阶段

经过近 10 年发展,各区域碳排放权交易平台逐渐成熟,而独立平台导致的国际市场议价能力弱等问题凸显成主要矛盾。随着"碳中和碳达峰"战略目标的提出,建立全国统一碳排放权交易市场的时机已经成熟。

2021 年 2 月,《碳排放权交易管理办法(试行)》生效施行。按照该办法要求,碳排放权交易及相关活动包括碳排放配额分配和清缴,碳排放权登记、交易、结算,温室气体排放报告与核查等活动,以及对前述活动的监督管理。生态环境部按照国家有关规定,组织建立全国碳排放权注册登记机构和全国碳排放权交易机构,组织建设全国碳排放权注册登记系统和全国碳排放权交易系统。全国碳排放权注册登记机构通过全国碳排放权注册登记系统,记录碳排放配额的持有、变更、清缴、注销等信息,并提供结算服务。全国碳排放权注册登记系统记录的信息是判断碳排放配额归属的最终依据。全国碳排放权交易机构负责组织开展全国碳排放权集中统一交易。

相较于区域平台同时具有登记注册与交易的双重职能,全国碳排放权交易平台将这两项职能进行了拆分,设计了权利管理和权利流转两个相互独立又互相牵制的子系统。如果一家企业拟参与碳排放权交易,从交易完成的结果出发,这家企业需在全国碳排放权注册登记系统提交入会申请,成为会员后获得碳排放配额,然后将碳排放配额在交易系统上申请开户并进行交易,交易结果在登记系统上进行资金结算和企业持有碳排放配额的相应变更。

此外,鉴于没有明确全国统一平台成熟后区域平台的去留问题,现阶段区域平台仍然继续负责辖区交易。区域平台和全国平台存在业务交叉。如何平衡业务冲突,尤其是由此导致的市场化、资本化运行中的利益平衡问题,是关系未来平台良性运转的关键。

财联社有报道称,全国碳交易市场股权由此前试点省市的碳交易所分别持有。其中,湖北、上海因分别牵头承建全国碳交易注册登记系统、全国碳交易系统平台,其持股比例略高,其他省市则平均分配剩余比例。主要有 9 家 A 股上市公司直接或间接合并持有试点省市碳交易所较高比例股权。[①] 表 10 - 3 对我国碳排放交易平台的职责范围、子平台、责任机构、现阶段机构、主要职能以及推进情况等进行了概括介绍;表 10 - 4 对上海环境能源交易平台的相关情况进行了概括介绍。

表 10 - 3 全国碳排放权交易平台简况

事项	内容	
职责范围	碳排放权交易及相关活动,包括碳排放配额分配和清缴,碳排放权登记、交易、结算,温室气体排放报告与核查等活动,以及对前述活动的监督管理	
子平台	全国碳交易注册登记系统	全国碳交易系统
责任机构	全国碳排放权注册登记机构	全国碳排放权交易机构

① 徐海东:《全国碳交易市场股权框架划定 这几家上市公司持股》,载百度,https://baijiahao.baidu.com/s。

续表

事项	内　　容	
现阶段机构	由湖北碳排放权交易中心有限公司负责全国碳排放权注册登记系统账户开立和运行维护等具体工作	由上海环境能源交易所股份有限公司承担全国碳排放权交易系统账户开立和运行维护等具体工作
主要职能	全国碳排放权持有、变更、清缴、注销的登记及相关业务的监督管理	全国碳排放权交易及相关服务业务的监督管理
推进情况	现阶段碳排放权登记只面向重点排放单位，鉴于各省份重点排放单位均已纳入登记系统，暂时不向其他机构开放	原计划于 2021 年 6 月底在全国推开的碳市场交易延迟上线，据悉，生态环境部此前的确在按照 2021 年 6 月底在全国推开碳市场的时间表做准备，相关方案也已经上报，但由于一些程序上的原因，尚未获批复，因此需要延后，但目前相关工作仍在推进中
咨询电话	400 - 991 - 1188	+86 21 56903000

表 10 - 4　上海环境能源交易平台简况

事项	内　　容
交易场所	全国碳排放权交易机构负责组织开展全国碳排放权集中统一交易
交易方式	碳排放配额交易应当通过交易系统进行，可以采取协议转让、单向竞价或者其他符合规定的方式，协议转让包括挂牌协议交易和大宗协议交易
交易时段	除法定节假日及交易机构公告的休市日外，采取挂牌协议方式的交易时段为每周一至周五上午 9:30 至 11:30、下午 13:00 至 15:00，采取大宗协议方式的交易时段为每周一至周五下午 13:00 至 15:00。采取单向竞价方式的交易时段由交易机构另行公告
交易账户	每个交易主体只能开设一个交易账户，可以根据业务需要申请多个操作员和相应的账户操作权限。交易主体应当保证交易账户开户资料的真实、完整、准确和有效。交易主体应当妥善保管交易账户及密码等信息。交易账户下发生的一切活动均视为交易主体自身行为，由交易主体承担相应法律责任
交易信息	由交易机构进行发布和监督

续表

事项	内　容
监督	交易机构根据《交易规则》对与全国碳排放权交易有关的交易活动、交易账户管理等业务活动进行监督。对于交易主体的异常业务行为及可能造成市场风险的交易行为,交易机构可以采取电话提醒、要求报告情况、要求提交书面承诺、约见谈话,以及公开提示、限制资金或者交易产品的划转和交易、限制相关账户使用等处理措施
风险准备金	交易机构按照规定提取风险准备金,当风险准备金余额达到交易机构注册资本时可不再提取
交易记录查询	交易主体可以通过交易系统查询相关交易记录,根据全国碳排放权注册登记机构的相关规定及时核对结算结果

三、碳排放权交易要素:产品、主体与方式

(一)交易产品

1. 碳排放配额

碳排放配额即政府发放给重点排放单位的二氧化碳初始排放权,是重点排放单位在特定时期内可以造成二氧化碳排放的总额度。在碳排放权交易机制中,做好配额总量的设定与分配是重要的交易前提。

(1)配额总量设定

配额总量设定是否科学决定了碳交易市场是否能够既保证碳排放权稀缺性同时又能够满足市场排放需求,进而起到减排与经济的良性发展。

配额总量设定有两种方式:一是自上而下,由政府根据社会总体排放目标和纳入行业的特点,确定碳交易体系排放总量;二是自下而上,根据配额分配规则确定控排企业配额,然后汇总得到碳交易体系的配额总量上限。

2020 年 12 月 29 日,生态环境部编制了《2019—2020 年全国碳排放权交易配额总量设定与分配实施方案(发电行业)》及《纳入 2019—2020 年全国碳排放权交易配额管理的重点排放单位名单》,明确了发电行业的配额总量设定和分配方案。该方案可以看出,我国目前对总量的设定主要采取自下而上的方式。

(2)配额分配方式

表 10－5 对免费分配和有偿分配的不同配额分配方式进行简要概括。

表 10－5 配额分配方式

免费分配			有偿分配	
历史法	历史强度下降法	基准值法	拍卖	固定价格出售
根据排放单位自身历史排放情况计算分配配额	根据产品产量、历史排放强度值、减排系数计算分配配额	以确定的行业排放标杆值作为基础，结合产品产量来计算分配配额	由购买者竞标来决定配额价格	由出售者确定配额价格

就我国而言，《碳排放权交易管理办法（试行）》第十五条明确规定，碳排放配额分配以免费分配为主，可以根据国家有关要求适时引入有偿分配。生态环境部也表示，在配额分配的合理性上，目前配额采取以强度控制为基本思路的行业基准法，目的是体现激励先进、惩戒落后的原则，也兼顾了当前我国将二氧化碳排放强度列为约束性指标要求的制度安排。

2. 国家核证自愿减排量

国家核证自愿减排量（Chinese Certified Emission Reduction，CCER）是指对我国境内可再生能源、林业碳汇、甲烷利用等项目的温室气体减排效果进行量化核证，并在国家温室气体自愿减排交易注册登记系统中登记的温室气体减排量。

早在 2012 年，国家发展改革委在《温室气体自愿减排交易管理暂行办法》（发改气候〔2012〕1668 号）便明确指出：为保障自愿减排交易活动有序开展，调动全社会自觉参与碳减排活动的积极性，为逐步建立总量控制下的碳排放权交易市场积累经验，奠定技术和规则基础，组织制定了《温室气体自愿减排交易管理暂行办法》。2015 年，国家发展改革委应对气候变化司委托国家应对气候变化战略研究和国际合作中心进行国家自愿减排交易注册登记系统的运维和管理，自愿减排交易的相关参与方，即企业、机构、团体和个人，须在国家自愿减排交易注册登记系统中开设账户，以进行国家核证自愿减排量的持有、转移、清缴和注销。国家发改委应对气候变化司备案的 7 家温室气体自愿减排交易机构为指定代理机构。2017 年 3 月，国家发展改革委公告 2017 年第 2 号称，为了配合全国性碳排放权交易市场建设，暂停 CCER 新项目的备案登记，不影响已经注册的 CCER 交易。

2021年颁行的《碳排放权交易管理办法(试行)》明确规定,重点排放单位每年可以使用国家核证自愿减排量抵销碳排放配额的清缴,肯定CCER是碳排放权交易市场的辅助产品。为什么要将抵销比例限制在应清缴碳排放配额的5%以内,业界分析认为,国家之所以对抵销比例做出限制,主要是考虑保障高排放企业配额能够充分消化。CCER价格总体低于碳排放权配额。据笔者了解的情况,现阶段国内CCER价格约在15元/吨。CCER和CEA的价格差,可能是国家限制规范CCER的原因之一,低价格产品的流入将影响碳排放权配额的价格,且降低企业减排的积极性。

(二)交易主体

在碳交易体系中,交易主体是最具主观能动性和创新创造力的要素。从狭义角度看,交易主体是碳排放权交易过程中享有权利和承担义务的组织和个人。依据法律地位和权利义务不同,可分为转让方、受让方、交易辅助方、交易监管方。转让方与受让方是指直接参与碳排放权交易的合同主体,是碳排放权交易的核心主体。交易辅助方是指为碳排放权交易顺利完成而提供政策、技术、金融等服务的辅助机构,如自愿减排量核证机构、碳配额认证机构、金融机构、绿色基金等。交易监管方则是指监管碳排放权交易市场,保障交易合法有序运行的机构,主要指以生态资源、林业等具备监管职能的政府机构。

从广义角度看,碳排放交易主体是整个碳交易体系的组成部分,它们目标一致、分工协作、功能互补,共同组成碳交易结构图谱。哪些政府或市场主体能参与碳交易,以何种方式和身份(转让方、受让方、交易辅助方、交易监管方)参与碳交易环节,取决于碳交易产品类型。

1. 碳排放权交易受让方有明确规定

《碳排放权交易管理办法(试行)》和《碳排放权交易管理规则(试行)》对碳交易受让方作出了完全一致的规定:重点排放单位及符合国家有关交易规则的机构和个人,是全国碳排放权交易市场的交易主体。《碳排放权交易管理办法(试行)》解释:属于全国碳排放权交易市场覆盖行业,并且年度温室气体排放量达到2.6万吨二氧化碳当量的温室气体排放单位为重点排放单位。省级生态环境主管部门负责重点排放单位名录的制定,认为自身符合条件的企业也可主动申请,经核实符合规定条件的纳入重点排放单位名录。

根据生态环境部文件规定,我国现阶段石化、化工、建材、钢铁、有色、造纸、电力、航空等8个行业为覆盖行业,上述行业中任一年度温室气体排放量达2.6万吨二氧化碳当量(综合能源消费量约1万吨标准煤)及以上的企业或其他经济组织为重点排放单位,有资格参与碳排放权交易,为交易受让方。如存在下列情形之一的,省级环境厅应将相关主体移出重点排放单位目录:(1)连续2年温室气体排放量未达到2.6万吨二氧化碳当量;(2)因停业/关闭等原因不再生产从而不再排放。如企业被移出目录,则丧失交易资格。表10-6对重点排放单位的相关覆盖行业及相关信息进行了分类介绍。

表10-6 重点排放单位的覆盖行业

行业	国民经济行业分类(GB/T 4754—2017)	类别名称	主营产品统计代码	行业子类
电力	44	电力、热力生产和供应业		
	4411	火力发电		
	4412	热电联产		
	4417	生物质能发电*1		
	4420	电力供应		电网
建材	30	非金属矿物制品业	31	非金属矿物制品
	3011	水泥制造	310101	水泥熟料
	3041	平板玻璃制造	311101	平板玻璃
钢铁	31	黑色金属冶炼和压延加工业	32	黑色金属冶炼及压延产品
	3120	炼钢	3206	粗钢
	3130	钢压延加工	3207 3208	轧制、锻造钢坯 钢材
有色	32	有色金属冶炼和压延加工业	33	有色金属冶炼和压延加工产品
	3216	铝冶炼	3316039900	电解铝
	3211	铜冶炼	3311	铜冶炼
石化	25	石油、煤炭及其他燃料加工业	25	石油加工、炼焦及核燃料
	2511	原油加工及石油制品制造	2501	原油加工

续表

行业	国民经济行业分类(GB/T 4754—2017)	类别名称	主营产品统计代码	行业子类
化工	26	化学原料和化学制品制造业	26	化学原料及化学制品
	261	基础化学原料制造		
			2601	无机基础化学原料
	2611	无机酸制造	260101	无机酸类
	2612	无机碱制造	260105 260106 260107	烧碱 纯碱类 金属氢氧化物
	2613	无机盐制造	260108 - 260122	其他无机基础化学原料
			2601220101	电石
	2614	有机化学原料制造	2602	有机化学原料
			2602010201	乙烯 * 2
	2619	其他基础化学原料制造		
			260209	无环醇及其衍生物
			2602090101	甲醇
化工	262	肥料制造	2604	化学肥料
			260401	氨及氨水
	2621	氮肥制造	260411	氮肥(折含氮 100%)
	2622	磷肥制造	260412	磷肥(折五氧化二磷 100%)
	2623	钾肥制造	260413	钾肥(折氯化钾 100%)
	2624	复混肥料制造	260422	复合肥、复混合肥
	2625	有机肥料及微生物肥料制造	2605	有机肥料及微生物肥料
	2629	其他肥料制造		
	263	农药制造		
	2631	化学农药制造	2606	化学农药

续表

行业	国民经济行业分类(GB/T 4754—2017)	类别名称	主营产品统计代码	行业子类
	2632	生物化学农药及微生物农药制造	2607	生物农药及微生物农药
	265	合成材料制造	2613	合成材料
	2651	初级形态塑料及合成树脂制造	261301	初级形态塑料
	2652	合成橡胶制造	261302	合成橡胶
	2653	合成纤维单(聚合)体制造	261303 261304	合成纤维单体 合成纤维聚合物
	2659	其他合成材料制造		2613 中其他类
造纸	22	造纸和纸制品业	22	纸及纸制品
	2211	木竹浆制造	2201	纸浆
	2212	非木竹浆制造	2201	纸浆
	2221	机制纸及纸板制造	2202	机制纸和纸板
民航	56	航空运输业	55	航空运输服务
	5611 5612	航空旅客运输 航空货物运输	5501	航空客货运输服务
	5631	机场	550301	机场

需要提醒的是,按照“成熟一个批准发布一个的原则”,我国当前纳入全国碳排放权交易机构的交易主体仅是2225家发电行业企业(实际参与不足2225家)。原因是因发电行业管理规范,数据基础较好,而准确的数据基础是开展碳交易的前提。未来,随着报告核查能力、政府管理能力、技术水平的提升,碳交易市场将向更多行业开放。如生态环境部已向中国钢铁工业协会发出《关于委托中国钢铁工业协会开展钢铁行业碳排放权交易相关工作的函》,中国钢铁工业协会组建钢铁行业低碳工作推进委员会,从配额方案、系统测试、碳排放检测体系等方面开展工作。

2. 碳排放权交易参与方

(1)碳排放配额交易的转让方及相关主体

CEA目前采取的是以强度控制为基本思路,由省级生态环境厅向本区域内重点排放单位免费分配年度配额，因此，碳排放配额的获取由政府主导，仅限于纳入重点排放目录的单位间流转交易。

表 10－7　碳排放配额的交易主体

转让方	受让方	交易辅助方	交易监督方
重点排放企业	重点排放企业	对排放报告进行认证的第三方机构	生态环境厅

（2）碳核证减排量的转让方及相关主体

CCER 是我国境内可再生能源、林业碳汇（carbon sink）、甲烷利用等项目的温室气体减排效果进行量化核证，并在国家温室气体自愿减排交易注册登记系统中登记的温室气体减排量。理论上，光伏发电、风力发电、森林林场等能减少二氧化碳排放量的项目，都可依据一定方法并经国家备案核证机构核准后，成为 CCER 的提供方，因此，CCER 的转让方可以是光伏发电电力企业、国有林场、集体经济组织、林业局等。CCER 采用抵销方式，重点排放企业可通过签订 CCER 购买协议，购买经过核证登记的 CCER 配额。按照《碳排放权交易管理办法（试行）》，重点排放企业清缴配额的 5% 可通过 CCER 抵销。表 10－8为核证自愿减排量（CCER）的各方交易主体。

因此，CCER 的交易模式倾向于市场化，参与主体呈现类型多元、角色复杂的特点。

表 10－8　核证自愿减排量的交易主体

转让方	受让方	交易辅助方	交易监督方
光伏发电、风力发电、林场等持有 CCER 的企业	重点排放企业	核证机构、财务投资人、金融机构、碳资产运营企业	生态环境部门、林业部门、能源部门等

（三）交易方式

1. 可采用的交易方式

CEA 和 CCER 采取协议转让（包括挂牌协议交易和大宗协议交易）、单向竞价或者其他符合规定的方式在交易系统进行交易。

挂牌协议交易：交易主体通过交易系统提交卖出或者买入挂牌申报，意向受让方或者出让方对挂牌申报进行协商并确认成交。

大宗协议交易：交易双方通过交易系统进行报价、询价并确认成交。

单向竞价：交易主体向交易机构提出卖出或买入申请，交易机构发布竞价公告，多个意向受让方或者出让方按照规定报价，在约定时间内通过交易系统成交。

上述交易方式的计价必须以“每吨二氧化碳当量价格”为计价单位，买卖申报量的最小变动计量为 1 吨二氧化碳当量，申报价格的最小变动计量为 0.01 元人民币。

2. 交易系统对交易方式的监控

现行模式下，全国和地方碳排放权交易系统均设置了交易监控制度，比如：

涨跌幅限制：交易机构应当设定不同交易方式的涨跌幅比例，并可以根据市场风险状况对涨跌幅比例进行调整。

最大持仓量限制：交易机构对交易主体的最大持仓量进行实时监控，注册登记机构应当对交易机构实时监控提供必要支持。交易主体交易产品持仓量不得超过交易机构规定的限额。交易机构可以根据市场风险状况，对最大持仓量限额进行调整。

大户报告：交易主体的持仓量达到交易机构规定的大户报告标准的，交易主体应当向交易机构报告。

风险警示：交易机构可以采取要求交易主体报告情况、发布书面警示和风险警示公告、限制交易等措施，警示和化解风险。

风险准备金：由交易机构设立，用于为维护碳排放权交易市场正常运转提供财务担保和弥补不可预见风险带来的亏损的资金。风险准备金应当单独核算，专户存储。

异常交易监控：交易主体违反本规则或者交易机构业务规则、对市场正在产生或者将产生重大影响的，交易机构可以对该交易主体采取限制措施。

四、碳排放权交易纠纷典型案例

在阿尔法系统以“碳排放配额”“碳核证减排量”为关键词进行检索，2011～2021 年，碳排放配额相关司法诉讼 9 件，碳核证减排量纠纷 4 件。与“碳排放配额”“碳核证减排量”交易金额和成交数量相比，司法诉讼占比极少。产生这一情况的原因，可能是“碳排放配额”“碳核证减排量”只在试点地区和少数国家审批备案的非试点地区展开,交易平台均由地方政府设立专门有限公司负责运营管理,交易主体、交易程序受国家严格监管,因此,交易规范程度高。进入司法程序的纠纷,集中在买卖合同纠纷,争议焦点在合同履行与解除。表明官方指定平台之外的碳资产场外交易是高危风险点。

（一）因碳核证资源减排量不能按约定期限备案引发纠纷

因碳排放配额交易尚未全面放开,此类纠纷的标的物集中为碳核证资源减排量。《温室气体自愿减排交易管理暂行办法》第四条规定:国家发展改革委作为温室气体自愿减排交易的国家主管部门,依据本暂行办法对中华人民共和国境内的温室气体自愿减排交易活动进行管理。第六条规定:国家对温室气体自愿减排交易采取备案管理。参与自愿减排交易的项目,在国家主管部门备案和登记,项目产生的减排量在国家主管部门备案和登记,并在经国家主管部门备案的交易机构内交易。中国境内注册的企业法人可依据本暂行办法申请温室气体自愿减排项目及减排量备案。第八条规定:在每个备案完成后的10个工作日内,国家主管部门通过公布相关信息和提供国家登记簿查询,引导参与自愿减排交易的相关各方,对具有公信力的自愿减排量进行交易。根据上述规定,自愿减排量交易应先进行自愿减排项目及减排量备案。不能通过审批备案、国家碳汇主管部门的审批延误备案,可能引发碳排放权交易纠纷。

案例1:厦门肃正资产管理有限公司与江西丰林投资开发有限公司买卖合同纠纷案[(2016)赣0102民初4120号]

本案中,原告厦门肃正资产管理有限公司与被告江西丰林投资开发有限公司就购买碳排放配额交易事项于2015年5月20日签订《温室气体自愿减排量采购合同书》,约定:被告将其名下所拥有的温室气体自愿减排量的现货(6月底签发)共计30万吨,以20元/吨的价格出售给原告,被告于7月初将其所采购的温室气体自愿减排量划转至原告名下账户或按照原告的指示交付给第三人账户。原告须在收到被告交付合同约定的所有温室气体自愿减排量3日内将剩余钱款支付给被告。原告负责在福建省境内开展林业碳汇源的业务开发事宜和之后销售工作,被告负责出相关的技术咨询服务投入及相关的备案签发事宜,所得利益双方按照50%的份额平分。原告在合同签订之日起3日内将约定的温室气体自愿减排量采购款中的50万元作为定金支付给被告指定账户。被告保证2016年6月底能签发合同约定的温室气体自愿减排量，并保证在合同有效期内，被告对其所拥有的双方交易的温室气体自愿减排量享有完全所有权，不在此减排权上设置其他如抵押权等义务，但因国家碳汇主管部门的审批延误而造成的被告迟延履约的除外。

合同签订后，原告于2015年5月24日向被告账户汇款定金50万元。被告于2015年7月22日向江西省发展和改革委员会申报自愿减排项目备案，江西省发展和改革委员会于同年10月20日同意了上述项目备案申请。项目备案申请通过后，被告于2016年4月10日向国家发展和改革委员会申请自愿减排项目减排量备案，国家发展和改革委员会于同年5月10日签收了被告的申请材料，并于同年7月28日通过了上述减排量备案。被告自述于2016年8月20日才得知温室气体自愿减排量可以交易。

2016年8月8日，原告向被告发出《交货催促商洽函》，载明：被告曾保证能在2016年6月30日前拿到国家发展和改革委员会签发的自愿核证减排量，原告才与被告签订采购合同，截至原告发函之日，被告仍未向原告交付核证减排量，也没有表示能在最近几日交付该合同标的的可能性，表明被告不能如期交付的原因完全是由于其自身项目缺陷原因导致项目减排量未签发，被告未按约定时间交付温室气体自愿减排量，致使合同不能继续履行，构成根本违约。

被告收到上述函件后，于2016年8月11日向原告发出《关于交货催促商洽函的复函》，载明：原告迟延支付定金，双方未重新签订合同，原合同终止，原告作为给付定金的一方不履行约定的债务，无权要求返还定金。

法院审理认为，根据《温室气体自愿减排交易管理暂行办法》之规定，要进行温室气体自愿减排量交易应先进行自愿减排项目及减排量备案，被告于2015年10月20日通过减排项目备案后，于2016年4月10日向国家发展和改革委员会申请减排量备案。原、被告在签订合同时，原告知晓被告在签订合同前已申请减排量备案，故双方考虑审批因素对交付时间的影响，在合同中约定因国家碳汇主管部门的审批延误而造成被告迟延交付的，被告不构成违约。现国家发展和改革委员会于2016年7月28日审核通过原告的备案申请，并于项目备案后10个工作日后公布相关信息，导致被告未按约定时间交付温室气体自愿减排量，依据双方合同约定，被告不构成违约。原告主张系被告项目自身缺陷没有及时通过备案审查,未提供相应证据证明,不予采纳。原告主张解除合同并通知被告,被告亦表示不再履行合同,双方就合同解除已达成合意,合同解除。合同解除后,被告因上述合同收取的50万元定金应予返还。

案例2:北京天擎动力国际清洁能源咨询有限公司与顺风光电投资(中国)有限公司服务合同纠纷案[(2017)苏0214民初1213号]

2014年7月4日,原告北京天擎动力国际清洁能源咨询有限公司(以下简称天擎公司)与被告顺风光电投资(中国)有限公司(以下简称顺风公司)签订了《中国温室气体自愿减排项目开发服务协议》,约定由顺风公司全权委托天擎公司负责下列四个项目的温室气体自愿减排交易专业服务:(1)尚德红星二场50MWP并网光伏电站建设项目一期30MWP工程;(2)金坛正信喀什麦盖提20兆瓦光伏并网发电项目;(3)中建材喀什疏附20MWP光伏并网发电项目;(4)浚鑫科技喀什疏附20兆瓦光伏并网发电项目。四个项目分别完成:(1)项目设计文件开发;(2)协助项目通过国家主管机构备案的审定机构审定;(3)协助项目通过国家主管机构的项目备案申请的评估、备案和登记;(4)协助项目执行、项目监测计划,完成项目减排量检测报告,通过国家主管机构备案的核证机构核证;(5)协助通过国家主管机构的减排量备案申请的审批、备案和登记的5项任务,顺风公司于每个项目的每一阶段任务完成后分别支付相应合同价款。天擎公司协助顺风公司在一年内完成上述项目在国家发改委的登记注册,在随后18个月内完成项目减排量在国家主管机构备案和国家登记簿登记,如天擎公司未能按时完成,且经友好协商后判定天擎公司无能力继续协助顺风公司的CCER项目设计及开发事宜,则本协议终止。

协议签订后,天擎公司直至2016年7月才完成四个项目的机构审定,2016年7月25日完成尚德红星温室气体自愿减排交易项目备案材料的备案手续。但其他义务没有按约定履行。被告提供国家发展改革委2017年3月14日的公告1份,证明国家发展改革委已暂缓受理温室气体自愿减排项目、减排量、审定和核证机构、交易机构备案申请。

原告天擎公司主张解除合同,因其已完成尚德红星项目的任务3,被告应按合同约定支付服务价款及逾期付款利息。

被告顺风公司辩称:天擎公司未按照合同约定完成相应的服务内容,使顺风公司不能完全实现合同目的,根据开发合作协议约定,合同已经自动终止,双方权利义务消灭，顺风公司无须支付相应费用及利息。根据合同约定，因减排量交易的最终目的尚未实现，且国家政策正在作调整，天擎公司未能按照合同约定的周期完成审定及其他服务内容，政策调整后相关审定报告存在无法使用的可能性。故该合同已自动终止，无须解除，顺风公司也无须支付服务费用及利息。

法院认为，天擎公司与顺风公司之间的《中国温室气体自愿减排项目开发服务协议》合法有效，现双方均有解除协议的意思表示，故确认《中国温室气体自愿减排项目开发服务协议》的未履行部分予以解除。顺风公司向天擎公司支付服务费用226,000元，并支付该款自2017年2月22日起至实际支付之日止按照中国人民银行同期同档贷款基准利率4倍计算的逾期付款利息。

案例3：天津潍莱岛商业保理有限公司与华碳联盟（北京）投资管理有限公司、中科华碳（北京）信息技术研究院合同纠纷案［（2019）鲁0792民初369号］

本案中原告天津潍莱岛商业保理有限公司（以下简称维莱岛公司）与被告华碳联盟（北京）投资管理有限公司（以下简称华碳联盟公司）订立合同，受让基于《CCER减排量购买合同》产生的应收账款债权，并以《应收账款债权转让通知书》的形式通知债务人被告中科华碳（北京）信息技术研究院（以下简称中科华碳研究院），应享有基于《CCER减排量购买合同》的卖方债权。中科华碳研究院签收《应收账款债权转让通知书》并承诺按通知要求“在上述合同项下应收账款到期日前”承担付款责任，中科华碳研究院应履行《CCER减排量购买合同》约定的买方付款义务。《CCER减排量购买合同》约定的付款方式为：华碳联盟公司将符合中科华碳研究院需求的CCER减排量产品交由中科华碳研究院验收并完成交割后，中科华碳研究院先行预付20%的款项，剩余款项6个月内一次性付清。

被告中科华碳研究院对原告提供的保理合同、应收账款债权转让通知书、买方收到《应收账款债权转让通知书》确认书、应收账款转让明细表、《CCER减排量购买合同》、《最高额保证合同》、催收通知等证据的真实性无异议，但称是被告马代光在2016年9月1日借用其单位公章盖了两个空白章及由法定代表人签字，保理合同写的联系方式均不是其单位的联系方式，其从未收到签署的正式保理合同；通过国家登记簿系统无法查询被告华碳联盟公司所持有的普洱科茂林化有限公司碳汇造林项目的相关信息，该项目未作任何政府备案和签发，保理合同中的 CCER 交易合同并不存在，验收交割更是无从谈起，CCER 的登记过户机制不允许转让，原告作为专业的保理公司对应收账款转让提供的购买合同及 CCER 产品等资料必须进行实质性审查，而本案中原告对被告华碳联盟公司、中科华碳研究院的 CCER 交易合同、标的物及交易方式未作详细核实，存在重大过失。保理合同上显示被告中科华碳研究院的法定代表人是马代光，而并非其单位负责人张晓博，所留的电话也并非被告中科华碳研究院的联系方式，担保合同是原告方自己制作，与被告中科华碳研究院无任何关系，其不应承担连带责任。

法院认为，被告中科华碳研究院并未向原告潍莱岛公司作出承担无条件付款义务或放弃抗辩权的承诺，仍应享有基于《CCER 减排量购买合同》的抗辩权。因原告潍莱岛公司未举证证明《CCER 减排量购买合同》约定的交货已经完成且收到中科华碳研究院的验收清单，原告潍莱岛公司要求被告中科华碳研究院履行付款义务不符合《CCER 减排量购买合同》的约定，故原告潍莱岛公司要求被告中科华碳研究院支付应收账款及违约金的诉讼请求，无事实和法律依据，法院不予支持，但应就债务承担连带清偿责任。

（二）以核证自愿减排量为标的物的查封冻结

《最高人民法院关于人民法院民事执行中查封、扣押、冻结财产的规定》（法释〔2020〕21 号）第二条规定，“人民法院可以查封、扣押、冻结被执行人占有的动产、登记在被执行人名下的不动产、特定动产及其他财产权。未登记的建筑物和土地使用权，依据土地使用权的审批文件和其他相关证据确定权属。对于第三人占有的动产或者登记在第三人名下的不动产、特定动产及其他财产权，第三人书面确认该财产属于被执行人的，人民法院可以查封、扣押、冻结”。司法实践中，经国家发展改革委批准备案的核证自愿减排量，可以作为登记在被执行人名下的财产权被查封、冻结。

案例 1：颜丙广、颜晨买卖合同纠纷执行实施类执行裁定案［（2019）鲁 1322 执 3417、3418、3419、3420 号］

本案中，查封财产为被执行人重庆昊泰实业有限公司所有（由邓毅代为持有）的在四川联合环境交易所的中国核证自愿减排量（CCER）川水电 02 产品权益收益 150 万元。

案例2:汉口银行股份有限公司科技金融服务中心、凯迪生态环境科技股份有限公司(原武汉凯迪电力股份有限公司)其他民事裁定案

本案的查封标的为:江陵县凯迪绿色能源开发有限公司所有的江陵凯迪生物质能发电厂工程项目项下中国核证自愿减排量(CCER)[国家发改委项目备案编号:107];谷城县凯迪绿色能源开发有限公司所有的谷城凯迪生物质能发电厂工程项目项下中国核证自愿减排量(CCER)[国家发改委项目备案编号:108];赤壁凯迪绿色能源开发有限公司所有的赤壁凯迪生物质能发电厂工程项目项下中国核证自愿减排量(CCER)[国家发改委项目备案编号:109];蕲春县凯迪绿色能源开发有限公司所有的蕲春凯迪生物质能发电厂工程项目项下中国核证自愿减排量(CCER)[国家发改委项目备案编号:110];监利县凯迪绿色能源开发有限公司所有的监利凯迪生物质能发电厂工程项目项下中国核证自愿减排量(CCER)[国家发改委项目备案编号:111]。

(三)对碳排放超标行政处罚的行政复议与诉讼

将"节省"下的碳排放配合通过市场交易获取经济收益,是碳排放控制的正向激励措施;对超过碳排放配额的排放行为进行行政处罚,则是碳排放控制的负向惩戒措施。对于地方生态环境部门下达的行政处罚,按照《行政处罚法》第七十三条第一款的规定,当事人对行政处罚决定不服,申请行政复议或者提起行政诉讼的,行政处罚不停止执行,法律另有规定的除外。

案例1:深圳翔峰容器有限公司与深圳市发展和改革委员会行政诉讼案

2015年5月20日,被告深圳市发展和改革委员会向原告深圳翔峰容器有限公司送达了深发改〔2015〕575号《深圳市发展改革委关于确定管控单位2014年实际配额数量和实际碳排放量的通知》,告知原告:依据原告提交的经第三方核查机构核查的2014年碳排放报告和经市统计部门核定的2014年统计指标数据,确定原告2014年度目标碳强度为2.362吨/万元,实际工业增加值为714万元,实际配额数量为1686吨,实际碳排放量为6614吨,配额短缺量为4928吨,被告据此在我市碳排放权注册登记簿调整原告2014年的实际配额数量,原告应于2015年6月30日前按照2014年实际碳排放量在注册登记簿完成履约。

2015年7月1日,经深圳市碳排放注册登记簿系统查询,被告发现原告作为碳排放管控单位,存在未按时足额履行2014年度碳排放履约义务的情况。

2015年7月2日，被告向原告发出深发改〔2015〕749号《深圳市发展改革委关于责令深圳翔峰容器有限公司补交配额的通知》，要求原告在2015年7月10日前补交与原告公司超额排放量相等的配额(4928吨)，并在《深圳商报》上对未按时足额履行2014年度碳排放履约义务的管控单位进行了公告。

2015年7月21日，被告依法对原告进行了调查。原告授权委托人李意在询问笔录中称，原告单位属于深圳碳排放权交易管控单位，不存在迁出本市行政区域或者解散、破产的情况。该单位已经收到相关通知文件，知道该单位2014年度实际碳排放配额数量和实际碳排放量，也知道应当于每年6月30日之前向主管部门提交与其上一年度实际碳排放量相等的配额及其可使用的核证自愿减排量之和来完成履约义务，但该单位未在2015年6月30日前完成相关履约义务。该单位已收到被告发出的《深圳市发展改革委关于责令深圳翔峰容器有限公司补交配额的通知》，知道应该在2015年7月10日前补交与其超额碳排放量相等的配额，逾期未补交会被主管部门予以相应的处罚。但原告认为，其用电量方面比2013年有大幅下滑，工业产值受市场影响产值有下滑，不明白用电量少了为何还要提交这么多的配额，因此未按照前述通知的要求在2015年7月10日前补交与其超额碳排放量相等的配额。

2015年8月4日，被告作出深发改违(2015)1号《深圳市发展和改革委员会违法行为通知书》，告知原告：原告涉嫌未按时足额履行2014年度碳排放履约义务的违法行为，违反了《深圳市碳排放权交易管理暂行办法》第三十六条第一款的规定，且未按《深圳市发展改革委关于责令深圳翔峰容器有限公司补交配额的通知》的要求补交与原告超额排放量相等的配额。根据《深圳市碳排放权交易管理暂行办法》第七十五条第一款的规定，拟从原告2015年度配额中扣除原告2014年度未足额补交的配额，并处原告2014年超额排放量(4928吨)乘以履约当月(2015年6月)之前连续6个月碳排放权交易市场配额平均价格(42.86元/吨)3倍的罚款，计人民币633,642.24元。

被告于2015年8月6日向原告邮寄送达了上述通知书。

2015年8月19日，被告依原告的申请举行了听证。

2015年9月7日，被告作出深发改罚(2015)1号《深圳市发展和改革委员会行政处罚决定书》，认定原告存在未按时足额履行2014年度碳排放履约义务的行为，违反了《深圳市碳排放权交易管理暂行办法》第三十六条第一款的规定，且未按《深圳市发展改革委关于责令深圳翔峰容器有限公司补交配额的通知》的要求补交与其超额排放量相等的配额，根据《深圳市碳排放权交易管理暂行办法》第七十五条第一款的规定，决定对原告处以从原告2015年度配额中扣除原告2014年度未足额补交的配额，并处原告2014年超额排放量（4928吨）乘以履约当月（2015年6月）之前连续6个月碳排放权交易市场配额平均价格（42.86元/吨）3倍的罚款，计人民币633,642.24元的行政处罚。

被告于2015年9月10日将上述行政处罚决定书送达给原告。原告收到后不服，向法院提起行政诉讼。

关于原告主张实际配额计算公式不合理，法院认为：根据《深圳市碳排放权交易管理暂行办法》第十四条、第八十二条规定，碳排放总量是根据其在某个固定时期内允许排放二氧化碳的总量确定，碳排放配额总量是根据目标排放总量、产业发展政策、行业发展阶段和减排潜力、历史排放情况和减排效果等因素综合确定，与企业上一年度实际工业增加值密切相关，故原告关于其2014年度用电量比2013年度减少，碳排放总量也应相应减少的主张，缺乏事实和法律依据。因为没有上位法对碳排放实际配额计算公式作出统一的具有强制力的规定，政府规章《深圳市碳排放权交易管理暂行办法》依据经济特区法规《深圳经济特区碳排放管理若干规定》的授权规定的计算公式没有违反上位法，应当予以执行。因此，原告关于实际配额计算公式不合理的主张，不予支持。

案例2：深圳市生态环境局坪山管理局、深圳华粤宝电池有限公司非诉执行审查行政裁定案[（2021）粤0307行审40号]

2018年9月14日，深圳市发展和改革委员会向“杨禹超”邮寄送达《深圳市发展和改革委员会关于确定管控单位2018年目标碳排放强度的通知》，送达未果后，公告送达。2019年5月9日，申请人至被执行人处检查，发现被执行人已于2018年12月11日申请破产清算，现场已无企业负责人。

2019年5月15日，深圳市生态环境局向“杨禹超”邮寄送达《深圳市生态环境局关于催促提交2018年度碳排放核查报告的通知》，送达未果后，公告送达。

2019年5月24日，深圳市生态环境局向“杨禹超”邮寄送达《深圳市生态环境局关于印发管控单位2018年度实际配额数量和指定碳排放量的通知》，送达未果后，公告送达。

2019年7月3日，深圳市生态环境局以在报纸公告的方式通知被执行人限期补交与超额排放量相等的配额。2019年12月16日，申请执行人以被执行人"涉嫌未按时足额履行2018年度碳排放履约义务"立案查处。

2019年12月20日，申请执行人作出《行政处罚事先（听证）告知书》，拟对被执行人罚款472,626元，直接送达，发现被执行人已搬离，正在破产清算，随后公告送达。

2020年5月14日，申请执行人作出《行政处罚决定书》，并随后公告送达。

法院认为，主管部门有关被管控单位履行目标碳排放强度、实际配额、从严指定配额、限期补交的确定，均对被管控单位权利义务具有重大影响。申请人未提交证据证明"杨禹超"系被执行人有权收件人，主管单位在已知被管控单位住所地无人负责且进入破产清算程序的情况下，未采取直接送达，直接以邮寄送达"杨禹超"个人未果径自公告送达或者直接公告送达的方式履行相关行政通知义务，违反法律规定，不构成有效送达。申请执行人认定被执行人存在"未按期限补交2018年度碳排放量相等的配额或核证自愿减排量，涉嫌未按时足额履行2018年度碳排放履约义务"的违法行为，据此作出的行政处罚决定，法律依据不足，明显损害被执行人合法权益。裁定不准予强制执行申请执行人深圳市生态环境局坪山管理局作出的深环坪山罚字（2020）第070号《行政处罚决定书》。

【法条索引】

《碳排放权交易管理办法（试行）》（2020年12月31日发布，生态环境部令第19号）

第八条 温室气体排放单位符合下列条件的，应当列入温室气体重点排放单位（以下简称重点排放单位）名录：

（一）属于全国碳排放权交易市场覆盖行业；

（二）年度温室气体排放量达到2.6万吨二氧化碳当量。

第九条 省级生态环境主管部门应当按照生态环境部的有关规定，确定本行政区域重点排放单位名录，向生态环境部报告，并向社会公开。

第十条 重点排放单位应当控制温室气体排放，报告碳排放数据，清缴碳排放配额,公开交易及相关活动信息,并接受生态环境主管部门的监督管理。

第十一条 存在下列情形之一的,确定名录的省级生态环境主管部门应当将相关温室气体排放单位从重点排放单位名录中移出:

(一)连续二年温室气体排放未达到2.6万吨二氧化碳当量的;

(二)因停业、关闭或者其他原因不再从事生产经营活动,因而不再排放温室气体的。

第十二条 温室气体排放单位申请纳入重点排放单位名录的,确定名录的省级生态环境主管部门应当进行核实;经核实符合本办法第八条规定条件的,应当将其纳入重点排放单位名录。

第十三条 纳入全国碳排放权交易市场的重点排放单位,不再参与地方碳排放权交易试点市场。

《碳排放权登记管理规则(试行)》(2021年5月14日发布,生态环境部公告2021年第21号)

第二条 全国碳排放权持有、变更、清缴、注销的登记及相关业务的监督管理,适用本规则。全国碳排放权注册登记机构(以下简称注册登记机构)、全国碳排放权交易机构(以下简称交易机构)、登记主体及其他相关参与方应当遵守本规则。

第三条 注册登记机构通过全国碳排放权注册登记系统(以下简称注册登记系统)对全国碳排放权的持有、变更、清缴和注销等实施集中统一登记。注册登记系统记录的信息是判断碳排放配额归属的最终依据。

第四条 重点排放单位以及符合规定的机构和个人,是全国碳排放权登记主体。

《碳排放权交易管理规则(试行)》(2021年5月14日发布,生态环境部公告2021年第21号)

第四条 全国碳排放权交易主体包括重点排放单位以及符合国家有关交易规则的机构和个人。

第五条 全国碳排放权交易市场的交易产品为碳排放配额,生态环境部可以根据国家有关规定适时增加其他交易产品。

第六条 碳排放权交易应当通过全国碳排放权交易系统进行,可以采取协议转让、单向竞价或者其他符合规定的方式。

协议转让是指交易双方协商达成一致意见并确认成交的交易方式，包括挂牌协议交易及大宗协议交易。其中，挂牌协议交易是指交易主体通过交易系统提交卖出或者买入挂牌申报，意向受让方或者出让方对挂牌申报进行协商并确认成交的交易方式。大宗协议交易是指交易双方通过交易系统进行报价、询价并确认成交的交易方式。

单向竞价是指交易主体向交易机构提出卖出或买入申请，交易机构发布竞价公告，多个意向受让方或者出让方按照规定报价，在约定时间内通过交易系统成交的交易方式。

第七条 交易机构可以对不同交易方式设置不同交易时段，具体交易时段的设置和调整由交易机构公布后报生态环境部备案。

第八条 交易主体参与全国碳排放权交易，应当在交易机构开立实名交易账户，取得交易编码，并在注册登记机构和结算银行分别开立登记账户和资金账户。每个交易主体只能开设一个交易账户。

第九条 碳排放配额交易以“每吨二氧化碳当量价格”为计价单位，买卖申报量的最小变动计量为1吨二氧化碳当量，申报价格的最小变动计量为0.01元人民币。

第十条 交易机构应当对不同交易方式的单笔买卖最小申报数量及最大申报数量进行设定，并可以根据市场风险状况进行调整。单笔买卖申报数量的设定和调整，由交易机构公布后报生态环境部备案。

第十一条 交易主体申报卖出交易产品的数量，不得超出其交易账户内可交易数量。交易主体申报买入交易产品的相应资金，不得超出其交易账户内的可用资金。

第十二条 碳排放配额买卖的申报被交易系统接受后即刻生效，并在当日交易时间内有效，交易主体交易账户内相应的资金和交易产品即被锁定。未成交的买卖申报可以撤销。如未撤销，未成交申报在该日交易结束后自动失效。

第十三条 买卖申报在交易系统成交后，交易即告成立。符合本规则达成的交易于成立时即告交易生效，买卖双方应当承认交易结果，履行清算交收义务。依照本规则达成的交易，其成交结果以交易系统记录的成交数据为准。

第十四条 已买入的交易产品当日内不得再次卖出。卖出交易产品的资金可以用于该交易日内的交易。

第十五条 交易主体可以通过交易机构获取交易凭证及其他相关记录。

第十六条 碳排放配额的清算交收业务,由注册登记机构根据交易机构提供的成交结果按规定办理。

第十七条 交易机构应当妥善保存交易相关的原始凭证及有关文件和资料,保存期限不得少于20年。

《碳排放权结算管理规则(试行)》(2021年5月14日发布,生态环境部公告2021年第21号)

第五条 注册登记机构应当选择符合条件的商业银行作为结算银行,并在结算银行开立交易结算资金专用账户,用于存放各交易主体的交易资金和相关款项。

注册登记机构对各交易主体存入交易结算资金专用账户的交易资金实行分账管理。

注册登记机构与交易主体之间的业务资金往来,应当通过结算银行所开设的专用账户办理。

第六条 注册登记机构应与结算银行签订结算协议,依据中国人民银行等有关主管部门的规定和协议约定,保障各交易主体存入交易结算资金专用账户的交易资金安全。

第七条 在当日交易结束后,注册登记机构应当根据交易系统的成交结果,按照货银对付的原则,以每个交易主体为结算单位,通过注册登记系统进行碳排放配额与资金的逐笔全额清算和统一交收。

第八条 当日完成清算后,注册登记机构应当将结果反馈给交易机构。经双方确认无误后,注册登记机构根据清算结果完成碳排放配额和资金的交收。

第九条 当日结算完成后,注册登记机构向交易主体发送结算数据。如遇到特殊情况导致注册登记机构不能在当日发送结算数据的,注册登记机构应及时通知相关交易主体,并采取限制出入金等风险管控措施。

第十条 交易主体应当及时核对当日结算结果,对结算结果有异议的,应在下一交易日开市前,以书面形式向注册登记机构提出。交易主体在规定时间内没有对结算结果提出异议的,视作认可结算结果。

《国家发展改革委关于印发〈温室气体自愿减排交易管理暂行办法〉的通知》(2012 年 6 月 13 日发布,发改气候〔2012〕1668 号)

第四条 国家发展改革委作为温室气体自愿减排交易的国家主管部门,依据本暂行办法对中华人民共和国境内的温室气体自愿减排交易活动进行管理。

第五条 国内外机构、企业、团体和个人均可参与温室气体自愿减排量交易。

第六条 国家对温室气体自愿减排交易采取备案管理。参与自愿减排交易的项目,在国家主管部门备案和登记,项目产生的减排量在国家主管部门备案和登记,并在经国家主管部门备案的交易机构内交易。

中国境内注册的企业法人可依据本暂行办法申请温室气体自愿减排项目及减排量备案。

第七条 国家主管部门建立并管理国家自愿减排交易登记簿(以下简称“国家登记簿”),用于登记经备案的自愿减排项目和减排量,详细记录项目基本信息及减排量备案、交易、注销等有关情况。

第八条 在每个备案完成后的 10 个工作日内,国家主管部门通过公布相关信息和提供国家登记簿查询,引导参与自愿减排交易的相关各方,对具有公信力的自愿减排量进行交易。

第二十七条 从事本暂行办法第二章规定的自愿减排交易项目审定和第三章规定的减排量核证业务的机构,应通过其注册地所在省、自治区和直辖市发展改革部门向国家主管部门申请备案,并提交以下材料:

(一)营业执照;

(二)法定代表人身份证明文件;

(三)在项目审定、减排量核证领域的业绩证明材料;

(四)审核员名单及其审核领域。

第二十八条 国家主管部门接到审定与核证机构备案申请材料后,对审定与核证机构备案申请进行审查,审查时间不超过 6 个月,并于审查完成后对符合下列条件的审定与核证机构予以备案:

(一)成立及经营符合国家相关法律规定;

(二)具有规范的管理制度;

（三）在审定与核证领域具有良好的业绩；

（四）具有一定数量的审核员，审核员在其审核领域具有丰富的从业经验，未出现任何不良记录；

（五）具备一定的经济偿付能力。

第十一章　道路危险货物运输的合规要求

【典型案例】

临涣焦化股份有限公司、沧州临港昌骅运输队环境污染责任纠纷案

一、案情介绍

临涣焦化股份有限公司、沧州临港昌骅运输队环境污染责任纠纷案[二审民事判决书案号:(2016)豫民终1194号]

本案是一起经过二审程序终审的交通事故导致的环境污染责任纠纷案件。

2014年,罗山县定远乡人民政府(以下简称定远乡政府)、罗山县定远乡罗庄村民委员会(以下简称罗庄村委会)、罗山县定远乡罗庄村南洼村民组(以下简称南洼村民组)作为一审原告,因环境污染侵权事由,以临涣焦化股份有限公司(以下简称临涣焦化)、沧州临港昌骅运输队(以下简称昌骅运输队)、淄博玉川物流有限公司(以下简称玉川物流)、萍乡焦化有限责任公司(以下简称萍乡焦化)、王某平、李某彪、吴某立、中国平安财产保险股份有限公司沧州中心支公司(以下简称平安财险沧州公司)为被告,向河南省信阳市中级人民法院提起环境污染责任诉讼,请求判令:(1)上述被告连带赔偿原告各项经济损失共计9,066,585.53元。其中,前期经济损失7,787,845.53元(农田5年经济损失46,737元,应急抢险费用1,021,668元,环境监测费520,000元,应急过程废物处置费1,100,400元,土地勘测费12,943元,经招投标确认的后期治理费为1,608,357.53元、监理费64,000元、检测费120,000元,群众生活安置补助费至2016年2月29日为3,229,380元,处理本案所花费的差旅费、交通费

64,360元);此外,依照定远乡政府与治理单位河南中清环保工程设备有限公司签订的《工程总承包合同》,自2016年2月29日至2016年6月14日环境污染治理工程竣工,已可确定原告另行请求赔偿的233名村民生活安置补助费为740,940元(233人×106天×30元/天);鉴定评估费260,000元,律师费用100,000元;庭后补充请求赔偿漏计的环境污染场地鉴定评估费鉴定费150,000元、技术检测费27,800元(2015年1月28日技术检测费15,600元、2015年5月28日技术检测费12,200元)。(2)诉讼费由各被告共同承担。

一审法院经审理,查明以下事实:

1. 被告吴某立、李某彪分别系冀×××××9/冀××××5危险货物运输车押运员和驾驶员。2014年11月24日,两被告人交替驾驶该车从萍乡焦化运送29.85吨的危险化学品粗苯到临涣焦化。2014年11月25日凌晨2时许,被告吴某立驾驶该车行驶至河南省省道罗山县定远乡罗庄村南洼村民组境内,因避让对面来车发生侧翻,造成9.96吨的罐内粗苯泄漏。两被告人试图用塑料袋等物品堵住但无果,随后拨打报警电话留守现场等待处理。经罗山县公安交通警察大队罗公交认字(2014)第425号道路交通事故认定书认定,吴某立负事故主要责任,李某彪负事故次要责任。

2. 因粗苯泄漏,直接导致附近农田、水体污染。为防控苯污染,罗山县、乡人民政府组织人员筑坝拉网,对事故地点居民进行了临时安置。至2016年4月21日庭审结束,在本次粗苯泄漏造成的环境污染过程中,因环境污染抢险、监测鉴定、治理基本农田损害及受害群众生活安置补助等必要花费,已可确认造成原告各项经济损失共计8,888,785.53元。其中,前期经济损失7,787,845.53元[农田5年经济损失46,737元,应急抢险费用1,021,668元,环境监测费520,000元,应急过程废物处置费1,100,400元,土地勘测费12,943元,经招投标确认的后期治理费为1,608,357.53元、监理费64,000元、检测费120,000元,村民生活安置补助费为3,229,380元(233人×462天×30元/天;自2014年11月25日至2016年2月29日,参照当地农民年纯收入及生活安置等需要,按每人每天30元计算),处理本案所花费的差旅费、交通费64,360元];此外,依照定远乡政府与治理单位河南中清环保工程设备有限公司签订的《工程总承包合同》,自2016年2月29日至2016年6月14日环境污染治理工程竣工,已可确定原告另行请求赔偿的233名村民生活安置补助费为740,940元(233人×106天×30元/天);原告另行主张的鉴定费260,000元、律师费用100,000元,因已经庭审举证质证属于合理的相关诉讼费用,法院予以认定。除上述费用以外,原告于2016年4月21日庭审后主张的环境污染场地鉴定评估费150,000元,技术检测费27,800元(2015年1月28日技术检测费15,600元、2015年5月28日技术检测费12,200元),共计177,800元,因其未列入两次庭审诉讼请求数额,亦未列入当庭举证清单并进行庭审质证,本案不再予以认定,原告可依法另行主张权利。王某平自行支付的抢险吊车费用22,000元,未计算在上述赔偿损失中,此款系其应尽的付款义务,不应从上述赔偿中扣除。

3. 车辆侧翻时,驾驶肇事车的被告吴某立没有驾驶危货运输车辆的驾驶证及危货运输驾驶员从业证。而有驾驶危货车资格的被告李某彪,却将危货车交给吴某立驾驶,自己在一旁睡觉。2015年10月14日,河南省罗山县人民法院作出(2015)罗刑初字第×××号刑事判决,以危险物品肇事罪分别判处吴某立有期徒刑1年6个月,李某彪有期徒刑1年1个月。

4. 根据罗山县环境保护局、罗山县公安局委托,山东省环境保护科学研究设计院作出《河南省罗山县"11·25"交通肇事致粗苯泄漏案件环境损害检验报告》,本案泄漏的9.96吨车载粗苯,即焦化粗苯的主要成分为苯和甲苯。其中,苯被列入《重点环境管理危险化学品目录》,CAS号为"71-43-2";甲苯被列入《危险化学品名录》,编号32050。根据《国家危险废物名录》(2008版),泄漏粗苯(编号32051,易燃液体)及其污染的土壤属于"突发性污染事故产生的废弃危险化学品及清理产生的废物",代码900-042-49,属于HW49类危险废物。

5. 根据《办理环境污染刑事案件解释》第九条的规定,罗山县"11·25"交通肇事致粗苯泄漏案件已构成了"致使公私财产损失三十万元以上的"等要件,应当认定为"严重污染环境"。

6. 肇事车辆登记在沧州昌骅运输队名下,王某平为肇事车辆的实际所有人。装载物粗苯为临涣焦化向萍乡焦化购买,临涣焦化委托玉川物流运输,玉川物流又与挂靠在昌骅运输队的王某平签订合同,使用昌骅运输队管理的主车为冀××××9、挂车为冀××××5挂黄色罐车运输。案发期间,昌骅运输队为该车在平安财险沧州公司投保有如下保险:(1)道路危险货物承运人责任保险。其中,每次事故责任限额为 58 万元(货物责任保险 10 万元 + 第三者责任保险 40 万元 + 除污费 8 万元);累计责任限额为货物责任保险 50 万元、第三者责任保险 200 万元、除污费 40 万元,并特别约定每次事故绝对免赔率为 3000 元或损失额的 10%。(2)主车冀×××××9 机动车交通事故责任强制保险,其中死亡伤残赔偿限额 11 万元,医疗费用赔偿限额 1 万元,财产损失限额 2000 元。(3)主车冀×××××9、挂车冀××××5 机动车第三者责任保险金额分别为 100 万元、5 万元,均不计免赔等。该条款第四条第一项、第九项规定,未依法取得驾驶证、持按规定审验的驾驶证、驾驶与驾驶证载明的准驾车型不符的机动车的保险人不负赔偿责任;使用各种专用车辆机械车、特种车的人员无国家有关部门核发的有效操作证、驾驶营业性客车的驾驶人无国家有关部门核发的有效资格证书。该条款第五条第四项、第五项规定,因车载货物掉落、泄漏、腐蚀造成的任何损失及费用,因环境污染引起的损失和费用,保险人均不负责赔偿。

一审法院认为:

1. 侵权人侵害的他人的人身、财产权益应当依法对被侵权人承担侵权赔偿责任。关于本案各原告是否具有诉讼主体资格问题。因本案原告定远乡政府系在本县、市政府及相关部门领导及协助下处理本起事故,并获得上述机关部门授权一并对处理污染损害的垫资依法提起诉讼,符合《环境侵权案件解释》第十四条、第十五条等相关规定其作为原告主体适格;原告罗庄村委会、罗南洼村民组及其所代表的村民系本案的直接受害者,具有依法起诉并获得相应赔偿的主体资格。对于各原告本次诉求以外因本次环境污染以后可能发生的其他人身、财产损害,待相关损失确定后,受害人可依法另行主张权利。

2. 关于本案各项经济损失 8,888,785.53 元的赔偿责任承担问题。因本案系交通事故致粗苯泄漏引起的环境污染责任纠纷,存在环境污染与道路交通事故责任、高度危险责任等相关责任的竞合,应当根据我国《环境保护法》、《侵权责任法》(已失效)、《道路交通安全法》等相关法律规定及侵权行为与本案侵权损害后果之间的因果关系,综合分析认定和区分各侵权人在本案中的侵权责任。《环境保护法》第六十四条规定:"因污染环境和破坏生态造成损害的,应当依照《中华人民共和国侵权责任法》的有关规定承担侵权责任。"《侵权责任法》(已失效)第六十五条规定:"因污染环境造成损害的,污染者应当承担侵权责任。"本案中,玉川物流作为承运人在接受临涣焦化运输粗苯委托后,又直接与不具备资质的王某平签订了《危险品运输合同》,故玉川物流与王某平对本次事故的发生负有直接责任,二者应当对污染损害承担共同赔偿责任。王某平系肇事车辆驾驶员李某彪、押运员吴某立的雇主,根据我国《侵权责任法》(已失效)第三十五条的规定应由作为提供劳务方的雇主对污染损害承担赔偿责任。被告李某彪、吴某立系王某平的雇员,作为驾驶员李某彪擅自将所驾车辆交给没有本案特种车辆驾驶资格的押运员吴某立驾驶造成本次事故,对于污染损害结果均有重大过失,王某平承担责任后可依法向其二人追偿。2012 年《最高人民法院关于审理道路交通事故损害赔偿案件适用法律若干问题的解释》第三条规定,"以挂靠形式从事道路运输经营活动的机动车发生交通事故造成损害,属于该机动车一方责任,当事人请求由挂靠人和被挂靠人承担连带责任的,人民法院应当支持"。本案肇事车辆系被告王某平挂靠在被告昌骅运输队名下,本次交通事故责任,已经鉴定属于本案肇事车辆一方责任,故昌骅运输队依法应当对因本次交通事故造成的环境污染损害承担连带赔偿责任。临涣焦化虽已委托玉川物流运输粗苯,但其对玉川物流的实际履行和安全管控能力审查监督不力,作为污染源及危险品粗苯的购买者、使用者和托运人,根据我国《侵权责任法》(已失效)第七十二条、《固体废物污染环境防治法》第五条、第十七条、第八十九条(液态废物的污染防治适用本法)等相关规定,对于其所购买的粗苯所产生危险废物损害及治理修复应当承担物之所有人的相应责任。根据本案的实际情况,其应对保险公司承保的污染损失额外的损失部分承担的相应补充赔偿责任。萍乡焦化虽是本案粗苯的生产者,但其与临涣焦化签订的销售合同中,已约定货物由临涣焦化自提,运输风险自担,萍乡焦化对运输中粗苯已没有监控义务,自货物交付运输后,其已不是所有者和控制者,与损害结果的产生没有因果关系,故其对污染损害不应承担赔偿责任。罗山县、乡政府等当地参与抢险单位,接到报警后依其职责进行了正当合理的施救处置行为,并没有证据证明其有处置不当,扩大损失的行为,在本案中依法不应承担赔偿责任。

3. 关于平安财险沧州公司在本案中承保的四份保险赔偿问题。(1)关于道路危险货物承运人责任保险中,每次事故责任限额为 977,000 元[货物责任保险 100,000 元 + 第三者责任保险 800,000 元(第三者人身伤亡与财产损失责任保险各 400,000 元）+ 除污费 80,000 元 - 3000 元绝对免赔率]。根据本案环境污染事故鉴定等证据,可以认定粗苯污染对本案原告所属村民人身具有不同程度的损害,平安财险沧州公司应在其保险责任限额内承担相应的赔偿责任。因该保险合同条款中第十七条第四项“因环境污染危害间接受到损害的第三者的人身伤亡和财产损失”等免赔规定,不应适用于本案受害人所遭受的直接人身和财产损失,依法亦应对本条作出有利于拟定格式合同者相对方的解释;平安财险沧州公司没有充分证据证明本合同中的免赔条款已按《保险法》第十七条第二款的规定在投保单或者其他保险凭证上作出足以引起投保人注意的提示,并对该条款的内容以书面或口头形式向投保人明确说明,故该合同中的相关免责条款依法不产生效力,关于其应对本保险相关赔偿免责的辩解意见,法院不予支持。(2)关于主车冀 × × × × ×9 交强险人身财产损失限额 122,000 元应否赔偿问题。因有证据证明原告所属村民人身具有不同程度的人身损害,故根据《最高人民法院关于审理道路交通事故损害赔偿案件适用法律若干问题的解释》第十八条第一项等规定,应在因交强险人身损害限额内赔偿 120,000 元(医疗费 10,000 元、伤残赔偿金 110,000 元);因肇事车辆驾驶人吴某立未取得该车驾驶资格,属无证驾驶,依照《机动车交通事故责任强制保险条款》第九条、《机动车交通事故责任强制保险条例》第二十二条第一项的规定,其造成受害人财产损失的,保险公司不承担赔偿责任,故本案交强险限额内的 2000 元财产损失,平安财险沧州公司不应当赔偿。(3)关于本案中主车、挂车不计免赔第三者责任保险,因符合该保险条款第四条、第五条第四项、第五项免赔规定,且投保人昌骅运输队在其特别提示条款中签章同意,故应当按照双方签订的保险合同约定履行,该险种对因车载货物掉落、泄漏及环境污染引起的损失和费用不应当承担责任。关于投保人昌骅运输队提出本案四份保险合同及特别提示条款中签章与其提供的两枚本单位印章进行一致性鉴定的申请,经双方到场比对,均已认可其不一致,故已无组织鉴定必要,但不能因此否认昌骅运输队还有另外印章(经查,卷中已出现了多枚昌骅运输队印章)。昌骅运输队又提出该印章不是其单位所盖的辩解意见,因昌骅运输队没有查清自己曾有几枚公章,亦没有充分的证据证明四份保险合同中所盖印章系伪造,故对于本案保险合同中所盖其印章真伪的举证不能责任,应由昌骅运输队承担。综上所述,被告平安财险沧州公司在本案中应在保险限额内赔偿各项损失 1,097,000 元(商业险 977,000 元 + 交强险 120,000 元)。法院认定应赔偿金额中的农田 5 年经济损失 46,737 元及村民生活安置补助费 3,970,320 元(3,229,380 元 +740,940 元),两项共计 4,017,057 元,应由三原告在获赔后按本案认定的赔偿标准支付给受损害村民,已垫付的应予以扣除;其余获赔金额应支付给本案抢险安置、环境修复等费用垫付方定远乡政府处理。

一审法院最终判决:

1. 原告定远乡政府、罗庄村委会、南洼村民组各项经济损失共计 8,888,785.53 元,由平安财险沧州公司在承保的交强险及道路危险货物承运人责任保险限额内赔偿 1,097,000 元;其余损失 7,791,785.53 元(8,888,785.53 元 - 1,097,000 元),由被告王某平、被告玉川物流共同赔偿,被告昌骅运输队对该 7,791,785.53 元损失承担连带赔偿责任;被告临涣焦化对上述 7,791,785.53 元损失承担补充赔偿责任。

2. 驳回各原告的其他诉讼请求。

一审宣判后,临涣焦化、昌骅运输队、玉川物流、平安财险沧州公司不服,向河南省高级人民法院提起上诉。

临涣焦化上诉请求:改判其不承担赔偿责任。主要事实和理由:

1. 危险性作了特别约定,尽了必要的注意义务。现行法律未设定托运人应对承运人的实际履行和安全管控能力进行审查监督的法定义务,亦未规定托运人与承运人共同承担交通肇事侵权责任。涉案事故发生时,临涣焦化不是占有人或使用人,原审判决临涣焦化承担补充赔偿责任于法无据。

2. 临涣焦化系货物的购买人、托运人,对该批化工产品不具有任何方式的控制支配能力,且产生污染后果的系交通事故本身,与货物所有权归属没有法律上的因果关系,不属于侵权责任法中规定的污染者。

3. 临涣焦化选择的是具有相应资质的玉川物流,且对不应承担高度危险作业侵权责任。

4. ××乡政府不是适格民事主体。定远乡政府作为行政主体,采取措施明显具有行政行为的特性,应由国家预算支持,不应通过民事诉讼进行求偿。

昌骅运输队上诉请求:改判平安财险沧州公司支付商业三者险 105 万元以及按货物承运人责任险累计责任限额承担赔偿责任;重新核定认定损失数

额;昌骅运输队不承担责任,其他原审被告应承担连带赔偿责任。主要事实和理由:

1. 关于商业三者险保险条款尤其是免责条款不适用本案。平安财险沧州公司提供的是《机动车辆保险条款(2009版)》,但投保单中投保人声明的是《平安机动车辆保险条款》,不能证明二者保险条款内容一致,故该公司应承担举证不能的责任,免责条款不具有法律效力。

2. 本案中投保车辆1年内仅发生一次保险事故,保险条款没有对1年内仅发生一次事故如何处理进行约定,则应有利于格式条款相对方解释,平安财险沧州公司应在货物承运人责任最高限额内承担责任,即货物责任险50万元、第三者责任险200万元、除污费40万元。投保单上的盖章举证责任应在平安财险沧州公司,并非在昌骅运输队。本案交通事故与环境污染事故存在交叉,应从有利于格式条款相对方来解释免赔事由。

3. 原审判决认定的损失及数额应重新审查及认定。抢救费用应为国家机关履行职能,应当由财政负担支出,不能作为损失进行主张;抢救安置费用、监测费用、鉴定费用、处置土壤1,100,400元费用等存在许多不合理、不必要或由于原告原因产生的费用,应予扣除。

4. 本案应由其他被告承担连带责任,昌骅运输队不应承担责任。临涣焦化委派车辆及司机提货,应承担责任;吴某立无证驾驶,供货方萍乡焦化、委派方临涣焦化、玉川物流均未采取有效措施监控、制止或防止,具有严重过错;昌骅运输队未签订任何运输合同,也不知情,不应承担任何责任。

玉川物流上诉请求:改判玉川物流不承担赔偿损失779,185.53元或者发回重审。主要事实和理由:

1. 原审认定事实不清。(1)玉川物流接受委托后,所找主车挂车具有运输粗苯的资质,驾驶员具有特种车辆驾驶资格,玉川物流并无过错;王某平有权代表昌骅运输队签订合同,符合当下运输市场惯例;临涣焦化审查该车的运输手续并出具派车单,是对上述事实的认可,玉川物流签订危险品运输合同没有过错,不应承担共同赔偿责任。(2)原告的各项损失应重新核查。

2. 适用法律不当。玉川物流没有实际占有、控制涉案粗苯,原审判决依照《侵权责任法》(已失效)第七条、第八条、第六十五条、第六十六条、第七十二条,《环境保护法》第六十四条等规定,认定玉川物流是法律上的“污染者”,属于法律适用错误。

平安财险沧州公司上诉请求：平安财险沧州公司不承担1,097,000元的赔偿责任。主要事实和理由：

1. 原审对交强险的认定属适用法律不当。原告主张的均为财产损失，未提供人身损害证据，不应由交强险赔偿。

2. 危险货物承运人责任保险责任认定事实不清，适用法律不当。(1)平安财险沧州公司不应承担该保险项下的赔偿责任。《保险法》上明确规定，无证驾驶不承担保险责任；保险合同也约定，无证驾驶及环境污染所导致的第三人损失不属于赔偿范围，本公司尽到充分的提示义务，不应再承担责任。(2)第三者责任险每次事故累计限额共计40万元，为人身伤亡和财产损失合计限额，本案只涉及财险，且未计免赔，原审合计认定80万元违背合同约定。(3)关于货物责任保险，承保对象为货物本身，原告作为受害的第三人，并非货主或货物权利人，对该项请求没有诉讼主体资格。

经审理，二审法院认为：根据各方当事人上诉和答辩意见，本案争议的焦点是：(1)原审原告是否具有提起本次诉讼的原告主体资格；(2)原审认定的损失数额是否适当；(3)赔偿责任如何承担。

1. 关于原审原告是否具有提起本次诉讼的原告主体资格的问题。涉案事故发生在2014年11月，新修订的《环境保护法》尚未正式实施，故本案不适用该法第五十八条的规定。涉案事故发生后，定远乡政府组织人员筑坝拉网，临时安置受害群众，进行基本农田治理、环境监测鉴定，并垫付相关费用，根据1999年11月2日《最高人民法院关于黑龙江省鸡西市梨树区人民政府与鸡西市化工局、沈阳冶炼厂环境污染纠纷案的复函》(〔1999〕民他字第31号)的规定，定远乡政府负有依法管理社会公共事务，维护人民群众利益的职责，在公共环境被侵害的情况下，可以作为代表提起诉讼。罗庄村委会和南洼村民组作为直接受害人，根据《侵权责任法》(已失效)第三条关于"被侵权人有权请求侵权人承担侵权责任"的规定，也有权提起本次诉讼。故上诉人认为原审原告主体不适格的上诉理由，法院不予支持。

2. 关于原审认定的损失数额是否适当的问题。原审判决认定原告的损失为8,888,785.53元，包括农田5年经济损失46,737元、应急抢险费用1,021,668元、环境监测费520,000元、应急过程废物处置费1,100,400元、土地勘测费 12,943 元、经招投标确认的后期治理费为 1,608,357.53 元、监理费 64,000 元、检测费 120,000 元、村民生活安置补助费为 3,970,320 元、鉴定费 260,000 元以及律师费 100,000 元等，上述费用有罗山县价格认证中心的罗价认字(2014)014 号、(2015)001 号《关于对 11·25 交通事故粗苯泄漏造成经济损失的价格认证结论书》、罗山县定远乡“11·25”交通肇事致粗苯泄漏突发事件群众转移安置生活补助发放名单及相关票据等在卷佐证，原审予以确认并无不当，上诉人认为该费用不合理不必要，但未提供证据予以证明，法院不予支持。关于该费用是否属于国家机关履行行政职能的费用而不应列入民事诉讼赔偿范围的问题，根据《环境保护法》第五条“损害担责原则”、第六条第三款“企业事业单位和其他生产经营者应当防止、减少环境污染和生态破坏，对所造成的损害依法承担责任”和《国家突发环境事件应急预案》第 6.2 条“……突发环境事件应急处置所需经费首先由事件责任单位承担。县级以上地方人民政府对突发环境事件应急处置工作提供资金保障”的规定，环境突发事件应急处置所需经费以及环境污染损害应由事件责任单位承担。故上诉人认为涉案费用应由财政负担的上诉理由没有法律依据，法院不予支持。

3. 关于责任的承担问题。本案系因交通事故导致有毒化学物质粗苯泄漏引起的环境污染责任纠纷，涉及不同法律关系的多方当事人。根据《侵权责任法》(已失效)第六十五条“因污染环境造成损害的，污染者应当承担侵权责任”以及第六十六条“因污染环境发生纠纷，污染者应当就法律规定的不承担责任或者减轻责任的情形及其行为与损害之间不存在因果关系承担举证责任”的规定，污染环境造成损害的，应由污染者承担侵权责任，且适用无过错责任原则和举证责任倒置原则。至于污染者的认定，根据 2016 年《固体废物污染环境防治法》第五条“国家对固体废物污染环境防治实行污染者依法负责的原则。产品的生产者、销售者、进口者、使用者对其产生的固体废物依法承担污染防治责任”以及第十七条第一款“收集、贮存、运输、利用、处置固体废物的单位和个人，必须采取防扬散、防流失、防渗漏或者其他防止污染环境的措施；不得擅自倾倒、堆放、丢弃、遗撒固体废物”等相关规定，污染者可以认为是产生固体废物的“产品的生产者、销售者、进口者、使用者”或“收集、贮存、运输、利用、处置固体废物的单位和个人”。本案中，上诉人玉川物流作为承运人，接受临涣焦化运输粗苯委托后，直接与不具备资质的王某平签订《危险品运输合同》,对本次事故的发生负有直接责任,应与王某平对污染损害承担共同赔偿责任。玉川物流上诉认为其签订危险品运输合同没有过错不应承担共同赔偿责任的理由,法院不予支持。根据《最高人民法院关于审理道路交通事故损害赔偿案件适用法律若干问题的解释》第三条"以挂靠形式从事道路运输经营活动的机动车发生交通事故造成损害,属于该机动车一方责任,当事人请求由挂靠人和被挂靠承担连带责任的人民法院应当支持"的规定,昌骅运输队作为肇事车辆的挂靠单位,应当对污染损害承担连带赔偿责任。至于临涣焦化的责任,其作为涉案危险货物的所有人、托运人,虽与玉川物流签订合同,但未审查实际运输人资质,直接发函委派肇事车辆运输危险货物,故原审判决其承担补充赔偿责任并无不当。临涣焦化认为损害的发生与货物所有权没有关系,不应承担赔偿责任的上诉理由,法院不予支持。

4. 关于涉案的保险责任问题。涉案车辆主车冀×××××9 投有交强险,涉案的危险货物泄漏很可能会造成原告所属村民的人身损害,但本案原告所主张的损失数额并不包含人身损害的损失,故原审判决认定平安财险沧州公司应当在交强险人身损害限额内赔偿 120,000 元有误,平安财险沧州公司的该项上诉理由成立,法院予以支持。关于道路危险货物承运人责任保险中,货物责任保险承保的对象是危险货物本身,原审判决平安财险沧州公司对原告的损失承担 100,000 元的保险责任有误,应予纠正。至于是否应承担第三者责任保险问题,法院认为,该责任保险条款第十七条第四项"因环境污染危害间接受到损害的第三者的人身伤亡和财产损失"以及第二十七条第四项"驾驶人员不具备相应的资格或违反相关操作规程"等不负赔偿责任之规定,平安财险沧州公司没有充分证据证明其在投保单或者其他保险凭证上作出足以引起投保人注意的提示,并对该条款的内容以书面或者口头形式向投保人明确说明,故该合同中的相关免责条款依法不产生效力,平安财险沧州公司以此为由主张不承担保险责任的上诉理由,法院不予支持。另外,关于每次事故第三人人身伤亡和财产损失合计赔偿 400,000 元还是 800,000 元的问题,投保单的手抄体与保险单的规定并不一致,依法应对本条作出有利于拟定格式合同者相对方的解释,原审判决平安财险沧州公司按每次事故第三人人身伤亡和财产损失合计 800,000 元承担保险责任并无不当,平安财险沧州公司认为每次事故责任限额合计为 400,000 元的上诉理由,法院不予支持。至于昌骅运输队上诉称平安财险沧州公司应在货物承运人责任最高限额内承担责任(货物责任险 50 万元、第三者责任险 200 万元、除污费 40 万元),与保险合同约定相悖,法院不予支持。

二审法院判决:

1. 变更原审判决第一项为:定远乡政府、罗庄村委会、南洼村民组各项经济损失共计 8,888,785.53 元,由平安财险沧州公司在承保的道路危险货物承运人责任保险限额内赔偿 877,000 元;其余损失 8,011,785.53 元,由王某平、玉川物流承担共同赔偿责任,昌骅运输队承担连带赔偿责任,临涣焦化承担补充赔偿责任。

2. 维持原审判决第二项。

二审宣判后,临涣焦化不服,向最高人民法院申请再审。

临涣焦化申请再审称:(1)临涣焦化不构成环境污染侵权,不构成交通肇事侵权,不构成高度危险作业侵权,不应承担任何民事责任。(2)判令临涣焦化承担补充赔偿责任在《侵权责任法》(已失效)框架内并无任何依据。(3)即便承担补充责任,依法亦应当为临涣焦化划定明确的份额。临涣焦化依据 2017 年《民事诉讼法》第二百条第二项、第六项的规定申请再审。

再审法院认为,本案的争议焦点为临涣焦化是否构成侵权;如构成侵权,应承担什么责任。根据《侵权责任法》(已失效)第六十五条“因污染环境造成损害的,污染者应当承担侵权责任”以及第六十六条“因污染环境发生纠纷,污染者应当就法律规定的不承担责任或者减轻责任的情形及其行为与损害之间不存在因果关系承担举证责任”的规定,污染环境造成损害的,应由污染者承担侵权责任,且适用无过错责任原则和举证责任倒置规则。根据 2015 年《固体废物污染环境防治法》第五条“国家对固体废物污染环境防治实行污染者依法负责的原则。产品的生产者、销售者、进口者、使用者对其产生的固体废物依法承担污染防治责任”以及第十七条第一款“收集、贮存、运输、利用、处置固体废物的单位和个人,必须采取防扬散、防流失、防渗漏或者其他防止污染环境的措施;不得擅自倾倒、堆放、丢弃、遗撒固体废物”等相关规定,污染者可以认为是产生固体废物的“产品的生产者、销售者、进口者、使用者”或“收集、贮存、运输、利用、处置固体废物的单位和个人”,即污染源的控制与排放者。临涣焦化作为涉案危险货物的所有人、托运人,虽与玉川物流签订合同,但未审查实际运输人资质，直接发函委派肇事车辆运输危险货物，故二审法院判决其承担补充赔偿责任并无不当。

最终，最高人民法院裁定驳回临涣焦化的再审申请。

二、案例解读

本案是因交通事故导致的环境污染责任纠纷案件。本案案情复杂，涉及多方主体，存在环境污染与道路交通事故责任、高度危险责任等多种责任的竞合。一审法院从各主体之间的法律关系入手，抽丝剥茧，全面且详细地分析案情，一审、二审再到最高人民法院再审，均进行了详尽的法律说理及分析。本案对因交通事故导致的环境污染纠纷中各方主体的责任承担问题，具有指导作用。

（一）交通事故导致的环境污染事件中危险货物托运人的责任

临涣焦化主张其虽系危险货物的购买人、所有权人、托运人，但对危险货物不具备控制与支配能力，其并非法律所规定的“污染者”，且本案环境污染事件的发生原因是交通事故，与其无关。但其主张并未被一审、二审及再审三级法院所认可，最主要原因在于本案交通事故已经造成严重的环境污染事故。环境污染侵权归责原则为无过错责任原则。临涣焦化作为本次环境污染事故的托运人，除适用《民法典》合同编第十九章第三节货运合同的相关规定，还需适用《固体废物污染环境防治法》。该法第八十三条第一款规定，“运输危险废物，应当采取防止污染环境的措施，并遵守国家有关危险货物运输管理的规定”。《道路危险货物运输管理规定》第二十八条要求，“危险货物托运人应当委托具有道路危险货物运输资质的企业承运。危险货物托运人应当对托运的危险货物种类、数量和承运人等相关信息予以记录，记录的保存期限不得少于1年”。

临涣焦化与玉川物流签订委托运输合同后，并未审查实际运输人资质，直接发函委派肇事车辆运输危险货物。其未尽到审核肇事车辆运输资质的义务，故法院判决其承担补充赔偿责任。

（二）交通事故导致的环境污染事件中危险货物承运人的责任

根据《环境保护法》第六十四条的规定，因污染环境和破坏生态造成损害的，应当依照《侵权责任法》（已失效）的有关规定承担侵权责任。同时，据《民法典》第一千二百二十九条的规定，“因污染环境、破坏生态造成他人损害的，侵权人应当承担侵权责任”。交通事故导致危险货物泄漏致使发生环境污染事件的，涉及环境污染与道路交通事故责任、高度危险责任等多种责任的竞合，其各自适用的归责原则与举证责任分配均不相一致。具体侵权人的认定及多个主体各自应承担责任比例，应以厘清其法律关系的前提下予以分析确认。

本案中，玉川物流作为承运人接受临涣焦化的委托承运粗苯后，又将粗苯运输业务转委托给不具备资质的自然人王某平，与王某平签订了《危险货物运输合同》；肇事车辆系王某平所有，但登记在昌骅运输队名下；驾驶员李某彪、押运员吴某立系王某平雇佣，与王某平形成雇佣关系。回到本案事实部分，据罗山县公安交通警察大队罗公交认字（2014）第 425 号道路交通事故认定书，对本次交通事故，押运员吴某立负主要责任，李某彪负事故次要责任。但基于该二人与其雇主王某平之间的雇佣关系，根据《民法典》第一千一百九十二条第一款的规定，“个人之间形成劳务关系，提供劳务一方因劳务造成他人损害的，由接受劳务一方承担侵权责任。接受劳务一方承担侵权责任后，可以向有故意或者重大过失的提供劳务一方追偿。提供劳务一方因劳务受到损害的，根据双方各自的过错承担相应的责任”，即应由其雇主王某平对该二人因提供劳务对他人造成的损害承担侵权责任。鉴于驾驶员李某彪擅自将所驾危险物品运输车辆交给并无特种车辆驾驶资格的押运员吴某立驾驶导致发生本次交通事故，二人对污染损害结果存在重大过失，故而王某平承担侵权责任后，可依法向该二人依法追偿。

玉川物流作为危险货物运输企业，在接受委托后将粗苯运输业务转委托给不具备资质的王某平承运，根据《民法典》第一千一百六十八条的规定，其应与王某平对污染损害共同承担赔偿责任。

至于昌骅运输队，其作为王某平所有的危险货物运输车辆，即肇事车辆的被挂靠人，在肇事车辆发生交通事故给第三方造成损害时，根据《民法典》第一千二百一十一条的规定，以挂靠形式从事道路运输经营活动的机动车，发生交通事故造成损害，属于该机动车一方责任的，由挂靠人和被挂靠人承担连带责任，即昌骅运输队应与挂靠人王某平对因本次交通事故造成的环境污染损害承担连带赔偿责任。

因而，二审法院最终判决由王某平、玉川物流承担共同赔偿责任，昌骅运输队承担连带赔偿责任，临涣焦化承担补充赔偿责任。

（三）交通事故导致的环境污染事件中保险企业的责任承担

根据《机动车交通事故责任强制保险条例》第三条的规定，机动车交通事故责任强制保险是指由保险公司对被保险机动车发生道路交通事故造成本车人员、被保险人以外的受害人的人身伤亡、财产损失，在责任限额内予以赔偿的强制性责任保险。《保险法》第六十五条第一款规定，保险人对责任保险的被保险人给第三者造成的损害，可以依照法律的规定或者合同的约定，直接向该第三者赔偿保险金。《道路交通安全法》第七十六条规定，机动车发生交通事故造成人身伤亡、财产损失的，由保险公司在机动车第三者责任强制保险责任限额范围内予以赔偿；不足的部分，按照下列规定承担赔偿责任：机动车之间发生交通事故的，由有过错的一方承担赔偿责任；双方都有过错的，按照各自过错的比例分担责任。

本案中，被挂靠人昌骅运输队为该危险货物承运车辆投保有道路危险货物承运人责任保险、主车冀×××××9机动车交通事故责任强制保险、主车冀×××××9及挂车冀××××5机动车第三者责任保险。该三种险种除国家强制保险外，也是一般危化品运输企业为降低自身风险而最经常投保的险种。

1. 关于机动车交通事故责任强制保险（以下简称交强险）。本案中主车冀×××××9交强险死亡伤残赔偿限额11万元，医疗费用赔偿限额1万元，财产损失限额2000元。一审法院根据《机动车交通事故责任强制保险条例》第二十二条第一项，驾驶人未取得驾驶资格或者醉酒发生道路交通事故的，造成受害人的财产损失，保险公司不承担赔偿责任的规定，认定交强险限额内2000元财产损失，平安财险沧州公司不应当赔偿；但却并未免除其在交强险人身损害限额内赔偿12万元的责任。平安财险沧州公司对此不服。二审法院指出了一审判决的问题所在，危险货物泄漏可能造成一审原告所属村民的人身损害，但一审原告所主张损失数额并未包含人身损失，一审法院判决由保险公司承担在12万元范围内承担赔偿责任并不符合法律规定。

2. 关于机动车第三者责任保险。本案中，主车冀×××××9、挂车冀××××5机动车第三者责任保险金额分别为100万元、5万元，均不计免赔。该不计免赔第三者责任险属商业保险，应以投保人与保险人所签订保险合同及保险条款约定为准。据一审法院，“该条款第四条（一）（九）项规定，未依法取得驾驶证的……保险人不负赔偿责任”,“该条款第五条(四)(五)项规定,因车载货物掉落、泄漏、腐蚀造成的任何损失及费用;因环境污染引起的损失和费用,保险人均不负责赔偿”。昌骅运输队作为投保人上诉主张免责条款不适用于本案,则根据《保险法》第十七条第二款的规定,其应举证证明保险人在订立保险合同时未作提示或明确说明。但据本案一审法院查明,昌骅运输队在该特别提示条款中进行了签章同意,故而其主张并未被人民法院所支持。

3. 关于道路危险货物承运人责任保险。本案中,昌骅运输队为肇事车辆投保有道路危险货物承运人责任保险。该险种是保障危险货物承运人的法律责任的保险,一般由货物责任保险、第三者责任保险两部分组成。根据《保险法》第六十五条第四款“责任保险是指以被保险人对第三者依法应负的赔偿责任为保险标的的保险”的规定,因此货物责任保险,其承保对象系货物本身,针对货物所有权人,而非因货物导致的第三方损害。具体到本案,平安保险沧州公司据此主张不应对一审原告的损失承担100,000元保险责任的上诉请求也因此得到了二审法院的支持。

至于第三者责任保险,据法院审理查明,“关于每次事故第三人人身伤亡和财产损失合计赔偿400,000元还是800,000元的问题,投保单的手抄体与保险单的规定并不一致”,在此种情形下,根据《民法典》第四百九十八条的规定:“对格式条款的理解发生争议的,应当按照通常理解予以解释。对格式条款有两种以上解释的,应当作出不利于提供格式条款一方的解释……”一、二审人民法院均采纳了此种解释方法,认定第三者责任保险中包含第三者人身伤亡和财产损失各400,000元,并未支持平安财险沧州公司的主张。另,虽该责任保险条款第十七条第四项有“因环境污染危害间接受到损害的第三者的人身伤亡和财产损失”以及第二十七条第四项“驾驶人员不具备相应的资格或违反相关操作规程”等不负赔偿责任的规定,但根据《保险法》第十七条第二款及《民法典》第四百九十六条第二款“提供格式条款的一方未履行提示或者说明义务,致使对方没有注意或者理解与其有重大利害关系的条款的,对方可以主张该条款不成为合同的内容”的规定,平安财险沧州公司作为保险人及提供格式条款的一方,未提供证据证明其已在投保单或其他保险凭证上了足以引起投保人注意的提示或说明,其上诉主张未得到二审法院支持。

【合规指引】

一、道路危险货物运输相关重点法律法规政策

道路危险货物运输,是指使用载货汽车通过道路运输危险货物的作业全过程。道路危险货物运输车辆,是指满足特定技术条件和要求,从事道路危险货物运输的载货汽车(以下简称专用车辆)。道路危险货物运输因经营环节不同,可分为托运、承运、装货、收货四个环节。这四个环节需重点关注以下法规政策。

1.《危险货物道路运输规则》(JT/T 617—2018)。根据交通运输部《关于发布〈危险货物道路运输规则〉等34项交通运输行业标准和废止〈围油栏〉等8项交通运输行业标准的公告》(交通运输部公告第68号)的规定,《危险货物道路运输规则》(JT/T 617—2018)于2018年12月1日起实施,代替之前的JT 3130—1988,JT 617—2004版本。JT/T 617—2018共七部分,对危险货物分类、包装、托运、装卸、运输等环节的操作要求都设定了强制性标准。

2.《危险货物道路运输安全管理办法》(交通运输部令2019年第29号)。该办法内容涵盖危险货物托运、承运、装卸、车辆运行等环节,以及人员、车辆、罐体、包装、标签、标志等各要素,着力构建危险货物道路运输全链条管理体系。该办法弥补管理制度漏洞,建立了托运清单、运单、充装查验及罐体检验制度。一是针对非法托运危险货物问题,建立了危险货物托运清单制度,要求托运人在托运危险货物时应当提交托运清单,不得匿报谎报,强化运输源头管理。二是针对运输企业对所属车辆"挂而不管""以包代管"等问题,建立了危险货物运单制度,运输过程中应当随车携带危险货物运单,强化运输过程安全管理。三是针对违规装货和违法运输等突出问题,建立了充装环节查验制度,装货人在充装或者装载货物前要对车辆、人员、罐体、货物合规性进行查验,强化装货环节安全管理。四是针对常压罐车安全水平低、带病运行问题,建立了常压罐车罐体检验制度,只有经具备专业资质检验机构检验合格的罐车罐体方可出厂使用,保障运输装备本质安全。①

3.《道路危险货物运输管理规定》。该规定确定道路危险货物运输的基本

① 交通运输部对《危险货物道路运输安全管理办法》的解读,交通运输部2019年11月28日发布。

概念，对运输车辆、运输企业、危险货物分类、运输监管、法律责任等进行详细规定。按照该规定，危险货物是指具有爆炸、易燃、毒害、感染、腐蚀等危险特性，在生产、经营、运输、储存、使用和处置中，容易造成人身伤亡、财产损毁或者环境污染而需要特别防护的物质和物品。危险货物以列入国家标准《危险货物品名表》（GB 12268）的为准，未列入《危险货物品名表》的，以有关法律、行政法规的规定或者国务院有关部门公布的结果为准。道路危险货物运输，是指使用载货汽车通过道路运输危险货物的作业全过程。道路危险货物运输车辆，是指满足特定技术条件和要求，从事道路危险货物运输的载货汽车。危险货物的分类、分项、品名和品名编号应当按照国家标准《危险货物分类和品名编号》（GB 6944）、《危险货物品名表》（GB 12268）执行。危险货物的危险程度依据国家标准《危险货物运输包装通用技术条件》（GB 12463—2009），分为Ⅰ、Ⅱ、Ⅲ等级。

4.《危险化学品安全管理条例》（国务院令第 645 号）。该条例要求，通过公路、水路运输危险化学品的，托运人只能委托有危险化学品运输资质的运输企业承运。托运人托运危险化学品，应当向承运人说明运输的危险化学品的品名、数量、危害、应急措施等情况。运输危险化学品需要添加抑制剂或者稳定剂的，托运人交付托运时应当添加抑制剂或者稳定剂，并告知承运人。托运人不得在托运的普通货物中夹带危险化学品，不得将危险化学品匿报或者谎报为普通货物托运。任何单位和个人不得邮寄或者在邮件内夹带危险化学品，不得将危险化学品匿报或者谎报为普通物品邮寄。

5.《道路运输条例》（国务院令第 709 号）。从事道路运输经营以及道路运输相关业务的，都应遵守该条例。道路运输经营包括道路旅客运输经营和道路货物运输经营；道路运输相关业务包括站（场）经营、机动车维修经营、机动车驾驶员培训。该条例第二十三条要求，申请从事危险货物运输经营的，除符合常规的货运企业资质外，还应当具备下列条件：(1)有 5 辆以上经检测合格的危险货物运输专用车辆、设备；(2)有经所在地设区的市级人民政府交通主管部门考试合格，取得上岗资格证的驾驶人员、装卸管理人员、押运人员；(3)危险货物运输专用车辆配有必要的通信工具；(4)有健全的安全生产管理制度。

二、危险货物的立法定义

根据《道路危险货物运输管理规定》第三条第一款、第四条的规定，危险货物是指具有爆炸、易燃、毒害、感染、腐蚀等危险特性,在生产、经营、运输、储存、使用和处置中,容易造成人身伤亡、财产损毁或者环境污染而需要特别防护的物质和物品。关于危险货物以列入国家标准《危险货物品名表》(GB 12268—2012)的为准,未列入《危险货物品名表》的,以有关法律、行政法规的规定或者国务院有关部门公布的结果为准。

中华人民共和国国家质量监督检验检疫总局、中国国家标准化管理委员会于2012年5月11日发布,于2012年12月1日起实施的《危险货物分类和品名编号》(GB 6944—2012),根据危险货物具有的危险性或最主要的危险性将危险货物分为9个类别,第1类、第2类、第4类、第5类和第6类再分成项别。类别和项别分列如下:

第1类:爆炸品

1.1项:有整体爆炸危险的物质和物品;

1.2项:有迸射危险,但无整体爆炸危险的物质和物品;

1.3项:有燃烧危险并有局部爆炸危险或局部迸射危险或这两种危险都有,但无整体爆炸危险的物质和物品;

1.4项:不呈现重大危险的物质和物品;

1.5项:有整体爆炸危险的非常不敏感物质;

1.6项:无整体爆炸危险的极端不敏感物品。

第2类:气体

2.1项:易燃气体;

2.2项:非易燃无毒气体;

2.3项:毒性气体。

第3类:易燃液体

第4类:易燃固体、易于自燃的物质、遇水放出易燃气体的物质

4.1项:易燃固体、自反应物质和固态退敏爆炸品;

4.2项:易于自燃的物质;

4.3项:遇水放出易燃气体的物质。

第5类:氧化性物质和有机过氧化物

5.1项:氧化性物质;

5.2项:有机过氧化物。

第6类:毒性物质和感染性物质

6.1项:毒性物质;

6.2项:感染性物质。

第7类:放射性物质

第8类:腐蚀性物质

第9类:杂项危险物质和物品,包括危害环境物质

注:类别和项别的号码顺序并不是危险程度的顺序。

三、道路危险货物运输对托运人的要求

(一)确保承运企业具有运输资质

危险货物托运人应当委托具有道路危险货物运输资质的企业承运。托运民用爆炸物品、烟花爆竹的,应当委托具有第一类爆炸品或者第一类爆炸品中相应项别运输资质的企业承运。托运需审查经营性道路运输企业的道路运输经营许可证,并确保其经营范围要涵盖所托运的危险货物。

(二)准确提供危险货物信息

托运人应当按照《危险货物道路运输规则》(JT/T 617—2018)确定危险货物的类别、项别、品名、编号,遵守相关特殊规定要求。需要添加抑制剂或者稳定剂的,托运人应当按照规定添加,并将有关情况告知承运人。如果托运人对危险货物危险性质不明的,应当向承运方提供符合要求的危险货物鉴定技术报告。如托运危险货物符合《危险货物道路运输规则》(JT/T 617—2018)豁免条件的,可以视为普通货物运输。

危险货物托运人托运危险化学品的,还应当提交与托运的危险化学品完全一致的安全技术说明书和安全标签。法律、行政法规规定托运人必须办理有关手续后方可运输的危险货物,道路危险货物运输企业应当查验有关手续齐全有效后方可承运。

托运人应当对托运的危险货物种类、数量和承运人等相关信息予以记录,记录的保存期限不得少于1年。

(三)严格按照要求包装危险货物

危险货物托运人应当严格按照国家有关规定妥善包装并在外包装设置标志,并向承运人说明危险货物的品名、数量、危害、应急措施等情况。

由于危险货物的种类不同,性质各异,不同的危险货物的危险程度也不

同。据此,联合国危险货物运输专家委员会制定的《关于危险货物运输建议书》中,对危险货物包装进行了分类。我国《危险货物分类和品名编号》(GB 6944—2012)也对此进行了分类沿用。除了第1类、第2类、第7类、5.2项和6.2项物质,以及4.1项自反应物质以外的物质,根据其危险程度,划分为三个包装类别:

——Ⅰ类包装:具有高度危险性的物质;

——Ⅱ类包装:具有中等危险性的物质;

——Ⅱ类包装:具有轻度危险性的物质。

包装类别不同,对其性能质量要求也不同,对Ⅰ类包装的性能要求最高,Ⅱ类包装其次,Ⅲ类包装又次于Ⅱ类包装,这种不同要求,在包装性能检测标准上可以明显看出。以跌落试验的跌落高度为例:Ⅰ类包装的跌落高度为1.8米,Ⅱ类包装为1.2米,而Ⅲ类包装为0.8米,由此可以看出,不同类别的危险货物在性能要求方面有着显著的差别。故应根据危险货物的特性选择正确的包装,且包装应当符合法律、行政法规、规章以及国家标准、行业标准的要求。

根据《道路危险货物运输管理规定》第三十一条的规定,专用车辆应当按照国家标准《道路运输危险货物车辆标志》(GB 13392—2005)的要求悬挂标志。根据该标准,危险货物应根据危险性在包装上张贴正确的运输标签,标签应贴在反衬底色上,或者用虚线或实线标出外缘。标签形状应呈45°角的正方形(菱形),尺寸最小100mm * 100mm。集装箱及集装罐张贴尺寸为250mm * 250mm。

(四)向承运人出具电子或纸质托运清单

托运人在托运危险货物时,应当向承运人提交危险货物托运清单。托运清单目前无具体格式要求,电子或纸质都可以。托运清单需由托运方制作交由承运方,但托运清单无须随车携带。托运人应当妥善保存危险货物托运清单,保存期限不得少于12个月。

托运清单具体内容包括:

(1)载明危货托运人、收货人、装货人、始发地、目的地、运输企业信息;

(2)载明危货类别/项别、品名、编号、包装及规格、数量、24小时应急联系电话(需是托运方这边的电话,目前座机或手机均可,托运方同时需要保证在危险货物运输过程中此应急电话保持畅通,必要时向承运方提供事故应急救援技术指导)；

(3)危货危险特性、运输注意事项、急救措施、消防措施、泄漏应急处理等安全信息。

针对一些特殊产品,如剧毒化学品、民用爆炸品、烟花爆竹、放射性物品或者危险废物,除托运清单,还应给承运方提供法律要求的其他证明文件,如针对危险废物的转移联单等。

四、道路危险货物运输对承运人的要求

(一)道路危险货物运输企业应取得相应资质

从事道路危险货物运输经营的企业,需要具备符合国家标准规定的车辆及设备、符合要求的停车场地、符合要求的从业人员和安全管理人员、有健全的安全管理制度。

有符合下列要求的专用车辆及设备:(1)自有专用车辆(挂车除外)5 辆以上;运输剧毒化学品、爆炸品的,自有专用车辆(挂车除外)10 辆以上。(2)专用车辆的技术要求应当符合《道路运输车辆技术管理规定》有关规定。(3)配备有效的通信工具。(4)专用车辆应当安装具有行驶记录功能的卫星定位装置。(5)运输剧毒化学品、爆炸品、易制爆危险化学品的,应当配备罐式、厢式专用车辆或者压力容器等专用容器。(6)罐式专用车辆的罐体应当经质量检验部门检验合格,且罐体载货后总质量与专用车辆核定载质量相匹配。运输爆炸品、强腐蚀性危险货物的罐式专用车辆的罐体容积不得超过 20 立方米,运输剧毒化学品的罐式专用车辆的罐体容积不得超过 10 立方米,但符合国家有关标准的罐式集装箱除外。(7)运输剧毒化学品、爆炸品、强腐蚀性危险货物的非罐式专用车辆,核定载质量不得超过 10 吨,但符合国家有关标准的集装箱运输专用车辆除外。(8)配备与运输的危险货物性质相适应的安全防护、环境保护和消防设施设备。

有符合下列要求的停车场地:(1)自有或者租借期限为 3 年以上,且与经营范围、规模相适应的停车场地,停车场地应当位于企业注册地市级行政区域内。(2)运输剧毒化学品、爆炸品专用车辆以及罐式专用车辆,数量为 20 辆(含)以下的,停车场地面积不低于车辆正投影面积的 1.5 倍,数量为 20 辆以上的,超过部分,每辆车的停车场地面积不低于车辆正投影面积;运输其他危险货物的,专用车辆数量为 10 辆(含)以下的,停车场地面积不低于车辆正投影面积的1.5倍;数量为10辆以上的,超过部分,每辆车的停车场地面积不低于车辆正投影面积。(3)停车场地应当封闭并设立明显标志,不得妨碍居民生活和威胁公共安全。

有符合下列要求的从业人员和安全管理人员:(1)专用车辆的驾驶人员取得相应机动车驾驶证,年龄不超过60周岁。(2)从事道路危险货物运输的驾驶人员、装卸管理人员、押运人员应当经所在地设区的市级人民政府交通运输主管部门考试合格,并取得相应的从业资格证;从事剧毒化学品、爆炸品道路运输的驾驶人员、装卸管理人员、押运人员,应当经考试合格,取得注明为"剧毒化学品运输"或者"爆炸品运输"类别的从业资格证。(3)企业应当配备专职安全管理人员。

有健全的安全生产管理制度:(1)企业主要负责人、安全管理部门负责人、专职安全管理人员安全生产责任制度。(2)从业人员安全生产责任制度。(3)安全生产监督检查制度。(4)安全生产教育培训制度。(5)从业人员、专用车辆、设备及停车场地安全管理制度。(6)应急救援预案制度。(7)安全生产作业规程。(8)安全生产考核与奖惩制度。(9)安全事故报告、统计与处理制度。

满足以上条件的企业,经申请获得设区的市级道路运输管理机构出具的《道路危险货物运输行政许可决定书》、发放的《道路运输经营许可证》后,可从事道路危险货物运输。

(二)道路运输从业人员取得从业资质

根据《道路运输从业人员管理规定》的规定,道路危险货物运输驾驶员、装卸管理人员和押运人员统称为道路危险货物运输从业人员。

道路危险货物运输驾驶员应当符合下列条件:(1)取得相应的机动车驾驶证;(2)年龄不超过60周岁;(3)3年内无重大以上交通责任事故;(4)取得经营性道路旅客运输或者货物运输驾驶员从业资格2年以上或者接受全日制驾驶职业教育的;(5)接受相关法规、安全知识、专业技术、职业卫生防护和应急救援知识的培训,了解危险货物性质、危害特征、包装容器的使用特性和发生意外时的应急措施;(6)经考试合格,取得相应的从业资格证件。

道路危险货物运输装卸管理人员和押运人员应当符合下列条件:(1)年龄不超过60周岁;(2)初中以上学历;(3)接受相关法规、安全知识、专业技术、职业卫生防护和应急救援知识的培训,了解危险货物性质、危害特征、包装容器的使用特性和发生意外时的应急措施；(4)经考试合格，取得相应的从业资格证件。

(三)承运企业具有运输流程管控能力

1. 危险货物装卸控制

在危险货物装卸过程中，应当根据危险货物的性质轻装轻卸，堆码整齐，防止混杂、撒漏、破损。危险货物的装卸作业应当遵守安全作业标准，并在装卸管理人员的现场指挥或者监控下进行。危险货物运输托运人和承运人应当按照合同约定指派装卸管理人员负责装卸作业。装卸作业现场要远离热源，通风良好，易燃易爆货物的装卸场所要有防静电和避雷装置。装卸作业前，车辆发动机应熄火，并切断总电源。在有坡度的场地装卸货物时，应采取防止车辆溜坡的有效措施。

装货人应当在充装或者装载货物前查验车辆行驶证和营运证、驾驶人及押运人员的资质证件、运输车辆/罐式车辆罐体/可移动罐柜/罐箱是否检验合格，核对危险货物名称、规格、数量，并认真检查货物包装。如货物的安全技术说明书、安全标签、标识、标志等与运单不符或包装破损应拒绝装车。

2. 危险货物运输控制

道路危险货物运输企业应配备卫星定位监控系统，监控所有危险货物车辆运行状况并通过卫星定位监控平台或者监控终端及时纠正和处理超速行驶、疲劳驾驶、不按规定线路行驶等违法违规驾驶行为。专用车辆应当配备与所载运的危险货物相适应的应急处理器材和安全防护设备。专用车辆应当按照《道路运输危险货物车辆标志》(GB 13392—2005)的要求悬挂标志。运输剧毒化学品、爆炸品的企业或者单位，应当配备专用停车区域，并设立明显的警示标牌。道路危险货物运输企业应当采取措施，防止货物脱落、扬散、丢失或者发生事故。严禁专用车辆违反国家有关规定超载、超限运输。道路危险货物运输企业应制定应急预案，配备应急救援人员和必要的应急救援器材、设备，并定期组织应急救援演练。在危险货物运输过程中发生燃烧、爆炸、污染、中毒或者被盗、丢失、流散、泄漏等事故，应当立即根据应急预案和道路危险货物运输安全卡的要求采取应急处置措施。

在道路危险货物运输过程中，除驾驶人员外，还应配备押运人员，确保危险货物处于押运人监管之下。驾驶人员、押运人员上岗时应当随身携带从业资格证。驾驶人员应当随车携带与车辆对应的道路运输证。驾驶人员或者押运人员应当按照《危险货物道路运输规则》的要求,随车携带道路危险货物运输安全卡。

【法条索引】

《中华人民共和国民法典》(2020 年 5 月 28 日)

第四百九十六条 格式条款是当事人为了重复使用而预先拟定,并在订立合同时未与对方协商的条款。

采用格式条款订立合同的,提供格式条款的一方应当遵循公平原则确定当事人之间的权利和义务,并采取合理的方式提示对方注意免除或者减轻其责任等与对方有重大利害关系的条款,按照对方的要求,对该条款予以说明。提供格式条款的一方未履行提示或者说明义务,致使对方没有注意或者理解与其有重大利害关系的条款的,对方可以主张该条款不成为合同的内容。

第四百九十八条 对格式条款的理解发生争议的,应当按照通常理解予以解释。对格式条款有两种以上解释的,应当作出不利于提供格式条款一方的解释。格式条款和非格式条款不一致的,应当采用非格式条款。

第一千一百六十八条 二人以上共同实施侵权行为,造成他人损害的,应当承担连带责任。

第一千一百九十二条 个人之间形成劳务关系,提供劳务一方因劳务造成他人损害的,由接受劳务一方承担侵权责任。接受劳务一方承担侵权责任后,可以向有故意或者重大过失的提供劳务一方追偿。提供劳务一方因劳务受到损害的,根据双方各自的过错承担相应的责任。

提供劳务期间,因第三人的行为造成提供劳务一方损害的,提供劳务一方有权请求第三人承担侵权责任,也有权请求接受劳务一方给予补偿。接受劳务一方补偿后,可以向第三人追偿。

第一千二百一十一条 以挂靠形式从事道路运输经营活动的机动车,发生交通事故造成损害,属于该机动车一方责任的,由挂靠人和被挂靠人承担连带责任。

第一千二百二十九条 因污染环境、破坏生态造成他人损害的,侵权人应当承担侵权责任。

第一千二百三十条　因污染环境、破坏生态发生纠纷，行为人应当就法律规定的不承担责任或者减轻责任的情形及其行为与损害之间不存在因果关系承担举证责任。

《中华人民共和国道路交通安全法》(2021 年 4 月 29 日修正)

第十七条　国家实行机动车第三者责任强制保险制度，设立道路交通事故社会救助基金。具体办法由国务院规定。

第七十六条　机动车发生交通事故造成人身伤亡、财产损失的，由保险公司在机动车第三者责任强制保险责任限额范围内予以赔偿；不足的部分，按照下列规定承担赔偿责任：

(一)机动车之间发生交通事故的，由有过错的一方承担赔偿责任；双方都有过错的，按照各自过错的比例分担责任。

(二)机动车与非机动车驾驶人、行人之间发生交通事故，非机动车驾驶人、行人没有过错的，由机动车一方承担赔偿责任；有证据证明非机动车驾驶人、行人有过错的，根据过错程度适当减轻机动车一方的赔偿责任；机动车一方没有过错的，承担不超过百分之十的赔偿责任。

交通事故的损失是由非机动车驾驶人、行人故意碰撞机动车造成的，机动车一方不承担赔偿责任。

《中华人民共和国保险法》(2015 年 4 月 24 日修正)

第十七条　订立保险合同，采用保险人提供的格式条款的，保险人向投保人提供的投保单应当附格式条款，保险人应当向投保人说明合同的内容。

对保险合同中免除保险人责任的条款，保险人在订立合同时应当在投保单、保险单或者其他保险凭证上作出足以引起投保人注意的提示，并对该条款的内容以书面或者口头形式向投保人作出明确说明；未作提示或者明确说明的，该条款不产生效力。

《最高人民法院关于审理道路交通事故损害赔偿案件适用法律若干问题的解释》(2020 年 12 月 29 日修正，法释〔2020〕17 号)

第十五条　有下列情形之一导致第三人人身损害，当事人请求保险公司在交强险责任限额范围内予以赔偿，人民法院应予支持：

(一)驾驶人未取得驾驶资格或者未取得相应驾驶资格的；

(二)醉酒、服用国家管制的精神药品或者麻醉药品后驾驶机动车发生交通事故的；

（三）驾驶人故意制造交通事故的。

保险公司在赔偿范围内向侵权人主张追偿权的，人民法院应予支持。追偿权的诉讼时效期间自保险公司实际赔偿之日起计算。

《机动车交通事故责任强制保险条例》（2019年3月2日修正，国务院令第709号）

第四十二条　挂车不投保机动车交通事故责任强制保险。发生道路交通事故造成人身伤亡、财产损失的，由牵引车投保的保险公司在机动车交通事故责任强制保险责任限额范围内予以赔偿；不足的部分，由牵引车方和挂车方依照法律规定承担赔偿责任。

《道路危险货物运输管理规定》（2019年11月28日修正，交通运输部令2019年第42号）

第三条　本规定所称危险货物，是指具有爆炸、易燃、毒害、感染、腐蚀等危险特性，在生产、经营、运输、储存、使用和处置中，容易造成人身伤亡、财产损毁或者环境污染而需要特别防护的物质和物品。危险货物以列入国家标准《危险货物品名表》（GB 12268）的为准，未列入《危险货物品名表》的，以有关法律、行政法规的规定或者国务院有关部门公布的结果为准。

本规定所称道路危险货物运输，是指使用载货汽车通过道路运输危险货物的作业全过程。

本规定所称道路危险货物运输车辆，是指满足特定技术条件和要求，从事道路危险货物运输的载货汽车（以下简称专用车辆）。

第四条　危险货物的分类、分项、品名和品名编号应当按照国家标准《危险货物分类和品名编号》（GB 6944）、《危险货物品名表》（GB 12268）执行。危险货物的危险程度依据国家标准《危险货物运输包装通用技术条件》（GB 12463），分为Ⅰ、Ⅱ、Ⅲ等级。

第六十条　违反本规定，道路危险货物运输企业或者单位以及托运人有下列情形之一的，由县级以上道路运输管理机构责令改正，并处5万元以上10万元以下的罚款，拒不改正的，责令停产停业整顿；构成犯罪的，依法追究刑事责任：

（一）驾驶人员、装卸管理人员、押运人员未取得从业资格上岗作业的；

（二）托运人不向承运人说明所托运的危险化学品的种类、数量、危险特性以及发生危险情况的应急处置措施，或者未按照国家有关规定对所托运的危险化学品妥善包装并在外包装上设置相应标志的；

（三）未根据危险化学品的危险特性采取相应的安全防护措施，或者未配备必要的防护用品和应急救援器材的；

（四）运输危险化学品需要添加抑制剂或者稳定剂，托运人未添加或者未将有关情况告知承运人的。

第六十二条　违反本规定，道路危险化学品运输托运人有下列行为之一的，由县级以上道路运输管理机构责令改正，处 10 万元以上 20 万元以下的罚款，有违法所得的，没收违法所得；拒不改正的，责令停产停业整顿；构成犯罪的，依法追究刑事责任：

（一）委托未依法取得危险货物道路运输许可的企业承运危险化学品的；

（二）在托运的普通货物中夹带危险化学品，或者将危险化学品谎报或者匿报为普通货物托运的。

第十二章　申请政府环境信息公开的方式方法

【典型案例】

中华环保联合会诉贵州省贵阳市修文县环境保护局环境信息公开案

一、案情介绍

中华环保联合会诉贵州省贵阳市修文县环境保护局环境信息公开案(《最高人民法院公报》2013 年第 1 期)

本案是一起经过二审程序终审的环境信息公开行政公益诉讼案件。

2011 年 10 月,本案原告中华环保联合会向贵州省清镇市人民法院环保法庭提起环境公益诉讼,起诉贵州好一多乳业股份有限公司(以下简称好一多公司)超标排放工业污水。在此过程中,中华环保联合会需要调取好一多公司的相关环保资料,便向本案被告贵州省贵阳市修文县环境保护局(以下简称修文县环保局)提出申请,要求被告向其公开好一多公司的排污许可证、排污口数量和位置、排放污染物种类和数量情况、经环保部门确定的排污费标准、经环保部门监测所反映的情况及处罚情况、环境影响评价文件及批复文件、"三同时"验收文件等有关环境信息。修文县环保局在收到中华环保联合会以公证邮寄的方式提交的信息公开申请表后,认为原告所申请公开的信息内容不明确、信息形式要求不具体、不清楚、获取信息的方式不明确,一直未答复原告的政府信息公开申请,也未向原告公开其所申请的信息。

于是,中华环保联合会以修文县环保局不予公开环境信息,违反了《政府信息公开条例》和环境保护部《环境信息公开办法(试行)》(已失效)的规定为由，向贵州省清镇市人民法院提起行政公益诉讼。要求判决被告对原告的政府信息公开申请予以答复，并向原告公开相关信息。

被告修文县环保局辩称：(1)原告确实以特快专递的方式提交了政府信息公开申请，但申请表未附原告机构代码证等主体材料，也未明确需要好一多三个基地中具体哪一家基地的信息，其申请公开的信息内容不明确；(2)原告要求公开信息的形式不具体、不清楚；(3)原告获取信息的方式不明确；(4)原告申请信息公开时未提供相关的检索、复制、邮寄等成本费用，且被告已于 2011 年 10 月 31 日电话告知了原告的联系人宋杰彬，要求原告对申请公开的信息内容进行补充说明，以方便被告履行信息公开的职责。故原告诉被告不履行政府信息公开法定职责没有事实依据和法律依据。

本案一审争议的焦点是：原告向被告提交的信息公开申请是否明确具体。

一审法院认为：

1. 依法获取环境信息，是公民、法人和其他组织的一项重要权利，是公众参与环境保护、监督环保法律实施的一项重要手段。为了保障这一权利，相关法律、法规对环境信息公开的范围、信息公开的程序和方式、监督和保障都作了详细的规定。环境信息应以公开为原则，不公开为例外。原告所申请的好一多公司的环境信息资料并非相关法律法规所禁止公开的内容，被告未向原告公开其所需信息的行为违反法律法规的规定。

2. 原告为环境公益诉讼案件的需要向被告通过邮政快递的方式提出了环境信息公开的书面申请，并在申请中载明了申请人的名称、联系方式、申请公开的具体内容、获取信息的方式等，其申请环境信息的内容、程序符合《政府信息公开条例》第二十条、《环境信息公开办法(试行)》(已失效)第十六条的规定。

3. 关于被告认为原告在提交政府信息公开申请时，应同时附上原告的身份证明的意见，因原告在信息公开申请表中已正确填写了单位名称、住所地、联系人及电话并加盖了公章，而根据《政府信息公开条例》第二十条规定的内容，并没有强制要求申请人提供身份证明，故被告所提意见没有法律依据。

4. 关于被告认为好一多公司在修文县有三个基地，原告未明确申请公开哪一个基地的环境信息，原告所申请的内容不明确的意见，根据《政府信息公开条例》第二十一条的规定，对于申请内容不明确的，行政机关应当告知申请人作出更改、补充。在本案中，原告在申请表中已经明确提出需要好一多公司的排污许可证、排污口数量和位置、排放污染物种类和数量情况、经环境保护部门确定的排污费标准、经环境保护部门监测所反映的情况及处罚情况、环境影响评价文件及批复文件，其申请内容的表述是明确具体的，至于好一多公司在修文县有几个基地，并不妨碍被告公开信息，被告应就其手中掌握的所有涉及好一多公司的相关环境信息向原告公开。

另外，根据《贵州省政府信息公开暂行规定》第二十四条的规定，即便被告认为原告申请内容不明确，应当按该规定向原告发出补正申请告知书，一次性告知申请人作出更正、补充，而被告显然没有按规定办理。故被告以申请内容不明确不公开信息，不符合规定。同时，按照《政府信息公开条例》第二十四条第二款、《环境信息公开办法（试行）》（已失效）第十八条的规定，被告显然在法定期限内没有履行其答复的义务，故被告不予答复申请的行为违反法律法规的规定。

5. 关于被告认为原告申请信息公开时，未提供相关检索、复制、邮寄等成本费用的意见，根据《贵州省政府信息公开暂行规定》第二十六条的规定，行政机关依申请提供政府信息，可以收取实际发生的检索、复制、邮寄等成本费用，但被告并未向原告提出收费要求，原告也未向被告明示不支付相关费用，故被告以此理由不公开环境信息不符合法律规定。

据此，贵州省清镇市人民法院于 2012 年 1 月 10 日作出一审判决：

被告修文县环保局于判决生效之日起 10 日内对原告中华环保联合会的政府信息公开申请进行答复，并按原告的要求向其公开好一多公司的相关环境信息。

一审判决作出后，修文县环保局不服，向贵州省贵阳市中级人民法院提起上诉。

在贵阳市中级人民法院审理过程中，上诉人修文县环保局以“环保局向公民、法人及其他组织主动公开政府信息是其义务和责任，自愿服从一审行政判决书”为由，于 2012 年 3 月 9 日向贵阳市中级人民法院递交撤诉申请书，申请撤回上诉。

贵阳市中级人民法院经审查认为，上诉人修文县环保局撤回上诉的申请符合法律规定，于 2012 年 3 月 12 日作出终审裁定：准许上诉人修文县环保局撤回上诉。

二、案例解读

本案是最高人民法院公报案例之一，是一起涉及环境保护信息公开的行政公益诉讼案件。本案一审由中华环保联合会提起。中华环保联合会是经国务院批准、民政部注册，接受生态环境部和民政部业务指导及监督管理，由热心环保事业的人士、企业、事业单位自愿结成的、非营利性的、全国性的社团组织，其以实现国家环境与发展的目标以及维护公众和社会环境权益为宗旨，以促进中国环境事业发展为目标。修文县环保局是本案一审被告。本案一审中，被告修文县环保局败诉，一审法院判决修文县环保局对原告中华环保联合会的政府信息公开申请进行答复，并按原告的要求向其公开好一多公司的相关环境信息。一审判决作出后修文县环境保护局提起上诉，后其又经二审法院准许撤回上诉。

本案涉及环境信息公开的申请主体、责任主体、内容、形式、费用以及救济方式等法律问题。

（一）依法获取环境信息，是公民、法人和其他组织的重要权利

依法获取环境信息，是公民、法人和其他组织的重要权利，也是公众参与环境保护、监督环境保护法律实施的重要手段。打造阳光政府是现代法治国家的必然要求。在打造阳光政府的过程中，必须保障社会公众获取信息的权利。《政府信息公开条例》是国务院制定的行政法规，是现阶段我国政府信息公开的主要规范依据，其宗旨就是为了保障公民、法人和其他组织依法获取政府信息，提高政府工作的透明度，建设法治政府，充分发挥政府信息对人民群众生产、生活和经济社会活动的服务作用，对行政机关行政执法具有普遍的指引和约束作用。

具有维护公众环境权益和社会监督职责的公益组织，根据其参与的诉讼案件的特殊需要，可以依法向环境保护机关申请获取环境保护信息。在申请内容明确具体且申请公开的信息属于公开范围的情况下，环境保护机关应该对相应信息予以公开，环境保护机关不公开的，公益组织有权向人民法院提起行政公益诉讼，对公益组织的获取环境信息的权利，人民法院应当支持。中华环保联合会作为维护环境公益的社会组织，近年来，在推动环境行政公益诉讼的过程中，做出了不可替代的贡献，启动了很多社会影响较大的环境公益案件

的司法程序。

本案中,中华环保联合会因其与好一多公司的环境公益诉讼需要,向修文县环保局申请公开好一多公司的排污许可证、排污口数量和位置、排放污染物种类和数量情况、经环境保护部门确定的排污费标准、经环境保护部门监测所反映的情况及处罚情况、环境影响评价文件及批复文件、"三同时"验收文件等环境信息,在修文县环保局对环境信息公开的法定职责不作为的情况下,中华环保联合会最终通过向人民法院提起环境行政公益诉讼的方式,维护了自身获取环境信息的权利。

(二)提起行政公益诉讼是实现环境信息公开的方式之一

环境行政公益诉讼是行政诉讼的一种,是以具有环境保护职责的机关为被告,以维护环境公益为目的的行政诉讼。在我国,公益组织、人民检察院等主体均有提起环境行政公益诉讼的权利。如果具有公开环境信息职责的机关不履行其环境信息公开的法定职责,提起行政公益诉讼无疑是实现环境信息公开的方式之一。在我国环境行政公益诉讼的司法实践中,环境保护组织发挥了先行军的作用,2009年我国第一起环境行政公益诉讼就是中华环保联合会提起的。

本案中,一审原告中华环保联合会认为一审被告修文县环保局未向其公开好一多公司的环境影响评价报告、环境保护设施竣工验收资料、排污许可证、排污费征收等有关环境信息的行为,违反了国务院《政府信息公开条例》和环境保护部《环境信息公开办法(试行)》(已失效)的规定,向人民法院提起了行政公益诉讼,要求法院判决修文县环保局对其的政府信息公开申请予以答复,并向原告公开相关信息,中华环保联合会的请求最终得到了法院的支持。

(三)申请环境信息公开具有一定的形式和内容要求

根据我国《政府信息公开条例》第二十九条和第三十条的规定,公民、法人或者其他组织申请获取政府信息的,应当向行政机关的政府信息公开工作机构提出,并采用包括信件、数据电文在内的书面形式;采用书面形式确有困难的,申请人可以口头提出,由受理该申请的政府信息公开工作机构代为填写政府信息公开申请。政府信息公开申请应当填写申请人的姓名或者名称、身份证明、联系方式;申请公开的政府信息的名称、文号或者便于行政机关查询的其他特征性描述;申请公开的政府信息的形式要求,包括获取信息的方式、途径。政府信息公开申请内容不明确的,行政机关应当给予指导和释明,并自收到申请之日起 7 个工作日内一次性告知申请人作出补正,说明需要补正的事项和合理的补正期限。答复期限自行政机关收到补正的申请之日起计算。申请人无正当理由逾期不补正的,视为放弃申请,行政机关不再处理该政府信息公开申请。

本案中,中华环保联合会通过邮政快递的方式向修文县环保局提出了环境信息公开的书面申请,并在申请中载明了申请人的名称、联系方式、申请公开的具体内容、获取信息的方式等,其申请环境信息的内容不涉及国家秘密、商业秘密、个人隐私,属于法定可以公开的政府环境信息。因此,其环境信息公开申请的形式和内容均是符合规定的。修文县环保局认为中华环保联合会在提交政府信息公开申请时,未同时附上原告的身份证明,且中华环保联合会未明确申请公开好一多公司三个基地中的哪一个基地的环境信息,属于申请的内容不明确。法院认为,《政府信息公开条例》并没有强制要求申请人提供身份证明,好一多公司在修文县有几个基地,并不妨碍修文县环保局公开信息,修文县环保局应就其手中掌握的所有涉及好一多公司的相关环境信息向中华环保联合会公开。另外,根据《政府信息公开条例》和《贵州省政府信息公开暂行规定》的相关规定,即便修文县环保局认为中华环保联合会申请内容不明确,也应当按该规定向其发出补正申请告知书,一次性告知其作出更正、补充,而修文县环保局显然没有按规定办理。因此,修文县环保局的上述答辩意见均未得到一审法院支持。

(四)申请环境信息公开的相关费用

根据我国《政府信息公开条例》第四十二条的规定,行政机关依申请提供政府信息,不收取费用。但是,申请人申请公开政府信息的数量、频次明显超过合理范围的,行政机关可以收取信息处理费。行政机关收取信息处理费的具体办法由国务院价格主管部门会同国务院财政部门、全国政府信息公开工作主管部门制定。

本案一审中,修文县环保局认为中华环保联合会申请信息公开时,未提供相关检索、复制、邮寄等成本费用,法院认为,虽然根据《贵州省政府信息公开暂行规定》第二十六条的规定,行政机关依申请提供政府信息,可以收取实际发生的检索、复制、邮寄等成本费用,但修文县环保局并未向中华环保联合会提出收费要求，中华环保联合会也未向修文县环保局明示不支付相关费用，故修文县环保局以此理由不公开环境信息不符合法律规定。

【合规指引】

一、政府环境信息的认定

政府环境信息概念源于原国家环境保护总局在2007年发布的《环境信息公开办法(试行)》(国家环境保护总局令第35号)(已失效)，该办法第二条第一款、第二款规定：本办法所称环境信息，包括政府环境信息和企业环境信息。政府环境信息是指环保部门在履行环境保护职责中制作或者获取的，以一定形式记录、保存的信息。政府环境信息主要包括：(1)环境保护部门在履行环境保护职责中制作的信息；(2)环境保护部门在履行环境保护职责中获取的信息。

2019年5月15日，修订后的《政府信息公开条例》正式生效施行，同年8月22日，生态环境部发布《关于废止、修改部分规章的决定》，《环境信息公开办法(试行)》被废止。法理上，政府环境信息的法律依据已经失效，政府环境信息应统一称为政府信息，适用《政府信息公开条例》及相关的法律法规、政策、司法解释。但考虑到行文方便，本书仍保留了政府环境信息的概念。

《政府信息公开条例》第二条规定，所谓政府信息，是指行政机关在履行行政管理职能过程中制作或者获取的，以一定形式记录、保存的信息。据此，政府环境信息是指各级环境行政管理机关在履行环境行政管理职能的过程中制作或者获取的，以一定形式记录、保存的环境信息。

根据《信息公开案件若干规定》第二条的规定，公民、法人或者其他组织对某些行为不服提起行政诉讼的，人民法院不予受理，其中包括要求行政机关提供政府公报、报纸、杂志、书籍等公开出版物，行政机关予以拒绝的；要求行政机关为其制作、搜集政府信息，或者对若干政府信息进行汇总、分析、加工，行政机关予以拒绝的。因此，政府公报、报纸、杂志、书籍等公开出版物以及行政机关尚未制作的信息，不应认定为政府信息。同理，在环境行政管理领域不应认定为政府环境信息的，也应包括以上情形。

另外，行政机关向申请人提供的政府信息，应当是现有的，是已制作或者获取的政府信息，一般不需要行政机关汇总、加工或重新制作(作区分处理的除外）。行政机关一般不承担为申请人汇总、加工或重新制作政府信息，以及向其他行政机关和公民、法人或者其他组织搜集信息的义务。表12－1对环境信息公开的部分规范性文件及相关内容进行了简要介绍。

表12－1　环境信息公开部分法规依据

序号	名　　称	内　　容
1	《企业环境信息依法披露管理办法》（生态环境部令第24号）	设区的市级生态环境主管部门组织制定本行政区域内的环境信息依法披露企业名单（以下简称企业名单）。 设区的市级生态环境主管部门应当于每年3月底前确定本年度企业名单，并向社会公布。企业名单公布前应当在政府网站上进行公示，征求公众意见；公示期限不得少于十个工作日。 对企业名单公布后新增的符合纳入企业名单要求的企业，设区的市级生态环境主管部门应当将其纳入下一年度企业名单。 设区的市级生态环境主管部门应当在企业名单公布后十个工作日内报送省级生态环境主管部门。省级生态环境主管部门应当于每年4月底前，将本行政区域的企业名单报送生态环境部。
2	《企业环境信息依法披露管理办法》（生态环境部令第24号）	企业年度环境信息依法披露报告应当包括以下内容： （一）企业基本信息，包括企业生产和生态环境保护等方面的基础信息； （二）企业环境管理信息，包括生态环境行政许可、环境保护税、环境污染责任保险、环保信用评价等方面的信息； （三）污染物产生、治理与排放信息，包括污染防治设施，污染物排放，有毒有害物质排放，工业固体废物和危险废物产生、贮存、流向、利用、处置，自行监测等方面的信息； （四）碳排放信息，包括排放量、排放设施等方面的信息； （五）生态环境应急信息，包括突发环境事件应急预案、重污染天气应急响应等方面的信息； （六）生态环境违法信息； （七）本年度临时环境信息依法披露情况； （八）法律法规规定的其他环境信息。

续表

序号	名　　称	内　　容
3	《国务院关于印发土壤污染防治行动计划的通知》(国发〔2016〕31号)	各省级环境保护部门要定期向环境保护部报告土壤污染治理与修复工作进展;环境保护部要会同有关部门进行督导检查。各省(区、市)要委托第三方机构对本行政区域各县(市、区)土壤污染治理与修复成效进行综合评估,结果向社会公开。 根据土壤环境质量监测和调查结果,适时发布全国土壤环境状况。各省(区、市)人民政府定期公布本行政区域各地级市(州、盟)土壤环境状况。重点行业企业要依据有关规定,向社会公开其产生的污染物名称、排放方式、排放浓度、排放总量,以及污染防治设施建设和运行情况。
4	《排污许可管理条例》	审批部门应当在全国排污许可证管理信息平台上公开受理或者不予受理排污许可证申请的决定,同时向排污单位出具加盖本审批部门专用印章和注明日期的书面凭证。 排污单位应当按照排污许可证规定,如实在全国排污许可证管理信息平台上公开污染物排放信息。
5	《建设项目环境保护管理条例》	除按照国家规定需要保密的情形外,建设单位应当依法向社会公开设施验收报告。
6	《突发事件应对法》	县级以上地方各级人民政府按照本法规定登记的危险源、危险区域,应当按照国家规定及时向社会公布。
7	《建设项目环境保护管理条例》	环境保护行政主管部门应当将建设项目有关环境违法信息记入社会诚信档案,及时向社会公开违法者名单。

二、政府环境信息公开的主体

(一)政府环境信息公开的主管部门

根据《政府信息公开条例》第三条的规定,各级人民政府应当加强对政府信息公开工作的组织领导。国务院办公厅是全国政府信息公开工作的主管部门,负责推进、指导、协调、监督全国的政府信息公开工作。县级以上地方人民政府办公厅(室)是本行政区域的政府信息公开工作主管部门,负责推进、指导、协调、监督本行政区域的政府信息公开工作。实行垂直领导的部门的办公厅(室)主管本系统的政府信息公开工作。因此,政府环境信息公开的主管部门为国务院办公厅和县级以上地方人民政府办公厅(室)。

（二）政府环境信息公开的实施主体

信息制作单位和保存单位是法定的信息公开实施主体。行政机关制作的政府信息，由制作该政府信息的行政机关负责公开。行政机关获取的其他行政机关的政府信息，由制作或者最初获取该政府信息的行政机关负责公开。行政机关从公民、法人和其他组织获取的政府信息，由保存该政府信息的行政机关负责公开。

行政机关设立的派出机构、内设机构依照法律、法规对外以自己名义履行行政管理职能的，可以由该派出机构、内设机构负责与所履行行政管理职能有关的政府信息公开工作。两个以上行政机关共同制作的政府信息，由牵头制作的行政机关负责公开。

当申请公开的政府信息涉及多个行政机关时，行政机关之间应当进行沟通、确认，保证行政机关公开的政府信息准确一致。相关行政机关意见不一致时，考虑职责权限是否可以区分，可以区分的，按照有权机关的意见办理；无法区分的，提请共同的上级行政机关确定。

申请人申请公开的信息依照法律、行政法规和国家有关规定需要批准的，行政机关需先经批准后予以公开。

若申请政府信息公开时行政机关被撤销或者行政管理职能发生变更的，向承继其行政管理职能的行政机关申请，由承继机关答复；没有承继机关的，向作出撤销或者变更决定的行政机关申请，由作出撤销或者变更决定的机关答复。

三、政府环境信息公开的内容与方式

（一）可公开的政府环境信息

《环境信息公开办法（试行）》被废止后，政府环境信息公开的内容参照《政府信息公开条例》第二十条，包括：（1）环境行政法规、规章和规范性文件。（2）环境行政管理机关的职能、机构设置、办公地址、办公时间、联系方式、负责人姓名。（3）环境相关的国民经济和社会发展规划、专项规划、区域规划及相关政策。（4）环境相关的国民经济和社会发展统计信息。（5）办理环境行政许可和其他对外管理服务事项的依据、条件、程序以及办理结果。如主要污染物排放总量指标分配及落实情况，排污许可证发放情况，城市环境综合整治定量考核结果等。（6）实施环境行政处罚、环境行政强制的依据、条件、程序以及本行政机关认为具有一定社会影响的环境行政处罚决定。(7)环境管理财政预算、决算信息。(8)环境行政事业性收费项目及其依据、标准。如排污费征收的项目、依据、标准和程序,排污者应当缴纳的排污费数额、实际征收数额以及减免缓情况,环保行政事业性收费的项目、依据、标准和程序等。(9)政府集中采购环境相关项目的目录、标准及实施情况。(10)环境相关的重大建设项目的批准和实施情况。(11)突发环境公共事件的应急预案、预警信息及应对情况。(12)环境保护监督检查情况。如污染物排放超过国家或者地方排放标准,或者污染物排放总量超过地方人民政府核定的排放总量控制指标的污染严重的企业名单。发生重大、特大环境污染事故或者事件的企业名单,拒不执行已生效的环境行政处罚决定的企业名单。(13)环境行政管理机关公务员招考的职位、名额、报考条件等事项以及录用结果。

(二)政府环境信息公开的方式

我国政府环境信息公开的方式包括主动公开和依申请公开两种。

1. 主动公开

(1)公开内容

根据《政府信息公开条例》第十九条、第二十二条、第二十三条、第二十四条以及第二十五条的规定,对涉及公众利益调整、需要公众广泛知晓或者需要公众参与决策的政府信息,行政机关应当主动公开。行政机关应当确定主动公开政府信息的具体内容,并按照上级行政机关的部署,不断增加主动公开的内容。行政机关应当建立健全政府信息发布机制,将主动公开的政府信息通过政府公报、政府网站或者其他互联网政务媒体、新闻发布会以及报刊、广播、电视等途径予以公开。各级人民政府应当加强依托政府门户网站公开政府信息的工作,利用统一的政府信息公开平台集中发布主动公开的政府信息。政府信息公开平台应当具备信息检索、查阅、下载等功能。各级人民政府应当在国家档案馆、公共图书馆、政务服务场所设置政府信息查阅场所,并配备相应的设施、设备,为公民、法人和其他组织获取政府信息提供便利。行政机关可以根据需要设立公共查阅室、资料索取点、信息公告栏、电子信息屏等场所、设施,公开政府信息。行政机关应当及时向国家档案馆、公共图书馆提供主动公开的政府信息。

《政府信息公开条例》第四条规定,各级人民政府及县级以上人民政府部门应当建立健全本行政机关的政府信息公开工作制度，并指定机构负责本行政机关政府信息公开的日常工作。政府信息公开工作机构的具体职能包括办理本机关的政府信息公开事宜、维护和更新本机关公开的政府信息、组织编制本行政机关的政府信息公开指南、政府信息公开目录和政府信息公开工作年度报告、组织开展对拟公开政府信息的审查、本机关规定的与政府信息公开有关的其他职能。

《环境保护法》第五章“信息公开和公众参与”也对政府应主动公开的信息公开进行了规定。根据第二十六条、第五十四条的规定，政府部门主动公开的内容包括：①县级以上人民政府应当将环境保护目标完成情况纳入对本级人民政府负有环境保护监督管理职责的部门及其负责人和下级人民政府及其负责人的考核内容，作为对其考核评价的重要依据。考核结果应当向社会公开。②国务院环境保护主管部门统一发布国家环境质量、重点污染源监测信息及其他重大环境信息，省级以上人民政府环境保护主管部门定期发布环境状况公报。③县级以上人民政府环境保护主管部门和其他负有环境保护监督管理职责的部门，应当依法公开环境质量、环境监测、突发环境事件以及环境行政许可、行政处罚、排污费的征收和使用情况等信息。④县级以上地方人民政府环境保护主管部门和其他负有环境保护监督管理职责的部门，应当将企业事业单位和其他生产经营者的环境违法信息记入社会诚信档案，及时向社会公布违法者名单。

《建设项目环境影响评价政府信息公开指南（试行）》（环办〔2013〕103 号）就建设环境影响评价信息的公开内容作出专门规定。按照该指南要求，有关政府部门应当主动公开的环境信息有：①环境影响评价相关法律、法规、规章及管理程序。②建设项目环境影响评价审批，包括环境影响评价文件受理情况、拟作出的审批意见、作出的审批决定。③建设项目竣工环境保护验收，包括竣工环境保护验收申请受理情况、拟作出的验收意见、作出的验收决定。④建设项目环境影响评价资质管理信息，包括建设项目环境影响评价资质受理情况、审查情况、批准的建设项目环境影响评价资质、环境影响评价机构基本情况、业绩及人员信息。

（2）公开时限

《政府信息公开条例》第二十六条规定，属于主动公开范围的政府信息，相关政府部门应当自该政府信息形成或者变更之日起20个工作日内及时公开。法律、法规对政府信息公开的期限另有规定的，从其规定。

2. 申请公开

除政府主动公开的信息外，根据《政府信息公开条例》第二十九条的规定，公民、法人或者其他组织有权向行政机关的政府信息公开工作机构提出申请，获取政府信息。

(1)申请公开的程序

可采用信件、数据电文在内的书面形式；采用书面形式确有困难的，申请人可以口头提出，由受理该申请的政府信息公开工作机构代为填写政府信息公开申请。常用方式如①：

①通过互联网申请。通过行政机关明确的互联网渠道提交政府信息公开申请的，以系统提示申请提交成功之日为收到申请之日。建议律师注意留存网站的电子回执或通知短信。通过行政机关对外公布的政府信息公开申请邮箱提交申请的，以电子邮件系统接收之日为收到申请之日。

②邮寄申请。以挂号信等邮寄方式提交政府信息公开申请的，以行政机关签收之日为收到申请之日。以普通信函等无须签收的邮寄方式提交政府信息公开申请的，或者将政府信息公开申请寄送至行政机关政府信息公开工作机构以外的机构或个人的，政府信息公开工作机构应当于收到申请的当日与申请人进行确认，确认之日为收到申请之日。申请人没有提供联系电话或提供的联系电话无法接通的，行政机关政府信息公开工作机构应做好登记，可自恢复与申请人的联络之日启动处理程序并起算期限。

③当面申请。当面提交政府信息公开申请的，以提交之日为收到申请之日，申请人有权要求行政机关出具书面收件凭证。代理信息公开的律师应尽可能在配备监控记录设备的固定场所提交申请，并留存书面收件凭证。

④传真申请。以通过行政机关公开的传真号码提交政府信息公开申请的，自传真收到并经政府信息公开工作机构和申请人确认之日为收到申请之日。

① 参见2021年6月18日上海市律师协会业务研究指导委员会制作的《上海市（试行）律师代理政府信息公开法律业务操作指引（2021）》，https://m.thepaper.cn/baijiahao_15856418。

⑤其他申请方式。以行政机关对外公布的其他接收渠道提交申请的，以行政机关规定的时间为收到申请之日；没有规定的，以经政府信息公开工作机构和申请人确认之日为收到申请之日。

⑥申请之日无法确认的处理方式。申请之日无法确认的，以登记之日为申请之日。需要与申请人确认政府信息公开申请收到时间的，但申请人未提供联系电话或者提供的联系电话无法接通的，以行政机关政府信息公开申请收件登记之日为收到申请之日。

（2）申请书格式

政府信息公开申请应当包括下列内容：

①申请人的姓名或者名称、身份证明、联系方式；

②申请公开的政府信息的名称、文号或者便于行政机关查询的其他特征性描述（包括可供行政机关内部检索政府信息的关键词）；

③申请公开的政府信息的形式要求，包括获取信息的方式、途径；

④以信件方式申请的应同时提供包括身份证在内的行政机关能够接受的身份证明文件的复印件，以数据电文方式申请的应同时提供包括身份证在内的行政机关能够接受的身份证明文件的图片。

（3）“一事一申请”原则

依据《国务院办公厅关于做好政府信息依申请公开工作的意见》（国办发〔2010〕5号）第三条的规定，在实际工作中，有时会遇到一个申请要求公开分属多个行政机关制作或保存的政府信息，有的申请公开的信息类别和项目繁多，受理机关既不能如需提供，又难以一一指明哪条信息不存在，哪条信息属于哪个行政机关公开，影响了办理时效。为提高工作效率，方便申请人尽快获取所申请公开的信息，对一些要求公开项目较多的申请，受理机关可要求申请人按照“一事一申请”原则对申请方式加以调整：一个政府信息公开申请只对应一个政府信息项目。同时，对将申请公开的政府信息拆分过细的情况，即申请人就一个具体事项向同一行政机关提出多个内容相近的信息公开申请，行政机关需要对现有的信息进行拆分处理才能答复，受理机关可要求申请人对所提申请作适当归并处理。

四、依法不予公开的政府环境信息

（一）内部事务信息、过程性信息以及行政执法案卷信息

根据《政府信息公开条例》第十六条的规定，行政机关的内部事务信息，包

括人事管理、后勤管理、内部工作流程等方面的信息。行政机关在履行行政管理职能过程中形成的讨论记录、过程稿、磋商信函、请示报告等过程性信息以及行政执法案卷信息，可以不予公开。根据《信息公开案件若干规定》第二条的规定，行政程序中的当事人、利害关系人以政府信息公开名义申请查阅案卷材料，行政机关告知其应当按照相关法律、法规的规定办理的，其不服提起行政诉讼的，人民法院不予受理。

上述信息之所以不公开，是因为内部信息对外没有产生法律效力，对行政管理相对人的权益没有产生影响。过程性信息一般是指行政决定作出前行政机关内部或行政机关之间形成的研究、讨论、请示、汇报等信息，这类信息一律公开或过早公开，可能会妨害决策过程的完整性和行政事务的处理效率。

笔者查询分析相关司法判例时发现，行政机关以内部事务信息拒绝公开当事人申请的政府信息，属于较高比例的司法纠纷类型。结合笔者律师服务经验，就两类可不予公开的信息举例说明。

在徐某不服某部委政府信息公开答复申请裁决案[①]中，申请人徐某向国务院某部委申请公开某物业管理发展有限公司申请核定资质等级时提交的企业资质等级申报表，企业资质证书正副本，物业管理专业人员资质证书、劳动合同等，物业管理业绩材料，服务合同复印件和营业执照。国务院某部委作出政府信息公开告知书，分别告知申请人“经查，你申请获取的信息不属于政府信息公开的范围”。此后，徐某两次就相同内容申请政府信息公开，均未得到支持。徐某不服，提出行政复议，又向国务院提出裁决申请。经审理，最终裁决驳回行政复议裁决申请。

根据《政府信息公开条例》第十条的规定，行政许可事项、依据、条件、数量、程序、期限以及申请行政许可需要提交的全部材料目录及办理情况等对外发生法律效力、需要公众知晓的信息，属于政府主动公开信息范围。该案申请的行政许可申报材料，一类是许可申请人自己的填报的个人情况、业务合同等，属于涉及个人隐私或商业秘密的材料，应经申请人同意后方可公开；另一类是行政机关办理审批时的手续，属于过程性信息，对外不产生法律效力，可

---

① 司法部行政复议司编：《行政复议典型案例选编（2016－2017）》，中国法制出版社2018年版，第63～65页。

不予公开。

在程某刚与北京市大兴区司法局信息公开案[北京市第二中级人民法院(2020)京02行终1438号]中,原告程某刚向北京市大兴区司法局(以下简称大兴司法局)申请公开京兴政发2018[38]号文件的《备案报告》。被告大兴司法局根据原告程某刚所申请公开政府信息的内容描述,履行了检索搜寻的义务,认定涉案信息具有内部性特征,据此在说明理由的基础上告知原告程某刚不予公开。程某刚不服,向北京市大兴区人民法院提起行政诉讼,一审法院认为《备案报告》实质上是区政府向上级政府报送规范性文件内部备案工作,该信息具有内部信息特征,属于"行政机关在日常工作中制作或者获取的内部管理信息",被告大兴司法局作出的被诉告知书具有事实根据,且适用法律正确,并于法定期限内作出被诉告知书且依法送达,属程序合法。对原告程某刚的请求不予支持。程某刚上诉至北京第二中级人民法院,二审法院判决驳回上诉,维持一审判决。

本案争议的《备案报告》是被告(原北京市大兴区人民政府法制办公室)在向北京市司法局(原北京市人民政府法制办公室)进行备案工作时制作的内部管理信息,系行政机关内部工作流程中产生的信息,客观上不会对原告的权利义务产生任何影响,因此,不属于应当公开的政府信息。

(二)国家秘密,法律、行政法规禁止公开,公开后可能危及国家、公共利益的信息

根据《政府信息公开条例》第十四条的规定,依法确定为国家秘密的政府信息,法律、行政法规禁止公开的政府信息,以及公开后可能危及国家安全、公共安全、经济安全、社会稳定的政府信息,不予公开。

(三)涉及商业秘密、个人隐私等公开会对第三方合法权益造成损害的政府信息

根据《政府信息公开条例》第十五条的规定,涉及商业秘密、个人隐私等公开会对第三方合法权益造成损害的政府信息,行政机关不得公开。但是,第三方同意公开或者行政机关认为不公开会对公共利益造成重大影响的,予以公开。根据《信息公开案件若干规定》第五条第二款的规定,因公共利益决定公开涉及商业秘密、个人隐私政府信息的,被告应当对认定公共利益以及不公开可能对公共利益造成重大影响的理由进行举证和说明。据此,涉及商业秘密、

个人隐私等公开会对第三方合法权益造成损害的政府信息，一般情况下不得公开，除非第三方同意公开或者行政机关认为不公开会对公共利益造成重大影响。在此类行政诉讼案件中，行政机关承担对此类信息不公开会对公共利益造成重大影响的说明和举证责任。

实践中，部分行政机关拿到公开申请后，看到申请的是第三方信息，便径直将向第三方发送书面征询，根据第三方的回复意见制作告知书，行政机关本身对申请公开的第三方信息是否会损害第三方合法权益，不做审查。这种做法虽然保护减少了公开风险，但是否妥当，存在一定争议。司法部行政复议司在《涉及商业秘密的信息公开申请的处理——郝某不服某区国税局政府信息公开案》[①]中写道，“行政机关在审查已申请公开的政府信息时，应先对政府信息进行保密性审查，在认为政府信息涉及第三方商业秘密、个人隐私后，再向第三方发送书面征询意见”。行政机关先履行审查义务，再征询第三方意见，再作出是否公开的决定，2019年《政府信息公开条例》采纳了此观点，第三十二条规定，“依申请公开的政府信息公开会损害第三方合法权益的，行政机关应当书面征求第三方的意见。第三方应当自收到征求意见书之日起15个工作日内提出意见。第三方逾期未提出意见的，由行政机关依照本条例的规定决定是否公开。第三方不同意公开且有合理理由的，行政机关不予公开。行政机关认为不公开可能对公共利益造成重大影响的，可以决定予以公开，并将决定公开的政府信息内容和理由书面告知第三方”。

在中华环保联合会、沈阳市生态环境局政府信息公开案[(2020)辽01行终1462号]中，中华环保联合会围绕申请公开信息是否属于商业秘密，生态环境局是否应进行实质审查，组织答辩。该案件中，原告中华环保联合会于2018年12月3日向被告递交环境信息公开申请表，申请公开沈阳振兴污泥处置有限公司2012年1月1日至申请日期间污泥处理量、备案材料和监测记录。2018年12月19日，被告向国电东北环保产业集团有限公司发出《关于对中华环保联合会申请政府信息公开答复征求意见的函》，同日，国电东北环保产业集团有限公司作出国电东北环保办(2018)58号《关于中华环保联合会申请政

① 司法部行政复议司编：《行政复议典型案例选编(2016－2017)》，中国法制出版社2018年版，第78～80页。

府信息公开事宜的复函》,认为"中华环保联合会本次要求公开的信息并不属于应予公开的政府信息范畴,若予以公开则相关信息极易被曲解或利用,从而引起不必要的行政诉讼。根据《中央企业商业秘密保护暂行规定》及《关于加强国有企业商业秘密保护工作的通知》中的相关规定,中华环保联合会本次要求公开的信息中普遍涉及我司生产运行工艺等经营信息,属于商业秘密的保护范畴。因此,我司对申请公开的全部信息均不同意公开"。被告据此向原告出具"不予公开的告知"。

中华环保联合会提起行政诉讼后,一审法院认为,"被告发布的信息范围应为本市工业固体废物的处置总量,并不存在原告要求的日污泥处理量和监测记录,故被告针对原告申请公开沈阳振兴污泥处置有限公司实际日污泥处理量和监测记录的答复并无不当"。

中华环保联合会在上诉答辩中称,原审判决认定"针对原告申请公开沈阳振兴污泥处置有限公司备案材料经征询第三方意见,不同意公开,且现无证据证明不公开可能对公共利益造成重大影响",并认为被上诉人作出"不予公开决定符合法律规定"是错误的,上诉人申请公开的信息,不属于中央企业商业秘密范畴,原审法院不做实体审查直接认定属于中央企业商业秘密是错误的,上诉人申请公开的化工园污水处理厂的污泥产生量信息用于最高人民法院(2020)最高民再159号民事环境公益诉讼提审案件,涉及社会公共利益保护,且该案经生态环境部、中央环保督察组多次公开报道,已经对沈阳省市社会公共利益造成了影响,相关信息应予以公开。

中华环保联合会的答辩意见受到二审法院的重视,即生态环境部门不能径直依据第三方意见来认定政府信息公开范围。二审法院判决本案发送重审,重点对申请公开的信息是否属于政府信息公开范围审查清楚。

(四)申请人申请公开政府信息的数量、频次明显超过合理范围

根据《政府信息公开条例》第三十五条的规定,申请人申请公开政府信息的数量、频次明显超过合理范围,行政机关可以要求申请人说明理由。行政机关认为申请理由不合理的,告知申请人不予处理。对于什么是合理的申请数量、频次,现行法规政策并没有明确规定。实践中,从当事人提起诉讼的数量、周期、目的以及是否具有正当利益等角度综合分析。

在李某平、台州市人民政府行政监察(监察)案[浙江省高级人民法院

(2020)浙行终 2062 号]中,2017 年到 2020 年,李某平及其妻丁某君等人已向原台州湾循环经济产业集聚区管理委员会共提起 30 次政府信息公开申请,因对政府信息公开答复不服,向行政机关申请行政复议以及向人民法院提起诉讼共 21 件。从李某平等所申请获取的政府信息内容大多为其他人员拆迁安置的政策及依据、拆迁补偿协议、住宅用地批准文件。复议机关及原审法院认定,李某平提出相关申请的目的是为给相关行政机关施加压力,引起对自身拆迁补偿安置问题的重视和解决,有违国家制定《政府信息公开条例》系为了充分发挥政府信息对人民群众生产、生活和经济社会活动的服务作用的立法目的,属对申请政府信息公开权利的滥用,故李某平提起的政府信息公开申请及行政复议、行政诉讼均不具有可依法保护的合法权益。

姚燕红、湖南省益阳高新技术产业开发区管理委员会再审审查与审判监督案[最高人民法院(2020)最高法行申 12946 号]中, 2019 年 6 月 14 日,姚燕红向高新区管委会申请公开"1. 益阳市朝阳街道办事处江家坪村资管委(村委会)委托益阳市政府派出机构高新区管委会进行拆迁的授权委托书及所依据的法律、行政法规及规范性文件等名称;2. 益阳市朝阳街道办事处江家坪村资管委(村委会)委托益阳市政府派出机构高新区管委会进行征收土地及签署安置补偿协议的授权委托书及所依据的法律、行政法规及规范性文件等名称;3. 法定授权高新区管委会具有签署土地征收安置补偿协议及进行房屋拆迁的法律、行政法规及规范性文件等名称"。经查,本次信息公开申请与其 2019 年 6 月 10 日分别向益阳市政府、益阳高新区管委会所提交的政府信息公开申请内容高度一致。2018 年 10 月至 2019 年 7 月,姚燕红围绕其全家的征地拆迁补偿安置问题向益阳市政府、益阳高新区管委会及其各职能部门提交了 24 次政府信息公开申请,从其申请次数、频率、内容来看,原告姚燕红所提政府信息公开申请具有次数多、频率高、申请内容重复等特征,结合原告所提交的起诉状以及庭审质证意见来看,其提起大量政府信息公开申请实际上是源于对其全家五户征地拆迁补偿安置的不满,而不在于对政府信息本身的了解知悉,明显超过了正当行使知情权的合理限度。最高人民法院认为姚燕红申请公开政府信息的数量、频次明显超过合理范围。裁定驳回再审申请人姚燕红的再审申请。

五、政府环境信息公开的救济

（一）行政复议

不服环境信息公开答复或者接受环境信息公开申请的行政机关超出信息公开答复期限未作出答复的，原申请环境信息公开的公民、法人或者其他组织可以作为行政复议申请人。

信息公开复议案件的行政机关，是作出相关政府信息公开答复行为的行政机关所在的县级以上人民政府或者其上一级行政机关。

行政复议原则上采取书面审查的办法，但是申请人提出要求或者行政复议机关负责法制工作的机构认为有必要时，可以向有关组织和人员调查情况，听取申请人、被申请人和第三人的意见。

行政复议机关负责法制工作的机构应当自行政复议申请受理之日起 7 日内，将行政复议申请书副本或者行政复议申请笔录复印件发送被申请人。被申请人应当自收到申请书副本或者申请笔录复印件之日起 10 日内，提出书面答复，并提交当初作出具体行政行为的证据、依据和其他有关材料。

《行政复议法》第二十三条第二款规定，申请人、第三人可以查阅被申请人提出的书面答复、作出具体行政行为的证据、依据和其他有关材料，除涉及国家秘密、商业秘密或者个人隐私外，行政复议机关不得拒绝。

（二）行政诉讼

根据《信息公开案件若干规定》第四条的规定，公民、法人或者其他组织对国务院部门、地方各级人民政府及县级以上地方人民政府部门依申请公开政府信息行政行为不服提起诉讼的，以作出答复的机关为被告；逾期未作出答复的，以受理申请的机关为被告。公民、法人或者其他组织对主动公开政府信息行政行为不服提起诉讼的，以公开该政府信息的机关为被告。公民、法人或者其他组织对法律、法规授权的具有管理公共事务职能的组织公开政府信息的行为不服提起诉讼的，以该组织为被告。有下列情形之一的，应当以在对外发生法律效力的文书上署名的机关为被告：(1)政府信息公开与否的答复依法报经有权机关批准的；(2)政府信息是否可以公开系由国家保密行政管理部门或者省、自治区、直辖市保密行政管理部门确定的；(3)行政机关在公开政府信息前与有关行政机关进行沟通、确认的。

案例:余某珠诉海南省三亚市国土环境资源局信息公开案(全国法院 2014 年度政府信息公开十大案例)[①]

本案原告余某珠在紧邻三亚金冕混凝土有限公司海棠湾混凝土搅拌站旁种有30亩龙眼果树。为掌握搅拌站产生的烟尘对周围龙眼树开花结果的环境影响情况,于2013年6月8日请求三亚市国土环境资源局(以下简称三亚国土局)公开搅拌站相关环境资料,包括:三土环资察函〔2011〕50号《关于建设项目环评审批文件执法监察查验情况的函》、三土环资察函〔2011〕23号《关于行政许可事项执法监察查验情况的函》、三土环资监〔2011〕422号《关于三亚金冕混凝土有限公司海棠湾混凝土搅拌站项目环评影响报告表的批复》《三亚金冕混凝土有限公司海棠湾混凝土搅拌站项目环评影响报告表》。7月4日,三亚国土局作出《政府信息部分公开告知书》,同意公开422号文,但认为23号文、50号文系该局内部事务形成的信息,不宜公开;《项目环评影响报告表》是企业文件资料,不属政府信息,也不予公开。原告提起行政诉讼,请求判令三亚国土局全部予以公开。

三亚市城郊人民法院经审理认为,原告请求公开之信息包括了政府环境信息和企业环境信息。对此,应遵循的原则是,不存在法律法规规定不予公开的情形并确系申请人自身之生产、生活和科研特殊需要的,一般应予公开。本案原告申请公开的相关文件资料,是被告在履行职责过程中制作或者获取的,以一定形式记录、保存的信息,当然属于政府信息。被告未能证明申请公开之信息存在法定不予公开的情形而答复不予公开,属于适用法律法规错误。据此,判决撤销被告政府信息部分公开告知书中关于不予公开部分的第二项答复内容,限其依法按程序进行审查后重新作出答复。一审判决后,余某珠不服,提出上诉,二审期间主动撤回上诉。

本案的典型意义表现在以下三个方面:第一,对外获取的信息也是政府信息。本案涉及两类信息:一是行政机关获取的企业环境信息;二是行政机关制作的具有内部特征的信息。关于前者,根据《政府信息公开条例》的规定,政府信息既包括行政机关制作的信息,也包括行政机关从公民、法人或者其他组织获取的信息。因此,本案中行政机关在履行职责过程中获取的企业环境信息

---

① 全国法院政府信息公开十大案例,载《人民法院报》2014年9月13日,第3版。

同样属于政府信息。关于后者,本案行政机关决定不予公开的 23 号文和 50 号文,虽然文件形式表现为内部报告,但实质仍是行政管理职能的延伸,不属于内部管理信息。第二,例外法定。政府信息不公开是例外,例外情形应由法律法规明确规定。本案判决强调,凡属于政府信息,如不存在法定不予公开的事由,均应予以公开。被告未能证明申请公开的信息存在法定不予公开的情形,简单以政府内部信息和企业环境信息为由答复不予公开,属于适用法律错误。第三,行政机关先行判断。考虑到行政机关获取的企业环境信息可能存在涉及第三方商业秘密的情形,应当首先由行政机关在行政程序中作出判断,法院并未越俎代庖直接判决公开,而是责令行政机关重新作出是否公开的答复,体现了对行政机关首次判断权的尊重。

【法条索引】

《中华人民共和国政府信息公开条例》(2019 年 4 月 3 日修订,国务院令第 711 号)

第二条　本条例所称政府信息,是指行政机关在履行行政管理职能过程中制作或者获取的,以一定形式记录、保存的信息。

第三条　各级人民政府应当加强对政府信息公开工作的组织领导。

国务院办公厅是全国政府信息公开工作的主管部门,负责推进、指导、协调、监督全国的政府信息公开工作。

县级以上地方人民政府办公厅(室)是本行政区域的政府信息公开工作主管部门,负责推进、指导、协调、监督本行政区域的政府信息公开工作。

实行垂直领导的部门的办公厅(室)主管本系统的政府信息公开工作。

第四条　各级人民政府及县级以上人民政府部门应当建立健全本行政机关的政府信息公开工作制度,并指定机构(以下统称政府信息公开工作机构)负责本行政机关政府信息公开的日常工作。

政府信息公开工作机构的具体职能是:

(一)办理本行政机关的政府信息公开事宜;

(二)维护和更新本行政机关公开的政府信息;

(三)组织编制本行政机关的政府信息公开指南、政府信息公开目录和政府信息公开工作年度报告;

（四）组织开展对拟公开政府信息的审查；

（五）本行政机关规定的与政府信息公开有关的其他职能。

第十条 行政机关制作的政府信息，由制作该政府信息的行政机关负责公开。行政机关从公民、法人和其他组织获取的政府信息，由保存该政府信息的行政机关负责公开；行政机关获取的其他行政机关的政府信息，由制作或者最初获取该政府信息的行政机关负责公开。法律、法规对政府信息公开的权限另有规定的，从其规定。

行政机关设立的派出机构、内设机构依照法律、法规对外以自己名义履行行政管理职能的，可以由该派出机构、内设机构负责与所履行行政管理职能有关的政府信息公开工作。

两个以上行政机关共同制作的政府信息，由牵头制作的行政机关负责公开。

第十三条 除本条例第十四条、第十五条、第十六条规定的政府信息外，政府信息应当公开。

行政机关公开政府信息，采取主动公开和依申请公开的方式。

第十四条 依法确定为国家秘密的政府信息，法律、行政法规禁止公开的政府信息，以及公开后可能危及国家安全、公共安全、经济安全、社会稳定的政府信息，不予公开。

第十五条 涉及商业秘密、个人隐私等公开会对第三方合法权益造成损害的政府信息，行政机关不得公开。但是，第三方同意公开或者行政机关认为不公开会对公共利益造成重大影响的，予以公开。

第十六条 行政机关的内部事务信息，包括人事管理、后勤管理、内部工作流程等方面的信息，可以不予公开。

行政机关在履行行政管理职能过程中形成的讨论记录、过程稿、磋商信函、请示报告等过程性信息以及行政执法案卷信息，可以不予公开。法律、法规、规章规定上述信息应当公开的，从其规定。

第二十条 行政机关应当依照本条例第十九条的规定，主动公开本行政机关的下列政府信息：

（一）行政法规、规章和规范性文件；

（二）机关职能、机构设置、办公地址、办公时间、联系方式、负责人姓名；

（三）国民经济和社会发展规划、专项规划、区域规划及相关政策；

（四）国民经济和社会发展统计信息；

（五）办理行政许可和其他对外管理服务事项的依据、条件、程序以及办理结果；

（六）实施行政处罚、行政强制的依据、条件、程序以及本行政机关认为具有一定社会影响的行政处罚决定；

（七）财政预算、决算信息；

（八）行政事业性收费项目及其依据、标准；

（九）政府集中采购项目的目录、标准及实施情况；

（十）重大建设项目的批准和实施情况；

（十一）扶贫、教育、医疗、社会保障、促进就业等方面的政策、措施及其实施情况；

（十二）突发公共事件的应急预案、预警信息及应对情况；

（十三）环境保护、公共卫生、安全生产、食品药品、产品质量的监督检查情况；

（十四）公务员招考的职位、名额、报考条件等事项以及录用结果；

（十五）法律、法规、规章和国家有关规定规定应当主动公开的其他政府信息。

第二十七条　除行政机关主动公开的政府信息外，公民、法人或者其他组织可以向地方各级人民政府、对外以自己名义履行行政管理职能的县级以上人民政府部门（含本条例第十条第二款规定的派出机构、内设机构）申请获取相关政府信息。

第二十八条　本条例第二十七条规定的行政机关应当建立完善政府信息公开申请渠道，为申请人依法申请获取政府信息提供便利。

第二十九条　公民、法人或者其他组织申请获取政府信息的，应当向行政机关的政府信息公开工作机构提出，并采用包括信件、数据电文在内的书面形式；采用书面形式确有困难的，申请人可以口头提出，由受理该申请的政府信息公开工作机构代为填写政府信息公开申请。

政府信息公开申请应当包括下列内容：

（一）申请人的姓名或者名称、身份证明、联系方式；

（二）申请公开的政府信息的名称、文号或者便于行政机关查询的其他特征性描述；

（三）申请公开的政府信息的形式要求，包括获取信息的方式、途径。

第三十条 政府信息公开申请内容不明确的，行政机关应当给予指导和释明，并自收到申请之日起7个工作日内一次性告知申请人作出补正，说明需要补正的事项和合理的补正期限。答复期限自行政机关收到补正的申请之日起计算。申请人无正当理由逾期不补正的，视为放弃申请，行政机关不再处理该政府信息公开申请。

第三十一条 行政机关收到政府信息公开申请的时间，按照下列规定确定：

（一）申请人当面提交政府信息公开申请的，以提交之日为收到申请之日；

（二）申请人以邮寄方式提交政府信息公开申请的，以行政机关签收之日为收到申请之日；以平常信函等无需签收的邮寄方式提交政府信息公开申请的，政府信息公开工作机构应当于收到申请的当日与申请人确认，确认之日为收到申请之日；

（三）申请人通过互联网渠道或者政府信息公开工作机构的传真提交政府信息公开申请的，以双方确认之日为收到申请之日。

第三十二条 依申请公开的政府信息公开会损害第三方合法权益的，行政机关应当书面征求第三方的意见。第三方应当自收到征求意见书之日起15个工作日内提出意见。第三方逾期未提出意见的，由行政机关依照本条例的规定决定是否公开。第三方不同意公开且有合理理由的，行政机关不予公开。行政机关认为不公开可能对公共利益造成重大影响的，可以决定予以公开，并将决定公开的政府信息内容和理由书面告知第三方。

第三十三条 行政机关收到政府信息公开申请，能够当场答复的，应当当场予以答复。

行政机关不能当场答复的，应当自收到申请之日起20个工作日内予以答复；需要延长答复期限的，应当经政府信息公开工作机构负责人同意并告知申请人，延长的期限最长不得超过20个工作日。

行政机关征求第三方和其他机关意见所需时间不计算在前款规定的期限内。

第三十四条　申请公开的政府信息由两个以上行政机关共同制作的，牵头制作的行政机关收到政府信息公开申请后可以征求相关行政机关的意见，被征求意见机关应当自收到征求意见书之日起 15 个工作日内提出意见，逾期未提出意见的视为同意公开。

第三十五条　申请人申请公开政府信息的数量、频次明显超过合理范围，行政机关可以要求申请人说明理由。行政机关认为申请理由不合理的，告知申请人不予处理；行政机关认为申请理由合理，但是无法在本条例第三十三条规定的期限内答复申请人的，可以确定延迟答复的合理期限并告知申请人。

《最高人民法院关于审理政府信息公开行政案件若干问题的规定》(2011 年 7 月 29 日发布，法释〔2011〕17 号)

第二条　公民、法人或者其他组织对下列行为不服提起行政诉讼的，人民法院不予受理：

（一）因申请内容不明确，行政机关要求申请人作出更改、补充且对申请人权利义务不产生实际影响的告知行为；

（二）要求行政机关提供政府公报、报纸、杂志、书籍等公开出版物，行政机关予以拒绝的；

（三）要求行政机关为其制作、搜集政府信息，或者对若干政府信息进行汇总、分析、加工，行政机关予以拒绝的；

（四）行政程序中的当事人、利害关系人以政府信息公开名义申请查阅案卷材料，行政机关告知其应当按照相关法律、法规的规定办理的。

《国务院办公厅关于做好政府信息依申请公开工作的意见》(2010 年 1 月 12 日发布，国办发〔2010〕5 号)

三、明确“一事一申请”原则

在实际工作中，有时会遇到一个申请要求公开分属多个行政机关制作或保存的政府信息，有的申请公开的信息类别和项目繁多，受理机关既不能如需提供，又难以一一指明哪条信息不存在，哪条信息属于哪个行政机关公开，影响了办理时效。为提高工作效率，方便申请人尽快获取所申请公开的信息，对一些要求公开项目较多的申请，受理机关可要求申请人按照“一事一申请”原则对申请方式加以调整：即一个政府信息公开申请只对应一个政府信息项目。

同时，对将申请公开的政府信息拆分过细的情况，即申请人就一个具体事项向同一行政机关提出多个内容相近的信息公开申请,行政机关需要对现有的信息进行拆分处理才能答复,受理机关可要求申请人对所提申请作适当归并处理。